全注全译古文观止

全注全译

古文观止

中国传统文化优秀读本

(清)吴楚材 (清)吴调侯◎编选

桑山◎编

中国华侨出版社
北京

图书在版编目（CIP）数据

全注全译古文观止 /（清）吴楚材，（清）吴调侯编选；桑山编. —北京：中国华侨出版社，2017.12（2020.10重印）

ISBN 978-7-5113-7146-1

Ⅰ. ①全… Ⅱ. ①吴… ②吴… ③桑… Ⅲ. ①古典散文—散文集—中国②《古文观止》—译文③《古文观止》—注释 Ⅳ. ①H194.1

中国版本图书馆CIP数据核字（2017）第272264号

全注全译古文观止

编　　选：（清）吴楚材　（清）吴调侯
编　　者：桑　山
责任编辑：墨　林
封面设计：阳春白雪
文字编辑：单团结
美术编辑：宇　枫
经　　销：新华书店
开　　本：720毫米×1020毫米　1/16　印张：24　字数：369千字
印　　刷：北京德富泰印务有限公司
版　　次：2018年6月第1版　2020年10月第2次印刷
书　　号：ISBN 978-7-5113-7146-1
定　　价：45.00 元

中国华侨出版社　北京市朝阳区西坝河东里77号楼底商5号　邮编：100028
法律顾问：陈鹰律师事务所
发 行 部：（010）88866079　传　　真：（010）88877396
网　　址：www.oveaschin.com　E-mail：oveaschin@sina.com

前 言
Preface

《古文观止》是三百年以来中国优秀古代散文的最好选本之一，自康熙三十四年（1695）问世以来，广受欢迎，风行海内；读书人家，家家购置；读书之人，人人朗诵，影响经久不衰。现代文学史上的大家们都有背诵“古文观止”的经历，文学巨匠巴金就因阅读“古文观止”使他毕生受益，终身难忘。

中华民族文明史源远流长，历代典籍浩如烟海。如何能够选其精华，使学习者取法乎上，由正确途径进入文史之门，这是每个时代的教育家或文学家都要考虑的问题。所以自古以来就有编选古文选本的传统。著名选本有南朝萧统编的《昭明文选》、宋代编的《文苑英华》、清代编的《古文辞类纂》等，但这些选本都篇幅很大，内容艰深，不便普及。

《古文观止》的编者吴楚材、吴调侯，是叔侄二人，浙江山阴（今绍兴）人。他们立志要编出经典而广泛适用于初学者的教材，“每思继序前人而光大之”。于是“集古人之文，集古今人之选”，“原为初学设也”。《古文观止》编成之后即得到当代人的重视。二位编者用“观止”二字为本书冠名，这是用了书中所选《左传·季札观周礼》一篇的典故，写吴公子季札在鲁国观看《韶》乐舞，赞叹为精彩之极，达到了无以复加的尽善尽美的程度，所谓“美者毕集于此”，其他不必观看了。这部《古文观止》对于中国古代散文的编选，也可以说到了“观止矣”的境界，就是说最好的古文都编选在这里了，请来学习欣赏吧！只要我们认真读一下《古文观止》，就会知道编者并非自夸。

古代散文又简称为古文，是学习中国古代文献者必须掌握的语言文字。要想学好古文就必须从阅读古代的经典作品开始。《尚书》是我国最早的历史典籍，可以说是中国古代散文最早的经典，但是它的句式还比较简单，篇章结构一般也很简短，语言也不够丰富。之后的先秦诸子著作又有很大的发展，都是十分优秀的散文。但是，直到《春秋左氏传》的出现，中国散文才有了叙事完整、内容翔实、人物形象的刻画丰满而生动的文学作品。

《古文观止》的编者首要注重的是文学性，没有收录《尚书》和先秦诸子的散文，而是从《春秋左氏传》中选出了34篇精彩文章，这些文章的记事、议论都堪称经典。汉代散文以司马迁的《史记》为重点，是非常有眼光的。唐宋时代则以唐宋八大家为重点，选78篇之多，也是出于“选古文之成者”的深切用心，极有益于后世的学者。唐宋八大家都是能够上继先秦诸子、两汉和魏晋优秀文学传统的古文大家，他们的风格也多姿多彩，文章体裁也是各式各样，都堪称典范。编者既注意突出重点，也兼顾了文学史上历代名家、名篇，使此书成为上起先秦下迄明末的优秀散文全编，以便读者可以完整、系统地学习到中国历代散文的精华。

《古文观止》按时代顺序和作家作品编排，共分12卷，集作品222篇，文、散文俱有，以散文为主。既有洋洋洒洒的长篇，也有简短精致的短篇。记史叙事、抒情写景、咏物明志、表彰信札等诸体皆备，全是历来为人们喜爱的名篇。这部书的出现，为后世的古文学习者们提供了极大的方便，可以说一部在手，就能读到中国古代文学史上最有代表性的散文佳作。

本书所选《左传》《国语》《战国策》至《史记》、两汉三国魏晋文、唐宋八大家、明代名篇，展现了中国古代散文发展的全貌。书中增设了辅助性栏目：题解，将古文的创作时代、社会环境加以解说；注释，将难理解的字句作解释，扫除阅读障碍，方便阅读；译文，忠实原作而又明白晓畅，使读者身临其境地体味作品的内涵；写作方法，对文章结构、修辞、文采等多方面进行深入的分析，帮助读者领略作者下笔之绝妙，在阅读的同时提高写作水平。这些栏目或纵向深入，或横向延展，帮助读者准确把握古文的精髓，体悟其蕴涵。

《古文观止》是一部经典的古文选本，我们本着历久弥新的精神，力图把《全注全译古文观止》打造成一部文学性、艺术性与知识性相融合的全文化作品，帮助读者从多方面学习中国古代散文，提高文化素养。

目 录
Contents

卷一

卷二

卷三

卷四

卷五

卷六

卷七

卷八

卷九

卷十

卷十一

卷十二

卷一

《左传》

《左传》是我国第一部叙事详备的编年体史书。它主要依据鲁国国君的世系，记录了从鲁隐公元年（公元前722）至鲁哀公二十七年（公元前468）二百五十四年间，发生在周王朝和各主要诸侯国之间的历史事件。在书末还附有鲁悼公十四年（公元前453）晋国韩、魏、赵三家攻灭智伯之事。

作为一部历史著作，《左传》保存了大量的古代史料，内容涉及春秋时期列国的政治、经济、军事、外交、文化等方面。它的叙事风格委婉详尽，情节富于故事性和戏剧性，它所塑造的历史人物性格鲜明、栩栩如生，人物的对话和论辩思路缜密，生动而具有说服力，处处闪烁着思想和智慧的光芒。它在描写战争方面尤为出色，无论对于事件的前因后果，交战各国的谋略外交，还是战争进行中的重要细节和机变，都叙述得有条不紊，笔调灵活多变，行文详略得当，体现着作者高超的艺术表现力。

至于《左传》的作者，相传是鲁国的史官左丘明，但自唐以后学者多有争议，现在一般认为，《左传》的作者应该是战国早期某个熟悉列国史料的人。

◎郑伯克段于鄢◎

【题解】

本篇叙述了春秋时期，郑庄公和他的弟弟共叔段、母亲姜氏之间权力斗争的故事。公元前722年，郑庄公在鄢地打败了他的胞弟共叔段，还将母亲武姜驱逐到城颍，后经颍考叔规劝，武姜与庄公母子和好如初。

【原文】

初，郑武公娶于申，曰武姜[①]，生庄公及共叔段。庄公寤生[②]，惊姜氏，故名曰寤生，遂恶之。爱共叔段，欲立之。亟请于武公[③]，公弗许。

及庄公即位，为之请制[④]。公曰："制，岩邑也[⑤]。虢叔死焉[⑥]，他邑唯命。"请京[⑦]，使居之，谓之京城大叔。

祭仲曰[⑧]："都城过百雉[⑨]，国之害也。先王之制，大都不过参国之一[⑩]，中五之一，小九之一。今京不度，非制也，君将不堪。"公曰："姜氏欲之，焉辟害[⑪]？"对曰："姜氏何厌之有！不如早为之所，无使滋蔓，蔓，难图也。蔓草犹不可除，况君之宠弟乎！"公曰："多行不义必自毙，子姑待之。"

既而大叔命西鄙[⑫]、北鄙贰于己[⑬]。公子吕曰[⑭]："国不堪贰，君将若之何？欲与大叔，臣请事之；若弗与，则请除之，无生民心。"公曰："无庸[⑮]，将自及。"大叔又收贰以为己邑，至于廪延[⑯]。子封曰："可矣，厚将得众。"公曰："不义不暱，厚将崩。"

大叔完聚[⑰]，缮甲兵，具卒乘，将袭郑。夫人将启之[⑱]。公闻其期，曰："可矣！"命子封帅车二百乘以伐京。京叛大叔段。段入于鄢。公伐诸鄢。五月辛丑，大叔出奔共。

书曰："郑伯克段于鄢。"段不弟，故不言弟[⑲]；如二君，故曰克；称郑伯，讥失教也；谓之郑志。不言出奔，难之也。

遂置姜氏于城颍，而誓之曰："不及黄泉，无相见也。"既而悔之。颍考叔为颍谷封人，闻之，有献于公。公赐之食，食舍肉。公问之，对曰："小人有母，皆尝小人之食矣，未尝君之羹，请以遗之。"公曰："尔有母遗，繄我独无[⑳]！"颍考叔曰："敢问何谓也？"公语之故，且告之悔。对曰："君何患焉！若阙地及泉[㉑]，隧而相见[㉒]，其谁曰不然？"公从之。公入而赋："大隧之中，其乐也融融！"姜出而赋："大隧之外，其乐也泄泄[㉓]。"遂

为母子如初。

君子曰："颖考叔，纯孝也。爱其母，施及庄公㉔。《诗》曰：'孝子不匮㉕，永锡尔类㉖。'其是之谓乎！"

【注释】

①武姜："武"是丈夫的谥号，"姜"是娘家的姓氏。②寤生：难产。③亟（qì）：屡次。④制：郑国地名，在今河南荥阳西北。⑤岩邑：险要的城邑。⑥虢叔：东虢国国君。⑦京：郑国地名，在今河南荥阳东南。⑧祭仲：郑国大夫，字足。⑨雉：古代计算城墙长度的单位，长三丈高一丈为一雉。⑩参国之一：国都城墙的三分之一。⑪辟：通"避"。⑫鄙：边界的城镇。⑬贰：双方共有。⑭公子吕：郑国大夫。⑮庸：用。⑯廪延：郑国地名，在今河南延津北。⑰完聚：指修治城郭、集结兵力。⑱启之：指开城门做内应。⑲弟（tì）：通"悌"。指对兄长敬爱顺从。⑳繄（yī）：句首语气词。㉑阙：通"掘"。㉒隧：掘地而成隧道。㉓泄泄（yì）：形容快乐的样子。㉔施（shī）：扩展。㉕匮（kuì）；匮乏，断绝。㉖锡：推及，影响。

【译文】

当初郑武公从申国娶来妻子，就是后来的武姜，生了郑庄公和共叔段。庄公出生时分娩很难，惊吓了姜氏，因而给庄公取名为"寤生"，于是厌恶他。姜氏喜爱共叔段，想立其为储君，屡次请求武公，武公都不答应。

等到庄公即位，姜氏为共叔段请求制邑。庄公说："制是险要之地，虢叔曾死在那里。别的地方听您吩咐。"姜氏于是为共叔段请求京邑，庄公便叫共叔段居住在了那里，称为京城太叔（"大"通"太"）。

祭仲说："城墙边长超过三百丈，就是国家的祸害。先王的制度：大都市的城墙，长不超过国都城墙的三分之一；中等城市，不超过国都城墙的五分之一；小城市，不超过国都城墙的九分之一。如今京邑太大，不合制度，您将受不了。"庄公说："姜氏要这样，如何躲避祸害呢？"回答说："姜氏怎会满足？不如早作打算，不要使其滋长蔓延，一旦滋生成长起来就难以对付了。蔓延的草还难得清除，何况您被宠爱的弟弟呢？”庄公说：“不义之事做多了必然会自取灭亡，你姑且等着罢！”

不久，太叔命令西部和北部边境的一些地方一方面听从庄公，一方面听从自己。公子吕说：“国家不能忍受这样两面受命，您打算怎么办？如果您想将王位让给太叔，我就请求去侍奉他；如果您不想让位给他，就请您除掉他，不要使人民有二心。”庄公说：“用不着，他会自取其祸的。”太叔又进一步把西鄙、北鄙二地据为己有，还延伸到廪延。公子吕对庄公说：“行了，他羽翼已丰，会得到更多拥戴者。”庄公说：“他对君王不义，不顾手足之情，势力雄厚，反而会垮掉。”

太叔巩固城防，聚积粮草，修缮军备，准备兵士战车，打算偷袭庄公，姜氏也作为内应，想替他开启城门。庄公听到他举兵的日期，说：“可以了！”于是命令公子吕率战车二百辆讨伐京城。京城民众反叛了太叔。太叔逃往鄢邑。庄公又命令讨伐鄢邑。五月二十三日，太叔逃往共国。

《春秋》上说：“郑伯克段于鄢。”共叔段不顾兄弟情谊，所以不用“弟”字；交战双方好像两个国君，所以用“克”字。称庄公为“郑伯”是讥讽他对弟弟不加管教，也符合郑国人民的意思。而不写太叔“出奔”，是责难庄公有杀弟的动机。

庄公把姜氏安置在城颍，发誓说：“不到黄泉，不再相见！”不久又后悔了。颍考叔是颍谷的地方官，听说这事，便来到国都，说是有礼献于庄公。庄公赐宴，吃饭时，颍考叔把肉放在一旁不吃。庄公问他原因，他回答说：“我有老母，我的食物她都尝遍了，却没尝过您的菜肴，我想留给她尝尝。”庄公说：“你有母亲可以孝敬，我却没有。”颍考叔说：“敢问这是什么意思？”庄公告诉他其中的缘故，并且讲出自己的悔意。颍考叔回答说：“君王有什么好忧虑的！若掘地见泉，在隧道里相见，谁能有非议？”庄公依从了他的办法。庄公进入隧道，唱道：“大隧之中，其乐融融。”姜氏从隧道中出来，唱道：“大隧之外，心情愉快。”于是母子又和好如初了。

君子说："颍考叔的孝顺是纯正的。他孝敬爱戴自己的母亲，又用这样的孝敬和爱戴影响了庄公。《诗经》上说：'孝子之心不尽不竭，会推及影响到他的族类。'说的就是颍孝叔这样的人罢！"

【写作方法】

本文记事绵亘二十多年，资料虽多，却整饬不乱；人物言语虽少，却形象丰满。它以郑庄公、武姜、共叔段之间的矛盾为中心，庄公的奸猾、武姜的偏私、共叔段的骄纵，跃然纸上。如大臣反对庄公放纵兄弟时，庄公以"姜氏欲之，焉辟害""无庸，将自及"等话作答，其老谋深算可见一斑。

◎周郑交质◎

【题解】

本篇就周王室与郑国之间交换人质以明各自诚信，而后又因种种芥蒂反目成仇的事情，阐述了作者"信不由中，质无益也"（言不由衷，交换人质也没有用）的观点。文章在客观上也反映了其时周室衰微，无力驾驭诸侯的历史背景。

【原文】

郑武公、庄公为平王卿士。王贰于虢，郑伯怨王。王曰："无之。"故周郑交质。王子狐为质于郑，郑公子忽为质于周。王崩，周人将畀虢公政①。四月，郑祭足帅师取温之麦②。秋，又取成周之禾。周郑交恶。

君子曰："信不由中，质无益也。明恕而行，要之以礼③，虽无有质，谁能间之？苟有明信，涧、溪、沼、沚之毛④，蘋、蘩、蕰、藻之菜⑤，筐、筥、锜、釜之器⑥，潢污行潦之水⑦，可荐于鬼神，可羞于王公，而况君子结二国之信，行之以礼，又焉用质？《风》有《采蘩》《采蘋》，《雅》有《行苇》《泂酌》，昭忠信也。"

【注释】

①畀（bì）：托付，给予。②祭足：郑国大夫。温：周地名。③要（yāo）：约束。④毛：草。⑤蘋（pín）、蘩（fán）、薀（wēn）、藻：均为野菜。⑥筐、筥（jǔ）、锜（qí）、釜：四种容器。⑦潢污：积水。行（xíng）潦（lǎo）：流动的水。潦，路上的流水。

【译文】

郑武公、庄公父子先后任周平王的执政大臣，平王又兼用虢公。庄公抱怨，平王说："没有这事。"因此周与郑便交换人质。平王之子狐为人质去往郑国，庄公之子忽为人质前往周朝。平王驾崩，周王朝想把国政全部托付给虢公。四月，郑国的祭足领兵割取温地的麦子。秋，又割取成周的谷子。周王朝和郑国遂彼此仇恨。

君子说："言不由衷，交换人质也没有用。明确互相谅解的原则而后行动，又根据礼制加以约束，即使没有人质，谁能使其产生隔阂？假若互信互谅，那涧、溪、沼、沚的草，萍、蘩、水藻一类的野菜，方筐、圆筐、蒸锅、炒锅一类的器皿，甚至地面上的积水与流水，都可以敬献鬼神，贡奉给王公；何况君子于两国间建立信赖关系，按照礼仪行事，又何必用人质？《诗经·国风》有《采蘩》《采蘋》，《大雅》有《行苇》《泂酌》，这四篇诗都是昭示忠实和信赖的。"

【写作方法】

此文通篇从"信"和"礼"二字着眼。文章将周王室与郑国并称为"二国"，对这种"君不君，臣不臣"的状况进行了委婉讽刺。本文神闲致远，笔挟飞霜，虽寥寥九十余字，却抵得上他人滔滔不绝千万言，不愧为一篇奇文！

◎石碏谏宠州吁◎

【题解】

大臣石碏劝谏卫庄公早立储君，爱子应该以教导其遵从规矩道义为准则，不应过度宠溺而使其骄奢淫逸，最后造成祸乱。卫庄公不听劝阻，还是没有原则地宠爱公子州吁，但最终立桓公为君。后来骄纵的州吁犯上作乱，杀了卫桓公而自立为王。

【原文】

卫庄公娶于齐东宫得臣之妹[①]，曰庄姜，美而无子，卫人所为赋《硕人》也。又娶于陈[②]，曰厉妫，生孝伯，蚤死[③]。其娣戴妫生桓公[④]，庄姜以为己子。公子州吁，嬖人之子也[⑤]。有宠而好兵，公弗禁。庄姜恶之。

石碏谏曰[⑥]：“臣闻爱子，教之以义方，弗纳于邪。骄、奢、淫、佚，所自邪也。四者之来，宠禄过也。将立州吁，乃定之矣；若犹未也，阶之为祸。夫宠而不骄，骄而能降，降而不憾，憾而能眕者[⑦]，鲜矣。且夫贱妨贵，少陵长，远间亲，新间旧，小加大，淫破义，所谓‘六逆’也。君义，臣行，父慈，子孝，兄爱，弟敬，所谓‘六顺’也。去顺效逆，所以速祸也。君人者，将祸是务去，而速之，无乃不可乎？”

弗听。其子厚与州吁游，禁之，不可。桓公立，乃老[⑧]。

【注释】

①东宫：太子之宫，此处意指太子。②陈：春秋时国名，妫姓。③蚤：通“早”。④娣：妹妹。⑤嬖人：受宠的姬妾。⑥石碏（què）：卫国大夫。⑦眕（zhěn）：自安自重。⑧老：告老。

【译文】

卫庄公娶了齐国太子得臣的妹妹，名叫庄姜，她美丽却没有儿子，卫国人就是为她写了《硕人》这篇诗。庄公又从陈国娶来名叫厉妫的女子，生下孝伯，很小就死了。厉妫随嫁的妹妹，生桓公，庄姜把他看作是自己的儿子。公子州吁是庄公的宠妾所生，受到庄公的宠爱，州吁喜欢玩弄武器，庄公不禁止，庄姜厌恶他。

石碏劝庄公说："臣听说怜爱儿子就要教他道义规矩，不让他走上邪路。骄傲、奢侈、放荡、安逸是走上邪路的开始。四种恶习的产生是由于过分的宠爱和过多的赏赐。您若想立州吁为太子，就定下来；若还没有，过度的宠爱会导致祸患。受到宠爱却不骄傲，骄傲却安于地位低下，地位低下却能不怨恨，怨恨却能克制自己的，这样的人太少了。而且卑贱妨害尊贵，年少驾凌年长，疏远离间亲近，新人离间旧人，弱小欺侮强大，淫荡破坏道义，此所谓'六逆'。君王仁义，臣下恭行，为父慈善，为子孝顺，为兄爱护，为弟恭敬，此所谓'六顺'。舍顺而学逆，就会招致祸害的加速到来。作为人君，本应务必消除祸害，而今却使之加速到来，恐怕不可以吧？"

庄公不听劝。石碏的儿子石厚和州吁来往密切，石碏禁止，石厚不听。等到庄公死了，桓公即位，石碏便告老还乡了。

【写作方法】

此文用顶真（以上句尾字作为下句首字）的修辞手法，如"夫宠而不骄，骄而能降"，语意连贯，一气呵成，所以文中说理环环相扣，层次井然，颇有气势。这种写法感染力很强，后来还运用到诗歌当中，南朝民歌《西洲曲》便是一例。

◎臧僖伯谏观鱼◎

【题解】

鲁隐公打算去远离国都的棠地观看渔人捕鱼的活动，臧僖伯认为这样率性任意的行为不合礼法，是自乱其政。但隐公不听劝谏，以公务为名前往，最终被史书记下了不光彩的一笔。

【原文】

春，公将如棠观鱼者①。

臧僖伯谏曰②："凡物不足以讲大事，其材不足以备器用，则君不举焉。君将纳民于轨、物者也③。故讲事以度轨量谓之轨，取材以章物采谓之物。不轨不物，谓之乱政。乱政亟行④，所以败也。故春蒐⑤，夏苗⑥，秋狝⑦，冬狩⑧，皆于农隙以讲事也。三年而治兵，入而振旅⑨。归而饮至，以数军实。昭文章⑩，明贵贱，辨等列，顺少长，习威仪也。鸟兽之肉，不登于俎⑪，皮革、齿牙、骨角、毛羽不登于器，则君不射，古之制也。若夫山林、川泽之实，器用之资，皂隶之事⑫，官司之守，非君所及也。"

公曰："吾将略地焉⑬。"遂往。陈鱼而观之。

僖伯称疾不从。

书曰"公矢鱼于棠⑭"，非礼也，且言远地也。

【注释】

①鱼：通"渔"，捕鱼。②臧僖伯：鲁国公子。③轨、物：法度和礼制。④亟：屡次。⑤春蒐（sōu）：指在春天猎取没有怀孕的野兽。⑥夏苗：指在夏天猎取危害庄稼的野兽。⑦秋狝（xiǎn）：指在秋天出猎。⑧狩：围猎。⑨振旅：整顿军队。⑩文章：花纹和色彩。⑪俎（zǔ）：古代祭祀、宴会时盛肉类等食品的器皿。⑫皂隶：差役。⑬略：巡视。⑭矢：通"施"，陈列。

【译文】

隐公五年春天，鲁隐公打算到棠邑观看捕鱼。

臧僖伯劝谏说："一切事物，不和国计民生的大事相关，材料不能用来制作礼器兵器，国君就不要去理会它。国君是使臣民行为符合于法度和礼制的人。所以，通过讲习大事来衡量法度规范是否得当称为正轨，选取材料制作器物以明等级文彩称为礼制。不合法度规范、无关礼制的行动则称为乱政。屡次实行乱政，就会导致衰败。所以春夏秋冬的田猎都是在农闲时讲习大事的行动。每三年出城进行大演习，进城便整顿军队，而后到宗庙宴饮，祭告宗庙，清点军用器物，计算田猎的收获。这是为了显示车旗器用上的文彩，区分尊贱，辨别等级，顺序排列长幼的次序，演习上下的威仪啊。鸟兽的肉不能放进祭器作为祭品，皮革、齿牙、骨角、毛羽等物不能用来制作装饰祭器，国君就不必亲自去射取，这是古代传下来的制度。至于山林、河湖的产品采收，一般器具材料的取得，这是差役们的工作，有专门的部门负责，不是国君应该管的。”

隐公说：“我准备巡视地方。”于是去了，在那里陈列各种捕鱼的器具，加以观赏。

僖伯托病不随行。

《春秋》上说“公矢鱼于棠”，认为这种行为不合礼法，并且讽刺鲁隐公跑到那远离国都的地方去观看捕鱼。

【写作方法】

臧僖伯对鲁隐公的一番话，是全文的重点。这段话侃侃二百多字，却只字不提“观鱼”二字，似乎游离了劝谏的主题，其实并非如此。臧僖伯劝隐公应该“纳民于轨、物”，“明贵贱，辨等列”，而不该关心“山林、川泽之实，器用之资，皂隶之事，官司之守”，后者实际上包含了“观鱼”。臧僖伯避谈“观鱼”，可以减少来自隐公的阻力。

◎郑庄公戒饬守臣◎

【题解】

公元前 712 年，齐、鲁、郑三国一起征伐弱小的许国。许国被占领后，齐、鲁将许国让给郑国。郑庄公派人协理郑国政事的同时，发表了一番委婉曲折的言辞，使许国“名正言顺”地成为郑国的附庸。

【原文】

秋七月，公会齐侯、郑伯伐许。庚辰①，傅于许②。颍考叔取郑伯之旗“蝥弧”以先登③，子都自下射之④，颠。瑕叔盈又以蝥弧登⑤，周麾而呼曰：“君登矣！”郑师毕登。壬午⑥，遂入许。许庄公奔卫。齐侯以许让公。公曰：“君谓许不共⑦，故从君讨之。许既伏其罪矣。虽君有命，寡人弗敢与闻。”乃与郑人。

郑伯使许大夫百里奉许叔以居许东偏⑧，曰：“天祸许国，鬼神实不逞于许君⑨，而假手于我寡人，寡人唯是一二父兄不能共亿⑩，其敢以许自为功乎？寡人有弟，不能和协，而使糊其口于四方，其况能久有许乎？吾子其奉许叔以抚柔此民也，吾将使获也佐吾子。若寡人得没于地，天其以礼悔祸于许，无宁兹许公复奉其社稷。唯我郑国之有请谒焉，如旧昏媾⑪，其能降以相从也。无滋他族实逼处此，以与我郑国争此土也。吾子孙其覆亡之不暇，而况能禋祀许乎⑫？寡人之使吾子处此，不惟许国之为，亦聊以固吾圉也⑬。”乃使公孙获处许西偏，曰：“凡而器用财贿⑭，无置于许。我死，乃亟去之。吾先君新邑于此⑮；王室而既卑矣⑯，周之子孙日失其序。夫许，大岳之胤也⑰。天而既厌周德矣，吾其能与许争乎？”

君子谓：“郑庄公于是乎有礼。礼，经国家，定社稷，序人民，利后嗣者也。许，无刑而伐之，服而舍之，度德而处之，量力而行之，相时而动，无累后人，可谓知礼矣。”

【注释】

①庚辰：初一。②傅：逼近，迫近。③颍考叔：郑国大夫。④子都：郑国大夫。⑤瑕叔盈：郑国大夫。⑥壬午：即七月即三日。⑦共：恭顺。⑧许叔：许庄公的弟弟。⑨逞：满意。⑩共亿：相安。⑪昏媾：婚姻。昏，

通“婚”。⑫禋（yīn）祀：本指升烟祭天以求福，这里泛指祭祀。⑬圉（yǔ）：边境。⑭而：通“尔”，你。⑮先君：指郑武公。⑯卑：衰落。⑰大岳：传说为尧舜时候的四方部落首领。胤（yìn）：后代。

【译文】

隐公十一年秋七月，鲁隐公会合齐僖公、郑庄公攻打许国。初一这一天，军队迫近许城。颍考叔拿着郑庄公的大旗“蝥弧”抢先登城，子都从下边用箭射他，颍考叔从城上跌落下来。瑕叔盈又拿着蝥弧旗登上城头，挥动着旗子向四周大喊道：“国君登城了！”郑国的军队于是全部登城。初三这一天，军队占领了许国。许庄公逃往卫国。齐僖公要把许国让给隐公。隐公说：“君侯说许国不恭敬，我于是跟从君侯前来讨伐。许国既然已经伏罪，虽然君侯有命，我也是不敢接受的。”于是把许国让给了郑庄公。

郑庄公派许国大夫百里侍奉许庄公弟许叔居住在许国的东部边境上，说：“上天降祸于许国，鬼神实在对许国国君不满意，便借我的手来惩罚他，我只有一两位同姓的臣属，尚且不能平安相处，岂敢把攻占许国作为自己的功绩呢？寡人有个弟弟，不能与我亲爱和睦，因为我的原因现在还在四处求食，更何况长久地占有许国呢？您侍奉许叔来安抚这里的百姓，我将让公孙获来帮助您。若是我死后得以埋葬于地下，上天又依照礼法收回了加于许国的祸害，宁可使许庄公重新来治理他的国家。那时，只要我郑国有所请求，许国就会像亲戚一样，能够诚心允许郑国，不使他国乘机强住在这里，逼迫我们，和我们郑国争夺这块土地。我的子孙挽救危亡都来不及，何况是占领许国的土地呢？我之所以使你们居住在这里，不单是为了许国，也是借此来暂时巩固我的疆土。”于是又让公孙获居住在许国的西部边境上，对他说：“凡是你的器用财货，不要放在许国之内。我死以后，就赶快离开这里。我的先父在这里新建城邑，周王朝既然已经衰落了，周朝的子孙们互相之间的攻伐日益严重，秩序日益混乱。许国，是太岳的后代，上天既然已经厌弃了周朝，我怎能还与许国相争呢？”

君子说："郑庄公在这件事上的做法合于礼。礼是治理国家、安定社稷，使百姓有所秩序，使后代受益的东西。许国，是因不合礼法才去讨伐它，服罪了就宽恕它，度量自己的德行后才与人相处，衡量自己的力量后才做出举动，看清形势才行动，不连累后代，可以说是懂得礼了。"

【写作方法】

郑庄公的言辞委婉曲折。他一会儿为许国考虑，一会儿又为郑国算计，语语放宽，字字放活。文中三次提到"天"字，庄公想表达的意思是，事情的成败，完全取乎于天，而他只是顺应天意罢了。更妙的是，后面又用了四个"乎"字，庄公吞吞吐吐，表面上看是心口相商，实际是精明至极，从中可见庄公一代奸雄的形象。

◎臧哀伯谏纳郜鼎◎

【题解】

公元前 710 年，宋国的太宰华都杀死了宋国大臣孔父嘉，占有了他的妻子，之后又杀害宋殇公，立宋殇公的儿子公子冯做了国君。这年三月，齐、鲁、郑、陈四国承认了华都的新政权。华都为拉拢四国，就向四国行贿。其中，鲁国得到的贿赂是郜鼎。鲁国大臣臧哀伯担心鲁国接受郜鼎不合于礼，便向鲁桓公劝谏，指出这是"非礼"的行为。

【原文】

夏四月，取郜大鼎于宋[①]，纳于大庙。非礼也。

臧哀伯谏曰[②]："君人者，将昭德塞违，以临照百官，犹惧或失之，故昭令德以示子孙。是以清庙茅屋[③]，大路越席[④]，大羹不致[⑤]，粢食不凿[⑥]，昭其俭也。衮、冕、黻、珽[⑦]，带、裳、幅、舄[⑧]，衡、紞、纮、綖[⑨]，昭其度也。藻、率、鞞、鞛[⑩]，鞶、厉、游、缨[⑪]，昭其数也。火、龙、黼、黻[⑫]，昭其文也。五色比象，昭其物也。钖、鸾、和、铃[⑬]，昭其声也。三

辰旂旗[14]，昭其明也。夫德，俭而有度，登降有数，文、物以纪之，声、明以发之，以临照百官，百官于是乎戒惧而不敢易纪律。今灭德立违，而置其赂器于大庙，以明示百官。百官象之，其又何诛焉？国家之败，由官邪也。官之失德，宠赂章也。郜鼎在庙，章孰甚焉？武王克商，迁九鼎于洛邑，义士犹或非之，而况将昭违乱之赂器于大庙，其若之何？"公不听[15]。

周内史闻之[16]，曰："臧孙达其有后于鲁乎！君违，不忘谏之以德。"

【注释】

①郜（gào）：国名，在今山东城武东南。②臧哀伯：鲁国大夫。③清庙：即太庙。④大路：天子祭祀时用的车。越（kuò）席：蒲草席。⑤大羹（tài）：古代祭祀时用的肉汁。不致：不放调味品。⑥粢（zī）食：此处特指祭祀用的谷物。⑦衮（gǔn）：古代帝王及上公穿的绘有龙的礼服。冕：古代帝王及上公所戴的礼帽。黻（fú）：古代祭服的蔽膝，用熟皮做成。珽（tǐng）：古代帝王所持的玉笏，又称大圭。⑧幅：即缠腿的布。舄（xì）：重木底鞋（古时最尊贵的鞋，多为帝王或大臣穿）。⑨衡、纮（dǎn）、纮（hóng）、綖（yán）：古代冠冕上的四种装饰品。⑩藻、率（lù）：古代放置圭、璋等玉器的垫子。鞞（bǐng）、鞛（běng）：刀鞘和刀鞘上近口处的饰物。⑪鞶（pán）、厉：古代衣服上的大带。游（yóu）：通"旒"，旌旗上的飘带。缨：马鞅。⑫火、龙、黼（fǔ）、黻（fú）：古代礼服上所绣的花纹图案。⑬钖（yáng）、鸾、和、铃：古代车马旌旗上的四种响铃。⑭三辰：指日、月、星。旂（qí）旗：有铃铛的旗子。⑮公：这里指鲁桓公。⑯内史：周朝官名，掌书王命等事。

【译文】

鲁桓公二年夏四月，鲁桓公从宋国取得原属郜国的大鼎，并安放在太庙里，这是不合于礼的。

臧哀伯劝阻说："做人君的，应该发扬美德，阻塞邪恶，以此来作为百官的榜样，还怕有所缺失，所以还要宣扬美德以昭示子孙。因此太庙用茅草盖成，大车用薄草席做垫子，肉汁不调五味，主食不用精米，这样做是为了表明节俭。礼服、礼冠、蔽膝、玉笏、腰带、裙子、裹足、鞋子、横簪、瑱系、帽带、头巾，这些是用来表示等级制度的；玉器的垫子、刀鞘的装饰、束衣的布带、下垂的大带、旌旗的飘带、马鞅，这些是用来表示尊卑等级的；衣上画火、画龙、画黼黻，这些是用来表示贵贱的花纹；用五色来象征天地四方，是为了表明车服器械的颜色；用各种各样的鸾铃来点缀车马旗帜，是为了表明各种声音；将日月星辰画于旗上，是为了表明光彩。讲求美德，就应该节俭而有法度，升降而有等级，用文彩和器物来记录它，用明亮的声音来发扬它，以此来为百官树立榜样，百官因此警醒恐惧，不敢轻视纲纪法律。现在您废弃道德而炫耀有违礼法的行为，把人家贿赂的器物置于太庙之中，把它明明白白地置于百官面前，如果百官也跟着这样做，您又能惩罚谁呢？国家的衰败，是从为官者走入邪路开始的。为官者丧失道德，是由于自恃被宠信而明目张胆地接受贿赂。郜鼎置于太庙之中，什么样的明目张胆接受贿赂能比这更甚呢？周武王打败商朝，将九鼎迁到洛阳，正义之士还有所非议，何况把象征着违背礼法、表明叛乱的贿赂器物放在太庙之中，这怎么能行呢？”隐公不听。

周朝的内史听到了此事，说：“臧孙达在鲁国一定会后继有人吧！君主违背礼制，他没有忘记用道德来加以劝阻。”

【写作方法】

文章开门见山，指出鲁桓公“纳鼎”是“非礼”的行为，这样就奠定了此文的基调，让读者对作者的观点一目了然。臧哀伯的辞令一正一反，他一则说“昭德塞违”，连用七个排比，告诉桓公应当发扬“俭、度、数、文、物、声、明”等美德，可谓气势不凡；一则说“灭德立违”，连用三个反问，说明“纳鼎”的坏处，言语犀利，直刺要害。

◎季梁谏追楚师◎

【题解】

公元前706年，楚武王出兵侵略随国，假装派使臣薳章与随国和谈，随国也派了权臣少师去议和。楚国大臣斗伯比建议楚武王故意懈怠军容，以麻痹少师。少师回国后，告诉随侯楚国军容不整。随侯便想攻打楚军，这时大臣季梁及时制止，他劝随侯不要轻举妄动，又阐述“民为神主，先民后神”的道理。随侯最终听取了季梁的意见。

【原文】

楚武王侵随，使薳章求成焉[①]，军于瑕以待之[②]。随人使少师董成[③]。斗伯比言于楚子曰[④]：“吾不得志于汉东也，我则使然。我张吾三军，而被吾甲兵，以武临之，彼则惧而协以谋我，故难间也。汉东之国随为大。随张，必弃小国。小国离，楚之利也。少师侈，请羸师以张之。”熊率且比曰[⑤]：“季梁在[⑥]，何益？”斗伯比曰：“以为后图，少师得其君。”王毁军而纳少师。

少师归，请追楚师。随侯将许之。季梁止之曰：“天方授楚，楚之羸，其诱我也，君何急焉？臣闻小之能敌大也，小道大淫。所谓道，忠于民而信于神也。上思利民，忠也；祝史正辞[⑦]，信也。今民馁而君逞欲，祝史矫举以祭，臣不知其可也。”公曰：“吾牲牷肥腯[⑧]，粢盛丰备[⑨]，何则不信？”对曰：“夫民，神之主也。是以圣王先成民而后致力于神。故奉牲以告曰‘博硕肥腯’，谓民力之普存也，谓其畜之硕大蕃滋也，谓其不疾瘯蠡也[⑩]，谓其备腯咸有也。奉盛以告曰‘洁粢丰盛’，谓其三时不害，而民和年丰也。奉酒醴以告曰‘嘉栗旨酒’[⑪]，谓其上下皆有嘉德，而无违心也。所谓馨香，无谗慝也。故务其三时，修其五教[⑫]，亲其九族，以致其禋祀[⑬]。于是乎民和而神降之福，故动则有成。今民各有心，而鬼神乏主，君虽独丰，其何福之有？君姑修政而亲兄弟之国，庶免于难。”

随侯惧而修政，楚不敢伐。

【注释】

①薳（wěi）章：人名，楚国大夫。成：讲和。②瑕：春秋时随国地名。③少师：官名。董成：主持讲和之事。④斗伯比：楚国大夫。楚子：指楚武王。⑤熊率（lǜ）且比：人名，楚国大夫。⑥季梁：随国贤臣。⑦祝：掌管祭祀的官。史：掌管祭祀时记事的官。⑧牷（quán）：毛色纯一的牲畜。腯（tú）：肥壮。⑨粢（zī）盛（chéng）：古代盛在祭器内以供祭祀的谷物。⑩瘯（cù）蠡（luó）：疥癣。⑪醴（lǐ）：甜酒。⑫五教：指儒家所宣扬的父义、母慈、兄友、弟恭、子孝五种伦理道德标准。⑬禋祀：此处泛指祭祀。

【译文】

楚武王侵入随国，一面派薳章去和谈，一面在瑕地驻军等待。随国派少师主持和谈。斗伯比对楚武王说："我们在汉水东边一直不能得志，是我们使它这样的。我们扩大我们的军队，整顿我们的军备，凭借武力去逼迫别国，那里的国家因为害怕我们而联合起来对付我们。在汉东诸国中，随国最大。随国要是自高自大，就必然抛弃小国。小国离心，我们就可得利。少师这个人很骄傲，请把我们的军队装成疲弱的样子以助长他的骄傲之气。"熊率且比说："有季梁在，这样做有何益处？"斗伯比说："以后再来对付他，少师正受到随君的信任。"楚武王把军容搞得乱七八糟来接待少师。

少师回去，请求追击楚军。随侯想要答应他。季梁劝阻道："上天正在帮助楚国，楚军的疲弱，是在引诱我们，君侯急什么呢？臣听说小国之所以能够抵抗大国，是因为小国有道，大国无道。所谓道，是忠于百姓而取信于鬼神。居高位的人思考如何让百姓受益，此为忠；祝官史官真实无欺的言辞，此为信。现在百姓饥饿而国君放纵私欲，祝官史官虚报功德来祝告鬼神，我不知道这样是可以的。"随侯说："我祭祀用的牲畜毛无杂色而肥壮，祭器里的黍稷丰盛完备，为什么不能使神灵信任？"季梁回答说："百姓，是鬼神的主人。因此圣明的君主总是把百姓的事情办好，而后才去侍奉神灵。所以奉献牺牲时祷告说'牲口又大又肥'，是说百姓的财力普遍富足；是说他们的牲畜肥大而且繁殖旺盛，没有疾病；是说他们的牲口充足而且品种完备。在奉献黍稷时祝告说‘饭食干净而丰盛’，是说春夏秋三季没有灾害，百姓和睦，收成很好。奉献甘甜的美酒时祝告说‘上好的粮食酿成的美酒’，是说上级和下属都有美德而没有邪恶的心思。讲到祭品的馨香，是说没有谗佞奸邪的小人存在。所以致力于农事，完善伦理规范，与亲族关系紧密，用这些来进行祭祀。因此百姓和睦而鬼神降福，所以行动就能成功。现在百姓各有心思，鬼神没有主人，君侯虽然独自献上丰盛的祭品，又能有什么福降呢？君侯还是先整顿政事，加深和兄弟国家之间的友谊，这才近乎于免除灾难。”

随侯害怕了，从而修明政治，楚国因此而不敢前来攻打。

【写作方法】

楚国君臣本来是想通过示弱诱使敌人骄傲，可大臣熊率且比却给他们泼了一盆冷水，一句“季梁在，何益”为全文埋下了伏笔。下文写少师、随侯中计，照应前面的“羸师以张之”，也跟主要人物季梁形成对比，衬托了他的高明。而季梁的辞令也是对“季梁在，何益”的回应。本文前后照应，结构颇为巧妙。写季梁擅长辞令，又多用排比、判断等句法，如“奉牲以告曰‘博硕肥腯……而无违心也”一段话，就是糅合了两种句法，这样语言便如行云流水一般，让人目不暇接。文末只简单一句“随侯惧而修政，楚不敢伐”，侧面烘托了季梁的贤明，“惧”和“不敢”二词乃传神之笔。此文多处转折，笔力雄健，有山立海飞之势。

◎曹刿论战◎

【题解】

公元前684年的长勺之战，是我国古代战争史上以弱胜强的经典战例之一。本篇讲述的是鲁人曹刿在战前与鲁庄公就是否可以作战而进行的论辩，在作战过程中通过把握时机克敌制胜的精彩指挥，以及他是如何通过战场细节判断敌情，从而做出追击敌军的正确决定。

【原文】

十年春，齐师伐我①。公将战。曹刿请见②。其乡人曰："肉食者谋之，又何间焉？"刿曰："肉食者鄙③，未能远谋。"遂入见。

问："何以战？"公曰："衣食所安，弗敢专也④，必以分人。"对曰："小惠未遍，民弗从也。"公曰："牺牲玉帛⑤，弗敢加也，必以信。"对曰："小信未孚⑥，神弗福也。"公曰："小大之狱，虽不能察，必以情。"对曰："忠之属也⑦，可以一战。战则请从。"

公与之乘。战于长勺⑧。公将鼓之，刿曰："未可。"齐人三鼓，刿曰："可矣！"齐师败绩。公将驰之。刿曰："未可。"下视其辙，登轼而望之⑨，曰："可矣。"遂逐齐师。既克，公问其故。对曰："夫战，勇气也。一鼓作气，再而衰，三而竭。彼竭我盈，故克之。夫大国，难测也，惧有伏焉。吾视其辙乱，望其旗靡⑩，故逐之。"

【注释】

①我：指鲁国。②曹刿（guì）：人名，鲁国人。③鄙：目光短浅。④专：独自享用。⑤牺牲：指古代供祭祀用的猪、牛、羊等牲畜。玉帛：玉器和丝织品。⑥孚：为人所信服。⑦属：类。⑧长勺：鲁地名，在今山东莱芜东北。⑨轼：古代车厢前面供人手扶的横木。⑩靡：倒下。

【译文】

鲁庄公十年春，齐国军队前来攻打鲁国，庄公准备迎击。曹刿请求进见。他的同乡人说："大官们会来谋划的，你又何必参与其间呢？"曹刿说："大官们见识短浅，不能深谋远虑。"于是进见。

（曹刿）问庄公凭什么来作战。庄公说："衣着吃食的享受，不敢独自享用，必然分给别人。"曹刿对答道："小恩小惠不能遍及百姓，百姓是不会跟从您的。”庄公说：“祭祀用的牛羊玉帛，从不敢虚报，必说实话。”曹刿说：“小的诚实不能使神灵信任，神灵是不会赐福的。”庄公说：“大大小小的诉讼官司，虽不能一一明察，但一定做到合情合理。”曹刿答道：“这属于为百姓尽心办事的行为，可以凭这个条件打一仗。作战时请让我跟随您一起去。”

庄公和他同乘一辆兵车。（鲁军）与齐军交战于长勺。庄公将要击鼓进军，曹刿说：“不可。”齐军击鼓三次之后，曹刿说：“可以击鼓进军了。”齐军大败。庄公又要下令追击，曹刿说：“不可。”他下车看了齐军战车的轮迹，又登上车前的横木瞭望齐军撤退的情况，这才说：“可以了。”于是对齐军进行了追击。战胜以后，庄公问他其中的缘故。曹刿回答说：“作战靠的是勇气。击第一通鼓的时候军队的士气便振作了起来；击第二通鼓的时候士气开始减弱；等到击第三通鼓的时候，士气就枯竭了。敌人的士气枯竭而我军的士气旺盛，所以能够战胜他们。大国难以捉摸，恐怕藏有伏兵。我看到他们战车的轮迹杂乱，望见他们的旗子倒下了，确实是在败退，所以才下令追击他们。”

【写作方法】

此文前后对照，首段中的“远谋”为全文埋下一处伏笔，而后面每一部分都对这个“远谋”进行对照和回应，可见，“远谋”乃是全文之骨。

此文以曹刿为重心，段和段之间层层推进、环环相扣，既突出了重点人物曹刿的形象，又烘托出“远谋”的主题。所以，全文是一个相互联系、不可分割的有机整体。

◎子鱼论战◎

【题解】

宋襄公想成为春秋霸主，他曾请求楚国纠合诸侯推选他为霸主，没想到在盟会上被楚人俘虏，不久被释放。公元前638年，宋襄公率兵攻打依附于楚国的郑国，由于他不听大司马公孙固的劝告，一再错失战机，最终战败于泓水。

【原文】

楚人伐宋以救郑。宋公将战，大司马固谏曰①：“天之弃商久矣②，君将兴之，弗可赦也已。”弗听。

及楚人战于泓③。宋人既成列，楚人未既济，司马曰：“彼众我寡，及其未既济也，请击之。”公曰：“不可。”既济而未成列，又以告。公曰：“未可。”既陈而后击之，宋师败绩。公伤股，门官歼焉④。

国人皆咎公。公曰：“君子不重伤⑤，不禽二毛⑥。古之为军也，不以阻隘也。寡人虽亡国之余，不鼓不成列。”子鱼曰：“君未知战。勍敌之人⑦，隘而不列，天赞我也。阻而鼓之，不亦可乎？犹有惧焉。且今之勍者，皆吾敌也。虽及胡耇⑧，获则取之，何有于二毛？明耻教战，求杀敌也。伤未及死，如何勿重？若爱重伤，则如勿伤；爱其二毛，则如服焉。三军以利用也，金鼓以声气也。利而用之，阻隘可也。声盛致志，鼓儳可也⑨。”

【注释】

①大司马：掌管军政的官员。②天之弃商久矣：宋国是商朝的后裔。③泓（hóng）：即泓水名，在今河南柘城西北。④门官：指国君的卫队。⑤重（chóng）伤：再一次伤害。⑥禽：通“擒”。二毛：指头发花白的人。⑦勍（qíng）敌：强劲有力的敌人。⑧胡耇（gǒu）：老人。⑨儳（chán）：不整齐。

【译文】

楚国攻打宋国来救郑国。宋襄公将要应战，大司马公孙固劝谏说：“上天抛弃我商国已经很久了，主公想要复兴，这是得不到宽恕的。”宋襄公不听。

宋军与楚军战于泓水。宋军已经摆好阵势，楚军还没有全部渡河。司马子鱼说：“敌众我寡，趁他们没有完全渡河，请下令攻击他们。”宋襄公说：“不行。”当楚军已经全部渡河，但尚未摆好阵势，司马子鱼又请求攻击。宋襄公说：“不行。”等楚军摆好了阵势，然后才开始攻击，结果宋军大败，宋襄公大腿受伤，卫队也被歼灭了。

宋国人都埋怨宋襄公。宋襄公说：“君子不伤害已经受伤的人，不捉拿头发花白的人。古人作战，不在隘口处阻击敌人。我虽然是已然亡国的商朝的后代，但也不会攻击没有摆好阵势的敌人。”子鱼说：“主公并不懂得战争。强大的敌人，因为地形的狭窄而摆不开阵势，这是上天在帮助我们，这时候对其加以拦截然后攻击他们，不也是可以的吗？就算是这样还怕不能取胜。况且今天这些强悍的楚兵，都是我们的敌人；即使是碰到老人，捉住了就把他抓回来，何况只是头发花白的人！对士兵讲明耻辱，教导作战，是为了杀死敌人。敌人受了伤但还没有死，为什么不能再次攻击使其毙命？如果是因为怜悯那些受伤的人而不想再次加以伤害，那还不如开始就不要击伤他。同情年长的敌人，还不如向他们投降。用兵讲求抓住有利的条件和时机，那么即使是在险阻隘口的地方打击敌人，也是应该的；锣鼓响亮是为了振作士气，那么攻击没有摆开阵势的敌人也是可以的。”

【写作方法】

写子鱼论述战争的时候，文中多用四言句式，同时又夹杂着五言、六言，这样写既赋予文章整饬感，又衔接得当，使全文一气呵成，感情充沛。同时，子鱼的辞令中多判断句式和反问句式，从“勍敌之人”一直到“阻隘可也”，三个反问句、五个判断句，强调了子鱼所说的打仗应以取胜为先的观点。反问句和判断句交叉使用，层次鲜明，言辞有力，读起来酣畅痛快。

◎寺人披见文公◎

【题解】

公元前625年，晋国大臣吕甥、郤芮密谋纵火烧死晋文公。宦官寺人披得知此事后，求见晋文公。寺人披此前曾两次刺杀文公，文公不想见他。后经寺人披一番合情合理的辩白，文公才答应接见他。寺人披告诉文公吕甥和郤芮的阴谋，这才避免了一场祸乱的发生。

【原文】

吕、郤畏逼①，将焚公宫而弑晋侯。寺人披请见②。公使让之，且辞焉，曰："蒲城之役，君命一宿，女即至。其后余从狄君以田渭滨，女为惠公来求杀余，命女三宿，女中宿至。虽有君命，何其速也？夫袪犹在③，女其行乎！"对曰："臣谓君之入也，其知之矣。若犹未也，又将及难。君命无二，古之制也。除君之恶，唯力是视。蒲人、狄人，余何有焉？今君即位，其无蒲、狄乎！齐桓公置射钩而使管仲相，君若易之，何辱命焉？行者甚众，岂唯刑臣④！"

公见之，以难告。晋侯潜会秦伯于王城⑤。己丑晦⑥，公宫火。瑕甥、郤芮不获公，乃如河上，秦伯诱而杀之。

【注释】

①吕、郤（xì）：即吕甥、郤芮，二人都是晋惠公的亲信旧臣。②寺人：即后世所说的宦官。③袪（qū）：衣袖。④刑臣：宦官的自称。⑤秦伯：指秦穆公。王城：秦国地名，在今陕西大荔东。⑥己丑：三月二十九日。晦：阴历每月的最后一天。

【译文】

吕甥、郤芮因为害怕受到迫害，要放火焚烧晋文公的宫殿以杀死晋文公。

寺人披请求进见，晋文公派人责备他，并且拒绝接见，说："在蒲城发生的事情，国君命令你第二天到达，你立刻就到了。后来我陪同狄国国君在渭水边上打猎，你为了惠公前来杀我，惠公命令你三天到达，你两天就到了。虽然有国君的命令，何至于如此迅速？那只袖子还在，你走吧！"寺人披回答道："我认为君侯此次回国，已经明白了君臣之间的道理。如果还没有明白，那么就又有灾难要临头了。国君的命令是不可违背的，这是古代的制度。为了除去国君所厌恶的人，自己有多大力量就要尽多大力量。至于国君厌恶的人，是蒲人还是狄人，对我来说有什么相干呢？现在君侯即位，难道就没有在蒲、狄时那样的祸事了吗！齐桓公把管仲箭射自己衣带钩的事放在一边，而让他来辅佐自己，君侯想要改变这样的做法，还用烦劳您下命令吗？离开晋国的人会很多，难道只有我一个受过宫刑的小臣吗？"

晋文公于是接见了他，寺人披把将要发生的灾难告诉了文公。晋文公偷偷地到王城去会见秦穆公，商讨这件事。三月的最后一天，晋文公的宫殿起了火。吕甥、郤芮没有找到晋文公，于是跑到黄河边上，秦穆公将他们诱捕后杀掉了。

【写作方法】

由于寺人披曾参与刺杀晋文公，所以晋文公不肯见他，这样寺人披就面临着一个相当棘手的问题，即如何能让晋文公接纳自己。于是他先以"君命无二""唯力是视"为自己辩解，说以前的举动不过是听从了君王之命，罪不在己，以图为自己洗脱刺杀晋文公的罪名；继而他又举出齐桓公"置射钩而使管仲相"的故事，以管仲喻指自己，以齐桓公暗指晋文公，目的是为了说服晋文公应不计前嫌，这样一来，晋文公的介怀之心大减。通过这两层自辩，寺人披既表达了自己的忠心，又使晋文公改变了态度，可谓一举两得。此外，寺人披还以"行者甚众""又将及难""其无蒲、狄乎"来暗示文公，若是文公不能尽释前嫌，那就会导致祸患。寺人披言辞平缓却隐藏机锋，从中也可见到他识时务、晓利害的特点；而他所说的"君命无二""唯力是视"也反映了他的反复无常。

◎介之推不言禄◎

【题解】

晋国公子重耳曾在外流亡三年，介之推一直追随他左右，有一次还割下自己大腿上的肉为重耳充饥。后来，重耳返回晋国，登上了王位，他就是晋文公。晋文公为表彰有功之臣，对他们进行了封赏，唯独介之推没有获得封赏，而他也没有主动向文公邀功。此文通过介之推与母亲的一番话，表现了介之推耿介廉洁的情操。

【原文】

晋侯赏从亡者，介之推不言禄，禄亦弗及①。

推曰："献公之子九人，唯君在矣。惠、怀无亲，外内弃之。天未绝晋，必将有主。主晋祀者，非君而谁？天实置之，而二三子以为己力，不亦诬乎？窃人之财，犹谓之盗，况贪天之功以为己力乎？下义其罪，上赏其奸，上下相蒙，难与处矣。"其母曰："盍亦求之？以死，谁怼②？"对曰："尤而效之，罪又甚焉。且出怨言，不食其食。"其母曰："亦使知之，若何？"对曰："言，身之文也；身将隐，焉用文之？是求显也。"其母曰："能如是乎？与汝偕隐。"遂隐而死。

晋侯求之不获，以绵上为之田③。曰："以志吾过，且旌善人。"

【注释】

①禄：禄赏，赏赐。②怼（duì）：怨恨。③绵上：介之推隐居处，在今山西介休东南。

【译文】

晋文公奖赏跟随他逃亡的人，介之推不求爵禄，而赏赐爵禄的时候也没有考虑到他。

介之推说：“献公有九个儿子，只有君侯还活在世上。晋惠公、晋怀公没亲近的人，国外、国内都厌弃他们。上天还没有想让晋国灭亡，所以晋国一定会等到贤明的君主。能主持晋国祭祀大典的人，不是君侯又能是谁呢？这实在是上天要立他为君，而那几个人却认为是自己的力量所致，这不是欺骗吗？偷别人的财物，尚且叫作盗窃，何况是贪上天之功以为是自己的力量所致呢？下面的人把自己的罪过当成正义，上面的人又奖赏他们的奸欺，上下相互蒙蔽，难以和他们相处。”他母亲说：“你为什么不去请求赏赐呢？就这样死去，又能怨恨谁呢？”介之推回答说：“明知错误而去效仿，罪过就重了。况且我已口出怨言，不能再吃他的俸禄了。”他母亲说：“也要让君侯知道一下此事，怎样？”介之推答道：“言语，是用来表白自己的。自身将要隐退，哪里还用得着表白？这样做就是想要求得显达了。”他母亲说：“你能够这样吗？我同你一起隐居吧。”于是便隐居到死。

晋文公寻访他们不到，就把绵上作为他的封田，说：“用这来记录我的过失，并且表彰善良的人。”

【写作方法】

介之推母亲一共说了三句话，第一句说“盍亦求之？以死，谁怼”，表面上看起来，是对介之推行为的不理解和埋怨，实则在此处埋下一伏笔；第二句说“亦使知之，若何”，态度则和缓了许多；当儿子表示“身将隐”时，她才表达了自己“与汝偕隐”的心意。介子推之所以能够隐居山野，在很大程度上是其母促成的。三句文字味道不同，却能从中看出介子推母亲的深邃智慧。

◎展喜犒师◎

【题解】

公元前634年，齐孝公派兵征伐鲁国。此时，齐桓公虽已故去，但齐国国力依旧不容小觑。鲁国害怕齐国，就派大臣展喜作为使者去犒劳齐师，说退齐孝公。展喜不辱使命，成功解了鲁国之围。

【原文】

齐孝公伐我北鄙①，公使展喜犒师②，使受命于展禽③。齐侯未入竟，展喜从之，曰："寡君闻君亲举玉趾，将辱于敝邑，使下臣犒执事④。"齐侯曰："鲁人恐乎？"对曰："小人恐矣，君子则否。"齐侯曰："室如悬罄⑤，野无青草，何恃而不恐？"对曰："恃先王之命。昔周公、大公⑥，股肱周室⑦，夹辅成王。成王劳之，而赐之盟。曰：'世世子孙，无相害也。'载在盟府⑧，太师职之。桓公是以纠合诸侯，而谋其不协，弥缝其阙，而匡救其灾，昭旧职也。及君即位，诸侯之望曰：'其率桓之功⑨。'我敝邑用不敢保聚，曰：'岂其嗣世九年，而弃命废职？其若先君何？'君必不然。恃此以不恐。"齐侯乃还。

【注释】

①我：指鲁国。②展喜：人名，鲁国大夫，展禽的弟弟。③展禽：姓展，名获。④执事：原指君主左右办事的人，实指齐孝公，这里是客气的说法。⑤悬罄（qìng）：器中空。形容屋内空空，一无所有，贫穷之极。⑥周公：周公旦。大公：姜太公。⑦股肱（gōng）：帝王左右辅助得力的人。⑧载：指盟约。盟府：古代掌管盟约的官府。⑨率：遵行，遵循。

【译文】

齐孝公领兵攻打我国北部边境，鲁僖公派展喜去犒劳齐军，让他先向展禽请教犒劳时的辞令。齐孝公还没有进入我国国境，展喜就出境迎上去，说："我们的君王听说您亲自出动大驾，将要屈尊光临敝邑，于是派遣我来犒劳您的侍从。"齐孝公问："鲁国人害怕吗？"展喜回答道："小人害怕，君子就不怕。"齐孝公说："房屋像悬挂的磬，四野空无青草，凭什么不害怕？"展喜回答说："凭借先王的遗命。从前周公、齐太公均是周朝股肱之臣，两人协力辅佐成王。成王慰劳他们，赐他们结盟，说：‘世世代代的子孙都不要互相侵害。’这个盟约还保存在盟府里，由太师掌管着。桓公因此而集合诸侯，解决他们间的纠纷，弥补他们的过失，救助他们的灾难，这样做是为了显扬齐国君主过去的职责。到了您即位，诸侯们盼望说：‘他将会继承桓公的功业吧！’我们因此不敢聚众而加以防卫，说：‘难道他即位刚九年，就丢弃了先王的遗命，废弃了自己的职责吗？他把先君放到了什么位置啊？我想您必然不会这样。’我们是靠着这个才不害怕的。”齐孝公于是领兵回国了。

【写作方法】

在本篇中，展喜的言辞共有三处。第一处言辞为第二处言辞做铺垫，是下文的引言；第二处言辞中的“小人恐矣”对照齐侯“鲁人恐乎”的问题，展喜采取先扬后抑的方法，刚上来先放纵齐侯，使其骄傲自大。后面一句“君子则否”给齐侯泼了一盆冷水，这样既避免了针锋相对，又能化被动为主动，扭转所处的不利形势。同理，针对齐侯“何恃而不恐”的问题，展喜在第三处言辞中又以“君子则否”应答。展喜为何说“君子则否”呢？原因有两个，第一个是鲁人“恃先王之命”，周公和姜太公曾立下“世世子孙，无相害已”的誓言，这是借先祖的权威告诫齐侯不要僭越先人的规矩。第二个是各国诸侯钦佩齐侯的威望，希望齐侯能“昭旧职”，也就是成就霸业，这是为了用“霸主”的名分钳制住齐侯，使他不敢做出过分之举。透过这些话语，我们能清晰地看出展喜的机智与善于揣摩别人心理的个性特点。

◎烛之武退秦师◎

【题解】

公元前632年，晋国和楚国大战于城濮，结果楚国大败，晋国的霸业完成。在城濮之战中，郑国曾协助楚国一起攻打晋国，而且晋文公年轻时流亡到郑国，受到冷遇，所以文公把新仇旧怨加到一块，于两年后联合秦国讨伐郑国。郑伯闻讯后，派烛之武面见秦穆公，劝他退兵。烛之武不负所托，劝退了秦师。烛之武之所以能说退秦师，依靠的就是四个字：利害关系。

【原文】

晋侯、秦伯围郑，以其无礼于晋，且贰于楚也。晋军函陵①，秦军氾南②。佚之狐言于郑伯曰③："国危矣！若使烛之武见秦君，师必退。"公从之。辞曰："臣之壮也，犹不如人；今老矣，无能为也已。"公曰："吾不能早用子，今急而求子，是寡人之过也。然郑亡，子亦有不利焉！"许之。

夜缒而出④。见秦伯曰："秦、晋围郑，郑既知亡矣。若郑亡而有益于君，敢以烦执事⑤。越国以鄙远，君知其难也。焉用亡郑以陪邻？邻之厚，君之薄也⑥。若舍郑以为东道主，行李之往来⑦，共其乏困⑧，君亦无所害。且君尝为晋君赐矣，许君焦、瑕，朝济而夕设版焉，君之所知也。夫晋，何厌之有？既东封郑⑨，又欲肆其西封。若不阙秦⑩，将焉取之？阙秦以利晋，唯君图之。"

秦伯说⑪，与郑人盟，使杞子、逢孙、杨孙戍之⑫，乃还。子犯请击之⑬。公曰："不可。微夫人之力不及此⑭。因人之力而敝之⑮，不仁；失其所与⑯，不知⑰；以乱易整，不武。吾其还也。"亦去之。

【注释】

①函陵：地名，在今河南新郑北。②氾（fàn）南：氾水之南。③佚之狐：人名，郑大夫。④缒（zhuì）：系在绳上放下去。⑤执事：指代秦穆公。⑥薄：削弱。⑦行李：外交使者。⑧共：通"供"。⑨封：疆界。⑩阙：损害。⑪说：通"悦"。⑫杞子、逢孙、杨孙：三人都是秦国大夫。⑬子犯：晋国大夫。⑭微：非。夫人：指秦穆公。⑮敝：损害。⑯所与：盟国。⑰知：通"智"。

【译文】

晋文公和秦穆公联合围攻郑国，因为郑国曾对晋文公无礼，并且对晋国有二心，暗地里依附了楚国。晋军驻扎在函陵，秦军驻扎在氾南。佚之狐对郑文公说："郑国处于危险之中，如果能派烛之武去见秦穆公，那么前来征讨的军队一定能撤走。"郑伯听从了他的建议。可是烛之武却推辞说："臣壮年的时候，尚且不如别人；现在老了，做不成什么了。"郑文公说："我没有能及早地任用你，如今形势危急才来求你，这是我的过错。然而郑国灭亡了，对你也有不利的地方啊！"烛之武于是答应了。

当天夜里就用绳子将烛之武从城上吊下去，（烛之武）进见秦穆公说："秦国和晋国前来围攻郑国，郑国已经知道要灭亡了。如果郑国的灭亡对您有好处，那就烦劳您手下的人把郑国灭掉。隔着别国而想把远方的土地作为自己的领土，您知道这是难以办到的，何必要灭掉郑国而增加邻邦晋国的土地呢？邻邦的国力雄厚了，您的国力也就相对削弱了。假如放弃灭郑的打算而让其作为您东方道路上的主人，秦国使者往来，郑国可以供给他们所缺乏的东西，对您也没有什么害处。况且您曾有恩于晋君，他答应过把焦、瑕二地给您作为报答，然而，他早上渡河回到了晋国，晚上就在那里修起了城墙，这您是知道的。晋国哪有满足的时候？等它在东边把疆土扩大到了郑国，就会想扩张西边的疆土。如果不侵损秦国，如何能取得土地？秦国受损而晋国受益，请您仔细斟酌吧。"

秦穆公听了很高兴，就与郑国订立了盟约。并派杞子、逢孙、杨孙驻守郑国，自己率领大军回国去了。子犯请求晋文公下令攻击秦军。晋文公说："不行。假如没有那个人的支持，我到不了今天。借助了别人的力量而又去损害他，这是不仁；失掉自己的同盟国，这是不智；以混乱代替联合一致，这是不武。我们还是回去吧！"于是晋军也撤离了郑国。

【写作方法】

烛之武的话可分作两层：一层是以"亡郑以陪邻"的道理告诉秦伯灭郑

不仅对秦国无益，反而有害，这是晓以利害；二层是追忆秦、晋多年来的恩怨，指出二者之间的矛盾。更难得的是，烛之武在文中八次提到“君”，好像是处处为秦国着想，增强了语言的亲和力和感染力，拉近了自己跟秦伯的关系，这是一种十分高明的攻心之术，难怪秦伯听后会“悦”了。

◎蹇叔哭师◎

【题解】

公元前628年，一代霸主晋文公去世。秦穆公见文公已死，便想乘机争霸中原，于是派兵攻打郑国。大臣蹇叔极力反对，理由是秦国与郑国相隔千里，即使军队能到达郑国，也一定会疲惫不堪。但秦穆公不听劝阻，结果中途遭晋军伏击，几乎全军覆没。此文写的是蹇叔在秦军出师前的劝谏辞令，以及无力阻止后“哭师”的情形。

【原文】

杞子自郑使告于秦曰①：“郑人使我掌其北门之管，若潜师以来，国可得也。”穆公访诸蹇叔②。蹇叔曰：“劳师以袭远，非所闻也。师劳力竭，远主备之，无乃不可乎？师之所为，郑必知之。勤而无所，必有悖心③。且行千里，其谁不知？”公辞焉。召孟明、西乞、白乙④，使出师于东门之外。蹇叔哭之，曰：“孟子，吾见师之出而不见其入也！”公使谓之曰：“尔何知？中寿⑤，尔墓之木拱矣！”

蹇叔之子与师，哭而送之，曰：“晋人御师必于殽⑥。殽有二陵焉：其南陵，夏后皋之墓也⑦；其北陵，文王之所辟风雨也。必死是间，余收尔骨焉。”秦师遂东。

【注释】

①杞子：秦国大夫。②蹇（jiǎn）叔：秦国大夫。③悖心：怨恨之心。④孟明、西乞、白乙：三人都是秦国的将领。⑤中寿：约在七八十岁上下。

⑥ 殽（yáo）：通“崤”，山名，在今河南洛宁县西北。⑦ 夏后皋：夏代天子，名皋。

【译文】

秦国大夫杞子从郑国派人告诉秦穆公说：“郑国人让我掌管他们国都北门的钥匙，如果偷偷派兵前来，郑国唾手可得。”秦穆公为此访问蹇叔。蹇叔说：“劳动军队去袭击远方的国家，我没有听说过。军队辛劳，精疲力竭，远方国家的君主又有所防备，这样做恐怕不行吧？我们军队的举动，郑国必定会知道。使军队辛苦奔波而无所得，军队一定会产生叛逆的念头。再说行军千里，谁会不知道？”秦穆公拒绝接受他的意见，召见了孟明、西乞和白乙，让他们从东门外出兵伐郑。蹇叔哭着送他们说：“孟明啊，我看着大军出发却看不见他们回来了！”秦穆公派人对蹇叔说：“你知道什么！如果你只活到六七十岁就死了的话，现在你坟上的树该长到两手合抱粗了！”

蹇叔的儿子在军队里，蹇叔哭着送儿子说：“晋国人必定在崤山抗击我军。崤有两座山头：南面的山头是夏后皋的坟墓，北面的山头是周文王避风雨的地方。你们一定会战死在这两座山头之间，我就在那里收你的尸骨吧！”秦国军队接着就向东进发了。

【写作方法】

蹇叔所说的三段言辞，以及他在此期间一哭再哭的表现，是层层推进、逐步加深、渐次明朗的写法，也预示着这次战役的结果必将是秦国大败，为结局埋下了伏笔。总起来说，这篇文章层次分明，条理清晰，精彩的言辞对话深刻表现了人物的个性。

卷二

◎郑子家告赵宣子◎

【题解】

郑国处在晋、楚两个强国之间，左右周旋，处境艰难。晋侯不满郑国摇摆不定的态度，所以在诸侯会盟之时拒绝接见郑穆公。针对这种情势，郑国的大夫子家修书给晋国执政大臣赵盾，历数了郑国对晋国极尽恭顺的侍奉，并且明言如果晋国再相逼迫，郑国将铤而走险，集合兵众拼死一搏。这封信绵里藏针，子家还不露痕迹地暗示郑国有依附楚国的可能。

【原文】

晋侯合诸侯于扈[1]，平宋也。于是晋侯不见郑伯，以为贰于楚也。

郑子家使执讯而与之书，以告赵宣子。曰："寡君即位三年，召蔡侯而与之事君[2]。九月，蔡侯入于敝邑以行。敝邑以侯宣多之难[3]，寡君是以不得与蔡侯偕。十一月，克减侯宣多，而随蔡侯以朝于执事。十二年六月，归生佐寡君之嫡夷[4]，以请陈侯于楚，而朝诸君。十四年七月，寡君又朝，以蒇陈事[5]。十五年五月，陈侯自敝邑往朝于君。往年正月，烛之武往朝夷也[6]。八月，寡君又往朝。以陈、蔡之密迩于楚而不敢贰焉[7]，则敝邑之故也。虽敝邑之事君，何以不免？在位之中，一朝于襄，而再见于君。夷与孤之二三臣相及于绛[8]。虽我小国，则蔑以过之矣[9]。今大国曰：'尔未逞吾志[10]。'敝邑有亡，无以加焉。古人有言曰：'畏首畏尾，身其余几？'又曰：'鹿死不择音[11]。'小国之事大国也，德，则其人也；不德，则其鹿也。铤而走

险，急何能择。命之罔极[12]，亦知亡矣，将悉敝赋，以待于鯈[13]，唯执事命之。文公二年[14]，朝于齐。四年，为齐侵蔡，亦获成于楚[15]。居大国之间而从于强令，岂其罪也！大国若弗图[16]，无所逃命。”

晋巩朔行成于郑[17]，赵穿、公婿池为质焉[18]。

【注释】

①扈（hù）：郑地名，在今河南原阳县。②蔡侯：指蔡庄公。君：指晋襄公。③侯宣多：郑国大夫。④嫡：嫡子，此处指太子。夷：郑太子名。⑤蒇（chǎn）：完成。⑥烛之武：郑国大夫。⑦密迩：亲近。⑧绛：晋国都城，在今山西翼城县东南。⑨蔑：无。⑩逞：满足。⑪音：通“荫”。⑫命：指晋国的要求。罔极：无穷。⑬赋：军队。鯈（tiáo）：晋、郑交界之地。⑭文公：指郑文公。⑮成：讲和。⑯图：体谅。⑰巩朔：晋国大夫。⑱赵穿：晋卿。公婿池：晋灵公的女婿。

【译文】

晋灵公在扈地会合诸侯，准备商议平定宋国内乱之事。当时晋灵公不肯会见郑穆公，认为他有二心于己而亲和楚国。

郑国的子家派遣信使带来书信，告诉赵宣子说：“我们的君王即位三年，召请蔡侯一同侍奉贵国国君。九月，蔡侯进入敝国，从敝国出发前往贵国，敝国由于有侯宣多的祸乱，我们的国君因此没能和蔡侯同往晋国。十一月，平灭了侯宣多，就随同蔡侯去朝见你们的君主。十二年六月，归生辅佐我们国君的嫡子夷，为陈国朝见晋国的事请命于楚国，而后又来朝见晋君。十四年七月，我们的国君又到贵国朝见，以完成陈国朝晋的事情。十五年五月，陈侯从敝国出发前去朝见贵国国君。去年正月，烛之武辅佐嫡子夷前往朝见贵国国君。八月，我们的君王又前往朝见。陈、蔡两国接近楚国却不敢对晋国有二心，那都是由于敝国的缘故。虽然敝国这样侍奉贵国国君，但为什么还是不能免于祸患呢？我们国君在位的岁月里，先是朝见贵国先君襄公，之后朝见贵国现在的国君。嫡子夷和我们君主的几个臣子相继到绛城朝见。我们虽然是小国，但所做的事情已经无以复加了。现在大国说：‘你们没有让我称心如意。’敝国只有等待灭亡，但侍奉晋国国君，没有能超过我们的了，古人曾说过：‘畏首畏尾，身子还能剩下多少？’又说：‘鹿快要死的时候，不选择庇荫的地方。’小国侍奉大国，大国如果能以恩德相待，那么小国还会像人一样懂得敬畏恭顺；如果不以恩德相待，那么小国就会像鹿一样，情急之下而冒险疾奔，急迫的时候还怎能有所选择？贵国的命令没完没了，我们也知道将要灭亡，只好倾全国之军在鲦地等待，一切就听贵国的吩咐了。文公二年，我们的国君到齐国朝见。四年，为齐国攻打蔡国（蔡国是楚国的属国），事后我们又与楚国讲和。处于齐、楚两大国之间，屈从于强国之命，这难道是我们的罪过吗？大国如果不加以体谅，我们也没有地方去逃命了。”

于是晋国派遣巩朔到郑国重新修好，赵穿、公婿池到郑国去做人质。

【写作方法】

此文刚柔并济，很大程度上得益于作者的谋篇布局。首段开门见山，直接交代晋侯不满郑国的原因：贰于楚。此乃晋、郑矛盾的焦点，郑国子家的信就是围绕“贰于楚”展开的。信中，子家先说郑国一直都是尽心尽力地事奉晋国，逐年逐月地将事晋的事迹列出，态度诚恳。后面写晋国不体恤小国，而郑国已无法再忍受晋国的欺凌，说出贰于楚也是不得已而为之的做法。子家的言语此时充满愤懑之气，令人难以反驳。

◎王孙满对楚子◎

【题解】

公元前 606 年，楚庄王在讨伐陆浑之戎的时候，突然陈兵至周朝的边境线上。周王室大惊，急忙派大夫王孙满前去慰劳楚师。楚庄王借机向王孙满询问周鼎的轻重大小。鼎是一国的权力象征，王孙满看出了楚王的野心，告诉他朝代兴衰“在德而不在鼎”的道理。

【原文】

楚子伐陆浑之戎[①]，遂至于洛[②]，观兵于周疆。定王使王孙满劳楚子[③]。楚子问鼎之大小轻重焉。对曰：“在德不在鼎。昔夏之方有德也，远方图物，贡金九牧。铸鼎象物，百物而为之备，使民知神奸。故民入川泽山林、不逢不若[④]。螭魅罔两[⑤]，莫能逢之。用能协于上下，以承天休。桀有昏德，鼎迁于商，载祀六百[⑥]。商纣暴虐，鼎迁于周。德之休明[⑦]，虽小，重也；其奸回昏乱[⑧]，虽大，轻也。天祚明德[⑨]，有所底止。成王定鼎于郏鄏[⑩]，卜世三十，卜年七百，天所命也。周德虽衰，天命未改。鼎之轻重，未可问也。”

【注释】

①陆浑之戎：我国古代西北地区的少数民族。②洛：洛水。③王孙满：周大夫。④不若：不顺利。⑤螭（chī）魅：通“魑魅”，古代传说中山神和精怪，能作祟祸人。罔（wǎng）两：通“魍魉”，传说是水中的精怪。⑥载祀：年的别名。⑦休明：美好清明。⑧奸回：奸恶邪僻。⑨祚（zuò）：赐福。⑩郏（jiá）鄏（rǔ）：周朝东都，在今河南省洛阳市。

【译文】

楚庄王攻打陆浑之戎，于是来到洛河，陈兵于周朝境内。周定王派王孙满慰劳楚庄王。楚庄王问起了九鼎的大小和轻重。王孙满回答说：“大小、轻重在于德而不在于鼎。从前夏朝施行德政的时候，远方的国家把物产画成图像进献，九州又进贡了各自出产的铜。夏王于是用这些铜铸成了九鼎，把图像铸在鼎上，鼎上各种事物都已具备，使百姓懂得哪些是神，哪些是邪恶的东西。所以百姓进入川泽、山林，就不会碰上不顺利的事情。因此能使上下协调一致，承受上天的福佑。夏桀昏乱无德，九鼎于是迁到商朝，前后六百年；商纣暴虐，九鼎又迁到了周朝。如果德行美好光明，九鼎虽小，也重得无法迁走。如果德行奸邪昏乱，九鼎再大，也是轻的。上天保佑有圣明德行的人，也是有限度的。成王将九鼎安放在王城时，曾占卜预告周朝传国三十代，享国七百年，这个期限是由上天决定的。周朝的德行虽然衰落，但天命并没有改变。九鼎的轻重，也就不必询问了。”

【写作方法】

楚王本来要询问鼎的大小和轻重，王孙满却避开这一问题，第一句话就说“在德不在鼎”，后面就围绕这一话题展开。此文虽然重点说的是德，但始终没有离开楚王的问题。清人吴调侯、吴楚材评价此文说：“提出‘德’字，已足以破痴人说梦；提出‘天’字，尤足以寒奸雄之胆。”

◎楚归晋知罃◎

【题解】

公元前597年，楚国和晋国在邲地进行了一场战争。晋国战败，大夫知罃成为俘虏，但也擒获了楚庄王的儿子谷臣，射死了襄老。公元前588年，晋国提出要用襄老的尸首和谷臣换回知罃，楚人允诺。临行之前，楚共王和知罃进行了一次谈话，让知罃就“怨我乎？得我乎？何以报我？”三个问题表示态度。身为阶下囚的知罃处处撇开个人利益，从国家大事上说开去，大义凛然，令楚共王也为之折服。

【原文】

晋人归楚公子谷臣与连尹襄老之尸于楚[①]，以求知罃[②]。于是，荀首佐中军矣[③]，故楚人许之。

王送知罃，曰：“子其怨我乎？”对曰：“二国治戎，臣不才，不胜其任，以为俘馘[④]。执事不以衅鼓[⑤]，使归即戮，君之惠也。臣实不才，又谁敢怨？”王曰：“然则德我乎？”对曰：“二国图其社稷，而求纾其民[⑥]，各惩其忿，

以相宥也[⑦]。两释累囚[⑧]，以成其好。二国有好，臣不与及，其谁敢德？”王曰：“子归，何以报我？”对曰：“臣不任受怨，君亦不任受德，无怨无德，不知所报。”王曰：“虽然，必告不谷[⑨]。”对曰：“以君之灵，累臣得归骨于晋[⑩]，寡君之以为戮，死且不朽。若从君惠而免之，以赐君之外臣首[⑪]；首其请于寡君，而以戮于宗，亦死且不朽。若不获命，而使嗣宗职，次及于事，而帅偏师以修封疆，虽遇执事，其弗敢违。其竭力致死，无有二心，以尽臣礼，所以报也。”王曰：“晋未可与争。”重为之礼而归之。

【注释】

①谷臣：楚庄王的儿子。连尹：楚官名。襄老：楚国大臣。楚、晋邲之战的时候，晋国俘获谷臣，射死了襄老，楚国俘获了知罃。②知罃（yīng）：晋大夫，荀首之子。③荀首：晋国的上卿，知罃的父亲。④俘馘（guó）：俘虏。⑤衅鼓：旧时杀人或杀牲以血涂鼓行祭。⑥纾（shū）：缓和，解除。⑦宥（yòu）：宽赦。⑧累囚：俘虏。⑨不谷：诸侯对自己的谦称。⑩累臣：被俘之臣。⑪外臣：在别国国君面前称对本国臣子的称谓。

【译文】

晋国人将楚国公子谷臣和连尹襄老的尸体还给楚国，想以此换回知罃。当时荀首已经是中军的副帅了，所以楚国人答应了晋人。

楚共王为知罃送行的时候说：“你大概怨恨我吧？”知罃回答说：“两国交战，下臣没有才能，不能胜任，所以成为了俘虏。你没有把我杀掉祭鼓，让我回晋国接受诛戮，这是您对我的恩惠。臣下确实没用，又敢怨恨谁呢？”楚共王说：“那么你感激我吗？”知罃回答说：“两国都为了自己的社稷安危打算，并且都希望解除自己人民的苦难，于是各自克制愤怒，以求互相谅解。双方释放囚禁的俘虏，是为了成全两国的友好。两国友好，并不是为了下臣，下臣又敢感激谁呢？”楚共王说：“你回去，将用什么来报答我？”知罃回答说：“下臣承担不起被人怨恨，君王也承担不起受人感激。没有怨恨没有感激，不知该报答什么。”楚共王说：“虽然这样，你也一定要把你的想法告诉我。”知罃回答说：“托君王的福，我这被俘之臣能把这把骨头带回晋国，我的君王如果加以诛戮，我死而不朽。如果是因为您的恩惠而赦免下臣，把下臣交给您的外臣荀首，荀首请命于我的国君，要按家法在宗庙里处死我，我也是死而不朽。如果得不到我们国君杀我的命令，让下臣继承祖宗的世职，轮到我承担军职，并率领一部分军队去加强边境的防御，那时，即使遇上您的军队，我也不敢违命回避。只有竭尽全力死战到底，不再会有别的想法，以此来尽到臣下的职责，这就是我用来报答您的。”楚共王说：“晋国是不能同它相争的。”于是，楚王为知罃举行了隆重的送别仪式，把他放回晋国了。

【写作方法】

楚共王向知罃问了三个问题。前两个问题，一个是“怨我乎”，一个是“德我乎”，这是共王试探性的提问，他想了解一下知罃的态度，接下来好制定对策，从中可见共王之老练。知罃以“臣实不才，又谁敢怨”和“臣不与及，其谁敢德”作为回答，巧妙地避开了共王的问题。共王的问题暗藏玄机，知罃的回答闪避得当，大有四两拨千斤的味道。

◎吕相绝秦◎

【题解】

公元前580年，晋国和秦国定好在令狐会盟，但秦国要求换地方，晋国不答应，会盟宣告破裂。后来，秦国又挑拨北狄和晋国的关系，暗中跟南方的楚国结盟，共同对抗晋国。晋侯得知此事后，决定出兵讨伐秦国，同时还派吕相出使秦国。吕相到秦后，历数几代秦君的不义之举，以绝交相威胁，逼迫秦国跟晋国讲和。吕相逼秦讲和的目的虽然没能实现，但依然起到了战前宣传的效果，晋军在随后的战斗中取得了大胜。

【原文】

晋侯使吕相绝秦[①]，曰："昔逮我献公及穆公相好[②]，戮力同心，申之以盟誓，重之以昏姻[③]。天祸晋国，文公如齐，惠公如秦。无禄[④]，献公即世[⑤]。穆公不忘旧德，俾我惠公用能奉祀于晋。又不能成大勋，而为韩之师[⑥]。亦悔于厥心，用集我文公，是穆之成也。

"文公躬擐甲胄[⑦]，跋履山川，逾越险阻，征东之诸侯——虞、夏、商、周之胤——而朝诸秦，则亦既报旧德矣。郑人怒君之疆场[⑧]，我文公帅诸侯及秦围郑。秦大夫不询于我寡君，擅及郑盟。诸侯疾之，将致命于秦。文公恐惧，绥靖诸侯，秦师克还，无害，则是我有大造于西也。

"无禄，文公即世，穆为不吊，蔑死我君，寡我襄公，迭我殽地[⑨]，奸绝我好[⑩]，伐我保城，殄灭我费滑[⑪]，散离我兄弟，挠乱我同盟，倾覆我国家。我襄公未忘君之旧勋，而惧社稷之陨，是以有殽之师[⑫]。犹愿赦罪于穆公。穆公弗听，而即楚谋我。天诱其衷，成王陨命，穆公是以不克逞志于我。

"穆、襄即世，康、灵即位。康公，我之自出[⑬]，又欲阙剪我公室，倾覆我社稷，帅我蝥贼[⑭]，以来荡摇我边疆，我是以有令狐之役[⑮]。康犹不悛[⑯]，入我河曲[⑰]，伐我涑川[⑱]，俘我王官[⑲]，剪我羁马[⑳]。我是以有河曲之战[㉑]。东道之不通，则是康公绝我好也。

"及君之嗣也，我君景公引领西望，曰：'庶抚我乎？'君亦不惠称盟，利吾有狄难，入我河县，焚我箕、郜，芟夷我农功[㉒]，虔刘我边陲[㉓]，我是以有辅氏之聚。君亦悔祸之延，而欲徼福于先君献、穆，使伯车来命我景公，曰：'吾与女同好弃恶，复修旧德，以追念前勋。'言誓未就，景公即世，我寡君是以有令狐之会。君又不祥，背弃盟誓。白狄及君同州，君之仇雠，而我之昏姻也。君来赐命曰：'吾与女伐狄。'寡君不敢顾昏姻，畏君之威，而受命于使。君有二心于狄，曰：'晋将伐女。'狄应且憎，是用告我。楚人恶君之二三其德也，亦来告我曰：'秦背令狐之盟，而来求盟于我，昭告昊天上帝、秦三公、楚三王，曰：余虽与晋出入，余唯利是视。不谷恶其无

成德，是用宣之，以惩不一。' 诸侯备闻此言，斯是用痛心疾首，昵就寡人。寡人帅以听命，唯好是求。君若惠顾诸侯，矜哀寡人，而赐之盟，则寡人之愿也。其承宁诸侯以退，岂敢徼乱？君若不施大惠，寡人不佞，其不能以诸侯退矣。敢尽布之执事，俾执事实图利之！"

【注释】

①吕相：晋大夫魏锜之子。②逮：自从。③昏姻：即婚姻。④无禄：无福，不幸。⑤即世：去世。⑥韩之师：僖公十五年秦伐晋，战于韩原，秦国俘获晋惠公。⑦躬：亲自。擐（huàn）：穿。⑧疆场：边境。⑨迭：通"轶"，突然侵犯。⑩奸绝：拒绝。⑪费（bì）滑：滑国的都城，在今河南偃师附近。⑫殽之师：指僖公三十三年，晋败秦军于殽山一事。⑬康公，我之自出：秦康公为晋献公的女儿所生。⑭蟊（máo）贼：此指内奸。⑮令狐之役：指文公七年，秦、晋令狐之战。⑯悛（quān）：悔改。⑰河曲：晋地名，在今山西芮城西风陵渡一带。⑱涑（sù）川：水名，在今山西西南部。⑲俘：掳掠。王官：晋地名，在今山西闻喜南。⑳羁马：晋地名，在今山西永济南。㉑河曲之战：指文公十二年，秦晋两国在河曲一带发生战争，胜负未分。㉒芟（shān）夷：铲除，毁坏。㉓虔刘：杀戮。

【译文】

晋厉公派吕相去秦国宣布断交，说："从前我们先君献公与穆公相互友好，同心合力，用盟誓来申明两国的友好，又用两国通婚来巩固它。后来上天降祸给晋国，文公逃往齐国，惠公逃往秦国。不幸，献公去世，秦穆公不忘从前的交情，使我们惠公能回晋国即位，主持祭祀。但是秦国又没能完成这一重大功业，同我们发生了韩原之战。事后穆公心里后悔，因此帮助我们文公回国。这是穆公安定晋国的功绩。

"文公亲自戴盔披甲，跋山涉水，逾越艰难险阻，率领东方诸侯——虞、夏、商、周的后代都来朝见秦国君王，这就已经报答了秦国过去的恩德。郑国人侵扰您的边境，我们文公率领诸侯和秦国一起包围郑国。秦国大夫没有征求我们国君的意见，擅自同郑国订立盟约。诸侯为此而愤恨，都要和秦国拼命。文公担心秦国受损，于是安抚诸侯，秦军才得以安然回国，这也算是我们对秦国有很大的恩德了。

“不幸文公去世，穆公不来吊唁，蔑视我们死去的国君，轻视我襄公，侵扰我殽地，断绝同我国的友好关系，攻打我们的边城，灭亡我们的滑邑，离间我兄弟之邦，破坏我国与同盟国的关系，企图颠覆我们的国家。我们的襄公没有忘记秦君以往的功劳，而又害怕国家遭到灭亡，所以才有了殽地的战斗，但还是希望穆公饶恕我们的罪过，穆公不答应，反而亲近楚国来算计我们。只是上天有灵，楚成王丧命，因此穆公侵犯我国的图谋没能得逞。

“穆公和襄公去世，（秦）康公、（晋）灵公即位。康公是我们先君献公的外甥，却又想来损害我们的公室，颠覆我们的国家，带领我国的内奸，前来扰乱我们的边疆，于是才有了令狐之战。康公还不肯悔改，进入我国的河曲，攻打我国的涑川，劫掠我国的王官，占领我国的羁马，因此才有了河曲之战。秦、晋两国的不相往来，正是因为康公同我们断绝了友好关系的缘故。

“等到您即位，我们景公伸长了脖子遥望西边说：‘快要安抚我们了吧！’但您还是不肯开恩同我国结盟，利用我们遇上狄人作乱的时机，侵入我国的河县，焚烧我国的箕地、郜地，抢割我国的庄稼，屠杀我们的边民，我们因此才在辅氏集结军队，准备进行防御。您也后悔灾祸蔓延，因而想向先君献公和穆公求福，派遣伯车来吩咐我们景公说：‘我们和你们相互友好，抛弃怨恨，恢复过去的友谊，以追念前人的功勋。’盟誓尚未完成，景公就去世了，因此我们国君才举行了令狐的会盟。可是您又不安好心，背弃了盟誓。白狄和您同处雍州，是您的仇敌，却是我们的姻亲。您赐给我们命令说：‘我们和你们一起攻打狄人。’我们的国君不敢顾念姻亲之好，畏惧您的威严，听从了您的使者的命令。可是您却当面一套，背后一套，对狄人说：‘晋国将要攻打你们。’狄人虽然表面上答应着，心里却憎恶，因此来告诉我们。

楚国人同样憎恶君王的反复无常，也来告诉我们说：‘秦国背弃了令狐的盟约，却来向我们要求结盟。他们祝告皇天上帝、秦国的三位先公和楚国的三位先王说：我们虽然和晋国有来往，但不过是唯利是图罢了。我楚王讨厌他们这种缺德的做法，所以把这些事公之于众，以便惩戒那些言行不一的人。’诸侯们全都听到了这些话，因此痛心疾首，都来和我们国君亲近。我们国君于是率领诸侯前来听从您的命令，只是为了请求友好。您若是给诸侯面子，怜悯我们，赐我们缔结盟约，那么这就是我们国君的愿望，我们国君将安抚诸侯退走，哪里还敢自求动乱？如果您不肯施恩于我们，那么我们的国君不才，恐怕就不能率领诸侯退走了。谨把全部意思报告于您，请您权衡利害得失。”

【写作方法】

本文的谋篇布局很精彩。文章的前面部分写秦、晋多年来的交往情况，它叙述晋国和秦国的关系时，写了晋献公与秦穆公会盟、结为姻亲，晋文公对秦穆公知恩图报，还有晋襄公、灵公、景公、厉公对秦国的友善之举，目的在于突显晋国的仁义；写秦国对晋国的关系时，则说到秦穆公背盟，秦康公侵晋，这是为了表现秦国的不仁不义，说明晋军伐秦是正义之举。后面部分说到绝秦，义正词严，气势纵横。

秦、晋两国权诈相倾，原本并无黑白、曲直之分，但是此文以堂皇之词驾罪于秦，一句不肯放松，使晋国在道义上占得上风。与其说是以理服人，不如说是以力胜人。本篇行文一波未平，一波又起，前后相生，机神鼓荡。

◎驹支不屈于晋◎

【题解】

公元前560年，吴国乘楚共王去世的机会，攻打楚国，结果吃了败仗。次年，吴国的盟友晋国联合十三国诸侯，一起商讨对付楚国。在会盟的前一天，晋国大夫范宣子指责西戎的领袖驹支“言语泄露”，不让他出席大会，这其实是欲加之罪。驹支面对指责，不甘受辱，据理反驳，动情演说，最终使范宣子自觉理亏而赔罪。

【原文】

会于向[1]，将执戎子驹支[2]。

范宣子亲数诸朝[3]，曰：“来，姜戎氏！昔秦人迫逐乃祖吾离于瓜州[4]，乃祖吾离被苫盖、蒙荆棘以来归我先君[5]。我先君惠公有不腆之田[6]，与女剖分而食之。今诸侯之事我寡君不如昔者，盖言语漏泄，则职女之由。诘朝之事[7]，尔无与焉！与，将执女！”

对曰：“昔秦人负恃其众，贪于土地，逐我诸戎。惠公蠲其大德[8]，谓我诸戎是四岳之裔胄也[9]，毋是翦弃。赐我南鄙之田，狐狸所居，豺狼所嗥。我诸戎除剪其荆棘，驱其狐狸豺狼，以为先君不侵不叛之臣，至于今不贰。昔文公与秦伐郑，秦人窃与郑盟而舍戍焉，于是乎有殽之师[10]。晋御其上，戎亢其下[11]，秦师不复，我诸戎实然。譬如捕鹿，晋人角之，诸戎掎之[12]，与晋踣之[13]，戎何以不免？自是以来，晋之百役，与我诸戎相继于时以从执政，犹殽志也，岂敢离逷[14]？今官之师旅无乃实有所阙，以携诸侯[15]，而罪我诸戎！我诸戎饮食衣服不与华同，贽币不通[16]，言语不达，何恶之能为？不与于会，亦无瞢焉[17]！”赋《青蝇》而退[18]。

宣子辞焉，使即事于会，成恺悌也[19]。

【注释】

①向：吴地，在今安徽怀远。②戎子驹支：姜戎族的首领，名驹支。③范宣子：晋国大臣。④瓜州：地名，在今甘肃敦煌。⑤被：通“披”。苫（shān）：茅草编的覆盖物，亦特指草衣。⑥腆（tiǎn）：丰厚。⑦诘（jié）朝（zhāo）：明日。⑧蠲（juān）：显示。⑨四岳：传说为尧、舜时的四方部落首领。裔胄（zhòu）：后代的子孙。⑩殽之师：指僖公三十三年，晋败秦军于殽山一事。

⑪亢：同“抗”。⑫掎（jǐ）：从旁或从后用力拉住、拖住。⑬踣（bó）：跌倒。⑭逷（tì）：远离。⑮携：叛离。⑯贽币：礼物，礼品。⑰瞢（méng）：不畅快。⑱《青蝇》：《诗经·小雅》篇名。驹支取其中“恺悌君子，无信谗言”句讽喻范宣子。⑲恺（kǎi）悌（tì）：和蔼可亲。

【译文】

晋国在向地会见诸侯，打算拘捕戎子驹支。

范宣子亲自在朝廷上责备他，说：“过来，姜戎氏。从前秦国人在瓜州追赶你的祖父吾离，你的祖父离披着蓑衣、戴着草帽来归附我国先君。我国先君惠公拥有的田地并不丰厚，还和你们平分了，让你们也有饭吃。如今诸侯侍奉我们的国君，不如从前了，大概是因为什么言语被泄漏了出去，这是你的责任。明天的诸侯集会，你不要参加了！如果参加，就把你拘捕起来。”

驹支回答说：“从前秦国人仗着他们人多，贪求土地，驱逐我们这些戎人。惠公显示出了盛大的德行，说我们这些戎人都是四岳的后代，不应该被灭绝抛弃，于是赐给我们南部边境上的田地。那是一块狐狸居住、豺狼嚎叫的地方。我们这些戎人剪除荆棘，赶走了狐狸豺狼，做了不侵犯先君、不背叛先君的臣子，直到今天没有二心。从前文公和秦国联合攻打郑国，秦国人私下里和郑国结盟，留下了戍守的军队就班师回去了，于是有了后来的秦、晋殽之战。晋国在前面抵御，戎人在后面对抗，秦军全军覆没，实在是有我们戎人出力才让他们这样的。这就像捕鹿，晋人抓住角，戎人拖住腿，和晋人合力将它放倒，戎人为什么还不能免罪呢？从那以后，晋国的多次战役，我们戎人一次又一次地听从你们执政的命令，还是像殽之战时那样，怎敢有所违背？现在晋国的官员恐怕确实有疏漏不周全的地方，因而使诸侯有了二心，您却怪罪我们戎人！我们戎人饮食衣服与华夏不同，礼仪不相同，言语不相通，能够做什么坏事呢？不参加盟会，也没有什么不痛快的。”说完便诵读了名为《青蝇》的诗，然后便告退了。

范宣子表示歉意，让他参加盟会，成全了自己和蔼可亲的美名。

【写作方法】

范宣子责问驹支的言辞，怒气相凌，骤不可犯。面对范宣子咄咄逼人的架势，驹支巧妙地进行了回击，对宣子所罗列的罪名逐一辩驳。他说戎人并不亏欠楚国，而且西戎远离中原，更不会有“言语漏泄”之处。驹支的辩驳辞婉语直，句句在理。如果到此为止，盛气凌人的范宣子极有可能被激怒，驹支便有被逮捕甚至被杀的危险。不过，他最后唱了一首《青蝇》诗，让自己得以全身而退。《青蝇》是《诗经·小雅》中的一篇，它的意思是因听信谗言而做错事。驹支之所以唱这首歌，一是暗讽宣子错信谗言，一是使宣子消除疑虑。此文整练中复有流宕之趣，为古文中的奇篇。

◎祁奚请免叔向◎

【题解】

公元前552年，晋国的执政范宣子因听信了小人谗言，将自己的外孙栾盈放逐到远方，还杀死了与栾盈关系密切的羊舌虎。羊舌虎的哥哥叔向也受到牵连，被抓了起来。晋国已退休的大夫祁奚，知道叔向是个人才，就出面请求范宣子赦免他。后来叔向果然被释。

【原文】

栾盈出奔楚[①]。宣子杀羊舌虎[②]，囚叔向[③]。人谓叔向曰：“子离于罪[④]，其为不知乎？”叔向曰：“与其死亡，若何？《诗》曰：‘优哉游哉，聊以卒岁。’知也。”

乐王鲋见叔向曰[⑤]：“吾为子请。”叔向弗应。出，不拜。其人皆咎叔向。叔向曰：“必祁大夫[⑥]。”室老闻之曰：“乐王鲋言于君无不行，求赦吾子，吾子不许。祁大夫所不能也，而曰必由之，何也？”叔向曰：“乐王鲋，从君者也，何能行？祁大夫外举不弃仇，内举不失亲，其独遗我乎？《诗》曰：‘有觉德行，四国顺之。’夫子，觉者也[⑦]”。

晋侯问叔向之罪于乐王鲋。对曰："不弃其亲，其有焉[⑧]。"于是祁奚老矣，闻之，乘驲而见宣子[⑨]，曰："《诗》曰：'惠我无疆，子孙保之。'《书》曰：'圣有谟勋，明征定保。'夫谋而鲜过，惠训不倦者，叔向有焉，社稷之固也；犹将十世宥之，以劝能者。今壹不免其身，以弃社稷，不亦惑乎？鲧殛而禹兴[⑩]，伊尹放大甲而相之[⑪]，卒无怨色。管蔡为戮，周公右王。若之何其以虎也弃社稷？子为善，谁敢不勉？多杀何为？"宣子说，与之乘，以言诸公而免之。不见叔向而归，叔向亦不告免焉而朝。

【注释】

①栾盈：晋国大夫。②宣子：范宣子，晋国大臣。羊舌虎：晋国大夫。③叔向：羊舌虎兄，晋国大夫。④离：通"罹"，遭逢，遭遇。⑤乐王鲋（fù）：晋国大夫。⑥祁大夫：即祁奚，晋国大夫。⑦觉：正直。⑧其：大概，也许。⑨驲（rì）：古代驿站专用的车。⑩鲧：禹的父亲，因治水不利为舜所杀。殛（jí）：诛杀。⑪伊尹：商朝初年的大臣，曾辅佐商汤灭夏桀。大甲：商王，商汤的嫡长孙。

【译文】

栾盈逃往楚国。范宣子杀了羊舌虎，囚禁了叔向。有人对叔向说："你遭到这样的罪，不是太不明智了吗？"叔向说："比起死了的，如何呢？《诗经》上说：'自在逍遥啊，姑且以此度过一生吧。'这正是明智啊。"

乐王鲋去见叔向，说："我为您去求情。"叔向没有回答。乐王鲋出来的时候，叔向也没有拜谢。旁人都责怪叔向不对。叔向说："一定要祁大夫才能办成。"家臣头领听到了，说："乐王鲋对国君说的话没有办不成的，他想去请求赦免您，您却不答应。祁大夫所不能做到的事，您却说非他不可，这是为什么？"叔向说："乐王鲋，是顺从国君的人，怎能办得到？祁大夫对外举荐，不摒弃仇人，对内举荐不遗漏亲人，他会独独漏下我吗？《诗经》上说：'有正直的德行，天下便会顺从于他。'他老先生就是正直的人。"

晋平公向乐王鲋询问叔向的罪过。乐王鲋回答说："他不背弃他的亲人，可能是参加了叛乱的。"当时祁奚已经告老了，听到这些情况，便坐上驲车去见范宣子，说："《诗经》上说：'先人给我们留下了无穷无尽的恩惠，子孙后代要保住它。'《尚书》上说：'圣贤有谋略有功勋，应当明守信用，保护他们。'说到参与谋划大事而少有过错，教育别人而不知疲倦的，叔向就是这样的人，国家要靠他这样的人来巩固；即使是十代子孙有了过错，还要加以宽恕，用来勉励那些有才干的人。现在因为这一件事情而使自身不免于祸，从而导致国家的倾覆，这不是太糊涂了吗？鲧被杀而后禹兴起，伊尹放逐太甲可后来又做了他的宰相，太甲对他始终没有表示过怨恨。管叔、蔡叔被诛戮，周公虽然是他们的兄弟，却仍然辅佐成王。我们为什么要因为羊舌虎而放弃一个国家的栋梁呢？您若是经常积德行善，谁不受到勉励？多杀人又是为了什么呢？"宣子听了很高兴，和他共乘一辆车子，劝说晋侯赦免了叔向。祁奚没去见叔向就回去了，叔向也没有去向祁奚道谢，直接去朝见君王了。

【写作方法】

在对比中勾勒人物形象是此文的一大特点。文中主要有两处对比：旁人和叔向、乐王鲋和祁奚。叔向被抓起来后，有人说他获罪是不明智的，但他却说自己"优哉游哉"，这里可以看出叔向的乐观旷达；权臣乐王鲋当着叔向的面说愿意为他求情，他却不下跪谢恩，说只有祁奚才能救他，旁人"皆咎叔向"，这既为后文埋下伏笔，也体现了叔向善于识人和有先见之明。在另一组对比中，祁奚从未到狱中向叔向许下什么诺言，反倒是乐王鲋曾说下"吾为子请"这样的话。但事实却是，乐王鲋落井下石，祁奚不顾年老亲自找范宣子求情，前者的虚伪、后者的正直，在对比中表现得惟妙惟肖。

◎子产告范宣子轻币◎

【题解】

晋国是春秋中期的强国，它常向那些弱小的诸侯国索要贡品财物，许多小国都难以承担重负，郑国就是其中的一个。此文说的是郑国子产给晋国执政范宣子写了一封信，信中子产劝说晋国应重德轻币，强调德行是立国的根基。

【原文】

范宣子为政①，诸侯之币重②，郑人病之。

二月，郑伯如晋。子产寓书于子西以告宣子③，曰："子为晋国，四邻诸侯不闻令德，而闻重币，侨也惑之。侨闻君子长国家者，非无贿之患，而无令名之难。夫诸侯之贿聚于公室，则诸侯贰。若吾子赖之④，则晋国贰。诸侯贰，则晋国坏；晋国贰，则子之家坏。何没没也！将焉用贿？

"夫令名，德之舆也⑤；德，国家之基也。有基无坏，无亦是务乎！有德则乐，乐则能久。《诗》云：'乐只君子，邦家之基。'有令德也夫！'上帝临女，无贰尔心。'有令名也夫！恕思以明德，则令名载而行之，是以远至迩安⑥。毋宁使人谓子'子实生我'，而谓子'浚我以生乎'⑦？象有齿以焚其身，贿也。"

宣子说，乃轻币。

【注释】

①范宣子：晋国大夫。②币：礼物。③子产：即公孙侨，郑国的执政大夫，春秋时杰出的政治家。子西：即公孙夏，郑国大夫。④赖：私自占有。⑤舆：车。⑥迩（ěr）：近。⑦浚（jùn）：榨取。

【译文】

范宣子执政，诸侯朝见晋国时的贡品负担很重，郑国人以此为忧。

二月，郑简公前往晋国，子产托子西带信给范宣子，说："您在晋国执政，四周的诸侯没有听说您的美德，却听说您增加了要缴纳的贡品，我对这种情况感到很迷惑。我听说掌管国家政事的君子，不担心自己纳入的财礼不丰厚，而担心没有好的名声。当诸侯们进献的财礼都集聚到晋国公室的时候，诸侯就要开始有二心了。如果这些财礼被您私自占有，那么晋国的内部就会不团结。诸侯怀有二心，那么晋国就要受到损害；晋国内部不团结，那么您的家族就要受到损害。何以这样贪恋呢？要这些财物又有什么用？

"美好的名声，是传播美德的车子；美好的德行，是国家的根基。有了根基才不至于败亡，不应当致力于此吗？有了好的德行就会快乐，这样的快乐才能长久。《诗经》上说：'快乐啊君子，他们是国家的基础。'这是因为君子有美德吧！'天帝在你的上面，不要让你的心志不纯正。'这是告诉人们要有好的名声！用宽厚的态度来发扬美德，那么好的名声就会载着美德四处传播，因此远方的人来归附，近处的人得到安宁。是要让人们对您说'您确实养活了我'，还是让人们对您说'您榨取我们来养活自己'呢？大象因为有象牙导致丧命，这是象牙值钱的缘故。"

范宣子看了信后很高兴，就减轻了贡品负担。

【写作方法】

子产之所以能说服范宣子减少贡品，"贿"和"德"的利害对比是很关键的。他说贿能使"诸侯贰""晋国贰"，最终会殃及范宣子；而德是国家的根本，能使宣子的家族长治久安。以对比之法写文章，褒贬鲜明却又不露斧痕，体现了议论说理的高超技巧。本文循环往复，亲切明晓，辞直而姿逸，能令听者降心。

◎晏子不死君难◎

【题解】

齐庄公好色，看上了崔武子的妻子棠姜，于是跑到崔家与她私通。崔武子知道后，杀死了庄公。对此，深明大义的晏婴表示，庄公不是为了社稷而死，所以不必为其殉死，也不必因他而逃亡。但晏婴冒着生命危险，趴在庄公尸身上大哭，以尽臣子对君王的哀悼之情。

【原文】

崔武子见棠姜而美之①，遂取之。庄公通焉，崔子弑之。

晏子立于崔氏之门外②，其人曰："死乎？"曰："独吾君也乎哉，吾死也？"曰："行乎？"曰："吾罪也乎哉，吾亡也？"曰："归乎？"曰："君死，安归？君民者，岂以陵民③？社稷是主。臣君者，岂为其口实④？社稷是养。故君为社稷死，则死之；为社稷亡，则亡之。若为己死，而为己亡，非其私昵，谁敢任之？且人有君而弑之，吾焉得死之？而焉得亡之？将庸何归？"

门启而入，枕尸股而哭。兴⑤，三踊而出⑥。人谓崔子："必杀之。"崔子曰："民之望也，舍之得民。"

【注释】

①崔武子：即崔杼，齐国卿。棠姜：齐国大夫棠公的夫人，后嫁给崔杼。②晏子：即晏婴，历任齐灵公、庄公、景公三朝，是春秋后期一位重要的政治家。③陵：凌驾。④口实：指俸禄。⑤兴：站起来。⑥踊（yǒng）：跳。

【译文】

崔武子见到棠姜，发现她很美，于是娶了她。齐庄公和棠姜私通，崔武子便杀死了庄公。

晏子站在崔氏的门外，他手下的人说："要为国君殉难吗？"晏子说："是我一个人的国君吗？我为什么要死？”他手下的人说：“打算逃出齐国吗？”晏子说：“是我的罪过吗？我为什么要逃走？”他手下的人说：“回去吗？”晏子说：“国君死了，怎能回去？作为百姓的君主，岂可凌驾于百姓之上？要以国家为重啊。臣子侍奉国君，岂是为了他的俸禄？而是要供养国家。所以国君为国家而死，就跟着他去死；为国家而逃亡，就跟着他逃亡。如果是为自己而死，或是为了自己而逃亡，不是他自己宠爱亲近的人，谁敢承担责任？况且是拥有君主宠爱的人杀了他，我怎能为他去死？怎能为他而逃亡？又怎能回去呢？”

大门开了，晏子进去，把庄公的尸体枕在大腿上大哭，哭完站起来跳了三下才出去。有人对崔武子说：“一定要杀掉他。”崔武子说：“他是百姓所仰望的人，放了他，可以得民心。”

【写作方法】

晏子的言辞贵在气势。当他的手下问他“死乎”“行乎”“归乎”的时候，他没有直接回答，而是以“死乎”“行乎”“归乎”反问，以此表示自己不死、不亡、不归的立场。晏子在阐发了君王应该为社稷而死的而不该遭此横死的观点后，又连续用了四个反问，立场坚定，富有说服力。

◎季札观周乐◎

【题解】

公元前544年，吴王派公子季札访问鲁、齐、郑、卫诸国。本文记述的是季札在鲁国欣赏了周、夏、商时期的乐舞之后，结合政治教化发表的评论。文章对于了解春秋时期音乐、舞蹈的概况及先秦儒家的文艺观点具有重要的参考价值。

【原文】

吴公子札来聘[1]，请观于周乐。使工为之歌《周南》《召南》，曰：“美哉！

始基之矣，犹未也，然勤而不怨矣！”为之歌《邶》《鄘》《卫》，曰：“美哉！渊乎！忧而不困者也。吾闻卫康叔、武公之德如是[②]，是其《卫风》乎！”为之歌《王》，曰：“美哉！思而不惧，其周之东乎？”为之歌《郑》，曰：“美哉！其细已甚，民弗堪也。是其先亡乎？”为之歌《齐》，曰：“美哉！泱泱乎[③]，大风也哉！表东海者，其大公乎[④]？国未可量也。”

为之歌《豳》，曰：“美哉！荡乎！乐而不淫，其周公之东乎！”为之歌《秦》，曰：“此之谓‘夏声’！夫能夏则大，大之至也，其周之旧乎！”为之歌《魏》，曰：“美哉，沨沨乎[⑤]！大而婉，险而易行，以德辅此，则明主也！”为之歌《唐》，曰：“思深哉！其有陶唐氏之遗民乎[⑥]？不然，何忧之远也？非令德之后，谁能若是？”为之歌《陈》，曰：“国无主，其能久乎？”自《郐》以下[⑦]，无讥焉。

为之歌《小雅》，曰：“美哉！思而不贰，怨而不言，其周德之衰乎？犹有先王之遗民焉！”为之歌《大雅》，曰：“广哉，熙熙乎！曲而有直体，其文王之德乎！”

为之歌《颂》，曰：“至矣哉！直而不倨，曲而不屈，迩而不逼，远而不携，迁而不淫，复而不厌，哀而不愁，乐而不荒，用而不匮，广而不宣，施而不费，取而不贪，处而不底，行而不流。五声和[⑧]，八风平，节有度，守有序。盛德之所同也。”

见舞《象箾》《南籥》者[⑨]，曰：“美哉！犹有憾。”见舞《大武》者，曰：“美哉！周之盛也，其若此乎！”见舞《韶濩》者，曰：“圣人之弘也，而犹有惭德，圣人之难也！”见舞《大夏》者，曰：“美哉！勤而不德，非禹其谁能修之？”见舞《韶箾》者，曰：“德至矣哉！大矣，如天之无不帱也[⑩]，如地之无不载也！虽甚盛德，其蔑以加于此矣[⑪]。观止矣！若有他乐，吾不敢请已！”

【注释】

①聘：访问。②卫康叔：周公的弟弟。武公：康叔的九世孙。③泱泱

（yāng）：形容气魄宏大的样子。④大公：姜太公吕尚。⑤沨沨（féng）：形容乐声宛转悠扬。⑥陶唐氏：即唐尧。⑦《郐（kuài）》：采自郐地的乐歌。⑧五声：也称五音，即宫、商、角、徵、羽五个音阶。⑨《象箾（shuò）》：古代一种持竿而舞的舞蹈。《南籥（yuè）》：古代一种依照籥声为节拍而起舞的舞蹈。⑩帱（dào）：覆盖。⑪蔑：无。

【译文】

吴国公子季札前来鲁国访问，请求观赏周朝的音乐舞蹈。鲁国人让乐工为他演唱《周南》《召南》，他说："美好啊！教化开始奠定基础了，虽然还不算完善，然而百姓已经勤劳而不怨恨了。"乐工为他演唱《邶风》《鄘风》和《卫风》，他说："美好啊！深厚啊！虽然有忧思，却不至于困窘。我听说卫国的康叔、武公的德行就像这样，这恐怕就是《卫风》吧！"乐工为他演唱《王风》，他说："美好啊！虽有忧思却没有恐惧的情绪，这恐怕是周室东迁之后的音乐吧！"乐工为他演唱《郑风》，他说："美好啊！但它烦琐得太过分了，百姓已经不堪忍受了。这恐怕是要最先亡国的吧？"乐工为他演唱《齐风》，他说："美好啊，宏大而深远，这是大国的音乐啊！可以成为东海诸国表率的，恐怕就是太公的国家吧？国运真是不可限量啊！"

乐工为他演唱《豳风》，他说："美好啊！博大坦荡！欢乐却不放纵，这恐怕是周公东征时的音乐吧！"乐工为他演唱《秦风》，他说："这就叫作'夏声'。产生夏声就说明气势宏大，宏大到极点，大概是周朝故地的乐曲吧！"乐工为他演唱《魏风》，他说："美好啊，轻远悠扬！粗犷而婉转，急促而流畅，用仁德来加以辅助，就可以成为贤明的君主了。"乐工为他演唱《唐风》，他说："思虑深远啊！恐怕有陶唐氏的遗民吧！如果不是这样，为什么忧思如此深远呢？如果不是有美德者的后代，谁能这样呢？"乐工为他演唱《陈风》，他说："国家没有贤明的君主，还能长久吗？"再歌唱《郐风》以下的乐曲，季札就不做评论了。

乐工为季札歌唱《小雅》，他说："美好啊！有忧思却没有二心，有怨恨却不说出来，这大概是周朝的德政教化开始衰败时的音乐吧？那时还是有先王的遗民在啊！”乐工为他歌唱《大雅》，他说：“宽广啊！和美啊！抑扬曲折而本体刚劲，恐怕是文王的德行吧！”

乐工为他演唱《颂》，季札说：“达到顶点了！正直而不傲慢，屈从而不卑下，亲近而不因此产生威胁，疏远而不因此背离，变化而不过分，反复而不令人厌倦，悲伤而不愁苦，欢乐而不放纵堕落，用取而不会匮乏，宽广而不张扬，施予而不耗损，求取而不贪婪，安守而不停滞，行进而不泛滥。五声和谐，八音协调，节拍合于章法，演奏先后有序。这都是拥有大德行的人共有的品质啊！”

季札看到《象箾》和《南籥》两种乐舞后，说：“美好啊！但还有美中不足。”看到跳《大武》时说：“美好啊！周朝兴盛的时候，恐怕就是这样子吧！”看到跳《韶濩》时说：“圣人如此伟大，仍然有不足之处而自觉惭愧，做圣人不容易啊！”看到跳《大夏》时说：“美好啊！勤于民事而不以功德自居，除了禹，谁还能做到呢！”看到舞《韶箾》时说：“功德达到顶点了！伟大啊，就像苍天无所不覆盖一样，就像大地无所不承载一样！再盛大的德行，恐怕也不能比这再有所增加了。观赏就到这里吧！如果还有其他乐舞，我也不敢再请求观赏了！”

【写作方法】

开头十一字为全篇的纲领，下面的内容均为信手顺叙，起承转合，抑扬顿挫，自得其妙。“德”字乃全篇之骨，“请观”为全篇的关键。此文前后用了十多个“哉”字，这是赞美的口吻。歌处多用“乎”字，这是感叹之情。舞处叠用“也”字和“矣”字，这是论断的语气。

季札观乐，入于耳，会于心，历代兴衰治乱完全融汇于一篇之中。明代张鼐《评选古文正宗》中评价此篇“如百川赴海，如七政丽天，脉络分明，纲领具备”。

◎子产坏晋馆垣◎

【题解】

公元前542年，郑国子产陪同郑伯去晋国觐见晋侯，可是晋侯却对他们施以冷遇，没有接见郑伯一行。这时，子产让人拆掉了所住客馆的围墙，晋侯不理解他为何这样做，就派士文伯去责问子产。子产以委婉谦和的语气说明理由，委婉地批评了晋国对小国的轻慢之举。晋侯听完后，觉得理亏，于是向郑伯道歉，还好好地款待了他们。

【原文】

子产相郑伯以如晋[①]，晋侯以我丧故[②]，未之见也。子产使尽坏其馆之垣而纳车马焉[③]。士文伯让之曰[④]："敝邑以政刑之不修，寇盗充斥，无若诸侯之属辱在寡君者何，是以令吏人完客所馆，高其闬闳[⑤]，厚其墙垣，以无忧客使。今吾子坏之，虽从者能戒，其若异客何？以敝邑之为盟主，缮完葺墙[⑥]，以待宾客，若皆毁之，其何以共命？寡君使匄请命。"

对曰："以敝邑褊小，介于大国，诛求无时[⑦]，是以不敢宁居，悉索敝赋，以来会时事。逢执事之不闲，而未得见；又不获闻命，未知见时。不敢输币，亦不敢暴露。其输之，则君之府实也[⑧]，非荐陈之[⑨]，不敢输也；其暴露之，则恐燥湿之不时而朽蠹，以重敝邑之罪。侨闻文公之为盟主也，宫室卑庳[⑩]，无观台榭，以崇大诸侯之馆，馆如公寝。库厩缮修，司空以时平易道路，圬人以时塓馆宫室。诸侯宾至，甸设庭燎[⑪]，仆人巡宫，车马有所，宾从有代，巾车脂辖[⑫]。隶人、牧、圉[⑬]，各瞻其事，百官之属，各展其物。公不留宾，而亦无废事，忧乐同之，事则巡之，教其不知，而恤其不足。宾至如归，无宁灾患？不畏寇盗，而亦不患燥湿。今铜鞮之宫数里[⑭]，而诸侯舍于隶人，门不容车，而不可逾越。盗贼公行，而夭厉不戒。宾见无时，命不可知。若又勿坏，是无所藏币以重罪也。敢请执事，将何所命之？虽君之有鲁丧，亦敝邑之忧也。若获荐币，修垣而行，君之惠也，敢惮勤劳？"

文伯复命。赵文子曰[15]："信，我实不德，而以隶人之垣以赢诸侯[16]，是吾罪也。"使士文伯谢不敏焉。

晋侯见郑伯，有加礼，厚其宴好而归之。乃筑诸侯之馆。

叔向曰[17]："辞之不可以已也如是夫！子产有辞，诸侯赖之，若之何其释辞也！《诗》曰：'辞之辑矣[18]，民之协矣；辞之怿矣[19]，民之莫矣。'其知之矣。"

【注释】

①子产：即公孙侨，郑国的执政大夫，春秋时杰出的政治家。②我丧：指鲁襄公刚死了不久。③垣（yuán）：墙。④士文伯：晋国大夫士匄。⑤闬（hàn）闳（hóng）：均指门。⑥缮、葺（qì）：皆为修补之意。⑦诛求：索取。⑧府实：府库中的物品。⑨荐：进献。⑩庳（bǐ）：低洼的。⑪甸：古代管理柴薪的官。⑫巾车：掌管车辆的官。脂辖：给车轴上油。⑬隶人：管洒扫一类劳役的人。牧：放牧牛羊的人。圉：养马的人。⑭铜鞮（dī）之官：晋国国君的离宫（临时居住的宫室）。⑮赵文子：晋国大夫。⑯赢：接受，容纳。⑰叔向：晋国大夫。⑱辑：和谐，和睦。⑲怿（yì）：悦耳。

【译文】

子产辅佐郑简公到晋国去，晋平公以鲁国正在办理丧事为借口，没有接见他们。子产派人把宾馆的围墙全部拆毁以容纳自己的车马。士文伯责备子产说："敝国由于政事和刑罚没有搞好，到处是盗贼，无奈诸侯们屈驾来问候寡君，因此命令官吏修缮宾客的馆舍，加高它的大门，加厚它的围墙，使宾客使者不会为安全担心。现在您拆毁了围墙，虽然您的随从能够自行戒备，但别国的宾客怎么办呢？由于敝国是诸侯的盟主，才修缮馆舍围墙，以接待宾客，如果把它们都拆了，我们用什么来满足宾客的要求呢？我们国君派我前来请教。"

子产回答说："敝国国土狭小，处在大国的中间，大国向我们索取贡物也没有一定的时间，所以我们不敢安居，只有悉数搜寻敝国的财物，用它来参加朝会。碰上贵国国君没有空闲，因而不得见，又没有得到命令，不知道朝见的日期。我们不敢贸然前去进献财物，又不敢把它们露天存放。如果进献，这些东西就是贵国君王府库中的财物，但是不经过陈列贡品的进献仪式，我们是不敢进献的。如果把礼物放在露天里，又怕天气干湿无常而腐烂生虫，从而加重敝国的罪过。我听说文公从前做盟主的时候，宫室低矮狭小，没有宫观和台榭，却把接待诸侯的馆舍修得十分高大，如同今日贵国国君的寝宫一样。仓库和马厩都得到修缮，司空按时平整道路，泥瓦匠按时粉刷馆舍房间。诸侯宾客到来，甸人点起庭院中照明的火烛，仆人检查巡视客舍是否还有问题，车马有专门的存放地，宾客的随从也都有人代替，管理车辆的官员给车轴加油。打扫房间的，饲养牲口的，各自照看自己分内的事，朝中的官员们拿出自己的东西来招待宾客。文公从不让宾客们耽误时间，可也没有简省礼仪，忧宾客之忧，乐宾客之乐，出了事就亲自前去查看，指教宾客们不懂的地方，体恤宾客们的不足之处。宾客到来就好像回到了家里一样，非但没有灾害，不怕有人抢劫偷盗，而且也不用担心干燥潮湿。现在铜鞮宫方圆数里，却让诸侯宾客住在奴仆住的房子里，大门容纳不了车辆进出，又不能翻墙而入。盗贼公然横行，对于天灾瘟疫又没有任何防治措施，宾客进见没有一定的时间，接见命令也不知何时发布。如果不拆毁围墙，就没有地方存放礼物，罪过就要加重。斗胆请教您，您对我们有什么指示？虽说贵国国君遇上鲁国的丧事，可这也是敝国的忧伤啊。如果能让我们献上财礼，我们会把围墙修好了再走，这是贵国国君的恩惠，我们哪敢害怕辛劳？”

士文伯于是回去复命了。赵文子说：“是这样的，我们实在亏于德行，用奴仆居住的房舍来招待诸侯，这是我们的罪过啊。”于是，他派士文伯前去道歉，承认自己不通达事理。

晋平公接见了郑简公，提高了礼仪的规格，宴会和礼品也格外丰厚，然后让郑简公回国。晋国接着就修筑了接待诸侯的宾馆。

叔向说：“辞令不可废弃就像这样啊！子产善于辞令，诸侯靠他的辞令得到了好处，怎么能说要放弃辞令呢？《诗经》上说：‘言辞和善，百姓融洽；言辞动听，百姓安宁。’子产大概懂得这个道理吧。”

【写作方法】

子产拆客馆之墙，表面看与“不得见”一事无关，其实是对“不得见”做出的反应，也是委婉批晋侯走的第一着棋。子产面对士文伯的责问，一上来先说郑国一直以来都尽心事晋，换来的却是“不得见”，虽然语气委婉，但不满之意已隐隐可见，这也是他转守为攻的开始。中间追溯晋文公如何对诸侯礼遇有加，这一步走得很妙。他以对比的方法，反衬当今晋平公对诸侯的轻慢。这段话无一字提及平公，却字字如钢针一般刺痛平公的神经。子产的最后一段话点出文章主题，不但批评了平公的轻慢，还“苦口婆心”地劝说平公对待诸侯应当尽到礼数。子产是郑国大臣，但此处倒像是一位晋国大臣劝谏晋侯，使对方不但不怒，还倍感亲切，以致晋平公最终不得不承认轻慢之举“是吾罪也”。

清代过珙《详订古文评注全集》中说：“尽坏其馆垣，子产胸中便已有成算。看其借题发挥，皆是平日所欲吐而未吐者，索性一一吐之。其辞令之妙，可谓适协刚柔之宜。”如此看来，子产毁坏晋国馆垣之时，其实胸中早有成算，所以说出的话句句针锋相对，义正而不阿，言辞刚强而不激切，所以平公才会输心服帖。

◎子产论尹何为邑◎

【题解】

郑国上卿子皮想让没有治国经验的尹何做官，治理一个采邑，因为尹何这个人忠厚老实，也很可靠。子产听说了这件事，立即表示反对，并向子皮陈述了一番道理。此文的重点就是子产的言辞，子产说让毫无经验的人治理国家是危险的，主张让尹何积累相当的知识后再从政。子皮对子产的话表示赞同，为赞许他的忠诚，就将国家大事交给他处理。

【原文】

子皮欲使尹何为邑[①]。子产曰："少，未知可否。"子皮曰："愿[②]，吾爱之，不吾叛也。使夫往而学焉，夫亦愈知治矣。"子产曰："不可。人之爱人，求利之也。今吾子爱人则以政，犹未能操刀而使割也，其伤实多。子之爱人，伤之而已，其谁敢求爱于子？子于郑国，栋也。栋折榱崩[③]，侨将厌焉[④]，敢不尽言？子有美锦，不使人学制焉[⑤]。大官大邑，身之所庇也，而使学者制焉，其为美锦，不亦多乎？侨闻学而后入政，未闻以政学者也。若果行此，必有所害。譬如田猎，射御贯[⑥]，则能获禽；若未尝登车射御，则败绩厌覆是惧，何暇思获？"子皮曰："善哉！虎不敏[⑦]。吾闻君子务知大者、远者，小人务知小者、近者。我，小人也！衣服附在吾身，我知而慎之；大官、大邑，所以庇身也，我远而慢之。微子之言，吾不知也。他日我曰：'子为郑国，我为吾家，以庇焉，其可也。'今而后知不足。自今请虽吾家，听子而行。"子产曰："人心之不同如其面焉，吾岂敢谓子面如吾面乎？抑心所谓危[⑧]，亦以告也。"子皮以为忠，故委政焉，子产是以能为郑国。

【注释】

①子皮：名罕虎，郑国上卿。尹何：子皮的家臣。②愿：老实。③榱（cuī）：椽子。④厌：通"压"。⑤学制：练习裁制衣服。⑥贯：通"惯"，熟习。⑦虎：子皮自称。子皮名罕虎。⑧抑：只不过。

【译文】

子皮想叫尹何去管理封邑。子产说："他太年轻，不知道能不能胜任。"子皮说："他老实谨慎，我很喜欢他，他不会背叛我的。让他到了那里再学习，他会更加知道如何治理政事的。"子产说："不行，别人喜爱一个人，总是为他谋求有利于他的事情；现在您喜爱一个人，就想让他来管理政事，这就如同让一个还不会拿刀的人去割肉一样，多半会割伤自己，还有谁敢求被您喜爱？您在郑国，是栋梁，栋梁折断椽子崩散，我就会被压在底下，怎敢不把话全部说出来？您有漂亮的锦缎，是不会让人用以学裁剪的。高官、大邑，是自身的庇护，反而让正在学习的人去管理，它们比起漂亮的锦缎来，不是更为重要吗？我听说先要学习如何管理政事而后才能去实际管理政事，没有听说过以前没接触过政事，而直接去把实际管理政事来当作学习的。若是真的这样去做了，一定会有所危害。这就好比打猎，射箭、驾车这一套练熟了，才能猎获飞禽走兽；如果从没有驾过车、射过箭，总是担心会翻车被轧，哪里还有工夫去想获取猎物？”子皮说：“说得不错呀，我真是不明事理。我听说君子致力于了解大的、远的事情；小人致力于了解小的、近的事情。我是小人啊。衣服穿在我身上，我知道爱惜珍重；高官、大邑是用来庇护自身的，我却疏忽和轻视了它们。要不是您的这番话，我是不会明白的。从前我说：‘您来治理郑国，我来治理我的家族，如此以求荫庇，这样是可行的。’现在才知道这样不够。从现在起，我请求即使是我家族内的事务，也要听取您的意见后再行动。”子产说：“人的心不一样就好像人的面容各不相同一般，我怎敢说您的面容和我的面容相像呢？不过我心里觉得危险的事，就会把它告诉您。”子皮认为子产忠诚，所以将政事全部托付给他，子产因此而能够在郑国当政。

【写作方法】

此文在写作技巧方面，最大的特点是善用譬喻。子产论说尹何不能为官时，用了三个譬喻：第一个是以“未能操刀”喻指无行政经验，“使割”喻指当官，这是明喻；第二个是一句“美锦，不使人学制焉”，此处的美锦指的是“大官、大邑”，“学制”比喻的是学习经验，此处是暗喻；第三个是将做官比喻成“田猎”，将学习知识比喻成“射御贯”，说明想做官必须学好知识才行。这三个譬喻都是生活中常见的例子，形象生动，说服力强。

卷三

《国语》

我国最早的国别体史书，记载了周穆王十二年（公元前 990）至周贞定王十六年（公元前 453）五百余年间，周、鲁、齐、晋、郑、楚、吴、越八国的一些史事，共 21 卷。《国语》并不是自始至终系统性地记载历史，而是有重点地记载若干重大事件，与《左传》不同，它详于记言而略于记事。《国语》的文笔较为浅显，将人物言论和人物性格表现得惟妙惟肖，文章结构疏密相间、错落有致，具有很高的文学价值和史学价值。《国语》的作者历来说法不一，司马迁认为是左丘明；现在一般的看法是，《国语》的成书有一个过程，最初是左丘明记诵列国史事，后经列国史官改编、润色而成。

◎祭公谏征犬戎◎

【题解】

周穆王是西周后期的统治者，他好大喜功，不顾国力衰微，兴师讨伐西戎，结果收效甚微。此事使周王室在诸侯中的威信大减，自此之后，诸侯不再朝见周天子。本文写的是穆王征讨西戎之前，大臣祭公劝谏穆王，告诉他不要滥用武力，应该以德安抚天下。“耀德而不观兵”，是祭公言辞的核心内容。

【原文】

穆王将征犬戎[①]，祭公谋父谏曰[②]：“不可。先王耀德不观兵。夫兵戢而时动，动则威。观则玩，玩则无震。是故周文公之《颂》曰[③]：‘载戢干

戈，载櫜弓矢[4]。我求懿德，肆于时夏。允王保之。’先王之于民也，茂正其德而厚其性[5]，阜其财求而利其器用；明利害之乡，以文修之，使务利而避害，怀德而畏威，故能保世以滋大。

“昔我先世后稷[6]，以服事虞夏。及夏之衰也，弃稷弗务。我先王不窋用失其官[7]，而自窜于戎、翟之间[8]。不敢怠业，时序其德，纂修其绪[9]，修其训典，朝夕恪勤，守以惇笃，奉以忠信，奕世载德，不忝前人[10]。至于武王，昭前之光明而加之以慈和，事神保民，莫不欣喜。商王帝辛[11]，大恶于民，庶民弗忍，欣戴武王，以致戎于商牧。是先王非务武也，勤恤民隐而除其害也。

“夫先王之制：邦内甸服[12]，邦外侯服[13]，侯、卫宾服[14]，蛮、夷要服[15]，戎、翟荒服[16]。甸服者祭，侯服者祀，宾服者享，要服者贡，荒服者王。日祭，月祀，时享，岁贡，终王，先王之训也。有不祭，则修意；有不祀，则修言；有不享，则修文；有不贡，则修名；有不王，则修德；序成而有不至；则修刑。于是乎有刑不祭，伐不祀，征不享，让不贡，告不王。于是乎有刑罚之辟，有攻伐之兵，有征讨之备，有威让之令，有文告之辞。布令陈辞而又不至，则又增修于德，无勤民于远。是以近无不听，远无不服。

“今自大毕、伯仕之终也，犬戎氏以其职来王，天子曰：‘予必以不享征之，且观之兵。’其无乃废先王之训而王几顿乎[17]？吾闻夫犬戎树惇[18]，能帅旧德而守终纯固[19]，其有以御我矣！”

王不听，遂征之，得四白狼、四白鹿以归。自是荒服者不至。

【注释】

①犬戎：我国古代西北戎人的一支。②祭（zhài）公谋父：周穆王的大臣。③周文公：周公姬旦，“文”是他的谥号。④櫜（gāo）：收藏弓箭盔甲的器具。⑤茂：勉励。⑥后稷：周的始祖，因为曾掌管农事，所以也称为后稷。⑦不窋（zhú）：弃的后代。⑧翟：通“狄”。⑨纂：同“缵”，继续。⑩忝（tiǎn）：玷污。⑪帝辛：商纣王，名辛。⑫甸服：离王城五百里的区域。

⑬侯服：甸服以外五百里的区域。⑭宾服：侯服五百里以外的区域。⑮要服：指离都城一千五百里至二千里的地区。⑯荒服：指距离京城最远的属地之人服侍天子。⑰几顿：几乎废弃。⑱树惇（dūn）：立性敦厚。⑲纯固：专一。

【译文】

周穆王打算征讨犬戎，祭公谋父劝阻说："不可以。先王历来发扬德治，不炫耀武力。军队在平时应该保存实力，在适当的时候动用，一旦动用就要显出威势。炫耀等于滥用，滥用便没有了威慑力。所以周文公作《颂》说：'收起干戈，藏起弓箭。我追求美好的德行，施行于华夏。相信我王定能保有天命！'先王对于百姓，勉励他们端正品德，使他们性情纯厚，丰富他们的财物，便利他们的器用；使他们了解利害之所在，再用礼法道德教导，使他们从事有利的事情而避免有害的事情，使他们感怀德治而又惧怕君王的威严，所以能够使先王的事业世代相传并且变得强大。

"过去我们的祖先后稷做了主管农业的官员，服侍虞、夏两朝。到夏朝衰败的时候，废除了农官，我祖不窋因此失掉官职，逃到西北少数民族中。但他对农业仍然不敢怠慢，时常宣扬祖先的美德，继续奉行他的事业，修明教化制度，早晚恭敬勤劳，保持惇厚诚恳，奉行忠实守信的原则，不窋的后世子孙一直保持着这些良好的品德，并不曾辱没前人。到武王的时候，他发扬前人光明磊落的德行，再加上慈爱和善，侍奉神明，保养百姓，没有人不为之喜悦的。商纣王对百姓极为暴虐，百姓不能忍受，都乐于拥护武王，就有了商郊的牧野之战。这不是武王崇尚武力，他是怜恤百姓之苦而为他们除掉祸害啊。

"先王的制度是：离王城五百里的区域叫甸服，甸服外五百里的地方叫侯服，侯服以外五百里的地方叫宾服，蛮夷地区叫要服，戎、狄所居之地叫荒服。甸服的诸侯要参加天子对父亲、祖父的祭祀，侯服的诸侯要参加天子对高祖、曾祖的祭祀，宾服的君长要贡献周王始祖的祭物，要服的君长则要贡献周王对远祖以及天地之神的祭物，荒服的首领则要来朝见天子。祭祀祖父、父亲，是每天一次；祭祀曾祖、高祖，是每月一次；祭祀始祖，是每季一次；祭祀远祖、神灵，是每年一次；入朝见天子，是终身一次。这是先王的遗训。有不来日祭的，天子就应该检查自己的思想；有不来月祭的，天子就应该检查自己的言语；有不来季祭的，天子就应该搞好政令教化；有不来岁贡的，天子就应该修正尊卑名号；有不来朝见的，天子就应该检查自己的德行。依次检查完了，如果还有不来朝见的，就检查刑法。因此用刑法惩治不祭的，用军队讨伐不祀的，命令诸侯征剿不享的，派遣使者责备不贡的，写好文辞向天下通告那些不来朝见的。这样，就有了处罚的条例、攻伐的军队、征讨的准备、斥责的命令和告谕的文辞。如果命令文辞发出了还不来，就重新检查并修明自己的道德，不要劳动百姓在辽远的地域作战。所以，近处的诸侯没有不听从的，远处的诸侯没有不归附的。

“现今自从大毕、伯仕两位犬戎君主死后，犬戎君长已经按照‘荒服者王’的职分来朝见天子。您却说：‘我要用不享的罪名来征讨他，而且要让他看看我们的武备军队。’这不是违反祖先的遗训而招致衰败吗？我听说犬戎的君长树立了淳厚的德行，能够遵循他先代的德行，一直坚定不移，他凭着这些就有理由、有能力抗拒我们。”

穆王不听，去征讨犬戎，只得了四只白狼、四只白鹿回来。从此荒服的诸侯不再来朝见天子。

【写作方法】

这篇文章语言技巧颇高。祭公在劝说穆王时，以“不可。先王耀德不观兵”开头，这是开门见山，不但衬托出气氛的紧张，还为下文埋下伏笔。接下来的一句用了顶真的修辞手法，不但读起来一气呵成，还将紧张气氛延续下来。祭公在结尾时，又连用“其无”“其有”两个语气词，表面上看是揣测的口吻，其实态度十分坚定。本文的语言前紧后松，收放自如，使文章富有变化，增加了行文的流畅性和感染力。

◎召公谏厉王止谤◎

【题解】

周厉王是西周末年的君主，他生性暴虐，刚愎自用，不但不听大臣的谏言，还对百姓的言行严加控制，百姓的言语稍有不慎便会招致杀身之祸。本文记载的是大臣召公劝谏厉王，告诉他要广开言路，不要禁止百姓批评君主，揭示了“防民之口，甚于防川”的道理。

【原文】

厉王虐，国人谤王。召公告曰①：“民不堪命矣！”王怒，得卫巫②，使监谤者，以告，则杀之。国人莫敢言，道路以目。

王喜，告召公曰：“吾能弭谤矣③，乃不敢言。”召公曰：“是障之也！防民之口，甚于防川。川壅而溃，伤人必多，民亦如之。是故为川者，决之使导；为民者，宣之使言④。故天子听政，使公卿至于列士献诗，瞽献曲⑤，史献书，师箴，瞍赋⑥，矇诵⑦，百工谏，庶人传语，近臣尽规，亲戚补察，瞽、史教诲，耆、艾修之⑧，而后王斟酌焉，是以事行而不悖。

“民之有口也，犹土之有山川也，财用于是乎出；犹其有原隰衍沃也⑨，衣食于是乎生。口之宣言也，善败于是乎兴。行善而备败，所以阜财用衣食者也。夫民虑之于心而宣之于口，成而行之，胡可壅也？若壅其口，其与能几何？”

王弗听，于是国人莫敢出言，三年，乃流王于彘⑩。

【注释】

①召（shào）公：姬姓，名虎，周王卿士。②卫巫：卫国的巫师。③弭（mǐ）：消除。④宣：开导。⑤瞽：瞎子。⑥瞍：目中无瞳仁的瞎子。⑦矇：有瞳仁而看不见东西的瞎子。⑧耆、艾：古时称六十岁的人为耆，五十岁的人为艾，

这里是指德高望重的长者。⑨隰（xí）：低湿的地方。衍：低而平坦之地。⑩彘（zhì）：晋地，在今山西霍县。

【译文】

周厉王暴虐无道，国都里的人指责他的过失。召公告诉厉王说："百姓受不了你的政令了。"周厉王很恼怒，找来一个卫国的巫师，监察指责自己的人，只要巫师来报告，厉王就将被告发的人杀掉。于是国都里的人都不敢说话了，在道路上碰见，彼此只用眼神示意。

厉王很高兴，对召公说："我能够消除谤言了，他们不敢说话了。"召公说："这是堵住了百姓的嘴呀！不让百姓说话，比堵截江河水流还要危险。河流被堵塞，最终会造成堤坝崩溃，被伤害的人一定很多，禁止人们的言论也是这样。所以治理水患的人，会疏浚水道以使水流畅通无阻；治理国家的人，应该开导百姓，让他们敢于讲话。所以天子处理政事时，让公卿大夫到下层官员都可以进献讽谏的诗歌，让盲艺人进献反映民意的歌曲，让史官进献可资借鉴的史书，让乐师进献规劝天子的箴言，让瞍者背诵，让矇者吟咏，让各种艺人工匠向天子进谏，一般百姓的意见则间接地传达给天子，亲近的大臣要尽规劝国君的责任，和国君同宗的大臣要弥补国君的过失并监督国君的行为，乐师和史官要用乐曲和史书来对国君进行教诲，朝中老臣要对天子进行劝诫，然后由天子亲自斟酌裁决，从而使自己的行事不与常理相违背。

"百姓有嘴，就像土地上有山与河流，财富由此产生；就像其上有原野沼泽，衣食皆从中出。让百姓知无不言，国家政事的好坏就能从他们的言论中反映出来。推行百姓认为是好的东西，防范百姓认为是坏的东西，这正是使衣食财富增多的好办法。百姓在心中思考，然后用言论表达出来，反复思虑成熟后便付诸行动，怎么能堵住他们的嘴呢？如果堵住了百姓的嘴，那又能堵塞多久呢？"

厉王不听召公的劝告，国都里没人敢讲话。三年后，大家就把厉王流放到了彘地。

【写作方法】

此文用“王怒”“王喜”“王弗听”描写周厉王表情的变化，这是本文的一条线索，透过简单而形象的表情刻画，将周厉王刚愎自用的性格特征表露无遗。另外，召公的言辞中常用譬喻，如他把“防民之口”比作“防川”，其结果只能是“川壅而溃，伤人必多”，这一譬喻十分形象，将当时那种危急的形势展现了出来，增加了文章的气势。清人吴调侯、吴楚材点评此文说：“（此文）妙在将正意、喻意夹和成文，笔意纵横，不可端倪。”

◎襄王不许请隧◎

【题解】

东周时，周天子的威望已经很低了。周襄王依靠晋文公的帮助获得王位，晋文公居然请求自己死后可以享受与天子一样的葬礼。周襄王心里明白，如果答应晋文公的请求，那就失了体统，周天子仅有的尊严也会丢掉，但他又不敢直接拒绝文公，于是就追述周先王裂土封侯的事迹，说明君臣间应遵守的法度，晋文公终于“受地而还”。

【原文】

晋文公既定襄王于郏[①]，王劳之以地，辞，请隧焉[②]。王弗许，曰：“昔我先王之有天下也，规方千里以为甸服[③]，以供上帝山川百神之祀，以备百姓兆民之用，以待不庭、不虞之患。其余，以均分公、侯、伯、子、男，使各有宁宇，以顺及天地，无逢其灾害，先王岂有赖焉？内官不过九御[④]，外官不过九品，足以供给神祇而已[⑤]，岂敢厌纵其耳目心腹以乱百度？亦唯是死生之服物采章，以临长百姓而轻重布之，王何异之有？

“今天降祸灾于周室，余一人仅亦守府，又不佞以勤叔父[⑥]，而班先王之大物以赏私德，其叔父实应且憎，以非余一人，余一人岂敢有爱也？先民有言曰：‘改玉改行。’叔父若能光裕大德，更姓改物，以创制天下，自显

庸也[⑦]，而缩取备物以镇抚百姓。余一人其流辟于裔土[⑧]，何辞之有与？若犹是姬姓也，尚将列为公侯，以复先王之职，大物其未可改也。叔父其茂昭明德，物将自至，余敢以私劳变前之大章，以忝天下[⑨]？其若先王与百姓何？何政令之为也？若不然，叔父有地而隧焉，余安能知之？"

文公遂不敢请，受地而还。

【注释】

①郏（jiá）：邑名，在今河南洛阳附近。②隧：指墓道。③甸服：离王城五百里的区域之内的人服侍天子。④九御：即九嫔。⑤神祇（qí）：指天神和地神。⑥叔父：天子称同姓诸侯为叔父。⑦庸：功劳。⑧流辟：流放退避。裔土：边远的地方。⑨忝：玷辱。

【译文】

晋文公使周襄王在郏地复位后，襄王赏文公田地作为酬劳，晋文公不接受，请求死后用天子的葬礼，挖掘隧道埋葬自己。襄王不同意，说："过去我们的先王得到天下，划出方圆千里的土地叫作甸服，用它来供应上帝以及山川百神的祭祀，准备百姓万民的用度，以便对付不服从朝廷的人和不能预料的灾祸。另外还分别将土地分给了公、侯、伯、子、男，使他们各自安定，以顺应天地尊卑的法则，不至于遭受灾害，先王哪里还有什么特别的好处呢？天子内官只有九嫔，外官也只有九等官员，只是足够供奉天地神明罢了，难道敢放纵耳目心腹的嗜好来扰乱法度？只有生前死后的衣物和用品的颜色花纹有所不同，用以表示是百姓的君长，表明贵贱等级罢了。其他方面，天子和大家又有什么不同？

"现在上天降灾祸给周室，我仅仅是能保住先王的成法，又因为自己缺乏才能，辛苦了叔父，但如果颁赐先王的重典来报答私人之间的恩德，您也会一面接受一面厌恶，责备我的不是，我个人又怎敢吝惜将这葬礼赏给您呢？从前有句话说：'改变佩玉，就要改变位置。'假若您能将您的盛德发扬光大，使天下改变姓氏，使民众官员改换衣服的颜色，为天下创立新的制度，显示自己的功劳，那就请直接享用天子的服饰彩章来抚佑百姓。我一人即使流落到边远荒凉之处，又有什么可说的呢？如果您还是姬姓，还列于公侯，还要执行先王所给予的职责，那么只有天子才能用的隧葬礼就不能更改了。叔父如能继续发扬美德，天子之隧葬礼自然会到来，我哪敢因个人受到恩惠就改变前人留下的重要制度来玷辱天下呢？这样做把先王和百姓放到了什么位置？颁布政令又有什么用处呢？若不是这样，叔父自己有土地，您自己挖掘隧道举行葬礼，我哪里能知道？”

文公于是不敢再请求，便接受田地回国去了。

【写作方法】

自古以来，要想说服强大的对手改变初衷，是需要技巧的，委曲求全只会让对方更加肆无忌惮。周襄王面对骄横的晋文公，并没有一味服软，他先是搬出先王来，用“不过”“足以”“岂敢”三个词说明先王对礼制很慎重，暗示晋文公不但不该请隧，就连赏赐的土地亦不宜接受；之后又站在文公的立场上，指出僭越礼制的坏处很大，而两个“若”字连用，义正词严，使晋文公陷入两难境地。文末语带锋芒，周襄王一句“若不然，叔父有地而隧焉”，看似随口而出、无可奈何，实则把文公逼入了绝境，这种以退为进的方法，尽管言辞委婉，却是一步紧似一步，文公于情于理都不可再坚持请隧的要求了。

此文通篇只表达不为天子不得用隧，妙在逆笔振入，没有一笔实写不许，但是不许之意随着谈话的深入逐渐明晰，自然使重耳神色俱沮。宋代真德秀评价此文说：“晋文定襄王，自以为不世之大功，其请隧也，盖寖寖乎窥大物之渐。王目之曰‘私德’，曰‘私劳’，所以折其骄矜不逊之意。玩其词气，若优游而实峻烈，真可为告谕诸侯之法。”

《公羊传》

又称《春秋公羊传》，据说它是孔子的再传弟子公羊高为解释《春秋》一书所作的，旨在阐发《春秋》中所包含的政治观点。它最初在师徒间口耳相传，并没有形成书面文字，直到汉景帝初年才由公羊寿和胡毋生写定成书。《公羊传》的体例一般是先引《春秋》经文，然后自问自答，为研究秦汉时期的儒家思想提供了重要资料。

◎吴子使札来聘◎

【题解】

季札是吴王寿梦的幼子。在众兄弟之中，季札虽然年纪最小，但是非常贤德，大家都推举他继承吴王之位，季札因为不愿违背君位继承的传统而流亡在外。后来兄长僚做了吴王，弟弟阖闾不服气，派专诸刺杀了僚。季札在国外听说这件事，指责阖闾不仁不义，并且终生未再踏进吴国一步。本文表现了季札的仁义之心。结尾部分阐明认为季札贤良却直呼其名，是为了使他的称呼合乎臣子的身份。

【原文】

吴无君、无大夫，此何以有君、有大夫？贤季子也①。何贤乎季子②？让国也。其让国奈何？谒也、余祭也、夷昧也，与季子同母者四。季子弱而才，兄弟皆爱之，同欲立之以为君。谒曰："今若是迮而与季子国③，季子犹不受也。请无与子而与弟，弟兄迭为君，而致国乎季子。"皆曰："诺。"故诸为君者，皆轻死而为勇，饮食必祝曰："天苟有吴国，尚速有悔于予身！"故谒也死，余祭也立；余祭也死，夷昧也立；夷昧也死，则国宜之季子者也。

季子使而亡焉。僚者④，长庶也⑤，即之。季子使而反，至而君之尔。阖闾曰⑥："先君之所以不与子而与弟者，凡为季子故也。将从先君之命与，

则国宜之季子者也。如不从先君之命与，则我宜立者也。僚恶得为君乎？于是使专诸刺僚，而致国乎季子。季子不受，曰："尔弑吾君，吾受尔国，是吾与尔为篡也。尔杀吾兄，吾又杀尔，是父子兄弟相杀，终身无已也。"去之延陵⑦，终身不入吴国。故君子以其不受为繄义，以其不杀为仁。

贤季子，则吴何以有君、有大夫？以季子为臣，则宜有君者也。"札"者何？吴季子之名也。"春秋"贤者不名，此何以名？许夷狄者，不一而足也。季子者，所贤也，曷为不足乎季子？许人臣者必使臣，许人子者必使子也。

【注释】

①贤：赞许。②季子：季札，吴王寿梦的幼子。③迮（zé）：仓促。④僚：吴王僚，夷昧之子。⑤长庶：庶子中最年长者。⑥阖闾：名光，吴王谒之子。谒是吴王寿梦的长子，按照当时立嫡以长的原则，实际上应该是阖闾继承王位。⑦延陵：吴邑名，在今江苏武进境内。

【译文】

《春秋》记载吴国的事情，对吴国君臣没有国君、大夫的称谓，这里为什么又称国君，又称大夫呢？这是为了赞美季子贤良。为什么要赞美季子？是因为他把君位让给了兄长。他让君位给兄长又是怎么一回事呢？谒、余祭、夷昧和季子，是同母所生的四兄弟。季子年纪最小但很有才干，兄长们都喜欢他，都想立他做国君。谒说："现在如果仓促地把国家传给季子，季子还是不会接受的。我想我们不要传位于子而传位于弟，弟兄依次为君，最后把国家交给季子。"大家都说："好的。"所以这几个做国君的都以轻视死亡为勇敢，每到吃饭时必定祷告说："上天如果还要吴国存在下去，就赶快把灾难降到我身上。"所以谒死之后，余祭继位；余祭死后，夷昧继位；夷昧死后，就应当轮到季子做国君了。

那时季子出使在外，没有回来。僚是庶子中年纪最大的，即位做了国君，季子出使归来，回到吴国，就把僚当作国君之看待。阖闾说："先君所以不把国家传给儿子而传给弟弟，都是季子的缘故。如果遵从先君的遗命，就应当把国家传到季子手中。如果不遵从先君的遗命，那么就应该由我做国君，僚怎么能当国君呢？”于是派专诸刺杀了僚，要把国家交给季子，季子不肯接受，说：“你杀了我的国君，我接受你夺来的国家，这就变成了我与你合谋篡位。你杀了我兄长的儿子，我再把你杀掉，这是父子兄弟相互残杀，这样下去，一辈子也没有停止的时候。”于是离开吴国前往延陵，终生没有再回过吴国。所以君子把他不接受君位这一举动当作是义，把他不提倡自相残杀看作是仁。

赞美季子贤良，那为什么吴国又出了国君、大夫呢？这是因为季子既然做了臣子，那就应该有国君了。“札”是什么？是吴国季子的名。《春秋》中对贤者不直书其名，这里为什么直书其名？这是因为赞许夷狄，不能因为他们有一件事做得好就认为他们已经很完美了。季子被认为是贤良之人，为什么还认为他不算完美呢？因为赞美人臣就要从为人臣子的角度上去赞美他，赞美人子就要从为人子的角度上去赞美他。

【写作方法】

这篇文章前后议论，中间叙事。开头三问三答，将季札让国的事迹引出来。这样写一则可以调动读者的兴趣，一则可以拉近与读者的关系，增加了文章的亲切感。中间写季札让国，指责阖闾不仁义。这一部分在叙事中穿插人物言辞，结构紧凑而富有变化：写事时一气呵成，说话处精辟慷慨，二者交叉错落，相互映衬。末尾以评论作结，虽然褒扬季札，却不称他为“子”，而是直呼其名，这并不是不尊重季札，而是为了让称呼合乎臣子的身份。

《谷梁传》

《谷梁传》又称《春秋谷梁传》。据说它是孔子的再传弟子谷梁赤为解释《春秋》而作的。《谷梁传》与《公羊传》《左传》合称“春秋三传”，都是详细阐释《春秋》的书。其中《左传》对《春秋》的阐释重在记事，就是把《春秋》里很简单的记载详细补充；而《公羊传》是根据《春秋》里的句子，专门阐发微言大义；《谷梁传》则是解释《春秋》里的字词，并说明义理。《谷梁传》的体例和语言风格与《公羊传》很相近，成书和写定的过程也很类似，但思想的丰富性和社会影响不及《公羊传》。

◎郑伯克段于鄢◎

【题解】

郑伯纵容兄弟共叔段，而后又攻打他的事迹，在《左传》中已有记载。这篇文章主要是解释《春秋》中的这段经文，挖掘其中的微言大义，对共叔段和郑伯都进行了贬斥，而对后者的批评更为严厉。

【原文】

克者何？能也。何能也？能杀也。何以不言杀？见段之有徒众也①。

段，郑伯弟也。何以知其为弟也？杀世子②、母弟，目君。以其目君，知其为弟也。段，弟也，而弗谓弟；公子也，而弗谓公子，贬之也。段失子弟之道矣。贱段而甚郑伯也。何甚乎郑伯？甚郑伯之处心积虑，成于杀也。

于鄢③，远也，犹曰取之其母之怀中而杀之云尔，甚之也。

然则为郑伯者，宜奈何？缓追逸贼，亲亲之道也。

【注释】

①段：即共叔段，郑庄公的弟弟。②世子：古代天子和诸侯的嫡长子。③鄢：郑邑名，在今河南鄢陵境内。

【译文】

“克”是什么意思？就是“能够”的意思。能够干什么呢？是能够“杀”的意思。为什么《春秋》上不说“杀”呢？是因为共叔段有一些拥护者。

共叔段，是郑伯的弟弟。怎么知道他是弟弟呢？凡是杀掉世子和同母弟弟的，都称为君，这里称他为君，所以就知道共叔段是弟弟了。共叔段是弟弟，而不称他为弟弟，是公子而又不称他作公子，是贬低他的意思，是因为共叔段丧失了做子弟的道德。贬低共叔段却又更加责备郑伯。为什么更加责备郑伯呢？更加责备郑伯是因为他处心积虑，故意使共叔段走上了被杀的道路。

“于鄢”，是说共叔段逃到了遥远的地方。郑伯追杀共叔段就好像从母亲怀里抢过婴儿杀掉那样，所以更加责备他。

然而作为郑伯，该怎么办才算恰当呢？不着急去追杀那逃亡的贼子，这才是亲爱呵护自己亲人的做法！

【写作方法】

这篇文章简短精巧，却用了六处问句，几个问句环环相扣、层层推进。如文末一句写道：“然则为郑伯者，宜奈何？缓追逸贼，亲亲之道也。”这表面上是为郑伯考虑，实则是指责郑伯的做法不“宜”、过分。本文的语言时而直白，时而委婉，笔锋屈如铁，画如锥，利如刃。较之《左传》中的同篇，断制更为精严，用笔亦入木三分。

◎虞师晋师灭夏阳◎

【题解】

晋国攻打夏阳，打算假道虞国。夏阳是虞国和虢国边境上的重镇，晋国拿下此地，二国就危险了。为了能借道成功，晋国谋臣荀息对此进行了筹划，他洞察晋、虞两国的强弱之势，主张“以屈产之乘、垂棘之璧”送给虞国，然后分析虞国君臣的弱点。荀息的筹策字字在理，句句精妙。后来，虞国果然答应借道给晋国，最终导致自身的灭亡。虞国的灭亡，正印证了“唇亡齿寒，辅车相依”的道理。

【原文】

非国而曰“灭”，重夏阳也[①]。虞无师，其曰“师”，何也？以其先晋，不可以不言师也。其先晋何也？为主乎灭夏阳也。夏阳者，虞、虢之塞邑也。灭夏阳而虞、虢举矣[②]。

虞之为主乎灭夏阳，何也？晋献公欲伐虢，荀息曰：“君何不以屈产之乘、垂棘之璧[③]，而借道乎虞也？”公曰：“此晋国之宝也。如受吾币，而不借吾道，则如之何？”荀息曰：“此小国之所以事大国也。彼不借吾道，必不敢受吾币。如受吾币而借吾道，则是我取之中府，而藏之外府；取之中厩，而置之外厩也。”公曰：“宫之奇存焉，必不使受之也。”荀息曰：“宫之奇之为人也，达心而懦，又少长于君。达心则其言略，懦则不能强谏，少长于君则君轻之。且夫玩好在耳目之前，而患在一国之后，此中知以上乃能虑之。臣料虞君，中知以下也。”公遂借道而伐虢。

宫之奇谏曰：“晋国之使者，其辞卑而币重，必不便于虞。”虞公弗听，遂受其币而借之道。宫之奇又谏曰：“语曰：‘唇亡则齿寒。’其斯之谓与。”挈其妻子以奔曹[④]。

献公亡虢，五年，而后举虞。荀息牵马操璧而前曰：“璧则犹是也，而马齿加长矣。”

【注释】

①夏阳：地名，在今山西平陆北。②举：攻克。③屈产之乘（shèng）：屈地出产的良马。垂棘：晋地名，出产美玉。④挈（qiè）：带领。曹：春秋时的小国，都在陶丘（在今山东定陶西南）。

【译文】

不是一个国家而称它“灭”，这表示重视夏阳。虞国没有出师攻打夏阳，《春秋》却提及了“师”，这是为什么呢？是因为晋国出兵前，虞国就已经把夏阳陷于覆亡的境地了，所以不能不说虞国也出动了军队。为什么说虞国先于晋国陷夏阳于覆亡的境地呢？是因为虞国的作为是夏阳覆亡的主要原因。夏阳，是虞国和虢国边境上的重要城镇。夏阳陷落，虞国和虢国也就唾手可得了。

说虞国是夏阳覆亡的主要因素，这是什么意思？晋献公想要去征讨虢国，荀息说：“国君为何不用屈地出产的良马和垂棘出产的玉璧去向虞国借路呢？”晋献公说：“这些都是晋国的宝贝啊。如果虞国接受了我的礼物，却不借路给我，那我怎么办？”荀息说：“按小国侍奉大国的道理，它不借路给我们，就一定不敢接受我们的礼物。如果接受了我们的礼物，又借路给我们，那么这美玉就是我们从宫中的府库里取出来，存放在宫外的府库里；这良马就是从宫内的马棚里牵出来，放在宫外的马棚中。”晋献公说：“有宫之奇在那里，他一定不会让虞国国君接受这礼物的。”荀息说：“宫之奇的为人，心里明白但胆小懦弱，况且他又是从小和虞国国君一起长大的。心中明白就会使他言语简略，胆小懦弱就会使他不能强谏，他从小和虞国国君一起长大，虞君就不会拿他的话当回事儿。况且玩物、宝贝就放在自己的面前，而灾祸却要在虢国之后，这是中等智力以上的人才能想到的。我料定虞国国君是个中等智力以下的人。”晋献公于是向虞国借路去攻打虢国。

宫之奇向虞君进谏说：“晋国的使者，说话谦卑而送来的礼物十分贵重，这其中一定有对虞国不利的地方。”虞君不听，接受了礼物，并借路给了晋国，宫之奇又进谏说：“俗语说：‘唇亡则齿寒。’大概说的就是这种情况吧。”于是带上妻子儿女一起逃到曹国去了。

晋献公灭掉了虢国，鲁僖公五年，又灭掉了虞国。荀息牵着良马，捧着玉璧，走到晋献公跟前说：“玉还是原来的玉，只是这马的年纪却增大了。”

【写作方法】

荀息的言辞是文中最精彩的部分。荀息主张以财物收买虞君，当晋侯对此计表示质疑时，荀息说“此小国之所以事大国也”，此句虽然简短，却十分精辟，点出了问题的要害，也就是晋国强大、虞国弱小，这种形势是晋国能向虞国借道的关键，后面两句话正是对此话的解释，从这里也可看出荀息的善谋。

《礼记》

儒家经典之一，也称《小戴礼记》或《小戴记》，为西汉经学家戴圣编纂而成。它是战国至汉初儒家礼仪论著的总集，全书共四十九篇，内容包括礼制和儒家哲学两部分，是研究中国古代社会、文物制度、典礼、祭祀、教育、音乐和儒家学说的重要参考书。《礼记》中包含着很多精彩的对话和小故事，用以反映儒学思想，以下几篇便可作为代表。

◎晋献公杀世子申生◎

【题解】

申生是晋献公的长子，母亲是齐姜夫人。献公的宠妾骊姬为了让儿子奚齐继承王位，就在献公面前说申生的坏话，说他想谋杀献公，于是献公动了杀申生的念头。公子重耳得知后，劝申生向献公解释，或是逃出晋国，但申生出于仁和孝，没有这么做。最后，申生自杀而死。这篇文章的主旨正是称赞申生的大仁大义，临死前还处处为国家和兄弟着想，所以后人尊他为“恭世子”。

【原文】

晋献公将杀其世子申生[①]。公子重耳谓之曰：“子盖言子之志于公乎？”世子曰：“不可。君安骊姬[②]，是我伤公之心也。”曰：“然则盖行乎？”世子曰：“不可。君谓我欲弑君也，天下岂有无父之国哉？吾何行如之？”

使人辞于狐突曰[③]：“申生有罪，不念伯氏之言也，以至于死。申生不敢爱其死，虽然，吾君老矣，子少，国家多难。伯氏不出而图吾君，伯氏苟

出而图吾君，申生受赐而死。”再拜稽首，乃卒。是以为恭世子也。

【注释】

①世子：古代天子或诸侯的嫡长子。②骊姬：晋献公的宠妾，她生了奚齐后，想要废掉太子申生而立奚齐，于是在祭祀的肉里放了毒药，而后嫁祸给申生，逼他自杀。③狐突：姓狐名突，字伯。他曾劝申生逃往别国，申生没有听，最后遭骊姬陷害而死。

【译文】

晋献公要杀掉太子申生。公子重耳对申生说："你怎么不把你的想法对献公说明白呢？"申生说："不行。君王有了骊姬才感到安适。我要是把事情明说了，这样会伤了君王的心啊。"重耳说："既然如此，你何不逃走呢？"申生说："不行。君王说我企图弑君，天下哪里有无父之国？我往哪儿跑呀？"

申生派人去向狐突诀别说："申生有罪，没有记住您的话，以至于到了今日将陷于死亡。申生不敢吝惜性命，虽然如此，可是君王已经老了，弟弟又还年幼，国家多有危难。您不出面为君王筹划国事便罢，您若肯出面为君王筹划政事，申生就是死了，也是蒙受了您的恩惠。"申生拜了两拜，叩头至地，然后就自杀了。因此，世人称申生为恭世子。

【写作方法】

公子重耳与申生的两问两答，申生针对重耳"言子之志于公"和"行"的建议，申生都以"不可"作为回答，从中可见申生意志的坚决；这两个"不可"与首句献公将要杀申生形成对比，一个不慈、不仁，另一个却不能不义、不孝，体现了申生的崇高品质。申生与老师狐突的诀别词也很感人，言辞中丝毫不怨恨献公，还处处为献公、兄弟着想，足见申生的大仁大义。

清人吴楚材点评此文"笔端清婉，迅快无比"。

◎曾子易箦◎

【题解】

曾子病重，卧在病榻之上，他的弟子和儿子都在他旁边伺候。这时，曾子家中的童仆发现曾子身下所铺的席子跟礼制不符合，就毫无顾忌地说了出来。曾子的弟子和儿子不想让曾子再起身折腾，但曾子却坚持起身更换席子，然后安然死去。

【原文】

曾子寝疾①，病。乐正子春坐于床下②，曾元、曾申坐于足③，童子隅坐而执烛。

童子曰："华而睆④，大夫之箦与⑤？"子春曰："止！"曾子闻之，瞿然曰⑥："呼！"曰："华而睆，大夫之箦与？"曾子曰："然。斯季孙之赐也⑦，我未之能易也。元，起易箦。"曾元曰："夫子之病革矣⑧，不可以变。幸而至于旦，请敬易之。"曾子曰："尔之爱我也不如彼。君子之爱人也以德，细人之爱人也以姑息。吾何求哉？吾得正而毙焉，斯已矣。"举扶而易之，反席未安而没。

【注释】

①曾子：名参，鲁国人，孔子的学生。②乐正子春：曾参的弟子。乐正是乐官名。③曾元、曾申：都是曾参之子。④睆（huǎn）：光亮。⑤箦（zé）：竹席。⑥瞿（qú）然：吃惊的样子。⑦季孙：鲁国大夫。⑧革（jí）：危急。

【译文】

曾子病卧在床，病情已经很重了。乐正子春坐在床下，儿子曾元、曾申坐在曾子的脚边，童仆坐在屋子的角落里，手拿着蜡烛。

童仆说："华美而光亮，是大夫用的席子吧？"乐正子春说："别说话！"

曾子听到了，吃惊地说：“啊！”童仆又说道：“华美而光亮，是大夫用的席子吧？”曾子说：“是的，这是季孙赠给我的，我还没来得及把它换掉。元，扶我起来，把席子换掉。”曾元说：“您老人家的病已经很重了，现在不能更换，希望挨到天亮，再让我很恭敬地来换掉。”曾子说：“你爱护我，还不如那童子。君子爱护人是从德行上去爱护他，小人爱护人是姑息迁就。我还要求什么呢？我只盼望死得合于礼制罢了。”于是大家扶起曾子，换了席子，再把他扶回到床上，还没有躺安稳，曾子就去世了。

【写作方法】

本文虽只有短短一百多字，但其中的四个人物形象却惟妙惟肖，十分生动。曾子大病之中，听到童子的提醒，毫不犹豫地说了一个“然”，可见曾子对礼制的执着之心；童子在曾子垂危之际，仍然毫无忌讳地提醒曾子要守礼，可见他的天真；子春虽然只说了一个“止”字，却已把他当时气急败坏的心情描绘了出来，此文用字之神，堪称绝妙！

卷四

《战国策》

又称《国策》，是一部记载战国时代各国史事的重要实录，记录了上至春秋，下至秦并六国约二百四十余年的历史，它同时也是战国时期游说之士、纵横家的策谋和传说的汇编。《战国策》的作者已无从考证，西汉末年经刘向辑录整理，以国别为基础，以时间为顺序，成书三十三篇。

◎苏秦以连横说秦◎

【题解】

苏秦欲游说秦王统一天下，结果失败，返乡后受到家人冷遇，于是刻苦研习兵书谋略，最终以高超的辩才和智谋游说赵王成功，从此飞黄腾达，显扬于诸侯。本篇就记述了这样一段故事。文章反映了纵横家重利趋名的人生观和崇尚智谋策略制胜的思想，对人物形象的刻画生动逼真，文情富有起承转合之妙。

【原文】

苏秦始将连横说秦惠王①，曰："大王之国，西有巴、蜀、汉中之利②，北有胡貉、代马之用③，南有巫山、黔中之限④，东有殽、函之固⑤。田肥美，民殷富，战车万乘，奋击百万，沃野千里，蓄积饶多，地势形便，此所谓天府，天下之雄国也。以大王之贤，士民之众，车骑之用，兵法之教，可以并诸侯，吞天下，称帝而治。愿大王少留意，臣请奏其效！"

秦王曰："寡人闻之：毛羽不丰满者，不可以高飞；文章不成者，不可

以诛罚；道德不厚者，不可以使民；政教不顺者，不可以烦大臣。今先生俨然不远千里而庭教之，愿以异日。”

苏秦曰：“臣固疑大王之不能用也。昔者神农伐补遂[⑥]，黄帝伐涿鹿而禽蚩尤，尧伐驩兜[⑦]，舜伐三苗，禹伐共工，汤伐有夏，文王伐崇，武王伐纣，齐桓任战而霸天下。由此观之，恶有不战者乎？古者使车毂击驰[⑧]，言语相结，天下为一；约从连横，兵革不藏。文士并饬，诸侯乱惑，万端俱起，不可胜理。科条既备，民多伪态。书策稠浊，百姓不足。上下相愁，民无所聊。明言章理，兵甲愈起；辩言伟服，战攻不息；繁称文辞，天下不治；舌敝耳聋，不见成功；行义约信，天下不亲。于是乃废文任武，厚养死士，缀甲厉兵，效胜于战场。夫徒处而致利，安坐而广地，虽古五帝、三王、五霸，明主贤君，常欲坐而致之，其势不能，故以战续之。宽则两军相攻，迫则杖戟相撞，然后可建大功。是故兵胜于外，义强于内；威立于上，民服于下。今欲并天下，凌万乘，诎敌国[⑨]，制海内，子元元[⑩]，臣诸侯，非兵不可！今之嗣主，忽于至道，皆惛于教，乱于治，迷于言，惑于语，沉于辩，溺于辞。以此论之，王固不能行也。”

说秦王书十上，而说不行。黑貂之裘敝，黄金百斤尽，资用乏绝，去秦而归。羸縢履蹻[⑪]，负书担橐，形容枯槁，面目黧黑[⑫]，状有愧色。归至家，妻不下纴[⑬]，嫂不为炊，父母不与言。苏秦喟然叹曰：“妻不以我为夫，嫂不以我为叔，父母不以我为子，是皆秦之罪也。”乃夜发书，陈箧数十，得太公《阴符》之谋，伏而诵之，简练以为揣摩。读书欲睡，引锥自刺其股，血流至足。曰：“安有说人主不能出其金玉锦绣，取卿相之尊者乎？”期年，揣摩成，曰：“此真可以说当世之君矣。”

于是乃摩燕乌集阙，见说赵王于华屋之下，抵掌而谈[⑭]。赵王大说，封为武安君，受相印。革车百乘，锦绣千纯[⑮]，白璧百双，黄金万镒[⑯]，以随其后，约从散横，以抑强秦。故苏秦相于赵，而关不通。

当此之时，天下之大，万民之众，王侯之威，谋臣之权，皆欲决于苏秦之策。不费斗粮，未烦一兵，未战一士，未绝一弦，未折一矢，诸侯相亲，

贤于兄弟。夫贤人任而天下服，一人用而天下从。故曰："式于政，不式于勇；式于廊庙之内，不式于四境之外。"当秦之隆，黄金万镒为用，转毂连骑，炫煌于道，山东之国，从风而服，使赵大重。

且夫苏秦，特穷巷掘门、桑户棬枢之士耳⑰，伏轼撙衔⑱，横历天下，庭说诸侯之主，杜左右之口，天下莫之伉。

将说楚王，路过洛阳，父母闻之，清宫除道，张乐设饮，郊迎三十里；妻侧目而视，侧耳而听；嫂蛇行匍伏，四拜自跪而谢。苏秦曰："嫂！何前倨而后卑也？"嫂曰："以季子之位尊而多金。"苏秦曰："嗟乎！贫穷则父母不子，富贵则亲戚畏惧，人生世上，势位富厚，盖可忽乎哉？"

【注释】

①苏秦：字季子，战国时著名的纵横家。连横：战国时，随从强国去进攻其他弱国，称为连横。战国后期，秦最强大，连横就指这些国家中的某几国跟从秦国去进攻其他国家。②巴：今四川东部地区。蜀：今四川西部地区。汉中：今陕西南部地区。③胡貉（hé）：指北方少数民族地区出产的貉皮。代马：指今山西、河北北部出产的马。④黔中：地名，在今湖南常德。⑤殽：殽山。函：函谷关。⑥神农：传说中教人农耕、亲尝百草的远古帝王。⑦驩（huān）兜：尧的臣子，为人狠恶，不畏风雨禽兽。⑧车毂（gǔ）：车轮中心有洞可以插轴的部分。⑨诎（qū）：通"屈"。⑩元元：平民，老百姓。⑪羸：通"缧"，缠绕。縢：绑腿。蹻（jué）：草鞋。⑫黧（lí）：黑中带黄的颜色。⑬纴（rèn）：织布帛的丝缕，此指织机。⑭抵掌：拍手。⑮纯：匹，束。⑯镒：古代的重量单位，二十两或二十四两为一镒。⑰掘门：掘墙为门。棬（quān）枢：用曲木做门轴。⑱撙（zǔn）衔：控制马勒，让马驯服。

【译文】

苏秦起初用连横的策略游说秦惠王，说："大王的国家，西边有巴、蜀、汉中的富饶物产，北面有胡貉、代马可以使用，南方有巫山、黔中为屏障，东边有崤山、函谷关这样坚固的关塞，田地肥美，百姓殷实富足，还有兵车万辆、勇士百万、沃野千里，加之储备充足，地势险峻，便于攻守。这正是人们所说的肥美险固、物产饶多的天然府库，天下的强国啊！凭借大王的贤明、百姓的众多、车马的功用、兵法的教授，一定可以兼并诸侯，统一天下，称帝而治。我希望大王对此稍加留意，请允许我奏明这样做的成效吧。”

秦惠王说：“寡人听说过，羽毛长得不丰满，便不能高飞；法令条文不完备，就难以施行诛罚；道德不深厚，就不能够役使百姓；政治教化不合理，就不可以烦劳大臣。现在先生不远千里，郑重庄严地在宫廷上指教我，但我希望您还是改日再谈吧！”

苏秦回答说：“我本来就疑惑您是否能采用我的主张。过去，神农氏讨伐补遂，黄帝讨伐涿鹿而擒获蚩尤，唐尧讨伐驩兜，虞舜讨伐三苗，夏禹讨伐共工，商汤讨伐夏桀，周文王讨伐崇侯虎，周武王讨伐商纣王，齐桓公用武力称霸天下。由此看来，哪有不凭借武力的呢？古时各国使臣的车驾往来奔驰，车毂相击，互相之间用言语结交，使天下为一体；但结果或者合纵，或者连横，兵革甲胄也并未因此藏起。辩士们都巧饰辞令，说得各国诸侯昏乱迷惑，各种事端层出不穷，不胜治理。规章制度虽已完备，人民的虚假欺诈行为却日益增多；国家法令琐碎混乱，百姓被搅得更加贫穷。君臣上下皆为此发愁，百姓无所依靠。冠冕堂皇的道理讲得越多，战争反而更加频繁；盛装打扮、巧言善辩的辩士越多，诸侯间的战争就越发不能停息；繁征博引的文辞越多，天下越是治理不好；说者唇焦口燥，听者耳朵都快聋了，看不出一点成效；施行仁义，诚信相约，天下却越发不相亲善。于是诸侯废文用武，以优厚的待遇供养敢死之士，制作铠甲，磨砺兵器，要在战场上争取胜利。如果空坐而能获得利益，安居而能扩大土地，即使是古代的五帝、三王、五霸和明主贤君，他们虽然也常想安坐而获得利益，然而在天下的大势下也不可能办到！所以跟着就依靠武力来完成大业。如果地域宽阔，就两军对攻；倘若地势狭窄，就短兵相接。只有这样，才可能建立伟大的功业。所以只有对外用兵取得了胜利，对内实行仁政才能强劲有力；只有在上树立了君王的威信，在下才能使百姓服从。当今之世，如果想兼并天下，凌驾于大国之上，威慑敌国，控制海内，抚育百姓，臣服诸侯，就非用武力不可！现在继承君位的人，忽视了这个重要的道理，一个个政教不明，治理混乱，被辩士们的花言巧语迷惑，沉溺在烦琐的言辞中不能自拔。这样看来，大王本来就不能采纳我的主张啊。”

苏秦向秦王上书有十次，可是他的主张终未被采纳。他的黑貂袍破了，带来的百斤黄金也用完了，以至用度缺乏，只得离秦归家。他绑着裹腿，穿着草鞋，背着书籍，挑着行李，形容憔悴，脸色黑黄，面带羞愧。回到家里，妻子不下织机迎接，嫂子不为他做饭，父母不和他说话。苏秦长叹一声说："妻子不把我当丈夫，嫂嫂不把我当小叔子，父母不把我当儿子，这都是我的罪过啊！”于是他连夜清点书籍，摆开了几十只书箱，找到姜太公的兵书《阴符经》，立即伏案诵读，选择要点，反复揣摩领会。有时读书读得昏昏欲睡，他就用铁锥刺自己的大腿，以至血流到脚上。他说：“哪有去游说君主而不能使其拿出金玉锦缎，取得卿相的高贵地位的呢？”一年以后，他终于钻研成功，便说：“这次真的可以去游说当今的君主了。”

于是他赶往赵国的燕乌集阙，在华丽的殿堂上觐见赵王，两人谈得拍起手来，十分投机。赵王很高兴，封苏秦为武安君，授予他相印，并赐给他兵车百辆、锦缎千匹、白璧百双、黄金万镒，跟在他的后面，去联合六国，拆散连横，以抑制强大的秦国。因此苏秦做赵国的相国时，秦国与六国断绝了来往。

在这期间，天下如此广大，百姓如此众多，王侯们如此威严，谋臣们如此善用权术，却都要取决于苏秦的策略。没有花费一斗粮食，没有用一兵一卒，没有一个人参加战争，不曾断过一根弓弦，不曾折过一支箭，就能使六国相互亲睦，胜于兄弟。贤人在位而天下归服，一人得用而天下顺从，所以说：“要在政治上用力气，而不要在武力上用力气；要在朝廷决策上用力气，而不在国境外用力气。”当苏秦得意显耀之时，二十万两黄金归他使用，随从车骑络绎不绝，道路上仪仗闪耀，崤山以东的六国，一时间皆听从苏秦的指挥，从而使赵国在诸侯中的地位大大提高。

而苏秦只不过是一位住在陋巷中挖墙洞为门、以桑木为门板、以曲木为门轴的贫寒困苦的士人罢了，但他却坐车骑马，神气十足地周游天下，在朝廷之上游说各国君主，使国君左右的人无话可说，天下没有能与之相比的人了。

苏秦将要去游说楚王的时候，途经洛阳，他的父母闻讯，赶忙张罗打扫住处，清洁道路，并且演奏音乐，备办酒席，到郊外三十里去迎接。苏秦来到后，他的妻子不敢正视，只是偷偷地察言观色，侧着耳朵恭敬地听他讲话。他的嫂嫂伏身在地，像蛇一样匍匐而行，四次跪拜谢罪。苏秦说："嫂嫂，为什么你以前那么傲慢而现在又如此谦卑了呢？"嫂嫂答道："因为弟弟现在地位显贵而且金钱很多啊！"苏秦叹道："唉！一个人贫穷时，连父母也不把他当儿子看待；等到他富贵了，就是亲戚也都畏惧他。看来人生在世，对于权势富贵，怎么可以忽视呢？"

【写作方法】

此文最大的特点就是长于对比。苏秦游说秦国失败，一时资用全无，面容憔悴，可以说是落魄到了极点；而他游说赵国成功，则是名利双收，志得意满。先后一衰一盛，反差强烈，而困顿、富贵不过短短数年之间，不禁让人感慨不已。文中还有一处对比，可以说是精彩绝伦。苏秦从秦国返回家里后，妻子不给他缝衣，嫂子不给他做饭，父母都不屑与他交谈。亲人尚且冷眼相对，何况常人呢！而他名满天下后，父母亲自为他除道，郊迎三十里；妻子则"侧目而视，侧耳而听"；大嫂也毕恭毕敬地向他行礼谢罪。作者描写世态炎凉，不但得法，而且极尽逼真。此文起结相应，议论、叙事相间，参差错落，慷慨激昂。

清代唐介轩《国文经纬贯通大义》中评价此文说："摹绘炎凉有要法，凉处写得足，则炎处写得更足，所谓一抑一扬，一顿挫一轩昂是也。"

◎司马错论伐蜀◎

【题解】

战国中后期，秦国统一天下的形势已经日渐明朗。这篇文章说的是秦惠王与大臣商议统一天下的大计，张仪和司马错各自提出了不同的观点。张仪主张“诛周王之罪，侵楚魏之地”，这一方案四面树敌，过于霸道，实行起来阻力较大；司马错提倡先经略西蜀，等秦国资本足够的时候，再灭六国。秦惠王衡量两种方案的利弊，最终选择了司马错的策略。事实证明，秦惠王的选择是非常明智的。

【原文】

司马错与张仪争论于秦惠王前。司马错欲伐蜀，张仪曰：“不如伐韩。”王曰：“请闻其说。”

对曰：“亲魏善楚，下兵三川①，塞轘辕、缑氏之口②，当屯留之道③，魏绝南阳，楚临南郑④，秦攻新城、宜阳⑤，以临二周之郊，诛周主之罪，侵楚、魏之地。周自知不救，九鼎宝器必出⑥。据九鼎，按图籍，挟天子以令天下，天下莫敢不听，此王业也。今夫蜀，西僻之国，而戎狄之长也。敝名劳众，不足以成名；得其地，不足以为利。臣闻：‘争名者于朝，争利者于市。’今三川、周室，天下之市朝也，而王不争焉，顾争于戎狄，去王业远矣。”

司马错曰：“不然。臣闻之，欲富国者，务广其地；欲强兵者，务富其民；欲王者，务博其德。三资者备，而王随之矣。今王之地小民贫，故臣愿从事于易。夫蜀，西僻之国也，而戎狄之长也，而有桀、纣之乱。以秦攻之，譬如使豺狼逐群羊也。取其地，足以广国也；得其财，足以富民缮兵。不伤众而彼已服矣。故拔一国而天下不以为暴，利尽西海，诸侯不以为贪，是我

一举而名实两附，而又有禁暴止乱之名。今攻韩，劫天子；劫天子，恶名也，而未必利也，又有不义之名。而攻天下之所不欲，危！臣请谒其故：周，天下之宗室也；韩，周之与国也⑦。周自知失九鼎，韩自知亡三川，则必将二国并力合谋，以因乎齐、赵，而求解乎楚、魏。以鼎与楚，以地与魏，王不能禁。此臣所谓危。不如伐蜀之完也。"

惠王曰："善，寡人听子。"卒起兵伐蜀。十月取之，遂定蜀。蜀主更号为侯，而使陈庄相蜀⑧。蜀既属，秦益强富厚，轻诸侯。

【注释】

①三川：在今河南洛阳一带。②轘（huán）辕：山名，在今河南登封西北。缑（gōu）氏：山名，在今河南偃师东南。③屯留：今山西屯留。④南郑：在今河南新郑。⑤新城：在今河南伊川西南。宜阳：今河南宜阳。⑥九鼎：古代传说夏禹铸了九个鼎，是夏、商、周三代的传国宝物，象征国家政权。⑦与国：盟国，友邦。⑧陈庄：秦国官员，曾受命出任蜀相。

【译文】

司马错与张仪在秦惠王面前争论。司马错主张攻打蜀国，张仪却说："不如攻打韩国。"秦惠王说："请让我听听你们的见解吧。"

张仪说："应先亲近魏国，友善楚国，然后出兵三川，堵住轘辕、缑氏的出口，挡住屯留的山道，再让魏国出兵切断南阳的通路，让楚国逼近南郑，秦国军队则攻打新城和宜阳，兵临二周的郊外，声讨二周君主的罪行，然后再侵袭楚国和魏国的领土。周自知局势难以挽救，必然会交出九鼎宝器。秦国据有了九鼎，掌握了地图和户籍，挟天子以号令天下，天下就没有敢不听命的，这才是成就王业。而现今的蜀国，只是一个西部的偏僻小国，是戎、狄的首领。去打它，劳动军队民众而不足以成就威名，即使得到了那里的土地，也算不上是什么利益，我听说：'争名者聚于朝堂之上，争利者聚于集市之中。'现在三川和周王室就是当今天下的集市和朝堂，大王不去那里争夺，反而要到戎狄之地去争夺，这离成就王业未免太远了吧。”

司马错说：“不是这样。我听说，要使国家富强，就必须扩大疆土；要使军力强盛，就必须使百姓富裕；要成就帝王之业，就必须广布恩德。如果这三个条件齐备了，那么帝王大业就会随之而实现。如今君王疆土狭小而人民贫穷，所以我愿从易处着手。蜀国确实只是个西部的偏僻小国，是戎、狄的首领，并且有像夏桀、殷纣一样的祸乱，以秦国的实力去攻打它，就像用豺狼去追逐羊群一样。取得了蜀国的土地，就足以扩大秦国的疆土；获得了蜀国的财富，就足以使人民富裕，使军备得到整治。不用有很多的人伤亡就可以使它降服了。所以秦国夺取了一个国家，天下却并不认为这是残暴；秦国虽然尽得了蜀国的财富，诸侯却并不认为这是贪婪。这样做，我国是一次行动而名利两收，而且还能赢得制止暴乱的美名。假使现在去攻打韩国、挟持天子，这挟持天子是恶名啊，而且也不一定就能从中得到利益，反倒落个不义的名声。而且去攻打天下人都不愿意进攻的地方，是很危险的。我请求向您陈明其中的缘故：周王室，现在还是天下的宗室；韩国，是周王室的友邦。周王室要是知道自己要失去九鼎，韩国要是知道自己要失去三川，那么周、韩两国必然勠力同心，共同谋划，借助齐、赵的力量，向楚、魏寻求解决办法，他们要是把九鼎送给楚国，把土地送给魏国，您也没有办法阻止他们。这就是我所说的危险。这样的话，还真不如攻打蜀国那样万无一失。”

秦惠王说：“说得不错，我听您的。”秦国最终发兵攻打蜀国，这年十月攻下了蜀国，接着又使蜀国安定了下来，蜀国的君主改称号为侯，秦国还派陈庄去做了蜀相。蜀国归附了秦国之后，秦国变得更加强大富裕，也就更不把各国诸侯放在眼里了。

【写作方法】

司马错的言辞徐缓敦厚，娓娓动人。他先以“务广其地”“务富其民”“务博其德”说明富国强兵之道，再提出西取蜀地的重要性，最后针锋相对地指出张仪之计的弊端，可谓迂回曲折，环环相扣。司马错以理服人，以情动人，句句驳倒张仪，所以秦惠王最终采纳了他的方案。

◎范雎说秦王◎

【题解】

战国中后期，秦国为统一天下，招揽了不少名士，范雎就是其中之一。范雎本是魏国的大臣，魏相魏齐因误听谗言，把他抓了起来，以严刑折磨他。范雎逃出魏国，来到秦国，秦昭王听说他是个贤士，就亲自恭迎他，之后还任命他做了秦相。本文说的是范雎初来秦国，他听说秦国大权掌控在宣太后和穰侯手中，就在秦王接见他时慷慨陈词，指出秦王应摒除后宫擅权的局面。秦王闻听，甚为感动，以后对范雎十分倚重和信任。

【原文】

范雎至[①]，秦王庭迎范雎，敬执宾主之礼。范雎辞让。是日见范雎，见者无不变色易容者。秦王屏左右，宫中虚无人，秦王跪而进曰："先生何以幸教寡人？"范雎曰："唯唯。"有间，秦王复请。范雎曰："唯唯。"若是者三。秦王跽曰："先生不幸教寡人乎？"

范雎谢曰："非敢然也。臣闻：昔者吕尚之遇文王也，身为渔父而钓于渭阳之滨耳。若是者，交疏也。已，一说而立为太师，载与俱归者，其言深也。故文王果收功于吕尚，卒擅天下而身立为帝王。即使文王疏吕望而弗与深言，是周无天子之德，而文、武无与成其王也。今臣，羁旅之臣也，交疏于王，而所愿陈者，皆匡君臣之事，处人骨肉之间，愿以陈臣之陋忠，而未知王心也，所以王三问而不对者，是也。

"臣非有所畏而不敢言也。知今日言之于前，而明日伏诛于后，然臣弗敢畏也。大王信行臣之言，死不足以为臣患，亡不足以为臣忧；漆身而为厉，被发而为狂，不足以为臣耻。五帝之圣而死，三王之仁而死，五霸之贤而死，乌获之力而死[②]，奔、育之勇而死[③]。死者，人之所必不免；处必然之势，

可以少有补于秦，此臣之所大愿也，臣何患乎？

“伍子胥橐载而出昭关④，夜行而昼伏，至于溧水，无以糊其口，膝行蒲伏，乞食于吴市，卒兴吴国，阖闾为霸。使臣得进谋如伍子胥，加之以幽囚不复见，是臣说之行也，臣何忧乎？箕子、接舆⑤，漆身而为厉，被发而为狂，无益于殷、楚。使臣得同行于箕子、接舆，可以补所贤之主，是臣之大荣也，臣又何耻乎？

“臣之所恐者，独恐臣死之后，天下见臣尽忠而身蹶也⑥，是以杜口裹足，莫敢向秦耳。足下上畏太后之严，下惑奸臣之态，居深宫之中，不离保傅之手，终身暗惑，无与照奸。大者宗庙灭覆，小者身以孤危，此臣之所恐耳。若夫穷辱之事，死亡之患，臣弗敢畏也。臣死而秦治，贤于生也。”

秦王跪曰：“先生是何言也！夫秦国僻远，寡人愚不肖，先生乃幸至此，此天以寡人慁先生⑦，而存先王之庙也。寡人得受命于先生，此天所以幸先生而不弃其孤也。先生奈何而言若此？事无大小，上及太后，下至大臣，愿先生悉以教寡人，无疑寡人也。”范雎再拜，秦王亦再拜。

【注释】

①范雎（jū）：魏国人，因出使齐国时被诬为私自受赏而获罪，后逃往秦国，受到秦昭王的赏识，成为秦国相国。②乌获：秦武王的力士。③奔、育：即孟奔和夏育，都是卫国的勇士。④橐（tuó）：口袋。⑤箕子：商纣王的叔父，曾因劝谏纣王而被囚禁，他便披发佯狂为奴。接舆：春秋时楚国的隐者，曾披发佯狂以避世。⑥蹶：跌倒。⑦慁（hùn）：打扰，惊动。

【译文】

范雎来到秦国，秦昭王在宫廷前迎接他，以宾主的礼节恭恭敬敬地接待了他，范雎表示推辞谦让。就在当天，秦昭王便召见了范雎，凡是见到接见场面的人没有不为之惊讶变色的。秦昭王让左右的人离开，宫中变得静悄悄的，只剩下他们两个，秦昭王于是跪了下来，膝行上前说：“先生打算用什么指教我啊？”范雎却只是应了一声：“是是。”过了一会儿，秦昭王再次向他请教，范雎仍然只是应了一声：“是是。”一连三次都是如此，秦昭王挺直上身跪着说：“难道先生不愿意指教我吗？”

范雎向秦王谢罪说：“不敢这样呀。我听说当初吕尚遇到周文王的时候，不过是一个在渭水北岸垂钓的渔翁。像当时他和文王之间的关系，是非常疏远的；可是一会儿的工夫，他就因为向文王言明了自己的主张，受到文王的赏识而被立为太师，与文王同车而归。这是他所说的道理很深刻的缘故。所以周文王也就真的靠着吕尚的辅佐而成就了功业，终于执掌了天下，成为一代帝王。如果当初周文王疏远吕尚而不与他深谈，就说明周室还不具备天子应有的德行，而文王、武王也就失去了帮助他们成就王业的人。而今我不过是一个在秦国客居的人，和大王的交情又是很疏浅的，我想要陈述的都是匡正君臣关系的大事，而这些事又常常会触及亲戚骨肉之间的关系。我是很愿意说出自己那点浅陋的忠言，但不知道大王的心意如何，大王三次问我而我都没有回答的原因，就是这个。

“我不是因为有所畏忌而不敢讲话。我知道今天当着您的面把话讲出来，明天就可能会被诛杀，但是我也不敢因此而心存畏惧。只要大王肯听信并且能够实行我的主张，那么死不足以成为我的顾虑，亡不足以成为我的担忧；即使用漆涂身，变成癞子，披头散发，成为狂人，也不足以成为我的耻辱。五帝那样圣明也终有一死，三王那样仁德也终有一死，五霸那样贤良也终有一死，乌获那样力大无穷也终有一死，孟奔、夏育那样勇敢也终有一死。死，是人不可避免的事情；既是必然的趋势，如果我的死能够对秦国稍有补益，这便是我最大的心愿，我还有什么可忧虑的呢？

“伍子胥曾藏身牛皮袋子之中，乘车逃出昭关，黑夜赶路，白天躲藏，到达溧水的时候，已经没有糊口的东西了，只好跪着走，在地上爬，到吴国的市镇上讨饭，却最终振兴了吴国，使阖闾成为一方霸主。假如我能像伍子胥那样进献计谋，即使把我囚禁起来不再与大王相见，只要我的主张得以实行，我又有什么值得担忧的呢？箕子、接舆用漆涂身，遍体生癞，披头散发，变成狂人，但他们对于殷朝和楚国并没有什么益处。假使要我像箕子、接舆一样就能对贤明的君主有所裨益，这将是我最大的荣耀，我又有什么可觉得耻辱的呢？

“我所担心的，只是怕我死以后，天下人看到我是因为尽忠而死，便从此不再敢向您开口讲话，大家都裹足不前，不再敢到秦国来了。大王对上畏惧太后的威严，对下为奸臣的媚态所迷惑，住在深宫之中，不能离开保傅的照料，终生昏昧不明，没有人帮助您洞察奸邪。这样下去，大则使国家灭亡，小则使自身孤危，这才是我所担心的。至于穷困受辱的事情、死亡的祸患，我是不敢有所畏惧的。我死了而秦国得到治理，这比我活在世上还要好。”

秦王于是跪着说：“先生说的这是什么话！秦国处在偏远荒僻的地方，我又是愚昧无能，幸蒙先生光临此地，这是上天让我来烦扰先生，使我先王的宗庙得以继续留存。我能得到先生的教导，这也是上天眷顾先生，而且不抛弃孤危的我的表现。先生怎么能说这样的话呢？以后，国家的事情，不论大小，上至太后，下至群臣，希望先生悉数对我进行指教，对我不要再有怀疑。”范雎向秦王拜了两拜，秦王向范雎回拜了两拜。

【写作方法】

范雎劝谏秦王时，十分讲究技巧。秦昭王初见范雎，又是亲自出庭迎接，又是下跪虚心请教三次，一国之君能够屈尊如此，可以说是给足了范雎面子。不过范雎给出的应答却只有三个“唯唯”，三次都保持了缄默。这倒不是范雎无礼，而是体现了他的精明——这是他的欲擒故纵之计，先设好一个埋伏，既吊起了秦王的胃口，又可以喧宾夺主，使自己成为这次谈话的主角，以尽情抒发自己的观点。

◎邹忌讽齐王纳谏◎

【题解】

邹忌是齐宣王时的名臣，他和大将军田忌是宣王的左膀右臂，在二人的辅佐下，齐国成了战国中期的强国。这篇文章写邹忌因生活中的一件小事，悟出了治理国家的道理。宣王听了他的劝谏之词，使齐国在短短几年间威望大增，诸侯们纷纷到齐国朝见齐王。

【原文】

邹忌修八尺有余[①]，而形貌昳丽[②]。朝服衣冠，窥镜，谓其妻曰："我孰与城北徐公美？"其妻曰："君美甚，徐公何能及君也！"城北徐公，齐国之美丽者也。忌不自信，而复问其妾曰："吾孰与徐公美？"妾曰："徐公何能及君也！"旦日，客从外来，与坐谈，问之："吾与徐公孰美？"客曰："徐公不若君之美也。"

明日，徐公来。熟视之，自以为不如；窥镜而自视，又弗如远甚。暮，寝而思之，曰："吾妻之美我者，私我也；妾之美我者，畏我也；客之美我者，欲有求于我也。"

于是入朝见威王，曰："臣诚知不如徐公美。臣之妻私臣，臣之妾畏臣，臣之客欲有求于臣，皆以美于徐公。今齐地方千里，百二十城，宫妇左右莫不私王，朝廷之臣莫不畏王，四境之内莫不有求于王。由此观之，王之蔽甚矣！"

王曰："善。"乃下令："群臣吏民，能面刺寡人之过者，受上赏；上书谏寡人者，受中赏；能谤议于市朝，闻寡人之耳者，受下赏。"令初下，群臣进谏，门庭若市；数月之后，时时而间进[③]；期年之后，虽欲言，无可进者。燕、赵、韩、魏闻之，皆朝于齐。此所谓战胜于朝廷。

【注释】

①邹忌：战国时齐人，又名驺忌子。修：长，这里指身高。②昳（yì）丽：神采焕发，容貌美丽。③间：断断续续。

【译文】

邹忌身高八尺有余，体形容貌潇洒漂亮。有一天早上，他穿戴好衣帽，照着镜子，对他的妻子说："我跟城北的徐公相比谁漂亮？"他的妻子说："您漂亮极了，徐公怎能和您相比呀！"城北的徐公，是齐国的美男子。邹忌不相信自己比他漂亮，就又问他的妾说："我和徐公谁更漂亮？"他的妾说："徐公哪里比得上您呢！"第二天，有位客人从外面来，邹忌跟他坐着交谈，问他说："我和徐公谁更漂亮？"客人说："徐公不如您漂亮啊。"

又过了一天，徐公来了，邹忌端详了许久，自认为不如他漂亮；再次照着镜子看自己，更觉得自己差得很远。晚上躺在床上反复思考这件事，说："妻子赞美我，是因为偏爱我；妾赞美我，是因为害怕我；客人赞美我，是因为有求于我。"

于是上朝去见齐威王，说："我的确知道自己不如徐公漂亮。可是，我的妻子偏爱我，我的妾怕我，我的客人有求于我，都说我比徐公漂亮。如今齐国领土方圆千里，城池一百二十座，后妃们和左右近臣没有不偏爱大王的，朝廷上的臣子没有不害怕大王的，全国没有谁不有求于大王的，由此看来，您受的蒙蔽一定是非常厉害的！"

威王说："说得不错！"于是下令："群臣、官吏和百姓，能够当面指责我的过错的，得头等奖赏；上书劝谏我的，得中等奖赏；能够在公共场所或朝堂上指摘我的过失并让我听到的，得下等奖赏。"命令刚下达的时候，许多大臣都来进言劝谏，门庭若市；几个月后，还有人断断续续地进言劝谏；一年以后，即使有人想进言劝谏，也没有什么可说的了。燕国、赵国、韩国、魏国听说了这件事，都到齐国来朝拜。这就是人们说的在朝廷上征服了别的国家。

【写作方法】

邹忌问身边的人他和徐公谁漂亮，大家出于各种原因都赞他美丽，这其实只是一件生活中的小事。但是，在邹忌眼里，这件小事却暗含了治理国家的大道理。他向威王提意见时，巧妙地把这件事跟治国对照起来，以自己喻指君王，以妻子喻指后妃，以小妾喻指大臣，以客人喻指诸侯，指出当今齐国的情形是：妃嫔私王，群臣畏王，诸侯有求于王，所以多数人都对君王说好听的话，以致君王受了蒙蔽。以小见大、借题发挥是古文的常用写法，它的好处在于以生活入题，让人倍感亲切，既避免了长篇大论，还增加了文章的趣味。

此文惜字如金，前面为引入讽谏齐王设伏。“王曰善”以下，尽言齐王善于纳谏。邹忌讽谏齐王之处，唯在“臣诚知不如徐公美”数语。清代金圣叹点评此文说：“一段问答孰美，一段暮寝自思，一段入朝自述，一段讽王蔽甚，一段下令受谏，一段进谏渐稀，段段简峭之甚。”此篇从开头到结尾均用三叠法，变而不变，不变而变，步步引人入胜，不愧为《战国策》中“最昌明正大者”。

◎赵威后问齐使◎

【题解】

齐国派使者到赵国向赵威后问安。赵威后顺便向使者询问齐国的年岁、齐国名士的情况，最后才提及齐王。本文体现的是赵威后先民后君的民本思想。

【原文】

齐王使使者问赵威后[①]，书未发[②]，威后问使者曰：“岁亦无恙耶？民亦无恙耶？王亦无恙耶？”使者不说，曰：“臣奉使使威后，今不问王而先问岁与民，岂先贱而后尊贵者乎？”威后曰：“不然。苟无岁，何有民？苟无民，何有君？故有问舍本而问末者耶？”

乃进而问之曰：“齐有处士曰钟离子[③]，无恙耶？是其为人也，有粮者亦食，无粮者亦食；有衣者亦衣，无衣者亦衣。是助王养其民者也，何以至

今不业也？叶阳子无恙乎④？是其为人，哀鳏寡，恤孤独，振困穷，补不足。是助王息其民者也⑤，何以至今不业也？北宫之女婴儿子无恙耶⑥？撤其环瑱⑦，至老不嫁，以养父母。是皆率民而出于孝情者也，胡为至今不朝也⑧？此二士弗业，一女不朝，何以王齐国，子万民乎？于陵子仲尚存乎⑨？是其为人也，上不臣于王，下不治其家，中不索交诸侯。此率民而出于无用者，何为至今不杀乎？"

【注释】

①齐王：齐襄王之子，名建。赵威后：赵孝成王之母。②发：启封。③处士：指有道德才能的隐者。④叶阳子：齐国隐士。⑤息：安定。⑥婴儿子：齐国有名的孝女，姓北宫。⑦环瑱（tiàn）：泛指女子的装饰品。⑧不朝：古时女子得到封号才能上朝，这里指不加封号。⑨于（wū）陵：齐邑名，在今山东长山。子仲：齐国隐士。

【译文】

齐王派遣使者去看望赵威后，信还没有启封，赵威后就问齐使说："今年收成还好吧？百姓还好吗？齐王还好吗？"齐使不高兴，说："臣奉大王之命前来看望您，现在您不问我们大王的状况，却先打听年成和百姓的情况，这不是先卑贱而后尊贵吗？"赵威后说："不是这样。如果没有年成，何以有百姓？如果没有百姓，何以有君王？岂有舍本而问末的道理？"

她接着又问："齐国有隐士钟离子，还好吗？他对于有粮食的人让他们有饭吃，没粮食的人也让他们有饭吃；对于有衣服的人给他们衣服穿，没衣服的人也给他们衣服穿，这是一个帮助齐王抚养他的百姓的人，为何至今还没有重用他？叶阳子还好吗？这个人的为人，怜恤那些鳏夫寡妇，赈济那些困苦和贫穷的人，这是帮助齐王安定百姓啊，为何至今还不加以任用？北宫氏的女儿婴儿子还好吗？她摘去身上的首饰，至今不嫁，以侍奉父母。这是引导百姓尽孝心的人，为何至今还没有得到齐王的召见呢？这样的两位隐士不受重用，一位孝女得不到接见，齐王如何治理齐国、存恤万民呢？于陵子仲还活着吗？他的为人，对上不向君王行臣道，对下不能很好地治理自己的家业，对自己又不谋求和诸侯交往，这是一个引导百姓朝无所事事的方向走的人，齐王为什么至今还不把他杀掉呢？”

【写作方法】

此文通篇一问到底，章法整齐又错落有致，妙在问得齐使默然无语。赵威后首先是询问齐国的“岁”“民”“王”是否无恙，又阐释了这三者的关系：有岁才有民，有民才有君，体现了民本思想。而后询问钟离子、叶阳子和北宫之女婴儿子这几个齐国贤人的情况，体现了她尚贤重孝的思想。

◎庄辛论幸臣◎

【题解】

战国中期，楚国是与秦国并称的强国。不过，这种情况没能维持太久，楚国在之后一连串的战争中受挫，国力渐渐衰弱。楚顷襄王在位时，重用小人，疏远忠义之士，楚国局势岌岌可危。大臣庄辛曾以危言警告顷襄王，但顷襄王不听，庄辛忧愤之下去了赵国，最终郢都果然被秦人攻破。顷襄王逃到陈国，想起了忠心的庄辛，就招他来到陈国，庄辛为使顷襄王悔悟，就对他进行了一番劝谏。本文写的就是庄辛与顷襄王的谈话，其核心是讨论幸臣给国家带来的危害。

【原文】

臣闻鄙语曰：“见兔而顾犬，未为晚也；亡羊而补牢，未为迟也。”臣闻昔汤、武以百里昌，桀、纣以天下亡。今楚国虽小，绝长续短，犹以数千里，岂特百里哉？

王独不见夫蜻蛉乎？六足四翼，飞翔乎天地之间，俛啄蚊虻而食之，仰

承甘露而饮之，自以为无患，与人无争也；不知夫五尺童子方将调饴胶丝①，加己乎四仞之上②，而下为蝼蚁食也。

夫蜻蛉其小者也，黄雀因是以。俯噣白粒③，仰栖茂树，鼓翅奋翼，自以为无患，与人无争也；不知夫公子王孙左挟弹，右摄丸，将加己乎十仞之上，以其类为招④。昼游乎茂树，夕调乎酸咸，倏忽之间，坠于公子之手。

夫雀其小者也，黄鹄因是以⑤。游乎江海，淹乎大沼，俯噣鳝鲤，仰啮菱衡⑥，奋其六翮⑦，而凌清风，飘摇乎高翔，自以为无患，与人无争也；不知夫射者方将修其磻卢⑧，治其矰缴⑨，将加己乎百仞之上。被䃂磻⑩，引微缴，折清风而抎矣⑪。故昼游乎江河，夕调乎鼎鼐⑫。

夫黄鹄其小者也，蔡灵侯之事因是以。南游乎高陂，北陵乎巫山，饮茹溪流，食湘波之鱼。左抱幼妾，右拥嬖女，与之驰骋乎高蔡之中，而不以国家为事；不知夫子发方受命乎灵王，系己以朱丝而见之也。

蔡灵侯之事其小者也，君王之事因是以。左州侯，右夏侯，辇从鄢陵君与寿陵君⑬，饭封禄之粟，而载方府之金，与之驰骋乎云梦之中，而不以天下国家为事；而不知夫穰侯方受命乎秦王，填黾塞之内⑭，而投己乎黾塞之外。

【注释】

①饴（yí）：用米麦制成的糖浆。②仞：古时的计量单位，以七尺或八尺为一仞。③噣：通“啄”。④招：目标。⑤黄鹄（hú）：天鹅。⑥啮（niè）：咬。衡：通“荇”，水草。⑦翮（hé）：泛指鸟的翅膀。⑧磻（bō）：古代射鸟用的拴在丝绳上的石箭镞。卢：黑色的弓。⑨矰（zēng）：古代用来射鸟的拴着丝绳的短箭。⑩䃂（jiān）：锐利。磻：通“磻”。⑪抎：通“陨”，落下。⑫鼐（nài）：大鼎。⑬辇：原指古代用人拉着走的车子，后多指天子或王室坐的车子。⑭黾（méng）塞：古关塞名，即今河南信阳西南的平靖关。

【译文】

我听到过这样的俗话：“见到野兔再回头呼唤猎狗，还不算晚；丢了羊再去修补羊圈，还不算迟。”我还听说，从前商汤和周武王只凭借百里大的地方兴盛起来，夏桀、商纣虽然拥有整个天下，最后却沦于灭亡。现在楚国的地盘虽然小了，但是截长补短，还有数千里，岂只有百里大?

大王难道没有看见过蜻蜓吗？它有六只脚、四个翅膀，在天地间自由飞翔，低头捉取蚊、虻一类的飞虫吃，抬头吮吸着甘甜的露水，自以为不会有什么灾祸，和谁也没有争端；哪知那五尺高的小孩子，正在将糖浆涂在丝网上，要把自己从四仞高的空中粘下来，而落地后就会成为蝼蚁的食物。

蜻蜓还算小的，黄雀也是这样呀。它俯身啄食白米粒，飞上茂密的树枝栖息，振翅奋飞，自以为不会有什么灾祸，和谁也没有争端；哪知那些公子王孙左手拿着弹弓，右手握着弹丸，正要从十仞高的天空中射杀自己，以这样的小鸟作为他们弹射的目标。它白天还在茂密的树枝间玩耍，晚上就被用酱醋烹调了，顷刻之间，便落入公子王孙之手。

黄雀还算是小的，天鹅也是如此啊。它在江海间翱游，在湖沼间栖息，低头啄食鳝鱼、鲤鱼，仰头嚼着菱叶和荇菜，振起翅膀，驾着清风，在高空中翱翔，自以为不会有什么灾祸，和谁也没有争端；哪知猎人正在修理弓箭，整理系箭的丝绳，要从百仞的高空中射杀自己。它带着锐利的箭头，拖着细细的丝绳，从清风中栽落下来。它白天还在江湖中遨游，晚上却已被煮在锅里。

天鹅还算是小的，蔡灵侯的事也是如此啊。他南游高坡，北登巫山，在茹溪饮马，在湘江食鱼，左手抱着年轻的妃子，右手搂着心爱的美人，和她们一同驱车驰骋在高蔡的路上，而不把国家大事放在心头；他哪里知道楚将子发正在接受楚王下达的命令，要用红绳子将自己绑起来去见楚王呢。

蔡灵侯的事还算是小的，大王的事也是如此啊。大王身左有州侯，身右有夏侯，辇车后跟随的是鄢陵君和寿陵君，吃着由封邑供给的粮食，车上载着国库里的金银，与这些人在云梦泽中纵马驰骋，而不把天下国家的大事放在心上；大王哪里知道穰侯刚刚接受了秦王的命令，陈兵在楚国黾塞以内，要把自己赶到黾塞之外去啊。

【写作方法】

以物喻人、由小及大、层层推进是本文的一大特色。这篇文章本意是劝诫君王不要宠幸小人，但是它没有直截了当地论说幸臣的坏处，而是列举了蜻蜓、黄雀、黄鹄、蔡灵侯不知道居安思危以致遭受祸殃的事例，借以说明幸臣的危害性。此文以理服人，以情动人，通篇都是劝勉之辞。

◎触龙说赵太后◎

【题解】

战国中期，秦国派兵攻打赵国。当时，赵武灵王年幼，朝政由赵太后处理。赵太后想找齐国相助，齐国答应出兵，但条件是把太后的小儿子长安君作为人质，赵太后不同意，群臣苦谏也没能奏效。这时，左师触龙站了出来，他以极其巧妙的方法，终于说服太后同意派长安君去齐国做人质。

【原文】

赵太后新用事[①]，秦急攻之，赵氏求救于齐。齐曰："必以长安君为质[②]，兵乃出。"太后不肯，大臣强谏。太后明谓左右："有复言令长安君为质者，老妇必唾其面！"

左师触龙愿见，太后盛气而揖之[③]。入而徐趋，至而自谢，曰："老臣病足，曾不能疾走，不得见久矣，窃自恕，恐太后玉体之有所郄也[④]，故愿望见。"太后曰："老妇恃辇而行。"曰："日食饮得无衰乎？"曰："恃鬻耳[⑤]。"曰："老臣今者殊不欲食，乃自强步，日三四里，少益嗜食，和于身。"曰："老妇不能。"太后之色少解。

左师公曰："老臣贱息舒祺，最少，不肖。而臣衰，窃爱怜之，愿令得补黑衣之数，以卫王宫。没死以闻[⑥]！"太后曰："敬诺。年几何矣？"对曰："十五岁矣。虽少，愿及未填沟壑而托之[⑦]。"太后曰："丈夫亦爱怜其少子乎？"对曰："甚于妇人。"太后曰："妇人异甚！"对曰："老臣窃以为

媪之爱燕后[8]，贤于长安君。”曰：“君过矣，不若长安君之甚！”

左师公曰：“父母之爱子，则为之计深远。媪之送燕后也，持其踵为之泣[9]，念悲其远也，亦哀之矣。已行，非弗思也，祭祀必祝之，祝曰：‘必勿使反！’岂非计久长，有子孙相继为王也哉？”太后曰：“然。”

左师公曰：“今三世以前，至于赵之为赵，赵王之子孙侯者，其继有在者乎？”曰：“无有。”曰：“微独赵，诸侯有在者乎？”曰：“老妇不闻也。”“此其近者祸及身，远者及其子孙。岂人主之子孙则必不善哉？位尊而无功，奉厚而无劳[10]，而挟重器多也。今媪尊长安君之位，而封以膏腴之地，多予之重器，而不及今令有功于国；一旦山陵崩，长安君何以自托于赵？老臣以媪为长安君计短也，故以为其爱不若燕后。”太后曰：“诺，恣君之所使之[11]。”于是为长安君约车百乘，质于齐。齐兵乃出。

子义闻之，曰：“人主之子也，骨肉之亲也，犹不能恃无功之尊、无劳之奉，而守金玉之重也，而况人臣乎！”

【注释】

①赵太后：即赵威后，惠文王之妻。惠文王死后，因为其子孝成王年幼，所以由赵威后辅佐执政。②长安君：赵威后幼子的封号。③揖：应作“胥”，“胥”同“须”，等待。④郄（xì）：身体不舒适。⑤鬻：通“粥”。⑥没死：冒死。⑦填沟壑：指死。⑧媪（ǎo）：对老年妇女的称呼。燕后：赵威后的女儿，嫁给燕王为妻。⑨踵（zhǒng）：脚后跟。⑩奉：通“俸”，即俸禄。⑪恣（zì）：听任。

【译文】

赵太后刚刚执政，秦国就加紧攻赵，赵国向齐国求救。齐国说：“一定要用长安君作为人质，才派兵。”赵太后不肯答应，大臣们极力劝说，太后明确地对左右的人说：“有再来说将长安君作为人质的，我就要把唾沫啐在他的脸上！”

左师触龙要求进见太后，太后气冲冲地等着他。触龙进门之后，缓慢地小步向前走着，到了太后跟前主动谢罪说："老臣的脚有毛病，竟不能快步走，好久没有见到太后了，只好私下里宽恕自己，但恐怕太后玉体欠安，所以想来看看您。"太后说："老身也只是靠着辇车才能行动。"触龙又问："太后每日的饮食该没减少吧？"太后说："不过吃点稀饭罢了。"触龙说："老臣近来特别不想吃东西，自己勉强散散步，每天走三、四里，才稍稍增加了一些食欲，身体也安适了些。"太后说："老身可做不到。"这时候太后脸上的怒色稍稍缓和了一些。

触龙又说："老臣的贱子舒祺，年纪最小，不成器得很，而我已经衰老了，心里很疼爱他，希望能让他补一名黑衣侍卫，来保卫王宫。我特地冒死来向您禀告。"太后回答说："好吧。他多大年纪了？"触龙回答道："十五岁了。虽说还小，我却希望趁我没死之前把他托付给您。"太后问："男人也爱他的小儿子吗？"触龙答道："比女人疼爱得还要厉害。"太后答道："女人疼爱得更厉害！"触龙说："我私下认为您对燕后的疼爱超过了长安君。"太后道："您说错了，不像疼爱长安君那么厉害。"

触龙说："父母疼爱自己的孩子，总要替他们做长远的打算。您送燕后出嫁的时候，握着她的脚跟，为她哭泣，为她远嫁而悲伤，这实在是令人哀痛的事情。燕后走了，并不是就不想念她了，可是祭祀时为她祝福，却说：'千万别让她回来！'您这样做难道不是为长远打算，希望她的子孙能相继成为燕王吗？"太后答道："是这样啊。"

触龙又说："从现在上推三代，一直推到赵国刚刚开始建国的时候，历代赵王的子孙受封为侯的，他们的继承人还有存在的吗？"太后答道："没有。"触龙又问："不只是赵国，其他诸侯国里有相继为侯的吗？"太后说："我还没听说过。"触龙说道："这大概就是，近的祸患落到自己身上，远的灾祸会累及子孙。难道国君的子孙一定都不好吗？只是因为他们地位尊贵，而无功于国；俸禄优厚，而无劳绩，却拥有大量的贵重财宝。现在您使长安君地位尊贵，又分封给他肥沃的土地，赐给他很多宝物，而不让他趁早有功于国，有朝一日您不在了，长安君凭什么在赵国安身呢？老臣认为您没有替长安君做长远的打算呀，所以认为您对他的疼爱不如对燕后。”太后听完了说：“好吧，任凭您怎样指派他吧。”于是为长安君准备了一百辆车子，到齐国做了人质。齐国的军队这才出动。

子义听到了这件事，说：“国君的孩子，是国君的亲骨肉，尚且不能依靠没有功勋的尊贵地位、没有劳绩的丰厚俸禄来守住金玉宝器，更何况是做臣子的呢！”

【写作方法】

触龙没出场前，大殿上形势紧张，太后甚至以村妇俚语大骂群臣。触龙之所以最终能够进谏成功，在于他先叙自己与赵太后的老年光景，引起太后的同病相怜之感。触龙聊家常、引幼子入题，看似无关劝谏之事，等读到最后，方知从头到尾，没有一处虚着。太后听触龙为少子打算，自然而然地引出“爱怜少子”一句，触龙趁机斩关而入，终于言及“长安君”的话题。触龙游说太后，句句闲话，步步闲情，又妙在从妇人性情出发，字字机警，笔笔针锋，进言之妙，无过于此。

◎唐雎说信陵君◎

【题解】

信陵君名无忌，是魏国的公子，他在秦国围攻赵国的危急时刻，杀了逡巡不敢前进的魏将晋鄙，夺得虎符，率领大军解除了邯郸之围。信陵君此举已经背叛了魏国，他不敢回魏都大梁，径直往赵国奔去。赵王听说信陵君来赵，亲自到郊外迎接。这时，信陵君的谋士唐雎告诫信陵君不要居功自傲，要时刻保持清醒的头脑。

【原文】

信陵君杀晋鄙[1]，救邯郸，破秦人，存赵国。赵王自郊迎。唐雎谓信陵

君曰[②]：“臣闻之曰：事有不可知者，有不可不知者；有不可忘者，有不可不忘者。”信陵君曰：“何谓也？”对曰：“人之憎我也，不可不知也；我憎人也，不可得而知也。人之有德于我也，不可忘也；吾有德于人也，不可不忘也。今君杀晋鄙，救邯郸，破秦人，存赵国，此大德也。今赵王自郊迎，卒然见赵王[③]，愿君之忘之也！”信陵君曰：“无忌谨受教。”

【注释】

①信陵君：即魏无忌，魏昭王之子。②唐雎（jū）：魏国人。③卒：通“猝”，突然。

【译文】

魏国的信陵君杀了晋鄙，解救了邯郸，击退了秦军，保存了赵国。赵王亲自到郊外去迎接他。唐雎对信陵君说：“我听说过：事情有不可以知道的，有不可以不知道的；有不可以忘记的，有不可以不忘记的。”信陵君问道：“这是什么意思呢？”唐雎回答说：“人家憎恨我，对此我不可以不知道；我憎恨别人，不可以让他知道。别人对我有恩惠，对此我不可以忘记；我对别人有恩惠，却不可以不忘记。如今您杀晋鄙，救邯郸，破秦军，保赵国，这是很大的恩惠。现在赵王亲自到郊外迎接您，您很快就会见到赵王，我希望您把这件事情忘掉！”信陵君答道：“无忌恭敬地接受您的指教。”

【写作方法】

此文大意是劝告信陵君忘却救赵的恩德，不要以此邀功。文章前面“以事有不可知者，有不可不知者；有不可忘者，有不可不忘者”做总说，否定与双重否定的并用，引人重视，发人疑问；之后以具体事例解开此四句之意，以达到告诫的目的。

◎唐雎不辱使命◎

【题解】

战国后期，秦国灭掉了韩国、魏国，继而想夺取魏国的附庸安陵。安陵君见情势不妙，就派唐雎出使秦国。唐雎到达秦国后，秦王先是以十倍之地相诱，后又以兵戈相威胁，想迫使唐雎屈服。唐雎据理力争，凭着刚勇之气迫使秦王不敢肆意妄为，最后全身而退。

【原文】

秦王使人谓安陵君曰[①]："寡人欲以五百里之地易安陵，安陵君其许寡人！"安陵君曰："大王加惠，以大易小，甚善。虽然，受地于先王，愿终守之，弗敢易。"秦王不说[②]。安陵君因使唐雎使于秦。

秦王谓唐雎曰："寡人以五百里之地易安陵，安陵君不听寡人，何也？且秦灭韩亡魏，而君以五十里之地存者，以君为长者，故不错意也[③]。今吾以十倍之地，请广于君，而君逆寡人者，轻寡人与？"唐雎对曰："否，非若是也。安陵君受地于先王而守之，虽千里不敢易也，岂直五百里哉？"

秦王怫然怒[④]，谓唐雎曰："公亦尝闻天子之怒乎？"唐雎对曰："臣未尝闻也。"秦王曰："天子之怒，伏尸百万，流血千里。"唐雎曰："大王尝闻布衣之怒乎？"秦王曰："布衣之怒，亦免冠徒跣[⑤]，以头抢地耳[⑥]。"唐雎曰："此庸夫之怒也，非士之怒也。夫专诸之刺王僚也[⑦]，彗星袭月；聂政之刺韩傀也[⑧]，白虹贯日；要离之刺庆忌也[⑨]，苍鹰击于殿上。此三子皆布衣之士也，怀怒未发，休祲降于天[⑩]，与臣而将四矣。若士必怒，伏尸二人，流血五步，天下缟素[⑪]，今日是也！"挺剑而起。

秦王色挠[⑫]，长跪而谢之曰[⑬]："先生坐，何至于此！寡人谕矣[⑭]。夫韩、魏灭亡，而安陵以五十里之地存者，徒以有先生也。"

【注释】

①秦王：即秦始皇嬴政。安陵君：安陵国的国君。②说：通“悦”，高兴。③错意：通“措意”，放在心上。④怫（fú）然：愤怒的样子。⑤徒跣（xiǎn）：光着脚。⑥抢（qiāng）：撞。⑦专诸：春秋时吴国的勇士，曾经为吴国的公子光刺杀了吴王僚。⑧聂政：战国时齐国人，曾经为韩大夫严仲子刺杀了韩相韩傀（kuǐ）。⑨要离：春秋时吴国的勇士，曾经为吴王阖闾刺杀了吴王僚之子庆忌。⑩休：吉兆。祲（jìn）：不祥之兆。⑪缟（gǎo）素：指丧服。⑫挠：屈服。⑬长跪：两膝着地，臀部离开足跟，直身而跪。⑭谕：通“喻”，明白。

【译文】

秦王嬴政派人转告安陵君说：“我打算用方圆五百里的土地交换安陵，安陵君应该会答应我吧！”安陵君说：“承蒙大王施予恩惠，用大块土地交换小块土地，这太好了。虽然如此，但我从先王那里接受了这块封地，愿意终生守护它，不敢拿它交换。”秦王知道了很不高兴。安陵君因此派唐雎出使秦国。

秦王对唐雎说：“我用五百里的土地去换安陵，安陵君不听从我，这是为什么？况且秦国灭了韩国和魏国，然而安陵君却凭借方圆五十里的土地生存下来，是因为我把安陵君当作忠厚的长者，所以没有放在心上。现在我用十倍于安陵的土地，想要使安陵君的领土得到扩大，他却违背我的意愿，是轻视我吗？”唐雎回答说：“不，不是这样的。安陵君从先王那里接受了封地而守着它，即使是方圆千里的土地也不敢拿去交换，何况是五百里的土地呢？”

秦王非常愤怒，对唐雎说：“您听说过天子发怒吗？”唐雎回答说：“我未曾听说过。”秦王说：“天子发怒，将使百万尸首倒下，血流千里。”唐雎说：“大王听说过平民发怒吗？”秦王说：“平民发怒，不过是摘掉帽子，赤着脚，用头撞地罢了。”唐雎说：“这是平庸之辈发怒，不是士人发怒。

当年专诸刺杀吴王僚的时候，彗星的光芒冲击了月亮；聂政刺杀韩傀的时候，白虹穿过太阳；要离刺杀庆忌的时候，苍鹰在宫殿上空搏斗。这三个人都是出身平民的士人，心里怀着的怒气还没爆发出来，上天就降下了吉凶的征兆，现在，专诸、聂政、要离同我一起，将要成为四个人了。如果有胆识之士真的发怒，横在地上的尸首不过是两个人，血只流五步远，可是天下之人就要穿白戴孝了，今天就要发生这样的情况！”于是拔出宝剑站了起来。

秦王的脸色颓丧，挺直上身跪着向唐雎道歉说：“先生请坐，何至于这样呢！我明白了。为什么韩国、魏国灭亡，然而安陵却凭借五十里的土地还能够生存下来，只是因为有先生啊。”

【写作方法】

此文最精彩的一瞬，就是秦王的“天子之怒”与唐雎的“布衣之怒”对决的时候。秦王软硬兼施，他见怀柔不奏效，便以“天子之怒，伏尸百万，流血千里”相威胁。这体现了秦王恃强凌弱的霸道。唐雎则以专诸刺王僚、聂政刺韩傀、要离刺庆忌的故事，说明“布衣之怒”可以“伏尸二人，流血五步，天下缟素”。“布衣之怒”与“天子之怒”针锋相对，在写“布衣之怒”时，文中以“彗星袭月”“白虹贯日”“苍鹰击于殿上”加以形容，虽有夸张成分，却把文章的气势提升了不少，有“直斩长鲸海水开”的雄迈险绝气魄，难怪秦王最后只能“色挠”“长跪”了。

清代唐介轩《古文翼》中说：“气撼五岳，妙于有体。称先王不涉迂阔，言士怒非徒刚狠。慷慨而谈，令人心开目爽。”本文胜在一个“气”字，文中所记的唐雎事迹，不减荆轲、聂政二事的手笔，令人一读一击节，真是一篇奇文！

《史记》

《史记》是西汉著名史学家司马迁撰写的一部纪传体史书，是中国历史上第一部纪传体通史，被称为“二十四史”之首，记载了上至上古传说中的黄帝时代，下至汉武帝太初四年间共3000多年的历史。与后来的《汉书》《后汉书》《三国志》合称“前四史”。

◎李斯谏逐客书◎

【题解】

秦国以善于招揽人才著称，商鞅、张仪、范雎等名相都不是秦国人，但是三人都为秦的强盛做出了贡献。战国末年，韩国水工郑国为虚耗秦国国力，避免秦国入侵韩国，所以建议秦王大修水利。不料，郑国的意图被秦王发觉，秦人认为外来的人才并非真心效忠秦国，就建议秦王逐客。秦王政觉得有理，就下了逐客令。大臣李斯是楚国人，也在被驱逐的行列里，于是他写下这篇《谏逐客书》，追述客对秦国的贡献，并指出客是秦国统一天下的必要条件。李斯的文章观点鲜明，利害关系清晰，秦王最终接受了他的请求，逐客令遂宣布废止。

【原文】

秦宗室大臣皆言秦王曰[①]：“诸侯人来事秦者，大抵为其主游间于秦耳，请一切逐客。”李斯议亦在逐中。

斯乃上书曰：“臣闻吏议逐客，窃以为过矣。

“昔穆公求士，西取由余于戎[②]，东得百里奚于宛[③]，迎蹇叔于宋[④]，求丕豹、公孙支于晋[⑤]。此五子者，不产于秦，而穆公用之，并国二十，遂霸西戎。孝公用商鞅之法[⑥]，移风易俗，民以殷盛，国以富强，百姓乐用，诸侯亲服，获楚、魏之师，举地千里，至今治强。惠王用张仪之计，拔三川之地，西并巴、蜀，北收上郡[⑦]，南取汉中，包九夷[⑧]，制鄢、郢[⑨]，东据成皋之险[⑩]，割膏腴之壤[⑪]，遂散六国之从，使之西面事秦，功施到今。昭王得范雎[⑫]，废穰侯[⑬]，逐华阳[⑭]，强公室，杜私门，蚕食诸侯，使秦成帝业。此四君者，

皆以客之功。由此观之，客何负于秦哉！向使四君却客而不内，疏士而不用，是使国无富利之实，而秦无强大之名也。

“今陛下致昆山之玉，有随和之宝，垂明月之珠，服太阿之剑，乘纤离之马，建翠凤之旗，树灵鼍之鼓⑮。此数宝者，秦不生一焉，而陛下说之⑯，何也？必秦国之所生然后可，则是夜光之璧不饰朝廷，犀象之器不为玩好，郑魏之女不充后宫，而骏马駃騠不实外厩⑰；江南金锡不为用，西蜀丹青不为采。所以饰后宫、充下陈、娱心意、说耳目者，必出于秦然后可，则是宛珠之簪、傅玑之珥、阿缟之衣、锦绣之饰⑱，不进于前；而随俗雅化、佳冶窈窕赵女不立于侧也。夫击瓮叩缶，弹筝搏髀⑲，而歌呼呜呜、快耳目者，真秦之声也；郑卫桑间⑳，韶虞武象者，异国之乐也。今弃击瓮而就郑卫，退弹筝而取韶虞，若是者何也？快意当前，适观而已矣。今取人则不然，不问可否，不论曲直，非秦者去，为客者逐。然则是所重者在乎色乐珠玉，而所轻者在乎人民也。此非所以跨海内、制诸侯之术也。

“臣闻地广者粟多，国大者人众，兵强则士勇。是以泰山不让土壤，故能成其大；河海不择细流，故能就其深；王者不却众庶，故能明其德。是以地无四方，民无异国，四时充美，鬼神降福，此五帝三王之所以无敌也。今乃弃黔首以资敌国㉑，却宾客以业诸侯，使天下之士退而不敢西向，裹足不入秦，此所谓‘藉寇兵而赍盗粮’者也㉒。

“夫物不产于秦，可宝者多；士不产于秦，而愿忠者众。今逐客以资敌国，损民以益仇，内自虚而外树怨于诸侯，求国之无危，不可得也。”

秦王乃除逐客之令，复李斯官。

【注释】

①秦王：即秦始皇嬴政。②由余：春秋时晋国人，逃亡到戎地，戎王命他出使秦国，被秦穆公看中。后来秦穆公设计离间戎王和由余，使之归秦，在他的帮助之下称霸西戎。③百里奚：曾经沦为奴隶，后秦穆公用五张羊皮将他赎出，成为秦国的大夫。④蹇叔：百里奚的朋友，后经百里奚推荐，成

为了秦国的上大夫。⑤丕豹：晋国人，后被秦穆公任命为秦国的将领。公孙支：字子桑，游于晋，后入秦国成为穆公的谋臣。⑥商鞅：姓公孙，名鞅。曾经辅佐秦孝公变法，使秦国强盛起来。⑦上郡：魏地，郡城在今陕西榆林东南。⑧九夷：指巴蜀和楚国南阳一带的少数民族。⑨鄢（yān）：楚国别都，在今湖北宜城。郢（yǐng）：楚国国都，故址在今湖北江陵北。⑩成皋：亦名虎牢关，即今河南荥阳的虎牢。⑪膏腴（yú）：肥沃。⑫范雎：魏国人，因出使齐国时被诬为私自受赏而获罪，后逃往秦国，受到秦昭王的赏识，成为秦国相国。⑬穰侯：即魏冉，秦昭王母宣太后的弟弟，曾为秦相，专权三十年。⑭华阳：即华阳君，秦昭王母宣太后的弟弟，因宣太后的关系而专权。⑮灵鼍（tuó）：鳄鱼。⑯说：通"悦"。⑰駃（jué）騠（tí）：良马名。⑱傅：附着。珥（ěr）：古时的珠玉耳饰。阿缟：齐国东阿出产的白色丝织品。⑲髀（bì）：大腿。⑳桑间：卫国濮水边上的一个地名。㉑黔首：百姓。㉒赍（jī）：赠送。

【译文】

秦国的宗室大臣都对秦王说："各诸侯国来侍奉秦国的人，大都是替他们各自的君主游说和离间秦国的，请把所有的客卿一律驱逐出境。"李斯也在计划要被驱逐的行列里。

李斯于是上书秦王说："臣听说官吏们正在计议要驱逐客卿，臣私下里认为这是错误的。

"从前穆公访求贤才，从西戎争取到由余，从东边的宛得到百里奚，自宋国迎来蹇叔，从晋国招来丕豹、公孙支。这五位贤人都不是秦国人，可是穆公重用他们，因此吞并了二十个国家，于是称霸西戎。孝公施行商鞅的新法，移风易俗，人民生活因此殷实富足，国家也因此富裕强大起来，百姓乐于为国效命，各国诸侯也都亲近或臣服于秦国，后来秦国击败了楚、魏两国的军队，占领了上千里的土地，直到今天还是安定而强盛。惠王采用张仪的连横之计，攻占了三川地区，向西吞并了巴蜀，向北收得了上郡，向南攻取了汉中，兼并了许多蛮夷部族，控制了楚国的鄢、郢两都，向东占据了险要的成皋，割取了大量的肥沃土地，于是拆散了六国的合纵盟约，使他们面向西边侍奉秦国，功业一直延续到现在。昭王得到范雎，免去了穰侯，驱逐了华阳君，加强了秦王室的统治，制服了豪门贵族的势力，逐步吞并了各诸侯国，使秦国完成了统一天下的大业。这四位国君的成就，都是凭借了客卿的功劳。从这些事实来看，客卿有什么对不起秦国的地方呢！假使从前这四位君主拒绝客卿而不予接纳，疏远贤才而不任用，这样就会使秦国无法拥有雄厚富裕的实力，而且也不会有强大的威名。

“现在陛下获得了昆山的美玉，拥有了隋侯珠及和氏璧，悬挂着明月宝珠，佩戴着太阿宝剑，骑着纤离的骏马，林立着翠凤羽毛装饰的旗帜，竖起了鼍皮大鼓。这几件宝物没有一样是产自秦国的，但陛下却喜爱它们，这是为什么呢？如果一定要秦国出产的才可以使用，那么夜光之璧就不能装饰在朝堂之上，犀角、象牙制造的器皿就不能成为玩赏之物，郑国、魏国的美女就不会充满您的后宫，骏马就不会养在您的马厩之中，江南的金、锡就不能用来制作器物，西蜀的丹青就不能用来增添色彩。假如用来装饰后宫、充作姬妾、娱乐心意、快活耳目的东西，一定要秦国出产的才可以，那么，镶着宛珠的簪子、嵌着珠玑的耳环、东阿的丝绸衣服、刺绣华美的装饰，就都不能呈献到君王面前；而衣着时尚、妆扮文雅、容貌娇艳、体态美好的赵国美女，也不能侍立在君王身边了。敲瓮击缶、弹筝拍腿，呜呜地唱着歌以娱乐耳目的，才是真正的秦国音乐；而郑国、卫国和桑间的新调，韶虞、武象之类的乐曲，都是外地的音乐。现在秦国抛弃敲瓮击缶的音乐而改听卫国、郑国的音乐，舍弃弹筝而采用韶虞之乐，这样做是为什么呢？还不是因为令人快意的食物已摆在眼前，适合美观动听的要求罢了。如今用人却不是这个样子，不问是否合宜，不论是非曲直，只要不是秦国人就得离开，凡是外来的客卿就要驱逐出境，这样做，就可知秦国所重视的是美色、音乐、珠宝，而所轻视的却是人才，这实在不是用来统一天下、控制诸侯的方法啊！

“我听说：土地广阔的，粮食就会充足；国家强大的，人口就会众多；装备精良的，士兵就一定勇猛。因此，泰山不舍弃任何土壤，所以能成就它的高大；河海不嫌弃各种支流，所以能成就它的深邃；帝王不拒绝任何臣民，所以能显示出他们的恩德。因此，土地不论东西南北，民众不分本国、外国，四季都丰实美好，鬼神都来降福，这就是五帝三王无敌于天下的原因。现在秦国竟然抛弃人民来帮助敌国，排斥客卿以成就其他诸侯，使得天下的贤才退避而不敢前来西方，停下脚步而不愿再入秦国，这就叫作‘借武器给敌人，送粮食给强盗’啊！

“物品虽不是秦国出产的，可是珍贵的很多；人才虽不是在秦国出生的，可是愿意效忠者不少。如今驱逐客卿去帮助敌国，损害民众而增加敌人的实力，对内削弱了自己的国家，对外则和各诸侯结怨，这样下去，希望秦国不发生危机，也是不可能的啊！”

秦王于是废除了逐客令，恢复了李斯的官职。

【写作方法】

此文开头写客对秦国的贡献，引穆公、孝公、惠王、昭王等朝的史事加以论证。李斯在此处用了对偶的手法，文章整饬有节奏，气势恢宏，不容辩驳。

中间部分又以秦王喜好异地的奇珍异宝切入。而奇珍异宝同人才相似，也是产于外地，秦王对它很受用，但在用人上却“不问可否、不论曲直”，以奇珍异宝和人才的不同遭遇作对比，直指秦王重珍宝轻人才的荒唐做法。这一部分对比得当，滔滔不绝，绵绵不尽，有排山倒海之势。

文章最后说逐客的害处，那就是“内自虚而外树怨于诸侯”，这是从反面说秦国不可逐客。全文首尾相贯，紧紧围绕逐客秦国必危这一主旨而展开。

清代过珙《详订古文评注全集》中说：“斯论逐客，起句便见实事，最妙在中间论物不出于秦而秦用之，独人才不出于秦而秦不用。一反一复，略加转换，而意思愈明。其通篇为顺为逆，为连为断，为正为喻，为整为散，无法不备。”

《楚辞》

战国时代以屈原为代表的楚国人创作的诗歌，它是《诗经》三百篇后的一种新诗。西汉刘向整理古籍，把屈原、宋玉以及汉代效仿屈原辞赋的作家淮南小山、东方朔、王褒和他本人的作品共十六篇汇编成集，题名《楚辞》。东汉时王逸为《楚辞》作注，加进了自己写的一篇《九思》，使篇目增加到十七篇，这就是流传到现在的《楚辞》本子。《楚辞》对后世文学影响深远，我国诗歌史上常以“风”“骚”并称，“风”指《诗经》，“骚”即指《楚辞》。《古文观止》中收录的《卜居》《宋玉对楚王问》两篇较为特殊，因为它们不能算诗歌而只能算散文，两篇作品的口吻都是第三者的记录而非作者本人的叙述，所以现在多认为它们的作者并非屈原或宋玉本人。

◎离　骚◎

【题解】

《离骚》是屈原的代表作，是一首自叙政治遭遇和心灵求索的长篇抒情诗。

关于《离骚》的诗题，历来众说纷纭，较有代表性的为两种：一种将离骚解为离别的忧愁，如司马迁、王逸等；一种将离骚解为遭遇忧愁，如班固。

《离骚》集中概括了屈原的政治观点和理想，概括了他为了追求自己的政治理想所受到的排挤和打击，概括了他对昏君统治下的腐朽政治的批判和控诉。在这一表达过程中，给我们展示出一位光辉的主人翁形象——忠君爱国至死不悔。诗篇体现了诗人强烈的忧患意识、斗争意识和人格完善意识。这种思想和精神震撼着读者的心灵。此外，诗人这种忠君与怨君、矢志与随俗、恋国与去国的矛盾冲突，这种爱憎情仇又使得诗篇忧怨悱恻，动人心弦。

全诗结构宏伟，布局严密，想象夸张，光怪陆离；情感的抒发，激情而不失理性；运用比兴手法，开创了香草美人传统，为我国诗歌史上的“诗骚传统”奠定了基础。

【原文】

帝高阳之苗裔兮，朕皇考曰伯庸[①]。摄提贞于孟陬兮，惟庚寅吾以降。皇览揆余初度兮，肇锡余以嘉名。名余曰正则兮，字余曰灵均。纷吾既有此内美兮，又重之以修能。扈江离与辟芷兮，纫秋兰以为佩[②]。汩余若将不及兮，恐年岁之不吾与。朝搴阰之木兰兮，夕揽洲之宿莽。日月忽其不淹兮，春与秋其代序[③]。惟草木之零落兮，恐美人之迟暮。不抚壮而弃秽兮，何不改乎此度？乘骐骥以驰骋兮，来吾道夫先路！

昔三后之纯粹兮，固众芳之所在。杂申椒与菌桂兮，岂维纫夫蕙茝！彼尧舜之耿介兮，既遵道而得路[④]。何桀纣之昌被兮，夫唯捷径以窘步。惟夫党人之偷乐兮，路幽昧以险隘。岂余身之惮殃兮，恐皇舆之败绩！忽奔走以先后兮，及前王之踵武[⑤]。荃不揆余之中情兮，反信谗而齌怒。余固知謇謇之为患兮，忍而不能舍也。指九天以为正兮，夫唯灵修之故也。曰黄昏以为期兮，羌中道而改路[⑥]。初既与余成言兮，后悔遁而有他。余既不难夫离别兮，伤灵修之数化[⑦]。

余既滋兰之九畹兮，又树蕙之百亩[⑧]。畦留夷与揭车兮，杂杜衡与芳芷。冀枝叶之峻茂兮，愿俟时乎吾将刈。虽萎绝其亦何伤兮，哀众芳之芜秽[⑨]。众皆竞进以贪婪兮，凭不厌乎求索。羌内恕己以量人兮，各兴心而嫉妒[⑩]。忽驰骛以追逐兮，非余心之所急。老冉冉其将至兮，恐修名之不立。朝饮木兰之坠露兮，夕餐秋菊之落英。苟余情其信姱以练要兮，长顑颔亦何伤[⑪]。揽木根以结茝兮，贯薜荔之落蕊。矫菌桂以纫蕙兮，索胡绳之纚纚。謇吾法夫前修兮，非世俗之所服。虽不周于今之人兮，愿依彭咸之遗则。长太息以掩涕兮，哀民生之多艰。余虽好修姱以鞿羁兮，謇朝谇而夕替。既替余以蕙纕兮，又申之以揽茝[⑫]。亦余心之所善兮，虽九死其犹未悔！怨灵修之浩荡兮，终不察夫民心。众女嫉余之蛾眉兮，谣诼谓余以善淫。固时俗之工

巧兮，偭规矩而改错。背绳墨以追曲兮，竞周容以为度[13]。忳郁邑余侘傺兮，吾独穷困乎此时也。宁溘死以流亡兮，余不忍为此态也[14]。鸷鸟之不群兮，自前世而固然。何方圆之能周兮，夫孰异道而相安？屈心而抑志兮，忍尤而攘诟。伏清白以死直兮，固前圣之所厚[15]。

悔相道之不察兮，延伫乎吾将反。回朕车以复路兮，及行迷之未远[16]。步余马于兰皋兮，驰椒丘且焉止息。进不入以离尤兮，退将复修吾初服。制芰荷以为衣兮，集芙蓉以为裳。不吾知其亦已兮，苟余情其信芳[17]。高余冠之岌岌兮，长余佩之陆离。芳与泽其杂糅兮，唯昭质其犹未亏。忽反顾以游目兮，将往观忽四荒[18]。佩缤纷其繁饰兮，芳菲菲其弥章。民生各有所乐兮，余独好修以为常。虽体解吾犹未变兮，岂余心之可惩！

女媭之婵媛兮，申申其詈予[19]。曰："鲧婞直以亡身兮，终然夭乎羽之野。汝何博謇而好修兮，纷独有此姱节？薋菉葹以盈室兮，判独离而不服。众不可户说兮，孰云察余之中情？世并举而好朋兮，夫何茕独而不予听[20]？依前圣以节中兮，喟凭心而历兹。济沅、湘以南征兮，就重华而陈词。启九辩与九歌兮，夏康娱以自纵。不顾难以图后兮，五子用失乎家巷[21]。羿淫游以佚畋兮，又好射夫封狐。固乱流其鲜终兮，浞又贪夫厥家。浇身被服强圉兮，纵欲而不忍。日康娱而自忘兮，厥首用夫颠陨。夏桀之常违兮，乃遂焉而逢殃。后辛之菹醢兮，殷宗用而不长[22]。汤、禹俨而祗敬兮，周论道而莫差。举贤而授能兮，循绳墨而不颇。皇天无私阿兮，览民德焉错辅。夫维圣哲之茂行兮，苟得用此下土。瞻前而顾后兮，相观民之计极。夫孰非义而可用兮，孰非善而可服？阽余身而危死兮，览余初其犹未悔。不量凿而正枘兮，固前修以菹醢。曾歔欷余郁邑兮，哀朕时之不当[23]。揽茹蕙以掩涕兮，沾余襟之浪浪。

跪敷衽以陈词兮，耿吾既得此中正。驷玉虬以乘鹥兮，溘埃风余上征。朝发轫于苍梧兮，夕余至乎县圃。欲少留此灵琐兮，日忽忽其将暮。吾令羲和弭节兮，望崦嵫而勿迫。路曼曼其修远兮，吾将上下而求索[24]。饮余马于咸池兮，总余辔乎扶桑。折若木以拂日兮，聊逍遥以相羊。前望舒使先驱兮，后飞廉使奔属。鸾皇为余先戒兮，雷师告余以未具。吾令凤鸟飞腾兮，继之以日夜[25]。飘风屯其相离兮，帅云霓而来御。纷总总其离合兮，班陆离其上下。吾令帝阍开关兮，倚阊阖而望予。时暧暧其将罢兮，结幽兰而延伫。世溷浊而不分兮，好蔽美而嫉妒[26]。朝吾将济于白水兮，登阆风而绁马。忽反顾以流涕兮，哀高丘之无女。溘吾游此春宫兮，折琼枝以继佩。及荣华之未落兮，相下女之可诒。吾令丰隆乘云兮，求宓妃之所在。解佩纕以结言兮，吾令蹇修以为理。纷总总其离合兮，忽纬繣其难迁。夕归次于穷石兮，朝濯发乎洧盘。保厥美以骄傲兮，日康娱以淫游。虽信美而无礼兮，来违弃而改求[27]。览相观于四极兮，周流乎天余乃下。望瑶台之偃蹇兮，见有娀之佚女。吾令鸩为媒兮，鸩告余以不好。雄鸠之鸣逝兮，余犹恶其佻巧[28]。心犹豫而狐疑兮，欲自适而不可。凤凰既受诒兮，恐高辛之先我[29]。欲远集而无所止兮，聊浮游以逍遥[30]。及少康之未家兮，留有虞之二姚。理弱而媒拙兮，恐导言之不固。世溷浊而嫉贤兮，好蔽美而称恶。闺中既以邃远兮，哲王又不寤[31]。怀朕情而不发兮，余焉能忍而与此终古？

索藑茅以筳篿兮，命灵氛为余占之。曰："两美其必合兮，孰信修而慕之？思九州之博大兮，岂惟是其有女？"曰："勉远逝而无狐疑兮，孰求美而释女[32]？何所独无芳草兮，尔何怀乎故宇？"世幽昧以眩曜兮，孰云察余之善恶？民好恶其不同兮，惟此党人其独异！户服艾以盈要兮，谓幽兰其不可佩[33]。览察草木其犹未得兮，岂珵美之能当？苏粪壤以充帏兮，谓申椒其不芳。欲从灵氛之吉占兮，心犹豫而狐疑。巫咸将夕降兮，怀椒糈而要之。百神翳其备降兮，九疑缤其并迎。皇剡剡其扬灵兮，告余以吉故。曰："勉升降以上下兮，求榘矱之所同。汤、禹严而求合兮，挚、咎繇而能调。苟中情其好修兮，又何必用夫行媒？说操筑于傅岩兮，武丁用而不疑。吕望之鼓刀兮，遭周文而得举。宁戚之讴歌兮，齐桓闻以该辅[34]。及年岁之未晏兮，时亦犹其未央。恐鹈鴂之先鸣兮，使夫百草为之不芳。"何琼佩之偃蹇兮，众薆然而蔽之。惟此党人之不谅兮，恐嫉妒而折之[35]。时缤纷以变易兮，又何可以淹留？兰芷变而不芳兮，荃蕙化而为茅。何昔日之芳草兮，今直为此萧艾也？岂其有他故兮，莫好修之害也！余以兰为可恃兮，羌无实而容长[36]。

委厥美以从俗兮，苟得列乎众芳。椒专佞以慢慆兮，樧又欲充夫佩帏。既干进而务入兮，又何芳之能祗？固时俗之从流兮，又孰能无变化？览椒兰其若兹兮，又况揭车与江离[37]？惟兹佩之可贵兮，委厥美而历兹。芳菲菲而难亏兮，芬至今犹未沬[38]。和调度以自娱兮，聊浮游而求女。及余饰之方壮兮，周流观乎上下。

灵氛既告余以吉占兮，历吉日乎吾将行。折琼枝以为羞兮，精琼爢以为粻。为余驾飞龙兮，杂瑶象以为车。何离心之可同兮，吾将远逝以自疏。邅吾道夫昆仑兮，路修远以周流。扬云霓之晻蔼兮，鸣玉鸾之啾啾[39]。朝发轫于天津兮，夕余至乎西极。凤凰翼其承旂兮，高翱翔之翼翼。忽吾行此流沙兮，遵赤水而容与。麾蛟龙以梁津兮，诏西皇使涉予。路修远以多艰兮，腾众车使径待[40]。路不周以左转兮，指西海以为期。屯余车其千乘兮，齐玉轪而并驰。驾八龙之婉婉兮，载云旗之委蛇。抑志而弭节兮，神高驰之邈邈。奏《九歌》而舞《韶》兮，聊假日以媮乐[41]。陟升皇之赫戏兮，忽临睨夫旧乡。仆夫悲余马怀兮，蜷局顾而不行。

乱曰：已矣哉！国无人莫我知兮，又何怀乎故都！[42]既莫足与为美政兮，吾将从彭咸之所居！

【注释】

①朕：我。秦以前贵贱通用的第一人称代词，秦以后则成为封建帝王自称的专用词。皇考：皇，光明；考，对已故父亲的美称。伯庸：为屈原父亲的字或名，或化名，今已不可考。②纫：本义是绳索，此用作动词，穿结、连缀。秋兰：香草名，秋天开花且香。以为：以之为。佩：佩戴，装饰，象征自己的德行。③代序：代，意为更；序，意为次。代序即次第相代，指不断更迭。④既：皆，尽。遵道：遵循正途。而：因而。路：大道。⑤及：赶上，追及，这里有“继承”之意。踵：脚跟；武：足迹。“踵武”连文为义，指前王的业绩。⑥羌：楚语，表转折的意思，犹如今语的“却”。⑦伤：悲伤、哀伤。数化：屡次变化。数，屡次之意。⑧树：种植。蕙：香草名。

树蕙：屈原曾为楚三闾大夫，负责贵族子弟的教育，树蕙指的是对贵族子弟的培育。⑨哀：痛惜。众芳：指前所培植的众香草——兰、蕙、留夷、揭车等，喻指“平日所栽培荐拔与己同志者”。芜秽：指众芳的变质。这两句用以比喻自己所培养的人才不但不为国家出力，反而改变节操，与“党人”同流合污。⑩兴心：起心，打主意，即产生了嫉妒之心。此二句意谓“党人贪婪竞进，而又以为贤者亦复如此，故嫉妒之也”。⑪颇颔：因饥饿而面色憔悴。何伤：何妨。⑫申：重申，加上。揽：捋取。⑬竞：争相。周容：无原则地取容，指奉迎苟合，讨好别人。以为：作为。度：法则，常法。⑭余：我，屈原自指。此态：指“固容以为度”，即苟合取容之态。⑮固：本来。前圣：指前代之圣贤，如尧、舜、禹、汤、文王。厚：赞许、嘉许。⑯及：趁着。行迷：指迷途。以上四句是屈原在政治上被排挤打击之后，产生了要退出政治舞台的消极想法。⑰苟：如果。余情：我之情实。信：诚然。芳：香洁。⑱往观：前去观望。四荒：指四方荒远之地。这里是指重新寻找道路以实现自己的理想。⑲申申：反反复复。詈：责骂，苦苦相劝。⑳夫：犹汝也。茕独：孤独。不予听：即“不听予”，不听我的劝告。予：我，女媭自称，以上写女媭劝他妥协。㉑五子：五观，亦即武观，启的第五个儿子。用失乎：“失”可能是“夫”的误写。“乎”是“夫”误写后加上的。“用乎”之文，与用夫、用之同。用，因也；用乎，因此的意思。家巷：家族内部斗争。据记载五观作乱，启派兵讨平。㉒殷宗：指殷朝的祖祀。宗，宗族统治，即指殷代的统治。用而：因而。不长：指被周武王所灭。㉓时之不当：生不逢时之意。当，遇。㉔上下：犹云登降。上到天国，下到人间到处寻求，象征追求同心同德者。上下求索，体现了诗人追求理想实现的一种韧性精神。㉕日夜：指日夜兼程。㉖蔽：遮蔽，掩盖。蔽美：遮盖美好的东西。以上四句，承上言见帝之受阻，诗人感慨万千。㉗来：乃，呼语。违弃：抛弃，放弃。改求：另外寻求。㉘犹：尚。恶：嫌弃，厌恶。佻巧：行为轻佻巧诈，言语巧辩。㉙高辛：五帝之一的帝喾称号。传说，帝喾曾令玄鸟给简狄送礼，成婚后生子契。㉚浮游：漫游，遍游。㉛哲王：明智的君王，指楚怀王。不寤：不醒悟。前文帝阍不肯开天门，表明楚怀王不醒悟。㉜释：放开、舍弃。㉝谓：说。此处指众人说。其：指代幽兰。㉞齐桓：齐桓公，齐国国君姜小白，春秋五霸之一。该：周详，完备。该辅，备为辅佐，用为大臣。㉟折：摧毁。之：指代琼佩。㊱无实：不结果实。容长：以容貌美好见长，意思是指徒有美好外表。㊲揭车、江离：两种香草名，香味不如椒兰，比喻自己培育的一般人才。㊳沫：消失。㊴鸣：响起。玉鸾：用玉雕刻成的鸾形的车铃。啾啾：象声词，玉铃发出的声音。㊵腾：飞驰。径待：径，直；待：应作“侍”。即径相侍卫以免渡河发生危险。㊶媮：通“愉”，与乐同义。㊷怀：念。

【译文】

我原本是上古帝王高阳氏的后裔啊，我那已经死去的父亲就名叫伯庸。正当寅年又是寅月啊，就在庚寅之日我降生。父亲看了我初生的器宇啊，依卦兆赐予我佳名。给我取的大名就叫正则，给我取的表字叫灵均。我本来就拥有那么多美好的禀赋啊，又加上不断修饰的才能。披上芬芳的江离和幽香的白芷啊，穿上编制的兰草作为饰佩。时光如流我总是追赶不上啊，唯恐年岁匆匆流逝不再将我等。清晨里我拔取了山南那去皮不死的木兰啊，傍晚时分我揽取沙洲的经冬不枯的宿莽。日月飞驰从未久留啊，春去秋来亘古不变。想到草木难免凋谢零落啊，担心美人终归也会迟暮。何不趁年壮抛弃污秽啊，何不改变如此陈旧的法度？乘上骏马迅速疾驰啊，来吧！我会在前面给你引路！

过往的三代里君德皆纯美无瑕啊，本来就有群芳的环绕辅佐。不只是用花椒和菌桂啊，岂止是佩戴上白芷和蕙草。那唐尧虞舜的光明正直啊，遵循正道就步入坦途。夏桀商纣何等狂乱放纵啊，因贪图捷径而寸步难行。结党的小人苟且偷生贪求安乐啊，国家的前途暗淡而就要倾覆了。我哪里是害怕自己遭到祸殃啊，我所担心的是君王的车乘就要倾覆。匆匆奔走在君王的前后啊，就是想使您跟上前代圣君的脚步。君王您不体察我的苦心啊，相反听信了那些谗言而对我暴怒。我诚然明白耿直进言会招来祸患啊，纵使心中想忍却也一定要说。上指苍天来作证啊，那是为了君主。当初以黄昏作为约期啊，可是中途就改变了主意。那时候与我有过真诚的话语啊，到后来却反悔有了其他的企图。原本我并不怕与你离别啊，可是我痛惜君王你反复无常意志不坚。

我已经种植了兰花九畹啊，又培育了蕙草百亩。分垄栽种了留夷和揭车啊，还间杂种植着杜衡与芳芷。多么希望它们叶茂而枝盛，等到成熟的季节我就收割。纵然是枯萎凋零又何必悲伤啊，伤心的是众芬芳污秽变质。众人都竞相钻营贪求财物啊，贪得无厌的追逐从不满足。为什么总是用自己的卑鄙估量别人啊，各怀鬼胎相互嫉妒。匆匆奔走追名逐利啊，那不是我的心志追求所急。衰老渐渐地就要来临啊，担心的是修洁的美名无法得到确立。清晨啜木兰花上欲坠的香露啊，傍晚采食秋菊初绽的花瓣。只要我的内心诚然美好专一啊，纵使吃不饱而肌瘦憔悴又有什么关系？采撷木兰根来编结白芷啊，再穿结上香草薜荔落下的花房。 举起香木菌桂来缀上蕙草啊，胡绳编结的绳索美好且又修长。我一心效法前代的修洁圣贤啊，这不是世俗之人认可的衣冠。虽与当今之人做人的口味不相符合，我顺从于彭咸留下的典范。长叹息，擦干洒下的热泪啊，哀伤人生的道路是这样的艰险。我虽然喜好修洁却被其连累啊，早晨进谏晚上就遭贬。我虽把蕙草的香囊抛弃啊，我又揽取芳芷当作我的佩帏。只要我的内心是美善的啊，就是为这死上九回也肯定不后悔。我责怨君王荒唐糊涂啊，终究不能省察我的善良心肠。众女嫉妒我蚕蛾之眉的美貌啊，造谣诋毁说我过于淫荡。世俗本来就是善于投机取巧啊，违背规矩而改变举措。背叛规矩法度追随邪路啊，竞相苟合取容奉为做人的准则。我是那样忧愤而又心神不宁啊，只有我在这个时代困顿难行。就算猝然死去顺水漂流啊，我也不肯做出同样的邪恶之态。雄鹰一类的猛禽决不与凡鸟为伍啊，这样的事情从来就是如此。怎么可以让方圆吻合在一起啊，谁又志趣不同而相安无事？可以委屈心意压抑志向啊，容忍强加的罪名但把耻辱去除。伏身于清白之志和死于直道啊，这都是前代圣贤所提倡和赞许的。

悔恨观察道路不够审慎啊，踌躇不前我要回返。掉转我的车乘折回原路啊，趁着迷路尚不算太远。骑马漫步在长满兰草的水边啊，奔驰休息于长满花椒的小丘上。前去不被接纳反而招致罪名啊，退下来再修饰我当初的旧衣服。裁制荷叶做成上衣啊，采集荷花做成下裳。不被了解也就算了吧，只要我的内心诚然芬芳。把我的切云冠高高上耸，把我的玉佩打造得长长的。芬芳和污浊杂糅在一起啊，唯独那洁白的本质不会损伤。忽然回首放眼眺望啊，将去观览遥远的四方。我的佩带缤纷而修饰完美啊，芳香馥郁更加昭彰。人生的追求和志向各不相同啊，只有我喜好修洁习以为常。就算是把我的身体肢解也不会改变啊，怎能使我的心思受到挫伤。

我的密友女媭缠绵不舍啊，三番五次地把我斥责："伯鲧刚直而总忘记自身的危险啊，最终惨死在羽山的郊野。你何必过于忠直又好修洁啊，偏偏富有如此的美好节操？恶草薋菉葹堆满了屋子啊，为什么你偏要与众不同不肯服用？众人那么多怎能一个个地说明啊，谁能体察我们心之衷情？世上喜好互相吹捧和结党啊，你为何坚守孤独我相劝也不听？"依照前代圣贤的教诲坚持己理啊，长长叹息愤懑在胸直到如今。渡过沅湘之水再向南行啊，走近帝舜之灵表白我的情衷：夏启从上天那里偷来了乐章啊，过分地追求安逸自我放纵。不顾灾难也不作长远打算啊，五子叛乱最终失去家园。羿过分迷恋于田猎啊，又喜好射杀肥大的狐狸。本来淫逸没有好下场啊，寒浞霸占了羿的妻室做了丈夫。寒浞之子浇依仗力大无穷啊，放纵情欲不能克制。每天都沉浸在淫乐中忘乎所以啊，他的头颅被少康所杀。夏桀违背做君王的正道啊，最终遭到了灭国的祸殃。纣王无道乱用酷刑啊，殷代的宗祀因此断绝不能久长。汤、禹畏天而又尊重人才啊，周之文武讲论道义丝毫不错。推举而又授权给贤良啊，遵循法度走上坦途而没有偏颇。上天公正不讲偏爱私情啊，观察人的品德作出立君的裁决。只有那深具美德的圣贤啊，养民天下的权力应当获得。细察往昔环视将来的成败啊，审视人们对是非成败思考的准则。哪有不义做法而可以采取的啊，哪有不做善事可以实行的？即使身处险境濒临死亡啊，回顾初衷我也毫不后悔。不量一下斧孔就要插进斧柄啊，这是前代贤人遭难的原因。不断抽泣我抑郁又惆怅啊，痛哀自己没有遇到好时光。

拿起柔软的蕙草揩拭热泪啊，泪水簌簌打湿了我的衣裳。

向大舜铺开前襟长跪陈词啊，我得此中正之道而心中光明。驾着玉龙乘上彩凤啊，忽然风起我向天上飞腾。清晨从苍梧山起程啊，傍晚就到达昆仑山上的县圃。本想在仙门前稍作停留啊，可惜时光匆匆天色将暮。我让羲和停车慢行啊，望着崦嵫山我担心日落。前途漫漫又遥远啊，我将上天入地去追寻求索。让我和马在咸池饮足了水啊，把缰绳拴在神树扶桑上。折下若木一枝揩拭日光啊，姑且在这里徘徊徜徉。派月神望舒为我引导啊，还有风神飞廉后续相连。凤鸟为我在前面戒备开道啊，雷师丰隆却告诉我还没有准备好。我又叫凤鸟展翅高飞啊，开辟前路日夜兼程。旋风突起忽聚忽离啊，率领虹霞前来相迎。纷纭飘忽时聚时散啊，色彩斑斓乍离乍合。我让帝宫的门卫打开天门啊，他却倚着天门望着我发愣。日光渐渐暗了一天就要过去啊，编结着幽兰在这里久等。世道如此浑浊善恶不分啊，总是嗜好压制贤能心生妒忌。清晨我将渡过神泉白水啊，登上阆风来拴马。猛然回头潸然泪下啊，哀叹高丘之上无有知己。忽然漫步到青帝的春宫啊，攀折玉树的花枝补续佩饰。趁着摘取的琼花尚未凋落啊，察看下界的女子可馈赠给谁。我让雷师丰隆乘云周行啊，寻找神女宓妃的住处。解下香佩作为信物馈赠啊，又令贤人蹇修前去说媒。宓妃态度暧昧忽即忽离啊，乖戾的脾气难以迁就。夜晚回到穷石止宿啊，清晨又沐浴在洧盘。自恃美貌又如此傲慢啊，成天寻欢作乐自恣戏游。诚然貌美但却骄傲无礼啊，决意放弃她另寻追求。纵目远眺遥远的四方啊，遍游上天我又回到大地。远望美玉垒成高耸的瑶台啊，看见有娀氏美女简狄。我要鸩鸟为我做媒人啊，归来却欺骗我说她无意。雄鸠呱呱乱叫飞去替我说媒啊，我又厌恶它多言失于轻佻。心里犹豫疑惑无法决断啊，想亲自前往又于礼法不合。凤鸟已经带着聘礼准备前去啊，恐怕帝喾迎娶简狄比我领先。想远走高飞又不知去哪里啊，聊且逍遥等待观望。趁着少康还没有成家啊，还留下有虞氏两位阿娇。媒人们无能又笨拙啊，担心传达我的话很难奏效。世上如此浑浊又嫉妒贤才啊，偏好遮蔽美善而称赞邪恶。宫中之门很深远啊，本来明智的君王又不省悟。满怀忠情不得抒发啊，我如何才能隐忍了却此生？

索取灵草和竹片啊，请灵氛为我占卜推算。灵氛说：“两美相遇必然结合啊，哪有诚然修美之人不被人思念？想天下如此宽阔广博啊，难道只有这里才有娇娥？”他又说：“自勉远逝不要犹豫啊，求美的谁会把你放弃？什么地方没有芬芳的香草啊，你何必如此怀恋故里？”当今之世黑暗混乱啊，谁能考察我是善是恶？世人的好恶各不相同啊，只有那群党人特别古怪。个个把臭艾挂满腰带啊，反说幽兰恶臭不可佩戴。识别草木的香臭尚且做不到啊，辨别美玉的重任怎能担当？取来粪土充满了香囊啊，硬说芬芳的申椒毫不芬芳。想要听从灵氛的吉祥占卜啊，可心中还是犹豫迟疑。巫咸傍晚将要降临下界啊，怀抱香椒精米把他迎接。众神飞临遮天蔽日一起下降啊，九嶷山的众神也纷纷光临。皇天扬灵光芒四射啊，把吉祥的缘故告诉我。说：“俯仰沉浮以求自勉啊，追求法度相似才能志同道合。商汤和夏禹敬承天道求其匹合啊，因为能得到伊尹、皋陶的辅佐。如果内心确实追求修好啊，又何必再请媒人说合？傅说曾是傅岩的泥瓦匠啊，殷武丁重用他却毫不迟疑。姜尚本是朝歌的屠夫啊，遇到文王就得到推举。宁戚喂牛而叩角商歌啊，齐桓一闻就准备召用心中欢喜。趁着年华尚未衰老啊，趁着时光尚日还未完尽。担心子规过早地啼鸣啊，使百草芬芳丧尽而凋零。这玉佩是何等的美盛非凡啊，众小人纷纷把它遮掩。想到那些党人险诈毫无诚信啊，恐怕出于嫉妒而要损毁它。时世纷乱变化无常啊，我又怎么可以留？兰和芷都变质而不再芬芳啊，荃与蕙也变成了茅草。为什么从前芳香的花草啊，如今简直成了艾草白蒿？难道说还有其他什么缘故吗？都因为不好修洁不要德行噢！我本以为兰是可以依靠的啊，可惜它却华而不实徒有其名。放弃它内在的美德顺从流俗啊，侥幸地挤进众芳来过市招摇。椒专横谗佞而又傲慢啊，椴却挤进香囊徒似香草。一味追求私利钻营攀缘啊，又如何知道敬重芬芳？世俗本来就是随波逐流啊，又有哪一个能够不变异？眼见花椒幽兰尚且如此啊，又何况那揭车和江离？唯有这一玉佩最为可贵啊，可它的美德被抛弃直到如今。香气勃勃毫不亏损啊，散发着芬芳至今犹存。调整心态执守忠贞自我宽娱啊，暂且徐徐漫游寻找志同道合者。趁着我的佩饰还鲜艳，走遍四方上下去周游。

灵氛已把占卜告诉我啊，选定吉日良辰我将要远航。折下玉树枝作为我的佳肴啊，碾成琼玉的玉屑做干粮。飞龙为我把车驾啊，美玉象牙装点我的行车。离心离德的人怎能共处啊，我将远游自疏不再复合。转道我去往昆仑山啊，道路漫长四处游历。升起云旗遮蔽天日都暗淡啊，响起鸾铃啾啾大队车马都出发。清晨我从天河的渡口出发啊，傍晚我就到达西极之天涯。凤鸟纷飞举着龙虎大旗啊，高高翱翔在太空舒展着羽翼。我匆匆路过无尽的流沙之地啊，沿着昆仑东南的赤水徘徊犹豫。指挥蛟龙用它的身躯搭桥渡河啊，命令西皇少皞帝接我渡去。道路漫长遥远充满艰辛啊，飞腾的众车乘都来侍卫。路过不周山再向左转啊，约定在西海那里驻足。屯集的车辆有一千乘啊，排列整齐将并驾向前行。乘上八龙驾的车逶迤行进啊，飘动的空中云旗随风卷起。按捺着我的情绪缓缓徐行啊，神气却高飘远去莫能抑。奏起《九歌》跳起《韶》舞啊，暂借这闲暇时光消忧欢娱。朝阳升起灿烂辉煌啊，刹那间俯视人寰看见了我的故乡。车夫悲痛我的马也思恋啊，卧身蜷曲再不能向前。

算了吧！国中没有贤人了解我啊，我又何必怀念那故国呢？既然无人能与我共行美政啊，我将追随彭咸精神而长存！

【写作方法】

《离骚》继承并发展了《诗经》的比兴传统。其具体表现为：在广度上，它较多地应用比喻，构成庞大的比兴系统；在深度上，较之《诗经》更为注意比兴中“此物”与“彼物”的内在联系，用作比喻的事物与全篇所表达的内容统一，富有象征性。如诗中用“美人”喻指楚怀王，用“众芳”喻指群贤，用“椒、桂、蕙、茝”四种植物喻群贤，用香草“荃”喻楚怀王，等等，把比兴与表现的内容合而为一，使诗中的意名胜具有了象征意义。

另外《离骚》的特别之处还在于它将叙事诗和抒情诗完美地融为一体。抒情诗一般没有故事情节，《离骚》是一首长篇政治抒情诗，抒发其忠而被疏的愤懑之情。但是诗中的前一部分里叙述了自已的家世、出生和被疏的事实，后两部分里更虚构了女媭詈原、陈辞于舜，上款帝阍、历访神妃，灵氛占卜、巫咸降神、神游西天等一系列幻境，使这首抒情诗具有了故事情节的成分。看来似乎山穷水尽，眨眼又是一番新的景象，波澜起伏，百转千回，从而把叙事诗和抒情诗熔为一炉。

卷五

司马迁

（公元前145～约公元前96）

司马迁，夏阳（在今陕西韩城西南）人。出身史学世家，父亲司马谈官至太史令。司马迁十岁时随父到长安，先后求学于董仲舒和孔安国门下。二十岁开始游历名山大川，所到之处均考察风俗，采集史迹传说。继承父亲太史令的职位后，司马迁得以饱览朝廷藏书，又随汉武帝到各地巡游，增长了见识；同时他开始着手整理史料，以完成父亲写一部“名主贤君、忠臣死义之事”的通史的遗愿。汉武帝天汉二年（公元前99年），李陵出征匈奴时因友军接应不力身陷重围，在矢尽粮绝的情况下投降匈奴，司马迁因上书为李陵辩护触怒武帝，被处以宫刑。受此大辱，司马迁愤不欲生，但为了实现自己的理想，决心“隐忍苟活”。出狱后任中书令，继续发愤著书，终于完成了被鲁迅先生誉为“史家之绝唱，无韵之离骚”的伟大名著——《史记》。

《史记》原名《太史公书》，是我国第一部纪传体通史，它记载了上至传说中的黄帝，下至汉武帝太初年间约二千四百年的历史，并开创了纪传体和书表的编写体例。全书包括十二本纪、十表、八书、三十世家、七十列传，共一百三十篇，全面而深刻地反映了我国古代的社会面貌。《史记》同时也是一部优秀的文学作品，它融会了司马迁深挚浪漫的情感和对自身遭遇的不平之气，叙事剪裁有致、繁简得当，行文洒脱流畅、波澜起伏，塑造历史人物形象血肉丰满、惟妙惟肖，具有巨大的艺术感染力。

◎五帝本纪赞◎

【题解】

此文是《史记·五帝本纪》的赞语，主要是对前人所写的有关五帝文献记录的评论，同时还说明了自己写《五帝本纪》的资料来源。

【原文】

太史公曰[①]：学者多称五帝，尚矣[②]。然《尚书》独载尧以来，而百家言黄帝，其文不雅驯[③]，荐绅先生难言之。孔子所传《宰予问五帝德》及《帝系姓》，儒者或不传。余尝西至空峒[④]，北过涿鹿[⑤]，东渐于海，南浮江淮矣，至长老皆各往往称黄帝、尧、舜之处，风教固殊焉。总之，不离古文者近是。予观《春秋》《国语》，其发明《五帝德》《帝系姓》章矣，顾弟弗深考[⑥]，其所表见皆不虚[⑦]。《书》缺有间矣，其轶乃时时见于他说[⑧]。非好学深思，心知其意，固难为浅见寡闻道也。余并论次，择其言尤雅者，故著为本纪书首。

【注释】

①太史公：司马迁自称。②尚：久远。③雅驯：正确可信。④空峒：山名，在今甘肃平凉西。⑤涿鹿：山名，在今河北涿鹿东南。⑥顾弟：只是。弟，通“第”。⑦见：通“现”。⑧轶：通“佚”，散失。

【译文】

太史公说：读书的人常称道五帝，由来已久了。但是，《尚书》只记载了尧以后的事情，诸子百家虽然都提到了黄帝，但他们的记述往往并不准确，文辞也不优美，所以士大夫们很难说清楚。孔子传下来的《宰予问五帝德》和《帝系姓》，儒生中有人（认为并非出自圣人之手而）不加传习。我曾经西到空峒山，北过涿鹿山，东至大海，南渡长江和淮河，所到之处，年长的人往往都各自称说是黄帝、尧、舜曾经所到之处，但这些地方的风俗教化原本彼此不同。总的来说，那些不背离古代文字记录的说法比较接近史实。我看《春秋》《国语》，它们对《五帝德》和《帝系姓》的阐发是很明白的，只不过儒生们没有深入考察罢了，那《五帝德》和《帝系姓》中反映的情况其实都是真实的。《尚书》早就残缺不全了，可是它所散失的内容常常能在其他著作中见到。除非是好学深思，从内心领悟了书中的意思，（否则）这些书中的内容本来就难以对见识浅薄、孤陋寡闻的人说清楚。我把五帝的资料综合起来，加以论定编排，选择其中记载最为正确可信的内容，写成《五帝本纪》，作为全书的开头。

【写作方法】

文章刚上来便总起一笔，说以前的学者所写的五帝多“不雅驯”，其意在于阐明写《五帝本纪》的缘由和动机，即写一篇“雅驯”的《五帝本纪》。“雅驯”一词是文章的精髓所在。举孔子《宰予问五帝德》和《帝系姓》未能传于后世的例子，一方面说明关于五帝的记载很有限，另一方面表现了司马迁四处游历、科学求证的精神。

此文仅仅二百余字，却有多处转折，承接之妙，音节之古，结构之精，让人回味无穷。通篇用大开合，循环往复，文笔文心，都堪称妙绝。

清代浦起龙《古文眉诠》中点评这篇文章时说：“《尚书》断自唐、虞，二典俱在也。其前三帝，散见群书，文多不经矣。于首简之端，采杂家之说，责之不可不审，舍孔子其奚从焉？若《春秋》《国语》所述，虽非手定，犹自其门弟子传之。好学深思之士，所亟取也。尊一孔子，为择言之折衷。文虽简，实全史持论之本。”

◎项羽本纪赞◎

【题解】

此文是司马迁在《史记·项羽本纪》中的一段评论，文中论说了西楚霸王项羽一生的功过成败，表达了作者对一代英豪的惋惜之情。

【原文】

太史公曰：吾闻之周生曰“舜目盖重瞳子”，又闻项羽亦重瞳子。羽岂其苗裔邪[①]？何兴之暴也[②]！夫秦失其政，陈涉首难[③]，豪杰蜂起，相与并争，不可胜数。然羽非有尺寸，乘势起陇亩之中，三年，遂将五诸侯灭秦，分裂天下而封王侯，政由羽出，号为“霸王”。位虽不终，近古以来，未尝有也。及羽背关怀楚，放逐义帝而自立[④]，怨王侯叛己，难矣。自矜功伐，奋其私智而不师古，谓霸王之业，欲以力征经营天下，五年，卒亡其国，身死东城，尚不觉寤[⑤]，而不自责，过矣。乃引“天亡我，非用兵之罪也”，岂不谬哉!

【注释】

①苗裔：后代子孙。②暴：突然，迅猛。③陈涉：即陈胜。秦末农民起义领袖。④义帝：楚怀王的孙子熊心，项羽的叔父项梁起兵时立他为楚王，项羽灭秦后尊他为义帝。⑤寤：通“悟”。

【译文】

太史公说：我听周生说，“舜的眼睛是双瞳仁”，又听说项羽也是双瞳仁。项羽莫非是舜的后代？他的崛起是何其迅猛啊！当秦国统治昏聩无道的时候，陈涉是第一个向秦国发难的，随后天下的豪杰便蜂拥而起，群雄逐鹿，参与争夺天下的人，多得数也数不清。项羽没有一尺一寸的地盘，只是趁势从民间崛起，只三年的时间就率领五国诸侯将秦国灭亡了。他分割天下的土地以分封王侯，一切政令都由他颁布，号称“霸王”。他的霸主地位虽然没有维持多久，但他的功业，也是近古以来未曾有过的了。等到项羽放弃了关中之地，怀恋楚地（而回到楚国故地建都），放逐了义帝而自立为王，这时又埋怨诸侯王公们背叛自己，他的处境，实际上已经是很艰难的了。他自认为功高盖世，战绩卓著，只知道按个人的想法行事而不从前人的经验教训中求取胜败兴亡之道，一心沉醉于霸王之业，而想要凭借武力统治天下，只有五年的时间，终于使国家灭亡了。直到他自己死在东城还不觉悟，不肯反省自责，这实在是过错啊！他却说："是天要亡我，并不是我用兵的过错。"这岂不是太荒唐了吗！

【写作方法】

这段评论虽然简短，却能以有限的文字将项羽的身世、发迹、灭秦及失天下等事迹概括得清晰明了，实属难得。司马迁以项羽跟虞舜的眼睛都是双瞳仁开头，这有两层含义：一是衬托项羽样貌不凡，二是暗寓他血统高贵。司马迁并没有对项羽是否是虞舜后裔盖棺定论，只是借此感叹项羽三年间"将五诸侯灭秦"但是却"五年卒亡其国"，这也为后文做了铺垫。文末三句，司马迁以"难矣""过矣""岂不谬哉"三个感叹，既批评了项羽因丧仁德而失天下，也表达了对项羽的扼腕叹息之情。爱之越深，恨之越切，文末即抒发了司马迁爱恨交织的复杂心情。

◎孔子世家赞◎

【题解】

此文是《史记·孔子世家》的赞语，它通过描写孔子的风范和对后世的影响，表达了作者对孔子的崇敬之情。

【原文】

太史公曰：《诗》有之："高山仰止，景行行止[①]。"虽不能至，然心乡往之[②]。余读孔氏书，想见其为人。适鲁[③]，观仲尼庙堂、车服、礼器；诸生以时习礼其家，余低回留之，不能去云。天下君王至于贤人众矣，当时则荣，没则已焉。孔子布衣，传十余世，学者宗之。自天子王侯，中国言六艺者折中于夫子[④]，可谓至圣矣！

【注释】

①景行：宽广的大道。②乡：通“向”。③适：到。④六艺：即《诗》《书》《礼》《乐》《易》《春秋》。折中：取正，调节，使之适中。夫子：孔子。

【译文】

太史公说：《诗经》中有这样的话：“高高的山岳，为人所瞻仰；宽广的大道，人们沿着它前进。”虽然我无法到达那种境界，可是内心却一直向往着。每当我读着孔子的著作，脑子里便推想着他是怎样一个人。我到过鲁国的故地，参观过孔子的庙堂、车驾、衣服和礼器；儒生们现在还是按时在孔子的家庙中演习礼仪，我徘徊流连，久久不能离去。天下的君王乃至贤人可谓是很多了，但他们大都是在世的时候兴盛一时，死后就湮没无闻了。孔子虽然是布衣之士，但他的学说已经流传了十几代，读书人都尊崇他。自天子、王侯起，中国讲说六艺的人都以孔子的学说为标准，孔子真可以说是至高无上的圣人啊！

【写作方法】

此篇前半部分以已工写，后半部分以人工写，这是避实击虚的写法。文章以“高山仰止，景行行止”起兴，引出对孔子的赞叹。孔子的德行、学识皆是一流，用高山来形容他，是再适合不过了。此文重点写对孔子的崇敬，司马迁以“天下君王”与孔子作比对，说君王当时荣耀死后便湮没无闻了，这里有讥讽之意，与孔子受后世尊崇相对，反衬孔子的崇高地位。此文文情深挚，咏叹摇曳，令人心驰神往。

◎屈原列传◎

【题解】

屈原是楚国的王族，曾做过楚国的左徒，负责给楚王起草政令，以及接见外国使臣。但是，屈原“信而见疑，忠而被谤”，屡遭靳尚、子兰等人的排挤谗害，两次被发配湖湘之地。楚怀王客死秦国后，秦国又起兵南下，攻破楚国国都，屈原的政治理想破灭，痛心绝望，最终以死明志，投汨罗江自尽。在这篇文章中，司马迁除了叙述屈原的生平经历、文学创作外，还表达了对屈原忠君爱国的高尚情操的赞美。

【原文】

屈原者，名平，楚之同姓也，为楚怀王左徒。博闻强志，明于治乱，娴于辞令[①]**。入则与王图议国事，以出号令；出则接遇宾客，应对诸侯。王甚任之。**

上官大夫与之同列，争宠，而心害其能。怀王使屈原造为宪令，屈平属草稿未定[②]**，上官大夫见而欲夺之。屈平不与，因谗之曰：“王使屈平为令，众莫不知，每一令出，平伐其功，曰：以为‘非我莫能为’也。”王怒而疏屈平。**

屈平疾王听之不聪也，谗谄之蔽明也，邪曲之害公也，方正之不容也，故忧愁幽思，而作《离骚》。“离骚”者，犹离忧也。夫天者，人之始也；父母者，人之本也。人穷则反本，故劳苦倦极，未尝不呼天也；疾痛惨怛[③]**，未尝不呼父母也。屈平正道直行，竭忠尽智以事其君，谗人间之，可谓穷矣。信而见疑，忠而被谤，能无怨乎？屈平之作《离骚》，盖自怨生也。《国风》好色而不淫，《小雅》怨诽而不乱，若《离骚》者，可谓兼之矣！上称帝喾，下道齐桓，中述汤、武，以刺世事。明道德之广崇，治乱之条贯，靡不毕见。其文约，其辞微，其志洁，其行廉。其称文小而其指极大，举类迩而见义远**[④]**。其志洁，故其称物芳；其行廉，故死而不容。自疏濯淖汙泥之中**[⑤]**，蝉蜕于浊秽，以浮游尘埃之外，不获世之滋垢**[⑥]**，皭然泥而不滓者也**[⑦]**。推此志也，虽与日月争光可也。**

屈平既绌[⑧]**，其后秦欲伐齐。齐与楚从亲，惠王患之，乃令张仪详去秦**[⑨]**，厚币委质事楚**[⑩]**，曰：“秦甚憎齐，齐与楚从亲**[⑪]**，楚诚能绝齐，秦愿献商、**

於之地六百里[12]。”楚怀王贪而信张仪，遂绝齐，使使如秦受地，张仪诈之曰：“仪与王约六里，不闻六百里。”楚使怒去，归告怀王。怀王怒，大兴师伐秦。秦发兵击之，大破楚师于丹、淅[13]，斩首八万，虏楚将屈匄[14]，遂取楚之汉中地。怀王乃悉发国中兵，以深入击秦，战于蓝田[15]。魏闻之，袭楚至邓[16]。楚兵惧，自秦归。而齐竟怒不救楚，楚大困。

明年，秦割汉中地与楚以和。楚王曰：“不愿得地，愿得张仪而甘心焉。”张仪闻，乃曰：“以一仪而当汉中地，臣请往如楚。”如楚，又因厚币用事者臣靳尚，而设诡辩于怀王之宠姬郑袖。怀王竟听郑袖，复释去张仪。是时屈平既疏，不复在位，使于齐，顾反，谏怀王曰：“何不杀张仪？”怀王悔，追张仪，不及。

其后，诸侯共击楚，大破之，杀其将唐昧[17]。

时秦昭王与楚婚，欲与怀王会。怀王欲行，屈平曰：“秦，虎狼之国，不可信，不如无行！”怀王稚子子兰劝王行：“奈何绝秦欢！”怀王卒行。入武关，秦伏兵绝其后，因留怀王以求割地。怀王怒，不听。亡走赵，赵不内。复之秦，竟死于秦而归葬。

长子顷襄王立，以其弟子兰为令尹。楚人既咎子兰以劝怀王入秦而不反也。屈平既嫉之，虽放流，眷顾楚国，系心怀王，不忘欲反，冀幸君之一悟，俗之一改也。其存君兴国，而欲反覆之，一篇之中，三致意焉。然终无可奈何，故不可以反。卒以此见怀王之终不悟也。

人君无愚智、贤不肖，莫不欲求忠以自为，举贤以自佐。然亡国破家相随属，而圣君治国累世而不见者，其所谓忠者不忠，而所谓贤者不贤也！怀王以不知忠臣之分，故内惑于郑袖，外欺于张仪，疏屈平而信上官大夫、令尹子兰。兵挫地削，亡其六郡，身客死于秦，为天下笑。此不知人之祸也。《易》曰：“井渫不食[18]，为我心恻，可以汲。王明，并受其福。”王之不明，岂足福哉！

令尹子兰闻之大怒，卒使上官大夫短屈原于顷襄王，顷襄王怒而迁之。

屈原至于江滨，被发行吟泽畔[19]，颜色憔悴，形容枯槁。渔父见而问之曰：

“子非三闾大夫欤？何故而至此？”屈原曰：“举世混浊而我独清，众人皆醉而我独醒，是以见放。”渔父曰：“夫圣人者，不凝滞于物而能与世推移。举世混浊，何不随其流而扬其波？众人皆醉，何不餔其糟而啜其醨⑳？何故怀瑾握瑜而自令见放为㉑？”屈原曰：“吾闻之，新沐者必弹冠，新浴者必振衣。人又谁能以身之察察㉒，受物之汶汶者乎！宁赴常流而葬乎江鱼腹中耳，又安能以皓皓之白，而蒙世之温蠖乎！”乃作《怀沙》之赋。

于是怀石，遂自沉汨罗以死。

屈原既死之后，楚有宋玉、唐勒、景差之徒者，皆好辞而以赋见称。然皆祖屈原之从容辞令，终莫敢直谏。其后楚日以削，数十年竟为秦所灭。

自屈原沉汨罗后百有余年，汉有贾生，为长沙王太傅，过湘水，投书以吊屈原。

太史公曰：余读《离骚》《天问》《招魂》《哀郢》，悲其志。适长沙，过屈原所自沉渊，未尝不垂涕，想见其为人。及见贾生吊之，又怪屈原以彼其材游诸侯，何国不容，而自令若是！读《鹏鸟赋》，同死生，轻去就，又爽然自失矣！

【注释】

①娴：熟练。②属：撰著。③惨（cǎn）怛（dá）：悲痛忧伤。④迩：近。⑤濯（zhuó）淖（nào）：污浊。⑥滋垢：污垢。⑦皭（jiào）然：清白洁净的样子。滓（zǐ）：污浊。⑧绌：通“黜”，贬斥。⑨张仪：战国时魏国人，著名的纵横家，曾经担任秦相。⑩委质：呈献礼物。⑪从亲：指两国合纵相亲。⑫商、於（wū）：秦国地名，在今陕西商县至河南内乡一带。⑬丹：丹江。淅：丹江支流淅水。⑭屈匄（gài）：楚国大将。⑮蓝田：秦国地名，在今陕西蓝田西。⑯邓：其时属楚地，在今河南郾城东南。⑰唐昧（mèi）：楚将。⑱渫（xiè）：淘去泥污。⑲被：通“披”。⑳餔（bǔ）：通“哺”，食。糟：酒渣。啜（chuò）：喝。醨（lí）：薄酒。㉑瑾（jǐn）、瑜：都是美玉。㉒察察：洁白的样子。

【译文】

屈原，名平，是楚国王族的同姓，担任楚怀王的左徒。他博闻强识，深深地懂得国家治乱的道理，并且能够娴熟地运用外交辞令。对内与楚怀王商议国家大事，以发布政令；对外接待宾客，应酬诸侯。楚怀王很信任他。

上官大夫与屈原官位相当，想争得楚怀王的宠信，内心嫉妒屈原的才能。怀王让屈原制定国家的法令，屈原起草的法令还没有定稿，上官大夫看见了想夺取。屈原不给，上官大夫因而在怀王面前讲屈原的坏话，说："大王叫屈原起草法令，这没有人不知道，可每当一项法令颁布，屈平就夸耀自己的功劳，说是'除了我，别人谁也做不来'。"怀王听了很生气，因而疏远了屈原。

屈原痛心怀王不能明辨是非，被谗言和谄媚蒙蔽；痛心邪恶的小人妨害公正的人，品行方正的人不为朝廷所容。他在忧思苦闷之中写了《离骚》。"离骚"，就是遭遇忧愁的意思。上天，是人的起源；父母，是人的根本。人在处境困顿的时候就会追念本源，所以人在劳苦疲倦到极点的时候，没有不呼喊上天的；在经历病痛悲苦的时候，没有不呼唤父母的。屈原坚持正道，行事坦荡，竭尽忠心和智慧来侍奉他的君主，却遭到小人离间，可以说是困顿不堪了。他为人诚实守信却被猜疑，忠君爱国却遭到诽谤，又怎能没有怨愤呢？屈原的作品《离骚》，就是从这种怨愤脱生出来的。《国风》多写男女爱情却不放荡，《小雅》多有怨恨讽刺却不宣扬叛乱，像《离骚》这样的作品，可谓兼有《国风》和《小雅》的特点。《离骚》中对上古时代称道帝喾，论近世则颂扬齐桓公，述中古则叙说商汤、周武王的事迹，以此讽刺楚国的时政。其中对道德之广大崇高的阐明，对国家治乱的因果和原则的陈述，无不明白透彻。他的文笔简练，他的言辞含蓄，他的志趣高洁，他的品行廉正。他所作的文辞虽然讲述的是一些细小事物，含义却很重大；列举的事例虽近在眼前，表达的意思却极为深远。他志趣高洁，所以作品所述说的事物都是芬芳美好的；他品行廉正，所以至死也不能容于世俗。他出于本性而远离污泥浊水，像蝉儿脱壳那样摆脱污秽，超然于尘俗之外，不受浊世的污染，真可谓是干净洁白、身处污泥之中却不会被玷污弄脏的人。推究屈原的这种志趣，即使说它能同日月争光也是可以的。

屈原已经被罢去官职，后来秦国想攻打齐国。齐国当时和楚国合纵相亲，两国联合抗秦。秦惠王为此很是忧虑，就叫张仪装作是要背离秦国，献上厚礼给楚王，并且表示愿意侍奉楚王，说：“秦国非常憎恨齐国，齐国现在与楚国合纵相亲，如果楚国真能同齐国绝交，秦国愿意献上商、於一带的土地六百里。”楚怀王因为贪心而轻信了张仪的话，便与齐国断了交。后来派使者到秦国接受土地，张仪却抵赖说：“我与楚王约定的是献上六里的土地，没听说有六百里呀。”楚国的使者愤怒地离开了秦国，回来将此事禀告了怀王。怀王大怒，兴大军讨伐秦国。秦国发兵迎击，大破楚军于丹水和淅水一带，杀了楚军八万人，俘虏了楚国大将屈匄，并夺取了楚国汉中一带的土地。楚怀王于是尽数发动全国的军队深入秦地进攻秦军，在蓝田展开激战。魏国听到这个消息，乘机偷袭楚国，一直打到邓城。楚军惧怕，便从秦国撤了回来。而齐国终究因为愤恨楚王而不肯救援楚国，楚国的处境极为艰难。

第二年，秦国割让汉中一带的土地与楚国讲和。楚王说：“不愿得土地，只有得到张仪才甘心。”张仪听了说：“用一个张仪来抵汉中的土地，我请求到楚国去。”到了楚国，又用丰厚的礼物贿赂了当权的大臣靳尚，从而让他在楚怀王的宠姬郑袖面前编造诡诈的言辞来替自己辩护。后来怀王居然听信了郑袖为张仪说情的话，又放走了张仪。当时屈原已被怀王疏远，不在朝中任职，正在出使齐国。等他回到楚国以后，劝谏怀王说：“为何不杀张仪？”怀王后悔，派人去追赶张仪，但没追上。

在这之后，诸侯联合起来攻打楚国，大破楚军，杀了楚国大将唐昧。

这时秦昭王同楚国通婚，想要同怀王会面。怀王想去，屈原说：“秦国，是虎狼一样的国家，不能相信。不如不去！”怀王的小儿子子兰劝怀王去，说：“怎么能断绝同秦国的友好关系呢！”怀王终于前往。进入武关以后，秦国埋伏的军队截断了怀王的后路，从而扣留了怀王，以求楚国割让土地。

怀王异常愤怒，不答应。逃亡到赵国，赵国因为害怕秦国而不敢收留他。怀王无奈，只好又回到秦国，最后死在秦国，后来尸体才被运回楚国安葬。

楚怀王的长子顷襄王继位，用他的弟弟子兰做令尹。楚国人抱怨子兰，因为他怂恿怀王到秦国去，竟使楚王再没有回来。屈原憎恨子兰，自己虽然被流放，但心里仍眷恋着楚国，惦记着怀王，一直想着要再回到朝廷效力，寄希望于楚王有朝一日能够幡然醒悟，世俗的陋习能够为之一改。他心存国君，希望能振兴楚国，想让楚国一改衰弱的局面，这样的意愿在《离骚》一篇中再三表露出来。但终究是无可奈何，所以也没能回到朝中。由此也可以看出怀王的至死不悟。

一个国君无论是愚昧还是智慧，无论是贤能还是不成才，没有不想寻求忠臣来效忠自己、任用贤良来辅佐自己的。但是国破家亡的事一个接着一个，而圣明的君主、清平的国家却几世也碰不到一个，这也许就是因为身为人君的人所认为的忠臣并不忠诚，所认为的贤者并不贤良。怀王因为不懂得识别忠臣，所以在内为郑袖所迷惑，在外为张仪所欺骗，疏远屈原而信任上官大夫、令尹子兰。使军队遭到挫败，国土日益减少，失掉了六郡，自己客死秦国，为天下人所耻笑。这就是不能知人善任所招来的灾祸啊。《易经》上说："井已淘去泥污却不汲水而饮，让人心中凄恻，可以汲饮的啊。君王明白这个道理，就会享受福佑。"君王昏而不明，岂能享受福佑？

令尹子兰听说屈原憎恨他，非常愤怒，终于指使上官大夫在顷襄王的面前讲屈原的坏话，顷襄王大怒，把屈原放逐到了外地。

屈原来到江边，披散着头发，在水边一边行走一边吟唱，脸色憔悴，形容枯槁。江边的渔父看到他，便问他说："您不是三闾大夫吗？为什么来到这里？"屈原说："举世都是混浊的，只有我是干净的；众人都醉倒了，只有我是清醒的，因此遭到放逐。"渔父说："说起圣人，他们常常能够不受外界事物的拘束，能够跟随世俗而进退。既然整个社会都混浊，为什么不顺应潮流并且推波助澜呢？既然众人都醉了，为什么不一起吃点酒糟、饮点淡酒呢？为什么非要保持美玉一样高洁的品性而使自己遭到放逐呢？"屈原说："我听说，刚洗完头发的人，一定要弹去帽子上的灰尘；刚洗过澡的人，一定要抖去衣上的尘土。作为人，又有谁能够让自己的洁白之身为世俗的污垢所浸染呢？我宁可跳进这不停流淌的江水之中，葬身鱼腹，又怎能让高洁的心灵蒙受俗世的污浊呢？"于是就作了《怀沙》赋。

然后就抱着石头，跳进汨罗江自尽了。

屈原死后，楚国有宋玉、唐勒、景差这一班人，都爱好文辞并且以擅长作赋著称。然而他们都只是效法屈原言谈的得体大方，终究没有人能像屈原那样敢于直言进谏。此后楚国的领土一天比一天小，几十年后，终于为秦国所灭。

屈原自沉汨罗江一百多年后，汉朝出了个贾谊，他担任长沙王的太傅，路过湘水时，曾有感而发作了一篇《吊屈原赋》，将写好的文章投入湘水中，以凭吊屈原。

太史公说：我读《离骚》《天问》《招魂》《哀郢》等作品，为屈原的壮志难酬而感到悲伤。前往长沙，经过屈原抱石自沉的江水，未尝不伤感落泪，推想着他的为人。等到看见了贾谊的《吊屈原赋》，又怪屈原，以他杰出的才能去游说诸侯，哪个国家不会接纳重用他呢？而自己偏要选择这样的道路。再读贾谊著的《鹏鸟赋》，他把生死等同看待，把升迁罢免看得很轻，这使我又感到茫然若失了。

【写作方法】

明朝的杨慎评价此文说："太史公作《屈原传》，其文便似《离骚》。"司马迁说《离骚》"盖自怨生也"，这正好揭示了司马迁本人写《屈原列传》时的心境。屈原"信而见疑，忠而被谤"，所以心里怨愤至极；而司马迁仗义执言，被刑受辱，同样是怨积心底。二人虽相隔一百多年，但郁闷不平、委屈难申的遭遇却极为相似，所以司马迁借屈原抒发自己的怨气，整篇文章"婉雅凄怆"，描写屈原的一笔一字皆饱含感情，时而大开大合，时而低回徘徊，变化无常中孕育着郁勃之气。整篇文章有叙事，有议论，二者相互穿插，结构井然有序，环环相扣。前面写屈原被人嫉妒遭陷害，接着就引出一段议论，指出写《离骚》的动机是排遣“离忧”之情；再写屈原遭黜后楚国的形势，穿插了一段作者对怀王遭秦国囚禁一事的评论，讥讽楚怀王疏贤近谗是咎由自取，这样可以让感情得到自然排遣，增强文章的感染力；屈原和渔夫的对话是文章的精彩部分，渔夫和屈原一问一答，一反一正，既衬托了屈原的清高孤傲，又将文章推向高潮。

◎太史公自序◎

【题解】

本篇是司马迁为《史记》所写序言的一部分，从中可以了解他写作《史记》的本意和宗旨，是研究司马迁和《史记》的重要资料。文中也谈到了作者获罪受刑的遭遇，抒发了他满心的郁愤，表达了他献身历史著作的伟大精神。

【原文】

太史公曰[①]：“先人有言[②]：‘自周公卒五百岁而生孔子[③]，孔子卒后至于今五百岁，有能绍明世，正《易传》，继《春秋》，本《诗》《书》《礼》《乐》之际。’意在斯乎！意在斯乎！小子何敢让焉？”

上大夫壶遂曰：“昔孔子何为而作《春秋》哉？”太史公曰：“余闻董生曰[④]：‘周道衰废，孔子为鲁司寇[⑤]，诸侯害之，大夫壅之[⑥]，孔子知言之不用、道之不行也，是非二百四十二年之中，以为天下仪表。贬天子，退诸侯，讨大夫，以达王事而已矣。’子曰：‘我欲载之空言，不如见之于行事之深切著明也。’夫《春秋》，上明三王之道[⑦]，下辨人事之纪[⑧]，别嫌疑，明是非，定犹豫，善善恶恶，贤贤贱不肖，存亡国，继绝世，补敝起废，王道之大者也。《易》著天地、阴阳、四时、五行，故长于变；《礼》经纪人伦，故长于行；《书》记先王之事，故长于政；《诗》记山川、溪谷、禽兽、草木、牝牡、雌雄，故长于风；《乐》乐所以立，故长于和；《春秋》辨是非，故

长于治人。是故《礼》以节人，《乐》以发和，《书》以道事，《诗》以达意，《易》以道化，《春秋》以道义。拨乱世，反之正，莫近于《春秋》。《春秋》文成数万，其指数千，万物之散聚皆在《春秋》。《春秋》之中，弑君三十六，亡国五十二，诸侯奔走不得保其社稷者不可胜数。察其所以，皆失其本已。故《易》曰：'失之毫厘，差以千里。'故曰：'臣弑君，子弑父，非一旦一夕之故也，其渐久矣。'故有国者不可以不知《春秋》，前有谗而弗见，后有贼而不知。为人臣者不可以不知《春秋》，守经事而不知其宜，遭变事而不知其权。为人君父而不通于《春秋》之义者，必蒙首恶之名。为人臣子而不通于《春秋》之义者，必陷篡弑之诛，死罪之名。其实皆以为善，为之不知其义，被之空言而不敢辞。夫不通礼义之旨，至于君不君，臣不臣，父不父，子不子。君不君则犯，臣不臣则诛，父不父则无道，子不子则不孝。此四行者，天下之大过也。以天下之大过予之，则受而弗敢辞。故《春秋》者，礼义之大宗也。夫礼禁未然之前，法施已然之后；法之所为用者易见，而礼之所为禁者难知。"

壶遂曰："孔子之时，上无明君，下不得任用，故作《春秋》，垂空文以断礼义，当一王之法。今夫子上遇明天子，下得守职，万事既具，咸各序其宜，夫子所论，欲以何明？"太史公曰："唯唯，否否，不然。余闻之先人曰：'伏羲至纯厚，作《易》八卦；尧、舜之盛，《尚书》载之，礼乐作焉；汤、武之隆，诗人歌之。《春秋》采善贬恶，推三代之德，褒周室，非独刺讥而已也。'汉兴以来，至明天子，获符瑞⑨，建封禅⑩，改正朔⑪，易服色⑫，受命于穆清⑬，泽流罔极，海外殊俗，重译款塞⑭，请来献见者，不可胜道。臣下百官力诵圣德，犹不能宣尽其意。且士贤能而不用，有国者之耻；主上明圣而德不布闻，有司之过也。且余尝掌其官，废明圣盛德不载，灭功臣、世家、贤大夫之业不述，堕先人所言，罪莫大焉！余所谓述故事，整齐其世传，非所谓作也，而君比之于《春秋》，谬矣。"

于是论次其文。七年而太史公遭李陵之祸，幽于缧绁⑮，乃喟然而叹曰："是余之罪也夫！是余之罪也夫！身毁不用矣。"退而深惟曰⑯："夫《诗》

《书》隐约者，欲遂其志之思也。昔西伯拘羑里[17]，演《周易》；孔子厄陈、蔡，作《春秋》；屈原放逐，著《离骚》；左丘失明，厥有《国语》；孙子膑脚[18]，而论兵法；不韦迁蜀[19]，世传《吕览》；韩非囚秦[20]，《说难》《孤愤》；《诗》三百篇，大抵贤圣发愤之所为作也。此人皆意有所郁结，不得通其道也，故述往事，思来者。”于是卒述陶唐以来[21]，至于麟止[22]，自黄帝始。

【注释】

①太史公：司马迁自称。②先人：指司马迁的父亲司马谈。③周公：姓姬名旦，周武王的弟弟，武王死后由他辅佐成王治理朝政。④董生：指董仲舒，西汉著名的思想家、经学家。⑤司寇：掌管刑狱的官员。⑥壅（yōng）：阻塞。⑦三王：夏禹、商汤、周文王。⑧纪：秩序。⑨符瑞：吉祥的象征。⑩封禅：古代帝王祭祀天地的隆重典礼。⑪改正朔：即改历法。⑫易服色：改变衣着及器物的颜色。⑬穆清：指天。⑭款：叩。⑮缧（léi）绁（xiè）：捆绑用的绳索。这里指监狱。⑯惟：思。⑰西伯：即周文王姬昌。羑（yǒu）里：地名，在今河南汤阴北。⑱孙子：指战国时大军事家孙膑。膑：古代挖掉膝盖骨的一种酷刑。孙膑与庞涓是同学，庞涓在魏国做将军，他嫉妒孙膑的才能，因而把孙膑招到魏国，挖掉了他的膝盖骨。⑲不韦：指秦相吕不韦。他曾经主持编纂了《吕氏春秋》，也叫《吕览》，后来被秦始皇贬到了蜀地。⑳韩非：韩非子，法家学说的代表人物。他本是韩国人，后来到了秦国，受到秦始皇的赏识，但是遭到李斯的嫉妒，被诬陷下狱而死。㉑陶唐：陶唐氏，即尧。㉒麟：指汉武帝元狩元年在雍狩猎获白麟一事。

【译文】

太史公说：“先父曾经说过：‘周公死后五百年孔子出生，孔子死后至今又有五百年了，到了继续圣明时代，考定《易传》，续写《春秋》，以《诗》《书》《礼》《乐》作为衡量事物的根本的时候了。’这番话的意思就在这里吧！意思就在这里吧！我怎敢谦让呢？”

上大夫壶遂说："从前孔子为什么作《春秋》呢？"太史公说："我听董仲舒说：'周朝的制度衰落废弃，孔子做了鲁国的司寇，推行王道，诸侯们妨碍他，大夫们阻挠他，孔子知道自己的主张不能被采用，自己推行的王道不能被施行，于是把在此之前二百四十二年中发生的大事记述下来，加以评论褒贬，以此作为天下行事的标准。他贬责天子，针砭诸侯，声讨大夫，这些都只是用来阐明王道罢了。'孔子说：'我想只把是非挂在口头上，不如表现在具体的事件中那样更为深刻明显。'《春秋》这部书，上能阐明三王之道，下能分辨人世的伦理纲常，解释疑惑难明的事理，辨明是非，判断犹豫难定的事情，颂扬善良，唾弃邪恶，推崇贤良，鄙视不肖，延续即将灭亡的国家，接续已经断绝的世系，修补弊端，振兴衰废，这些都是王道中的重大事情啊！《易》阐明了天地、阴阳、四时、五行的运行规律，所以长于变化；《礼》规范了人间的伦理纲常，所以长于实行；《书》记载了过去帝王的事迹，所以长于政治；《诗》记述了山川、溪谷、禽兽、草木、牝牡、雌雄的千姿百态，所以长于韵致；《乐》产生于人们的和乐之情，所以长于陶冶性情；《春秋》明辨了是非曲直，所以长于治理人民。因此，《礼》用来约束人的行为，《乐》用来抒发人的和乐之情，《书》用来道明如何治理政事，《诗》用来表达人的心意，《易》用来说明变化，《春秋》用来阐明道义。拨乱反正，没有比《春秋》更切合需要的了。《春秋》全文几万字，其中有明确指导意义的只有几千字，万事万物的分合变化之理都在《春秋》之中。在《春秋》一书中，记载弑君的事件有三十六起，灭亡的国家有五十二个，诸侯逃亡失国的数不胜数。考察导致这样结果的缘故，都是由于失去了礼义这个根基。所以《易》中说：'失之毫厘，差以千里。'所以说：'臣子杀死君主，儿子杀死父亲，这种情况不是一朝一夕造成的，而是在很长时间内逐渐发展而成的。'因此，治理国家的人不能不通晓《春秋》，否则前面有奸佞小人却不能看见，背后有乱臣贼子却不能知道。做臣子的不能不通晓《春秋》，否则就不能知道日常事务要怎样办理才算恰当，遇到事情就不能随机应变、因事而动。作为君主、父亲而不通晓《春秋》要义的，必然会蒙受首恶的名声。作为臣下、儿子而不通晓《春秋》要义的，一定会因篡上弑父而被诛杀，落个死罪的名声。他们实际上都以为是在做好事，却因为不懂得《春秋》的要义，受到凭空加给的罪名也不敢推卸。由于不通晓礼义的要旨，就会到了君不像君、臣不像臣、父不像父、子不像子的地步。君不像君，就会受到臣下的触犯；臣不像臣，就会被诛杀；父不像父，就会失去人伦之道；子不像子，就会忤逆不孝。这四种行为，是天下的大过错了。把天下的大过错加给他们，他们只能接受而不敢推卸。所以《春秋》是礼义的根基，礼在过错发生之前就加以防范，法是在过错发生之后加以惩处；法的作用显而易见，而礼的防范作用却不易被人了解。”

壶遂说：“孔子那个时候，在上没有贤明的君主，在下不能被任用，所以才作《春秋》，为的是将文辞流传下来让后世能够判断行为是否符合礼义，并且希望《春秋》有朝一日能够成为某一帝王的法典。现在您在上遇到了圣明的天子，在下能够保守您太史令的世职，各种条件都已具备，各项事情都有条不紊地安放在了适当的位置上，您所论述的，是要阐明什么呢？”太史公说：“嗯，嗯，不，不，不是这个意思。我听先父说过：‘伏羲氏极为纯朴厚道，他作了《易》的八卦；尧、舜德泽四海，《尚书》对这加以记载，礼乐也由此而兴起；商汤、周武王的功业盛大显赫，诗人们予以歌颂。《春秋》褒扬善良，贬斥邪恶，推崇夏、商、周三代的盛德，赞美周王室所施行的礼仪教化，它不单单是讽刺而已。’从汉代兴国以来，到当今圣明的天子，已经得到了天降祥瑞，举行了祭天地的大典，改革了历法，变更了衣服和器物的颜色；天子秉承天命，降下无穷无尽的恩泽。与我们有着不同风俗的海外国家，都是经过了几重翻译，叩开我们的关塞之门请求进献贡品，朝见我们的天子，这样的国家多得说不完。臣下百官，竭力颂扬天子的明德，仍然不能够将心中的仰慕感激之情都表达出来。况且，士人贤能而得不到重用，是主宰国家的人的耻辱；主上圣明而他的盛德不能宣扬于天下，是有关官员的过错。再说我曾经担任太史令，把圣明天子的盛大德行丢在一边而不去记载，埋没了功臣、世家、贤大夫们的功业而不加以记述，这是废弃了先父对我的教诲，罪过没有比这更大的了！我所说的记述过去的事情，只是将他们的世系传记进行归纳整理，并不是去创作，而先生把它与《春秋》相提并论就不对了。”

于是我就编写了这些文章。过了七年，我因替李陵辩解而遭受灾祸，被囚禁在监牢之中，于是喟然长叹道：“这是我的罪过啊，这是我的罪过啊，身体已然残废，再没有什么用了！”平静下来仔细思量一下，又说：“《诗》《书》中含蓄隐约的文义，都是作者出于要实现自己的志向而必须深思的地方，从前西伯被拘禁在羑里的时候，推演出了《周易》；孔子在陈、蔡遭受困厄，却写出了《春秋》；屈原遭到放逐，于是赋了《离骚》；左丘明双目失明，这才著出《国语》；孙膑被挖去膝盖骨，却论著了兵法；吕不韦因罪谪居蜀地，他的《吕览》却得以传世；韩非在秦国被捕入狱，却写下了《说难》《孤愤》两篇；《诗经》三百篇，大都是贤人为抒发心中的愤懑之气而写出来的，这些人都是由于心意有所郁结，有志难展，空怀抱负，所以才追述过去的事情，想以此作为后世的借鉴。”于是，我终究还是记述了尧唐以来的事情，从黄帝开始，至武帝获白麟那年为止。

【写作方法】

《太史公自序》讲述了司马迁之所以撰写《史记》的初衷。一般人作序，都是写在书籍的开端，而《太史公自序》则附在《史记》的末尾，如同自作列传。《太史公自序》也可看作是《史记》的宗旨纲领。

此篇以自问自答作层叠法，中间以六艺作陪，以礼义作主，以《春秋》作线，充分反映了司马迁的学术思想。文中记述《史记》草创未就而横遭腐刑之事，愤懑不平之气溢于纸面，使读者不禁掩卷叹息。通篇气势浩瀚，宏伟深厚，行文波浪起伏，曲折萦回而脉络分明。

清人牛运震曾评价说：“《自序》高古庄重，其中精理微者，更奥衍宏深，一部《史记》精神命脉，俱见于此太史公出格文字。”

◎报任安书◎

【题解】

本篇是司马迁回复朋友任安的一封信。在信中，司马迁诉说了受刑以来心中的屈辱与悲愤，回顾了自己从前忠君报国的志向，陈述了李陵事件的始末和自己无辜获罪的过程，说明了自己隐忍苟活的原因，表达了“就极刑而无愠色”，坚持完成《史记》的决心。《报任安书》感情深挚，悲痛沉郁与慷慨激昂相互交织，行文跌宕起伏，如泣如诉，是研究《史记》和司马迁生活、思想的重要文章。

【原文】

太史公牛马走司马迁再拜言，少卿足下[①]：曩者辱赐书[②]，教以慎于接物，推贤进士为务。意气勤勤恳恳，若望仆不相师[③]，而用流俗人之言。仆非敢如此也！仆虽罢驽[④]，亦尝侧闻长者之遗风矣。顾自以为身残处秽，动而见尤，欲益反损，是以独抑郁而谁与语。谚曰：“谁为为之？孰令听之？”盖钟子期死[⑤]，伯牙终身不复鼓琴[⑥]。何则？士为知己者用，女为悦己者容。若仆大质已亏缺矣[⑦]，虽才怀随、和[⑧]，行若由、夷[⑨]，终不可以为荣，适足以见笑而自点耳[⑩]。书辞宜答，会东从上来，又迫贱事，相见日浅，卒卒无须臾之间[⑪]，得竭志意。今少卿抱不测之罪，涉旬月，迫季冬，仆又薄从上雍，恐卒然不可为讳，是仆终已不得舒愤懑以晓左右，则长逝者魂魄私恨无穷。请略陈固陋。阙然久不报，幸勿为过。

仆闻之：修身者，智之符也；爱施者，仁之端也；取予者，义之表也；耻辱者，勇之决也；立名者，行之极也。士有此五者，然后可以托于世，而列于君子之林矣。故祸莫憯于欲利[⑫]，悲莫痛于伤心，行莫丑于辱先，诟莫大于宫刑[⑬]。刑余之人，无所比数，非一世也，所从来远矣。昔卫灵公与雍渠同载，孔子适陈；商鞅因景监见，赵良寒心；同子参乘，袁丝变色：自古而耻之。夫中材之人，事有关于宦竖，莫不伤气，而况于慷慨之士乎？如今

朝庭虽乏人，奈何令刀锯之余荐天下之豪俊哉？

仆赖先人绪业，得待罪辇毂下，二十余年矣。所以自惟：上之不能纳忠效信，有奇策材力之誉，自结明主；次之又不能拾遗补阙，招贤进能，显岩穴之士[14]；外之不能备行伍，攻城野战，有斩将搴旗之功；下之不能积日累劳，取尊官厚禄，以为宗族交游光宠。四者无一遂，苟合取容，无所短长之效，可见于此矣。向者，仆亦常厕下大夫之列，陪奉外廷末议，不以此时引纲维、尽思虑，今已亏形为扫除之隶，在阘茸之中[15]，乃欲仰首伸眉，论列是非，不亦轻朝廷、羞当世之士邪？嗟乎！嗟乎！如仆尚何言哉！尚何言哉！

且事本末未易明也。仆少负不羁之材，长无乡曲之誉。主上幸以先人之故，使得奏薄伎[16]，出入周卫之中。仆以为戴盆何以望天，故绝宾客之知，亡室家之业，日夜思竭其不肖之才力，务一心营职，以求亲媚于主上，而事乃有大谬不然者。

夫仆与李陵俱居门下[17]，素非能相善也，趋舍异路，未尝衔杯酒、接殷勤之余欢。然仆观其为人，自守奇士，事亲孝，与士信，临财廉，取与义，分别有让，恭俭下人，常思奋不顾身以殉国家之急。其素所蓄积也，仆以为有国士之风。夫人臣出万死不顾一生之计，赴公家之难，斯已奇矣。今举事一不当，而全躯保妻子之臣，随而媒糵其短[18]，仆诚私心痛之。且李陵提步卒不满五千，深践戎马之地，足历王庭，垂饵虎口，横挑强胡[19]，仰亿万之师，与单于连战十有余日，所杀过当，虏救死扶伤不给。旃裘之君长咸震怖[20]，乃悉征其左、右贤王，举引弓之人，一国共攻而围之。转斗千里，矢尽道穷，救兵不至，士卒死伤如积。然陵一呼劳军，士无不起，躬自流涕，沫血饮泣[21]，更张空弮[22]，冒白刃，北向争死敌者。陵未没时，使有来报，汉公卿王侯皆奉觞上寿。后数日，陵败书闻，主上为之食不甘味，听朝不怡，大臣忧惧，不知所出。仆窃不自料其卑贱，见主上惨怆怛悼，诚欲效其款款之愚。以为李陵素与士大夫绝甘分少，能得人之死力，虽古之名将，不能过也。身虽陷败，彼观其意，且欲得其当而报于汉。事已无可奈何，其所摧败，功亦足以暴于天下矣。仆怀欲陈之而未有路，适会召问，即以此指，推言陵之功，欲以广主上之意，塞睚眦之辞[23]。未能尽明，明主不晓，以为仆沮贰师而为李陵游说[24]，遂下于理[25]。拳拳之忠，终不能自列，因为诬上，卒从吏议。家贫，货赂不足以自赎；交游莫救视，左右亲近不为一言。身非木石，独与法吏为伍，深幽囹圄之中，谁可告诉者！此真少卿所亲见，仆行事岂不然乎？李陵既生降，颓其家声，而仆又佴之蚕室[26]，重为天下观笑。悲夫！悲夫！事未易一二为俗人言也。

仆之先非有剖符丹书之功，文、史、星、历，近乎卜、祝之间，固主上所戏弄，倡优所畜，流俗之所轻也。假令仆伏法受诛，若九牛亡一毛，与蝼蚁何以异？而世俗又不能与死节者次比，特以为智穷罪极，不能自免，卒就死耳。何也？素所自树立使然也。人固有一死，死或重于泰山，或轻于鸿毛，用之所趋异也。太上不辱先，其次不辱身，其次不辱理色，其次不辱辞令，其次诎体受辱[27]，其次易服受辱，其次关木索、被箠楚受辱，其次剔毛发[28]、婴金铁受辱，其次毁肌肤、断肢体受辱，最下腐刑，极矣！传曰："刑不上大夫。"此言士节不可不勉励也。猛虎处深山，百兽震恐，及在槛阱之中，摇尾而求食，积威约之渐也。故士有画地为牢，势不可入，削木为吏，议不可对，定计于鲜也。今交手足，受木索，暴肌肤，受榜箠，幽于圜墙之中。当此之时，见狱吏则头抢地，视徒隶则心惕息。何者？积威约之势也。及以至是，言不辱者，所谓强颜耳，曷足贵乎？且西伯，伯也，拘于羑里[29]；李斯，相也，具于五刑；淮阴[30]，王也，受械于陈；彭越、张敖[31]，南面称孤，系狱抵罪；绛侯诛诸吕[32]，权倾五伯，囚于请室[33]；魏其，大将也，衣赭衣，关三木；季布为朱家钳奴[34]；灌夫受辱于居室。此人皆身至王侯将相，声闻邻国，及罪至罔加[35]，不能引决自裁，在尘埃之中。古今一体，安在其不辱也？由此言之，勇怯，势也；强弱，形也。审矣，何足怪乎？夫人不能早自裁绳墨之外，以稍陵迟，至于鞭箠之间，乃欲引节，斯不亦远乎？古人所以重施刑于大夫者，殆为此也。夫人情莫不贪生恶死，念父母，顾妻子。至激于义理者不然，乃有不得已也。今仆不幸，早失父母，无兄弟之亲，独身孤立，少卿视仆于妻子何如哉？且勇者不必死节，怯夫慕义，何处不勉焉？仆虽怯

懦欲苟活，亦颇识去就之分矣，何至自沉溺缧绁之辱哉？且夫臧获婢妾犹能引决[36]，况仆之不得已乎？所以隐忍苟活，幽于粪土之中而不辞者，恨私心有所不尽，鄙陋没世而文采不表于后世也。

古者富贵而名磨灭，不可胜记，唯倜傥非常之人称焉[37]。盖文王拘而演《周易》；仲尼厄而作《春秋》；屈原放逐，乃赋《离骚》；左丘失明，厥有《国语》；孙子膑脚，兵法修列；不韦迁蜀，世传《吕览》；韩非囚秦，《说难》《孤愤》；《诗》三百篇，大底贤圣发愤之所为作也[38]。此人皆意有所郁结，不得通其道，故述往事，思来者。乃如左丘无目，孙子断足，终不可用，退而论书策以舒其愤，思垂空文以自见。

仆窃不逊，近自托于无能之辞，网罗天下放失旧闻，略考其事，综其终始，稽其成败兴坏之纪，上计轩辕，下至于兹，为十表，本纪十二，书八章，世家三十，列传七十，凡百三十篇。亦欲以究天人之际，通古今之变，成一家之言。草创未就，会遭此祸。惜其不成，是以就极刑而无愠色，仆诚已著此书，藏之名山，传之其人，通邑大都，则仆偿前辱之责[39]，虽万被戮，岂有悔哉！然此可为智者道，难为俗人言也。

且负下未易居，下流多谤议，仆以口语遇遭此祸，重为乡党所戮笑，以污辱先人，亦何面目复上父母之丘墓乎？虽累百世，垢弥甚耳！是以肠一日而九回，居则忽忽若有所亡，出则不知其所往。每念斯耻，汗未尝不发背沾衣也。身直为闺阁之臣，宁得自引深藏岩穴邪？故且从俗浮沉，与时俯仰，以通其狂惑。今少卿乃教以推贤进士，无乃与仆私心剌谬乎[40]？今虽欲自雕琢，曼辞以自饰[41]，无益，于俗不信，适足取辱耳。要之，死日然后是非乃定。书不能悉意，略陈固陋。谨再拜。

【注释】

①少卿：任安字少卿，他曾经写信给身为中书令的司马迁，要司马迁利用在武帝身边和身居要职的便利条件“举贤进士”。②曩（nǎng）：从前。③望：怨恨。④罢（pí）驽：疲弱无能的劣马。⑤钟子期：春秋时楚国人，

能听出伯牙的曲中深意。⑥伯牙：春秋时楚国人，善于弹琴。钟子期死后，他毁琴绝弦，谓世上已无知音。⑦大质：身体。⑧随、和：随侯珠与和氏璧。⑨由、夷：许由与伯夷，两个人都是古时品行高洁之士。⑩点：通“玷”。⑪卒：通“猝”。⑫憯（cǎn）：通“惨”。⑬宫刑：古代割除男性生殖器官的一种刑罚。⑭岩穴之士：指山林隐逸之士。⑮阘（tà）茸：卑贱之人。⑯薄伎：微薄的才能。⑰李陵：汉朝名将李广的孙子，汉武帝时的将领，。⑱媒糵（niè）：酒曲，此处是酿成的意思。⑲横（hèng）挑：勇猛地挑战。⑳旃（zhān）：通“毡”。㉑沬（huì）血：血流满面。㉒卷（quān）：弩弓。㉓睚（yá）眦（zì）：发怒时瞪眼睛。㉔沮：毁谤。贰师：指贰师将军李广利。㉕理：即大理，掌管刑法的官。㉖佴（èr）：相次，随后。蚕室：受过宫刑的人怕风，所以要居于温暖密封的房间里，就像养蚕的屋子，故称。㉗诎（qū）：通“屈”。㉘剔：通“剃”。㉙羑（yǒu）里：地名，在今河南汤阴北。㉚淮阴：指韩信。㉛彭越：刘邦的功臣，后被诬谋反而夷灭三族。张敖：刘邦的功臣张耳的儿子，因谋反罪被捕入狱。㉜绛侯：周勃，刘邦的功臣，曾与陈平共诛诸吕，后因被人诬告，一度下狱。㉝请室：请罪之室。㉞季布：项羽的将领。项羽战败身亡后他卖身为奴，剃发易服以躲避刘邦的追捕。㉟罔：同“网”，法网。㊱臧获：古时对奴婢的贱称。㊲倜（tì）傥（tǎng）：洒脱，不拘束。㊳大底：大抵。㊴责：通“债”。㊵剌（là）谬：违背。㊶曼：美。

【译文】

我太史公像牛马一样的人，今天再拜陈言，少卿足下：先前承蒙您屈尊写信给我，教我待人接物要谨诚持重，担负起向朝廷举荐人才的重任。信中言语恳切，情意诚挚。好像是抱怨我没能遵从您的意见行事，反而听信了世俗之人的话。我是不敢这样的。我虽然才能低劣，为人愚钝，但也还曾听说过德高望重的长者的遗风，只是我认为自己的身体已经残废，处境又如此尴尬可耻，稍有举动就会遭人埋怨责难，想要做些有益的事情，招来的却是损害。因此独自忧愁烦闷，但又能向谁诉说？谚语中说："为谁去做？让谁来听？"钟子期死了，伯牙终生不再抚琴。为什么呢？因为士人为了解自己的人去效力，女子为喜欢自己的人去打扮。像我这样已然是不完整的人，即使才能像随侯珠、和氏璧那样可贵，品行像许由、伯夷那样高洁，终究不能引以为荣，反而恰好会被别人耻笑而且是自取其辱。您的信我本该及时答复的，但我刚好随从皇帝东巡回来，又为烦琐的事务所逼迫，彼此能相见的日子很少，而我又匆匆忙忙，找不出片刻的时间向您倾吐自己的心怀。如今你遭遇无法推知的罪名，再过一个月就接近十二月了，我随从皇帝去雍地的日期也迫近了。我怕转眼之间你就会遭到不幸，这样我将终究不能够向您抒发满腔的悲愤，使您辞世的灵魂抱有无穷的怨恨。于是我请求向您大略地说说我的鄙陋之见。隔了很长时间没有给您回信，希望您不要见怪。

我听说，善于修身，是智慧的象征；乐于施舍，是仁德的开端；索取与给予得当，是遵守道义的表现；懂得耻辱，是决定一个人是否勇敢的前提；好名声的树立，是品行达到极高标准时自然而然的结果。士人有了这五条之后，就可以在社会上立足，排列在君子的行列之中了。所以，灾祸没有比因为贪图小利而招致的更为悲惨的了，悲痛没有比心灵受到伤害更为痛苦的了，行为没有比使祖先受辱更为丑恶的了，侮辱没有比受宫刑更为严重的了。受过宫刑的人，地位是不能同任何人相提并论的，这不是一朝一代的事，而是由来已久了。从前卫灵公同宦官雍渠同乘一辆车，孔子感到耻辱，便离开卫国到了陈国；商鞅通过景监见到秦孝公，赵良因而感到寒心；太监赵谈陪坐在汉文帝的车上，袁盎见了脸色骤变：自古以来人们就看不起这种人。就是一般人，遇到了有关宦官的事，没有不认为情绪受到伤害、感到羞辱的，何况是抱负远大的慷慨之士呢！如今朝廷虽然缺乏人才，又怎么会让残缺不全的人来推荐天下的豪杰俊才呢？

我依赖着父亲留下的事业，得以在天子驾下任职，到现在已经有二十多年了。平日里自己常想，对待主上，没能竭尽忠信，建立策略卓越、能力突出的声誉，从而得到圣明的主上的信任赏识；其次，又不能替主上拾遗补阙，招贤进能，发现有才德的隐士；在外不能充于军队之中，参加攻城野战，取得斩将拔旗的功绩；对下不能靠着为官长久、劳苦功高而取得高官厚禄，让宗族和朋友们也跟着沾光得宠。这四项没有一项成功的，我也只能是苟且地上下迎合，以求容于朝廷之中，自己没有任何微小的贡献，您从这里也是看得出来的。过去我也曾跻身于下大夫的行列，侍奉于朝堂之上，发表些微不足道的小议论，我没有利用这个时机伸张国家的法度，为国竭尽智谋；现在身体已残，和那些打扫庭院的太监没什么两样，处于地位卑贱的人中间，竟要抬头扬眉、陈说是非，这不是轻视朝廷、羞辱当世的君子吗？唉！唉！像我这样的人还能说什么呢！还能说什么呢！

况且，事情的前因后果不是容易明了的，我年轻时怀着自认为不可限量的才能，可长大成人以后却不能博得乡里的荐誉，幸赖主上念着我父亲的缘故，才使我能够为朝廷贡献一点儿微薄的才能，出入于宫禁之中。我认为头上戴着盆子怎么能望见天呢，所以我断绝了与宾朋的交往，把产业家务抛在一边，日夜想着竭尽我微薄的才能和力量，用所有的精力来尽忠职守，以求取得主上的亲近与信任，然而事情却与愿望大相违背，并不与我想象的一样。

我和李陵都在朝中任职，平素并没有很深的交情，所走的道路各不相同，不曾在一起饮过一杯酒来表示殷勤的情谊，但是，我观察他的为人，是个能自守节操的不俗之士。他侍奉双亲很是孝顺，同朋友交往很讲信用，在钱财面前表现得十分廉洁，索取或给予都是按照理义行事，能分别尊卑长幼并且谦让有礼，恭敬简朴并且平易近人，常常想着要奋不顾身地以死奔赴国难，他这些多年养成的为人处世的风格，我认为很符合国家栋梁之材的标准。作为臣子，能够提出万死不顾一生的计策，奔赴国家的危难，这已经是很出众的了！如今他行事一有不当，那些贪生怕死只知保全自己和家庭的大臣们，就跟着诬告夸大他的过失，我私下里对此感到痛心。况且李陵率领的步兵不满五千，却深入胡地，足迹到达了单于居住的地方，在老虎嘴边设下诱饵，毫无畏惧地向强悍的匈奴挑战，面对众多的敌人，与单于的军队连续激战了十几天，所杀的敌人超过自己军队的人数，匈奴救死扶伤都应接不暇。匈奴的君长们都震惊了，于是征调了左、右贤王，出动了所有能拉弓射箭的人，以全国的兵力展开进攻，并且包围了李陵的部队。李陵军转战千里，箭射完了，道路断绝了，而救兵却不见踪影，士兵死伤严重，尸体堆积如山，但是李陵一声号召，疲劳的士兵无不奋起，每个人都激动得涕泪横流，他们擦掉血迹，咽下眼泪，又拉开没有箭的空弓弩，冒着敌人的白刃奔向北方，去和敌人拼命。李陵的军队没有覆没的时候，有使者送来捷报，朝廷上的公卿王侯都举着酒杯向主上祝贺。过了几天，李陵兵败的奏报传来，主上为此吃饭没有滋味，处理朝政时不悦之情挂在脸上，大臣们都担忧害怕，不知如何是好。我不自量地位的卑贱，看到主上悲痛忧伤，情绪低落，实在想献上自己诚恳的愚昧之见。我认为李陵平日里对部下恩遇有加，分利时总是照顾其他人，因而得到部下的拼死效力，即使是古代的名将也不能超过他。李陵虽然战败被俘，但观察他的心意，是想寻找适当的机会立功以报效汉朝。战事（发展到那种地步）已经是无可奈何了，但是李陵给敌人造成的损害，其功劳也足以向天下告白了。我想把这些向主上陈说，却没有机会，适逢主上召见询问我，我就本着这个意思，着重论说了李陵的功绩，想要以此来宽解主上的心事，堵塞那些对李陵诋毁诬陷的言辞。我没能把想说的明白完全地表达出来，圣明的主上也没有完全理解我的心意，以为我诋毁贰师将军李广利而替李陵开脱，于是就把我交给大理寺问罪。我的拳拳忠心始终没有得到表白的机会，因而被定了诬上的罪名，最后主上听从了法吏的意见。我因为家境贫寒，钱财不足以赎罪；朋友们也没有前来营救探望的，主上身边的左右亲近也不替我说一句话。人身不是木石，我却独自和那些掌管刑法的官吏们打交道，深陷于牢狱之中，又能向谁去诉说呢！这些是你亲眼见到的，我的遭遇难道不是这样吗？李陵已经活着投降了，败坏了他家族的声誉，而我又被关在蚕室中蒙受耻辱，更加被天下人耻笑。可悲呀！可悲呀！这些事情是不容易对世俗之人说清楚的。

我的祖先，没有立下拜爵封侯的功勋，只是掌管文献、历史、天文和历法，职位接近卜官和巫祝，这种职务本是为了君主游戏取乐而设的，像乐师优伶那样被豢养，为世人所看轻。即使是让我伏法受诛，也如同九牛失去一毛一样，这与死去一只蝼蛄、蚂蚁有什么分别吗？而世俗的人又不能把我同坚持气节而死的人相提并论，只认为我是因为智尽才竭、罪恶极大，终于是不能自免被杀而已。这是什么缘故呢？这是平日自己所从事的职业和所处的地位造成的。人总有一死，有的人死得比泰山还重，有的人死得比鸿毛还轻，这是因为他们死的志向各不相同。作为一个士人，最好是不使祖先受辱，其次是不使自身受辱，其次是不使自己因别人的脸色而受辱，其次是不在言语辞令上受辱，其次是被捆绑而受辱，其次是换上犯人的狱服进监牢受辱，其次是戴刑具、被杖打而受辱，其次是剃毛发、戴铁圈而受辱，其次是毁坏肌肤、截断肢体而受辱，最下等的是腐刑，已经是污辱到了极点！书传上说："刑罚不用在大夫身上。"这是说士人的节操不可不加以勉励。猛虎在深山里，足以使百兽惊恐，一旦落进陷坑或笼子里，便摇着尾巴乞讨食物，这是由于人的威力和约束使它逐渐驯服。所以，士人有画地为牢而决不进入，削木为吏而绝不同它对答的说法，而是决计在受辱之前便自杀。如今捆绑了手脚，戴上了枷锁，袒露着身体，遭受着杖打，被幽禁在牢狱之中。当这时候，见到狱吏就趴在地上磕头，看见狱卒就胆战心惊。这是为什么呢？这就是被狱吏的威势逼迫而逐渐造成的状态，已经到了这种地步，却说自己没有受辱，就是常说的厚脸皮了，有什么值得尊重的呢？况且，西伯是一方诸侯之长，曾被拘禁在羑里；李斯是丞相，受尽了五刑；淮阴侯韩信本是王，然而在陈地戴上了枷锁；彭越、张敖都是面南背北、称孤道寡的王侯，却被捕入狱抵罪；绛侯周勃，曾诛杀诸吕，权势超过春秋五霸，却被囚禁在请罪之室中；魏其侯窦婴是大将军，却穿上囚衣，戴上木枷、手铐和脚镣；季布卖身给朱家做戴枷的奴隶；灌夫在居室之中受辱。这些人都是身至王侯将相，声闻邻国，及至获罪落入法网，却不能自杀，而被囚禁在肮脏的监牢之中。这情景古今都一样，哪里有不受屈辱的呢？由此说来，勇怯强弱都是形势造成的。明白了这个道理，还有什么值得奇怪的呢？人不能早早自杀来逃脱法律的制裁，因而志气逐渐衰退，到了身受鞭杖的时候，才想为守气节而死，这不太迟了吗？古人对大夫施刑很慎重的原因，大概在于此吧。人的常情，没有不贪生怕死、顾念父母妻子儿女的。至于为公正义理所激发的人就不是这样，他们乃是有不得已之处。我很不幸，很早就失去了父母，没有可以相亲相爱的兄弟，一个人孤孤单单地活在这人世上，少卿你看我对妻子儿女怎么样呢？况且勇敢的人不是一定要为守节而死，怯懦的人如果仰慕节义，也往往能够勉励自己不怕牺牲。我虽然怯懦，想要苟且活在这世上，但也很懂得取舍去就的道理，何至于甘心陷入囚禁而受侮辱呢？况且奴隶婢妾还能够自杀，何况我已经到了不得已的地步呢？我之所以忍辱苟活，被囚禁在污秽的环境里而不肯死去的原因，是因为我怨恨心中想做的事尚未完成，如果就这样极不光彩地死去，我的文章著述便不能彰明于后世了。

古时候生前富贵而死后声名磨灭不传的人，多得数不胜数，唯有那些洒脱出众的人才能为后世所称道。周文王被拘禁在羑里时推演出了《周易》；孔子在陈、蔡受到困厄而著出了《春秋》；屈原遭到放逐，于是写出了《离骚》；左丘明双目失明，却写出了《国语》；孙膑被剜去膝盖骨后而编著兵法；吕不韦谪居蜀地，《吕览》却为世所流传；韩非在秦国被捕下狱，在狱中写出了《说难》《孤愤》两篇；《诗》三百篇，大都是贤圣之人为抒发内心的愤懑而作出来的。这些人都是心中有郁结之处，抱负难展，壮志难酬，所以才追述往事，想让后人得到借鉴。就像左丘明双目失明，孙子双腿被废，终生都不能得到重用，于是退隐著书立说以此抒发内心的愤懑，期望文章能流传后世，使自己的心意得以表白。

我不自量力，近年来正凭借拙劣的文辞，网罗天下散失的旧闻轶事，从总体大略考证其事实，将事情的始末因果连贯起来，考察其成败兴衰的规律。上从黄帝开始，下至于今，写成表十篇、本纪十二篇、书八篇、世家三十篇、列传七十篇，共一百三十篇。也是想用来探究自然和人事之间的关系，通晓从古到今的变化，形成一家独立的见解。草创未完，恰逢这起灾祸。我痛惜全书没有完成，因此身受最重的刑罚而没有怨气。如果我真的完成了这部书，将它藏在名山之中，留给可传的人，传播在交通发达的大都邑，那么我就可以抵偿此前受的耻辱，即使被杀一万次，又有什么可后悔的呢！然而这些只可以向有智慧的人去说，很难对一般人讲。

而且背负着因罪受刑的坏名声在社会上不容易安身，身处下位又常受到诽谤、讥议。我因为说话而遭到这场灾祸，就更被乡里同人耻笑，使祖先遭受了玷污耻辱，我又有什么脸面再到父母的坟墓上去呢？即使过了百代，这耻辱也只会越来越深！因此，痛苦之情整天在肚肠之中百转千回，在家里的时候常常是恍恍惚惚，若有所失，出门常常不知要到何处去。每当想着这件耻辱的事情，汗便从后背上冒了出来，湿透了衣服。身体已成了宦官，岂能就此自我退隐到山林岩穴当中呢？所以暂且与世浮沉，与时仰俯，为的是在文章中抒发内心的悲愤和矛盾。如今少卿教我推贤进士，不是和我个人的想法相违背吗？现在即使我想用推贤进士的行动来雕饰自己，用美好的言辞来装饰自己，也是毫无补益，是不会取得世俗信任的，反而只会更加换来耻辱而已。总而言之，人死了之后是非才有定论。这封信不能详尽地表达我的心意，只是大略地陈说我粗浅鄙陋的意见罢了。谨再拜。

【写作方法】

本文首尾相续，叙事明白，数千言一气贯注。文章时而慷慨悲壮，时而忧愁哀婉，循环往复，纵横捭阖，郁勃之气横空而出，沉痛之语句句出自肺腑。使观者动容，闻者落泪！

卷六

《汉书》

《史记》之后又一部重要的纪传体史书，为东汉班固撰写。全书包括十二纪、八表、十志、七十列传，共一百篇，记载自汉高祖元年（公元前206）到王莽地皇四年（23）二百二十九年的历史。因为《汉书》是奉诏而作，虽然组织严密，结构整饬，典雅规范，但不像《史记》那样富于情感，文字也不如《史记》那样生动感人，缺乏《史记》那样的个性、风采和强烈的批判精神。

◎高帝求贤诏◎

【题解】

这篇文章选自《汉书·高帝纪》。西汉建立后，汉高帝刘邦为了广延人才，在高帝十一年颁布了求贤令。这篇文章语气委婉，它除了邀请人才辅助汉室外，还要求各地诸侯和官吏向中央举荐贤人。这篇文章体现了刘邦唯贤是举、求贤若渴的心情。

【原文】

盖闻王者莫高于周文，伯者莫高于齐桓，皆待贤人而成名。今天下贤者智能，岂特古之人乎？患在人主不交故也，士奚由进？今吾以天之灵、贤士大夫定有天下，以为一家。欲其长久，世世奉宗庙亡绝也。贤人已与我共平之矣，而不与吾共安利之，可乎？贤士大夫有肯从我游者，吾能尊显之。布

告天下，使明知朕意。御史大夫昌下相国，相国酂侯下诸侯王[①]，御史中执法下郡守。其有意称明德者，必身劝，为之驾，遣诣相国府，署行、义、年[②]。有而弗言，觉，免。年老癃病[③]，勿遣。

【注释】

①酂（zàn）侯：指萧何。②署：题写。行：事迹。义：通“仪”，相貌。③癃（lóng）：身体衰弱，病情沉重。

【译文】

听说行王道的没有能超过周文王的，做霸主的没有能超过齐桓公的，他们都是依靠贤人的辅佐才成就了功业。如今谈起天下贤人的智慧和才能，难道只有古人才特有吗？应当忧虑的只在于做人君的不去和他们交往，贤士们又怎能被进用呢？现在我靠上天的佑助以及贤士大夫们的辅佐平定了天下，把天下统一成了一家。我想要使国家能得到长治久安，使宗庙的香火不断，世世代代都能得到奉祀。贤士们已和我一起平定了天下，却不跟我一起享受太平，能行吗？贤士大夫们有愿意跟从我治理天下的，我能使他们显贵。因此布告天下，使大家明白我的意思。这诏书由御史大夫周昌下传给相国，相国酂侯萧何将它下达给诸侯王，御史中丞将它下达给各郡的郡守。那些确实可称为具有才德的士人，地方官一定要亲自去劝说，并为他驾车，送到京师相国府，登记被举荐者的品行、容貌和年龄。地方上有贤才而郡守不荐举的，发现后就免除他的官职。年老有病的，不必遣送。

【写作方法】

本篇发挥了诏文简练明了的特点，结构短小精悍，虽然笔意委婉，但高帝的求贤之心一览无余。此外，本文的语言有迂回曲折的特点，这也增添了本文的跌宕之势，如末段中的“御史大夫昌下相国”一句，抑扬顿挫且循环往复，增添了文章的雄浑之势。清代学者林云铭认为本文的境界“雄而细”，比《大风歌》有过之而无不及。

◎文帝议佐百姓诏◎

【题解】

这篇文章节选自《汉书·文帝纪》。汉文帝是高帝刘邦之子，他在位的时候，继承了先王与民休息的政策，为政宽厚，这一时期跟后来景帝的统治时期合称为“文景治世”。此文说的是文帝面对民生凋敝、政策失当的情况，没有逃避责任，而是真诚地进行了检讨，并和臣子一块儿商讨解决百姓问题的方案。本文从侧面反映了汉文帝的温婉和仁慈。

【原文】

间者①，数年比不登，又有水旱疾疫之灾，朕甚忧之。愚而不明，未达其咎。意者，朕之政有所失，而行有过与？乃天道有不顺，地利或不得，人事多失和，鬼神废不享与？何以致此？将百官之奉养或费，无用之事或多与？何其民食之寡乏也？夫度田非益寡，而计民未加益，以口量地，其于古犹有余，而食之甚不足者，其咎安在？无乃百姓之从事于末，以害农者蕃，为酒醪以靡谷者多②，六畜之食焉者众与？细大之义，吾未能得其中，其与丞相、列侯、吏二千石、博士议之③。有可以佐百姓者，率意远思，无有所隐。

【注释】

①间：近来。②醪（láo）：浊酒。③博士：掌管书籍文献的官员。

【译文】

近几年接连农事歉收，又有水灾、旱灾、瘟疫等灾害，对此我很忧虑。我因为愚钝不明，还没有找到灾害的由来，自己思忖，是不是我在治理朝政上有所失误，行为上有过错呢？还是因为天道有不顺的时候，地利有不能完全被利用的地方，人们相处行事常常丧失和气，鬼神因为祭祀遭到废弃而不能享用供品的缘故呢？为什么会这样呢？是百官的俸养过高，无用的事情办得过多了吗？为什么百姓的粮食竟这样缺乏呢？计量显示的土地并不比以前少，而人口却没有增加多少；按人口分配土地，比古时候还要多出一些，而粮食却很匮乏，造成这种情况的过失到底在哪里？是不是百姓中从事工商业而妨害农业的人增多了，酿酒所费的稻谷增多了，牲畜吃掉的粮食也增多了呢？这些大大小小的原因，我还没能知晓其中的症结所在，希望跟丞相、列侯、俸禄二千石的官吏和博士们讨论这事，有可以帮助百姓改变现状的意见，就坦率地讲出来，不要有所保留。

【写作方法】

本篇起首“间者，数年比不登”一句，衬托出文帝的爱民之心。接下来是文帝的自我检讨，可见其虚心与真诚；这部分多用反问语气，既是反省自己，又体现了对百姓的慈爱。后面写对于百姓谋生手段的建议及敕令百官对诏令进行讨论，一篇诏文竟成策问，这自是文帝爱民之心愈久而不能忘的缘故。篇末“率意深思”四字，可作为总赞。

◎景帝令二千石修职诏◎

【题解】

本文主要说的是景帝重视农桑，还指出“吏以货赂为市”“奸法与盗盗”对国计民生的危害，主张整顿吏治。景帝看到居上位的达官贵人给国家经济带来了不良影响，不仅以身作则，严律自己，还禁止官吏收受贿赂，是一位深明大义的君主。

【原文】

雕文刻镂，伤农事者也；锦绣纂组[1]，害女红者也。农事伤，则饥之本也；女红害，则寒之原也。夫饥寒并至，而能无为非者寡矣。朕亲耕，后亲桑，

以奉宗庙粢盛、祭服[②]，为天下先。不受献，减太官[③]，省徭赋，欲天下务农蚕，素有畜积[④]，以备灾害，强毋攘弱[⑤]，众毋暴寡，老耆以寿终[⑥]，幼孤得遂长。

今岁或不登，民食颇寡，其咎安在？或诈伪为吏，吏以货赂为市，渔夺百姓，侵牟万民[⑦]。县丞，长吏也，奸法与盗盗，甚无谓也。其令二千石各修其职。不事官职，耗乱者，丞相以闻，请其罪。布告天下，使明知朕意！

【注释】

①纂组：指五彩的绦带和用丝织成的阔带子。②粢（zī）盛：盛在祭器内以供祭祀用的谷物。③太官：掌管宫廷膳食的官员。④畜：通“蓄”，积蓄。⑤攘（rǎng）：掠夺。⑥耆（qí）：古称六十岁为耆，这里泛指老年人。⑦牟（móu）：夺取。

【译文】

让百姓们雕琢花纹、镂刻器物，势必会妨害农事；让妇女们织锦刺绣，为富人显贵们扎结丝带以作衣饰，势必会妨害她们从事丝织业。农事受到妨害，是饥饿的根源；纺织受到妨害，是受冻的因由。饥寒交迫下，能不为非作歹的人是很少的。我亲自耕田，皇后亲自采桑养蚕，用以提供祭祀宗庙用的谷物和礼服，以此来为天下人带头。我不接受贡品，减省太官所进奉的膳食，减轻徭役和赋税，想使天下百姓专心务农养桑，平时有所积蓄，以备灾害。我愿天下的强者不要侵夺弱者，人多的不要去欺压人少的，老人能终其天年，幼儿孤子能得以长大成人。

如今有时年成不好，百姓的口粮很缺乏，造成这种状况的过失到底在哪里？或许有狡诈虚伪的人充当了官吏，一些官吏纳贿徇私，盘剥百姓，侵夺万民。县丞，本是吏中之长，但如果徇私舞弊，侵占财富如同盗贼，那么设立这样的官职就很是无谓。现在命令各地俸禄为二千石的地方长官各自修明自己的职守。对于那些尸位素餐、办事昏乱的人，由丞相向我奏明，以决定如何治罪。故此布告天下，使大家明白我的意思！

【写作方法】

本篇共分为两段。首段多用排比、对偶，以层层递进、步步紧逼之气势，指出劝课农桑是安民的根本之法。末段从反面入手，指出“吏以货赂为市”“奸法与盗盗”是害民的举措，强调应整顿吏治。本篇首段虚论，次段引入时弊，虚实结合，既丰富了文章内容，又能辨明实质，增强说服力。

◎武帝求茂材异等诏◎

【题解】

这篇文章节选自《汉书·武帝纪》。汉武帝在位的时期，是西汉最为强盛的一个阶段。汉武帝刘彻雄才大略，文治武功在汉帝中出类拔萃，而且十分爱才。本文就是汉武帝为延揽人才而下的诏令。武帝在诏令中要求地方官员察举人才，并说明了选材的标准，即不拘一格、任人唯贤。

【原文】

盖有非常之功，必待非常之人。故马或奔踶而致千里①，士或有负俗之累而立功名②。夫泛驾之马③，跅弛之士④，亦在御之而已。其令州郡察吏民有茂材异等可为将相及使绝国者⑤。

【注释】

①踶（tí）：踢。②负俗之累：为世人所讥笑的过失。③泛（fěng）驾：狂奔乱跑不走正路的马。④跅（tuò）弛：放荡。⑤绝国：遥远的国家。

【译文】

若要建立不平凡的功业，就必须依靠不平凡的人才。所以马有狂奔踢人，却能行千里路的；士人有为世俗所讥议，却能建立功名的。这些狂奔乱跑不走正路的骏马，行为放荡不守礼法的士人，也只在于如何驾驭他们罢了。我命令各州郡考察官吏和百姓中有优秀才能、超群出众，可以担任将相及充任出使远方国家的人才。

【写作方法】

本篇首句说“盖有非常之功，必待非常之人，故马或奔踶而致千里，士或有负俗之累而立功名”，这是以虚笔起势，衬托出了汉武帝的雄心壮志，以便为下文做铺垫。下句中的“亦在御之而已”一句，将武帝这种睥睨当世的气魄展露无遗。本文虽然简短，却处处藏有锋芒，气势雄奇不凡。

贾谊

（公元前200～公元前168）

贾谊，西汉政论家、文学家，世称贾生。少时即以博学能文称于郡中，二十余岁召为博士，为汉文帝所赏识，擢为太中大夫，主张改革政制，遭到保守派周勃、灌婴等人的反对，后被贬为长沙王太傅。四年后复召回朝，旋拜为梁怀王太傅。梁王坠马死，贾谊郁郁自伤，不久去世，年仅三十三岁。

◎过秦论（上）◎

【题解】

汉人很注重总结秦亡的教训，这是因为他们所处的时代距离秦亡不远，而且也可以为汉朝统治者及后世提供借鉴，贾谊的《过秦论》就是这方面的佳作。

《过秦论》肯定了秦孝公支持商鞅变法所起的重要作用，文章的主旨在于“过秦”，也就是谴责秦朝的过失。在贾谊看来，秦孝公吞并六国时，处于攻势，依靠权势和暴力取得了天下。统一天下后，就该施行仁政，注重教化，这样才能够避免灭亡。

【原文】

秦孝公据殽函之固[1]，拥雍州之地，君臣固守以窥周室；有席卷天下、包举宇内、囊括四海之意，并吞八荒之心。当是时也，商君佐之，内立法度，务耕织，修守战之具；外连衡而斗诸侯[2]。于是秦人拱手而取西河之外。

孝公既没，惠文、武、昭蒙故业，因遗策，南取汉中，西举巴蜀，东割膏腴之地，收要害之郡。诸侯恐惧，会盟而谋弱秦，不爱珍器、重宝、肥饶之地，以致天下之士，合从缔交[3]，相与为一。当此之时，齐有孟尝，赵有平原，楚有春申，魏有信陵。此四君者，皆明智而忠信，宽厚而爱人，尊贤而重士，约从离横，兼韩、魏、燕、赵、宋、卫、中山之众。于是六国之士，有宁越、徐尚、苏秦、杜赫之属为之谋，齐明、周最、陈轸、召滑、楼缓、翟景、苏厉、乐毅之徒通其意，吴起、孙膑、带佗、兒良、王廖、田忌、廉颇、赵奢之伦制其兵。尝以十倍之地，百万之众，叩关而攻秦。秦人开关延敌，九国之师遁逃而不敢进。秦无亡矢遗镞之费，而天下诸侯已困矣。于是从散约解，争割地而赂秦。秦有余力而制其弊，追亡逐北，伏尸百万，流血漂橹。因利乘便，宰割天下，分裂河山。强国请服，弱国入朝。

施及孝文王、庄襄王，享国日浅，国家无事。

及至始皇，奋六世之余烈，振长策而御宇内，吞二周而亡诸侯，履至尊而制六合，执敲朴以鞭笞天下[4]，威振四海。南取百越之地，以为桂林、象郡，百越之君，俯首系颈，委命下吏。乃使蒙恬北筑长城而守藩篱，却匈奴七百余里。胡人不敢南下而牧马，士不敢弯弓而报怨。于是废先王之道，燔百家之言，以愚黔首[5]；隳名城[6]，杀豪俊，收天下之兵聚之咸阳，销锋镝[7]，铸以为金人十二，以弱天下之民。然后践华为城，因河为池，据亿丈之城，临不测之溪以为固。良将劲弩，守要害之处；信臣精卒，陈利兵而谁何。天下已定，始皇之心，自以为关中之固，金城千里，子孙帝王万世之业也。

始皇既没，余威震于殊俗。然而陈涉，瓮牖绳枢之子[8]，氓隶之人[9]，而迁徙之徒也。材能不及中庸，非有仲尼、墨翟之贤，陶朱、猗顿之富；蹑足行伍之间，俛起阡陌之中[10]，率罢弊之卒，将数百之众，转而攻秦。斩木

为兵，揭竿为旗，天下云集而响应，赢粮而景从⑪，山东豪俊遂并起而亡秦族矣。

且夫天下非小弱也，雍州之地，殽函之固，自若也；陈涉之位，非尊于齐、楚、燕、赵、韩、魏、宋、卫、中山之君也；锄、耰、棘矜⑫，非铦于钩、戟、长铩也⑬；谪戍之众，非抗于九国之师也；深谋远虑，行军用兵之道，非及曩时之士也。然而成败异变，功业相反。

试使山东之国与陈涉度长絜大⑭，比权量力，则不可同年而语矣。然秦以区区之地，致万乘之权，招八州而朝同列，百有余年矣。然后以六合为家，殽函为宫。一夫作难而七庙隳⑮，身死人手，为天下笑者，何也？仁义不施，而攻守之势异也。

【注释】

①殽（yáo）函：殽山与函谷关。②连衡：亦作“连横”。③合从：即合纵。④敲朴：棍子。⑤黔首：百姓。⑥隳（huī）：毁坏。⑦镝（dí）：通“镝”，箭头。⑧瓮牖（yǒu）：以破瓮作为窗户，形容贫穷。⑨氓（méng）隶：充当隶役的平民。⑩俛（miǎn）：通“勉”，尽力。⑪赢：担。景：通“影”。⑫耰（yōu）：平整土地所用的一种农具。棘矜：枣木棍。⑬铦（xiān）：锋利。铩（shā）：长刃矛。⑭絜（xié）：比较。⑮七庙：天子的宗庙。古代制度规定天子的宗庙要供奉七代的祖先。

【译文】

秦孝公凭着殽山和函谷关的险固，拥有雍州肥沃的土地，君臣上下固守，伺机篡夺周王朝的政权；他们怀有席卷天下、征服各国、统一四海的志向，并吞八方的野心。在这个时候，商鞅开始辅佐孝公，他对内建立法律制度，发展农业和纺织，整修攻守的装备；对外实行连横政策，使诸侯们自相争斗。于是，秦国人不费任何劳苦便取得了西河以外的土地。

秦孝公死后，惠文王、武王、昭襄王都是继承上一代留下的基业，遵照前人的策略，秦国因而向南取得了汉中，向西攻占了巴蜀，在东边割取了肥沃的土地，接收了重要的州郡。诸侯们都感到恐惧，于是会盟共谋削弱秦国之计，不惜用珍奇的器物、贵重的财宝和肥沃的土地来招纳天下贤才，缔结合纵的盟约，结为一体，联合抗秦。在这个时候，齐国有孟尝君，赵国有平原君，楚国有春申君，魏国有信陵君，这四个人，都是明智忠信、宽厚爱人、礼贤下士的君子，他们约定合纵以拆散连横，联合了韩、魏、燕、赵、宋、卫、中山等国的抗秦力量。于是六国的士人当中，有宁越、徐尚、苏秦、杜赫这些人帮着出谋划策；有齐明、周最、陈轸、召滑、楼缓、翟景、苏厉、乐毅这些人来沟通各国的意见；有吴起、孙膑、带佗、兒良、王廖、田忌、廉颇、赵奢一批人来统率各国的军队。他们曾以十倍于秦国的土地、上百万的兵力，直抵函谷关攻打秦国。秦国的军队开关迎战，九国的军队都疑惧退缩，争相逃亡而不敢前进。秦国没有耗费一支箭、一个箭头，天下的诸侯就已经疲惫了。于是合纵的盟约解散了，各国争相割让土地以贿赂秦国。秦国因而有余力利用诸侯的疲惫去制服他们，追逐那些逃亡败北的军队，横在地上的尸首多达上百万，流的血可以漂起盾牌。秦国趁着有利的时机，宰割天下诸侯，分裂诸侯的土地，于是强国请求归服，弱国前来朝拜。

传到孝文王、庄襄王，他们在位的日子短，国家没什么大事。

秦始皇即位以后，光大了六代祖先遗留下来的辉煌功业，挥动长鞭来驾驭天下，吞并了东西二周，灭亡了各国诸侯，登上了至高无上的皇帝宝座，控制了上下四方，拿着棍棒奴役天下人民，威震四海。他又在南方占领了百越的土地，改设为桂林、象郡，百越的君主低着头，脖子上系着绳子，把生命交给秦朝的小官吏处置。他还派蒙恬到北方修筑长城，固守边境，将匈奴击退到七百多里之外，胡人不敢南下放牧，他们的士卒也不敢张开弓箭前来报仇。于是他废除了先王的治国之道，烧毁了诸子百家的书籍，为的是愚昧百姓；他拆毁了著名的城池，大肆杀戮天下的英雄豪杰，收集天下的兵器而聚之于咸阳，并销熔了这些刀箭，铸成十二个金人，想以此来削弱天下百姓的力量。然后将华山作为城墙，将黄河作为护城河，据守亿丈之高的城垣，下临深不可测的河水，自以为很坚固了。又有优秀的将帅、强劲的弓弩防守在险要的地方；亲信的臣子、精锐的士卒拿着锐利的武器，又有谁敢怎样呢？天下已经平定，秦始皇的心中，自以为关中的险固，真像千里的钢铁之城，可以作为子孙万代做皇帝的基业了。

秦始皇死后，他的余威仍然震动着与秦国风俗不同的边远地区。然而陈涉这个用破瓮作窗洞、用绳子拴门户的穷苦子弟，一个替人种田的仆役，又是个被发配充军的人。他的才智比不上一般人，没有孔子、墨子那样的贤能，没有陶朱公、猗顿那样的财富；只是夹杂在戍卒的队伍里面，奋起于村野百姓之间，率领着疲惫散乱的士卒，指挥几百人组成的军队，反过来攻打秦朝。他们砍伐树木作为武器，举起竹竿作为大旗，却得到天下人民如云般地聚集响应；老百姓自己带着粮食，如影子一样地跟从着他，山东的豪杰俊士于是蜂拥而起，开始灭亡秦族了。

再说秦国的天下并非是又小又弱的，雍州的土地，殽山、函谷关的险固，还是和从前一样；陈涉的地位，比不上从前齐、楚、燕、赵、韩、魏、宋、卫、中山各国君主的尊贵；锄头、耰、枣木棍，比不上长钩、长戟、长矛等兵器的锐利；被发配去边境服役的一帮人，也不能和九国的正规军队相提并论；深谋远虑、行军用兵的战略战术，也赶不上从前诸侯的谋士们，然而成功与失败却截然不同，功业上的建树也恰恰相反。

假使让从前殽山以东的诸侯跟陈涉比较粗细短长、权势力量，那简直是不能相提并论的。但是当年秦国以它那一点点地方，发展到成为拥有万乘兵车的大国，取得了八州的土地，使原来和秦国地位相等的诸侯前来朝拜，也有一百多年了。此后才把天下合为一家，把殽山、函谷关当作宫室。结果一个人起来发难，却使得宗庙都被毁掉了，成为天下人的笑柄，这是什么原因呢？这就是因为不能施行仁义，所以攻守的势态也就迥异了。

【写作方法】

本文整体上采用先扬后抑的写法，前半部分写秦的强盛，到“良将劲弩，守要害之处”句时，秦朝的盛势达到极致。正所谓“物极必反”，后面部分写秦亡的过程，极言秦朝失天下之易，与前半部分得天下之难形成鲜明对比，给读者以强烈震撼。文末的一句“仁义不施，而攻守之势异也”，既是对全文的概括，又揭示了本文主旨，给人们留下思考的空间，可谓余韵悠长，发人深思。此文层次敲击，笔笔放松，姿态横生，文气雄骏，大波澜中埋伏无数小波澜，千回百折，朝宗于海，有一唱三叹之致。

司马相如

（公元前179~公元前117）

西汉著名文学家，字长卿，蜀郡成都人。汉景帝时为武骑常侍，后因病免官，为梁孝王门客。汉武帝欣赏他的辞赋，召其为郎，升孝文园令。所作辞赋以《子虚赋》《上林赋》为代表。其作品内容主要围绕田猎盛况、宫苑的豪华壮丽、帝王的权势等而作，是典型的宫廷文学。

◎上书谏猎◎

【题解】

这篇文章节选自《汉书·司马相如传》。汉武帝喜欢四处游猎，游猎则难免危险。司马相如见了这种情况，便向武帝上了这篇劝谏之辞。在此文中，司马相如处处为皇帝着想，可谓体贴入微，武帝看过此文后，对相如大加赞赏。

【原文】

相如从上至长杨猎[①]。是时天子方好自击熊豕，驰逐野兽。相如因上疏谏曰：“臣闻物有同类而殊能者，故力称乌获[②]，捷言庆忌[③]，勇期贲、育[④]。臣之愚，窃以为人诚有之，兽亦宜然。今陛下好陵阻险，射猛兽，卒然遇逸材之兽[⑤]，骇不存之地，犯属车之清尘，舆不及还辕，人不暇施巧，虽有乌

获、逢蒙之技不得用⑥，枯木朽株尽为难矣。是胡越起于毂下，而羌夷接轸也⑦，岂不殆哉？虽万全而无患，然本非天子之所宜近也。且夫清道而后行，中路而驰，犹时有衔橛之变⑧；况乎涉丰草，骋丘墟，前有利兽之乐，而内无存变之意，其为害也不难矣！夫轻万乘之重，不以为安，乐出万有一危之途以为娱，臣窃为陛下不取。盖明者远见于未萌，而知者避危于无形，祸固多藏于隐微，而发于人之所忽者也。故鄙谚曰：'家累千金，坐不垂堂。'此言虽小，可以喻大。臣愿陛下之留意幸察。"

【注释】

①长杨：秦宫殿名，故址在今陕西周至。②乌获：战国时的大力士。③庆忌：春秋时吴王僚之子。④期：一定。贲、育：战国时的勇士孟贲和夏育。⑤逸材：才能超群。⑥逢蒙：古代善于射箭的人。⑦轸（zhěn）：车厢底框。⑧衔：马嚼子。橛（jué）：固定车厢底部与车轴之间的木橛。

【译文】

司马相如跟随汉武帝到长杨宫打猎。那时天子正喜好亲自射击熊或野猪一类的野兽，常常驱车策马进行追赶，司马相如为此上书规劝说："臣听说事物有虽然同是一类而功能各不相同的说法，所以同是勇士，谈到力气大要数乌获，谈到敏捷要数庆忌，谈到勇猛则要数孟贲、夏育。以臣下的愚陋之见，私下里觉得人类固然有这种现象，野兽也一样。如今陛下喜好跨越险阻，射猎猛兽，万一突然遇上了凶猛异常的野兽，使它在走投无路的境遇下惊慌起来，猛然前来扑袭皇上的车驾，车辆来不及掉头，身边的武将卫士来不及施展武艺，即使有乌获、逢蒙一样的技艺也派不上用场，再加上枯木朽树都会成为逃避躲闪的障碍。这种情形就好像胡兵越卒突然从车底涌出，羌人夷骑在车后追赶，这难道不是危险的事吗？就算是防护措施周全，万无一失，那些危险的地方也不是天子应该接近的。况且天子外出，即使派人先清理了道路而后行走，在大道上驱驰，尚且有时会发生马咬断嚼子、车子散架的事故；何况涉足在茂密的草丛之中，驰骋在山丘原野之上，眼前有猎杀野兽的乐趣，而心中却没有对发生意外的防备，这样的情况下遭遇危险恐怕是很容易的！放弃天子的尊贵，不顾自己的安全，喜欢在有危险的地方寻欢作乐，我私下以为陛下这样做是不可取的。大凡英明的人都能够在事情尚未萌发之前就有预见，有智慧的人能在危险尚未形成之前便予以避免，灾祸往往隐藏在隐蔽而不易察觉的地方，发生在人们疏忽大意的时候。所以俗话说：'家中富千金，不坐屋檐下。'此话虽然说的是小事情，却可以用来借喻大的事情。臣希望陛下留意明察这一点。"

【写作方法】

本文可分作三节。首节引用古代士人的典故说明"人诚有之，兽亦宜然"的道理。在这里，司马相如指出，遇到"逸材之兽"是很危险的，天子贵为一朝之尊，沉迷打猎无异于涉险。本段中的"卒然"二字，衬托出了语境的紧迫性，并与下文中的"不及""不暇""不能"这三层否定相对应。本段是以人与兽对举的方式，说明打猎的危险性。

次节重在说理，司马相如在此运用了对比的写法，即以驱车清道和驰骋田猎这两种情况对比，指出田猎的对象一般都凶狠异常，能致使"枯木朽株，尽为难"，而狩猎的环境也大多凶险，若是狩猎者"内无存变之意"，就会遭遇不幸。本段的目的是告诫武帝谨防不测，语辞峻险，其势可畏。

末节起首是一句警语："祸固多藏于隐微，而发于人之所忽者。"与后来欧阳修的"祸患常积于忽微，而智勇多困于所溺"一语意义十分相近，都是告诫人们要时常保持忧患意识。文末以谚语"家累千金，坐不垂堂"作结，耐人寻味，也为文章增添了一道余韵。

《后汉书》

南朝宋范晔撰写，九十卷，其中包括纪十卷、传八十卷。现存于书中的志三十卷，是西晋司马彪撰。北宋真宗乾兴元年（1022）合刊为一书，共一百二十卷，记载了东汉光武帝至汉献帝近二百年的历史，属于纪传体史书。

◎光武帝临淄劳耿弇◎

【题解】

此文选自《后汉书·耿弇传》。耿弇是东汉大将，他随刘秀一块起兵，为汉室的中兴立下了汗马功劳。29 年，耿弇战胜了割据青州的张步，光武帝十分高兴，这篇文章写的就是刘秀慰劳耿弇时的一段话。在此文中，光武帝刘秀不但称赞了耿弇的战功，还不忘怀柔张步，说只要他投降汉朝，汉朝可以既往不咎而赦免他。

【原文】

车驾至临淄，自劳军，群臣大会。帝谓弇曰①：“昔韩信破历下以开基，今将军攻祝阿以发迹②。此皆齐之西界，功足相方③。而韩信袭击已降，将军独拔勍敌④，其功乃难于信也。又田横烹郦生⑤，及田横降，高帝诏卫尉不听为仇。张步前亦杀伏隆⑥，若步来归命，吾当诏大司徒释其怨⑦，又事尤相类也。将军前在南阳建此大策，常以为落落难合，有志者事竟成也！”

【注释】

①弇（yǎn）：指耿弇，字伯昭。他随刘秀起兵，后被封为建威大将军。②祝阿（ē）：地名，在今山东历城西南。③方：比拟。④勍（qíng）敌：劲敌。⑤田横：齐国贵族。⑥张步：西汉末年齐地较大的军阀。⑦大司徒：官名，相当于汉初的丞相。

【译文】

光武帝来到临淄，亲自慰劳军队，群臣都会集于此。光武帝对耿弇说：“从前韩信因攻破历下而开创了汉家的基业，现在将军你攻占了祝阿而建立功勋，历下和祝阿都是齐国的西界，你的功绩可以与韩信相比。但是韩信袭击的是已经投降了的齐军，将军却独力战胜了强大的对手，取得这样的功绩就比韩信要困难了。再者，田横烹杀了郦生，等到田横投降的时候，高帝诏告卫尉郦商不要把田横当作仇人。张步从前也曾杀死伏隆，如果张步前来归降，我也要下诏给大司徒伏湛，要他消除仇怨，这件事情又尤其相似。将军早在南阳的时候就提出了这个伟大的策略，我常常以为不切实际而难以实现，如今看来，真是有志者事竟成啊！”

【写作方法】

这篇文章的语言颇有技巧。光武帝一面突出耿弇的智勇双全，一面又对张步采取怀柔政策，以消除对方的疑虑，同时，他还暗寓自己是明君。所以此文起到了一箭三雕的效果，可以看出光武帝的语言技巧的高明。

马援

（公元前14～49）

马援，字文渊，东汉初扶风茂陵（在今陕西兴平东北）人。出身于官僚家庭，少有大志，后以纵囚获罪，亡命北地畜牧，宾客多有归附者。新朝末年，为新城大尹（汉中太守），后归附光武帝刘秀。建武十七年（41）任伏波将军，征交阯之乱，平之，封新息侯，后来病死军中。

◎诫兄子严敦书◎

【题解】

西汉马援的侄子马严、马敦喜欢议论他人的短处，而且喜好跟游侠之士交往，还经常地批评时政。马援对两位侄子很担心，怕他们沦为浮夸子弟，于是在南征交趾时抽空写了一封家书，寄给两个侄儿。在信中，马援告诫侄儿做人须低调谦虚，不要妄评讥议。这封信语重心长，虽然简短，但字字都寄托着马援对侄儿的关切之情。

【原文】

援兄子严、敦并喜讥议[1]，而通轻侠客。援前在交趾[2]，还书诫之曰：

“吾欲汝曹闻人过失如闻父母之名，耳可得闻，口不可得言也。好议论人长短，妄是非正法，此吾所大恶也，宁死不愿闻子孙有此行也。汝曹知吾恶之甚矣，所以复言者，施衿结缡[3]，申父母之戒，欲使汝曹不忘之耳。

“龙伯高敦厚周慎[4]，口无择言，谦约节俭，廉公有威。吾爱之重之，愿汝曹效之。杜季良豪侠好义，忧人之忧，乐人之乐，清浊无所失，父丧致客，数郡毕至。吾爱之重之，不愿汝曹效也。效伯高不得，犹为谨敕之士[5]，所谓‘刻鹄不成尚类鹜’者也[6]；效季良不得，陷为天下轻薄子，所谓‘画虎不成反类狗’者也。讫今季良尚未可知，郡将下车辄切齿[7]，州郡以为言，吾常为寒心，是以不愿子孙效也。”

【注释】

①严：马严，字威卿。敦：马敦，字孺卿。②交趾（zhǐ）：郡名，在今越南北部。③施衿（jīn）结缡（lí）：系上衣服，披上围巾。④龙伯高：名述，东汉京兆人。⑤谨敕（chì）：谨慎。⑥鹄（hú）：天鹅。⑦郡将：即郡守。

【译文】

马援的侄儿马严、马敦都喜欢讥笑议论别人，而且好结交些轻浮的侠客，马援以前在交趾的时候，写信回来告诫他们说：

“我希望你们听到别人的过失就像听到父母的名字一样，只能是耳朵听见，不能从口中说出。好议论别人的长短，胡乱评论国家的法度，这是我最厌恶的，我宁愿死也不愿听自己的子孙有这种行为。你们知道我对这种行为最是厌恶了，今天之所以又对你们讲起这些，正好像女儿出嫁时父母亲手给她系上佩巾、佩带，重申父母的训诫一样，想教你们终生不忘罢了。

“龙伯高为人敦厚，办事周密谨慎，不说别人的坏话，谦逊节俭，廉洁奉公而有威严。我爱戴他敬重他，希望你们学习他。杜季良为人豪放，很讲义气，忧别人所忧，乐别人所乐，什么样的人他都不疏远，他在父亲出丧时邀请宾客前来，几个郡的人都赶来了。我爱戴他尊重他，却不希望你们学习他。学龙伯高不成，还可以做一个谨慎的人，也就是所谓‘刻天鹅不成尚且还像野鸭’；学杜季良不成，就会堕落成为世上的轻薄子弟，所谓‘画虎不成却像狗了’。到今天杜季良前途凶吉还不得而知，郡守一上任便对他切齿痛恨。州郡官员把这事说给我听，我常为他寒心，所以不希望我的子孙学习他。”

【写作方法】

本篇共分两段。首段告诫侄子不要妄论他人长短，他把听别人长短比作听父母的名字，说明可以听但不可以议论的道理，这是类比的手法。第二段以龙伯高的敦厚谦约及杜季良的“忧人之忧，乐人之乐”，勉励侄子，这既是举例，又是反衬，从中可见马援的良苦用心。

本文有多处运用比喻的修辞手法，如说效法他人时说“刻鹄不成尚类鹜”“画虎不成反类狗”，比喻自然生动，情真意挚，极富感染力。

诸葛亮

（181～234）

诸葛亮，字孔明，琅琊阳都（今山东沂南）人。东汉末年，军阀混战，豪强割据，诸葛亮随叔父避乱荆州，隐居于南阳隆中（在今湖北襄阳西），号称“卧龙”。建安十二年（207）得到刘备三顾茅庐的知遇，其后辅佐刘备建立了蜀国，与魏、吴成鼎足之势。公元221年，刘备称帝，拜诸葛亮为丞相。刘备死后，刘禅继位，封诸葛亮为武乡侯，领益州牧。诸葛亮励精图治，东联孙吴，北伐曹魏，后病死于五丈原军中。

◎前出师表◎

【题解】

诸葛亮是三国时蜀国的丞相，他当政的时候，曾多次主持北伐，以图恢复汉室河山。公元227年，诸葛亮在汉中集结军马，准备北伐。临行前，他向后主刘禅上了一份奏章，就是这篇《前出师表》。诸葛亮在文中告诫刘禅要广开言路，近贤臣远小人，以"收复汉室，还于旧都"，表达了自己忠于汉室、心怀天下的情操。

【原文】

臣亮言：先帝创业未半而中道崩殂[①]，今天下三分，益州疲弊，此诚危急存亡之秋也。然侍卫之臣不懈于内，忠志之士忘身于外者，盖追先帝之殊遇，欲报之于陛下也。诚宜开张圣听，以光先帝遗德，恢宏志士之气，不宜妄自菲薄，引喻失义，以塞忠谏之路也。宫中府中，俱为一体，陟罚臧否[②]，不宜异同。若有作奸犯科及为忠善者，宜付有司论其刑赏[③]，以昭陛下平明之治，不宜偏私，使内外异法也。

侍中、侍郎郭攸之、费祎、董允等，此皆良实，志虑忠纯，是以先帝简拔以遗陛下。愚以为宫中之事，事无大小，悉以咨之，然后施行，必能裨补阙漏[④]，有所广益。将军向宠，性行淑均，晓畅军事，试用于昔日，先帝称之曰能，是以众议举宠以为督。愚以为营中之事，事无大小，悉以咨之，必能使行阵和穆，优劣得所也。亲贤臣，远小人，此先汉所以兴隆也；亲小人，远贤臣，此后汉所以倾颓也。先帝在时，每与臣论此事，未尝不叹息痛恨于桓、灵也。侍中、尚书、长史、参军，此悉贞亮死节之臣也，愿陛下亲之信之，则汉室之隆，可计日而待也。

臣本布衣，躬耕于南阳，苟全性命于乱世，不求闻达于诸侯。先帝不以

臣卑鄙，猥自枉屈，三顾臣于草庐之中，咨臣以当世之事，由是感激，遂许先帝以驱驰。后值倾覆，受任于败军之际，奉命于危难之间，尔来二十有一年矣。先帝知臣谨慎，故临崩寄臣以大事也。受命以来，夙夜忧叹，恐托付不效，以伤先帝之明，故五月渡泸，深入不毛。今南方已定，兵甲已足，当奖帅三军，北定中原，庶竭驽钝⑤，攘除奸凶，兴复汉室，还于旧都⑥。此臣之所以报先帝而忠陛下之职分也。

至于斟酌损益，进尽忠言，则攸之、祎、允之任也。愿陛下托臣以讨贼兴复之效，不效，则治臣之罪，以告先帝之灵。若无兴德之言，则责攸之、祎、允之咎，以彰其慢。陛下亦宜自谋，以咨诹善道⑦，察纳雅言，深追先帝遗诏，臣不胜受恩感激。

今当远离，临表涕泣，不知所云。

【注释】

①先帝：指刘备。殂（cú）：死亡。②陟（zhì）：奖赏。臧（zāng）：善。否（pǐ）：恶。③有司：有关部门。④裨（bì）：补助。⑤庶：但愿。驽（nú）钝：才能低下。⑥旧都：指两汉国都长安和洛阳。⑦咨诹（zōu）：询问。

【译文】

臣诸葛亮上表进言：先帝创建大业未到一半而中途去世，现在天下三分，而益州地区最为困苦疲惫，这实在是关系到国家存亡的危急时刻了。然而朝中侍卫大臣丝毫不放松懈怠，忠诚有志的将士在外舍生忘死，这是因为他们追念先帝对他们有不同一般的恩遇，想要在陛下身上有所报答啊。陛下实在应当广开言路，光大先帝的遗德，使忠臣志士的精神得以振奋，不应该随便看轻自己，常常言语失当，从而堵塞了忠臣进言规劝的道路啊。宫廷中的近臣和丞相府的官员，都是一个整体，奖善罚恶，不应该有所不同。如果有做奸邪之事、触犯法令的人，以及那些尽忠行善的人，应当交付有关部门评判他们应得的惩罚和奖赏，来表明陛下公正严明的治理方针，不应该有所偏袒，使得内廷外府法度不一。

侍中、侍郎郭攸之、费祎、董允等人，都是贤良而且实在的人，他们的志向思想忠诚纯正，因此先帝把他们选拔出来留给陛下。我认为宫廷里的事务，事不论大小，都应当先向他们咨询，然后施行，那就一定能弥补缺漏，得到广泛的益处。将军向宠，性格和善，办事公正，精通军事，从前试用他的时候，先帝称赞他有才能，因此大家商议举荐他做中部督。我认为军中的事，不论大小，都应该向他咨询，这样一定能使军中将士和睦相处，才能不同的人能够各得其所。亲近贤臣，疏远小人，这是先汉兴盛的原因；亲近小人，疏远贤臣，这是后汉颓败的原因。先帝在世时，每次和我谈论此事，未尝不对桓、灵二帝表示遗憾、痛恨。侍中、尚书、长史、参军，这些人都是坚贞贤能、能以死殉节的忠臣，希望陛下亲近他们，信任他们，那么汉家的兴盛就可以计日而待了。

臣本来是个平民百姓，在南阳亲自耕田种地，只想在乱世中苟且保全性命，不希求在诸侯中间显身扬名。先帝不认为我地位低微、学识浅陋，自己降低身份，三次亲自到草庐中来拜访我，向臣咨询当今的大事，因此我深为感动，于是答应为先帝奔走效劳。后来遭逢战败，我受任于败军之际，奉命于危难之中，到现在已经二十一年了。先帝知道我做事谨慎小心，所以临终之时把国家大事托付给我。我自从接受了先帝的遗命以来，早晚忧虑叹息，唯恐完不成先帝的托付，因而损害了先帝的英明，所以在五月渡过泸水，深入到草木不生的荒凉地带。现在南方已然平定，武器军备已经充足，应当鼓励并率领三军进兵北方，平定中原；我也会竭尽自己愚钝的才能，铲除邪恶势力，兴复汉室，返还到故都去。这就是我用来报答先帝、效忠陛下所应尽的份内之事啊。

至于权衡利弊得失，进献忠言，那就是郭攸之、费祎、董允他们的职责了。希望陛下委托我完成讨伐奸贼、复兴汉室的使命，如果我做不出成效，那就治我的罪，用以上告先帝的英灵。如果没有要您发扬盛德的进言，那就责罚郭攸之、费祎、董允等人的过错，彰明他们的怠慢。陛下也应当自己谋划，征求治国的好办法，审察采纳正确的意见，深切地追念先帝的遗训，臣就受恩感激不尽了。

现在要离开陛下远行了，面对奏表我眼泪落下，不知道说了些什么。

【写作方法】

此文开篇便点明蜀汉所处的形势，即“危急存亡之秋也”，这是一句警语，目的在于让后主产生危机感。诸葛亮以忧患开篇，便让后主没了退路，所以下面的“开张圣听”以及举荐贤才等建议，后主就能顺理成章地接纳了。诸葛亮回忆南阳之事，在于表达对先帝刘备的感恩之情以及辅佐后主成就大业的决心。开头语境险峻，越到后来，越显气势恢宏，结尾处又趋平缓。此篇前后节奏充满变化，皆因诸葛武侯情真意切之故。精忠之言，看似轻描淡写，而一种诚恳之意，溢于言表。

◎后出师表◎

【题解】

228年，曹魏与东吴在石亭交战，结果曹魏大败。诸葛亮趁此机会向后主刘禅上表，请求北伐。因为此前诸葛亮已经上过一次表，所以这次上呈刘禅的表，后人称为《后出师表》。此文分析了蜀汉和魏国的敌我态势，然后提出了北伐的六大理由，表达了自己鞠躬尽瘁、誓死忠心汉室的决心。

【原文】

先帝虑汉、贼不两立，王业不偏安，故托臣以讨贼也。以先帝之明，量臣之才，固知臣伐贼，才弱敌强也。然不伐贼，王业亦亡，惟坐而待亡，孰与伐之？是故托臣而弗疑也。臣受命之日，寝不安席，食不甘味，思惟北征，宜先入南。故五月渡泸，深入不毛，并日而食。臣非不自惜也，顾王业不可

偏安于蜀都，故冒危难以奉先帝之遗意，而议者谓为非计。今贼适疲于西，又务于东，兵法乘劳，此进趋之时也。谨陈其事如左：

高帝明并日月，谋臣渊深，然涉险被创，危然后安。今陛下未及高帝，谋臣不如良、平[①]，而欲以长策取胜，坐定天下，此臣之未解一也。

刘繇、王朗[②]，各据州郡，论安言计，动引圣人，群疑满腹，众难塞胸；今岁不战，明年不征，使孙策坐大，遂并江东，此臣之未解二也。

曹操智计，殊绝于人，其用兵也，仿佛孙、吴，然困于南阳，险于乌巢[③]，危于祁连[④]，逼于黎阳[⑤]，几败北山[⑥]，殆死潼关[⑦]，然后伪定一时尔。况臣才弱，而欲以不危而定之，此臣之未解三也。

曹操五攻昌霸不下[⑧]，四越巢湖不成[⑨]。任用李服而李服图之，委任夏侯而夏侯败亡[⑩]。先帝每称操为能，犹有此失，况臣驽下，何能必胜？此臣之未解四也。

自臣到汉中，中间期年耳，然丧赵云、阳群、马玉、阎芝、丁立、白寿、刘郃、邓铜等，及曲长、屯将七十余人[⑪]，突将无前；賨、叟、青羌散骑、武骑一千余人[⑫]。此皆数十年之内所纠合四方之精锐，非一州之所有。若复数年，则损三分之二也，当何以图敌？此臣之未解五也。

今民穷兵疲，而事不可息。事不可息，则住与行，劳费正等。而不及早图之，欲以一州之地，与贼持久，此臣之未解六也。

夫难平者，事也。昔先帝败军于楚[⑬]，当此时，曹操拊手，谓天下已定。然后先帝东连吴越[⑭]，西取巴、蜀，举兵北征，夏侯授首。此操之失计，而汉事将成也。然后吴更违盟，关羽毁败，秭归蹉跌[⑮]，曹丕称帝。凡事如是，难可逆料。臣鞠躬尽力，死而后已，至于成败利钝，非臣之明所能逆睹也。

【注释】

①良、平：指汉高祖刘邦手下著名谋士张良、陈平。②刘繇（yóu）：东汉末任扬州刺史。王朗：东汉末为会稽郡太守。③乌巢：地名，今河南延津东南。④祁连：指祁连山。⑤黎阳：地名，在今河南浚县东。曹操曾

在这里征伐袁绍的儿子袁谭、袁尚，屡战不下。⑥北山：建安二十四年(219)，曹操与刘备争夺汉中，运米经过北山的时候，被赵云袭击，损失惨重。⑦殆死潼关：曹操在潼关与马超交战，大败，被马超追赶，几乎丧命。⑧昌霸：东海昌霸。建安五年，他背叛曹操，依附刘备，曹操屡攻不克。⑨巢湖：曹操曾多次从巢湖进攻孙权，都无功而返。⑩夏侯：曹魏大将夏侯渊。他留守汉中时，为刘备大将黄忠所杀。⑪曲、屯：古代军队的编制单位。⑫赍（cóng）、叟、青羌：都是古代西南地区的少数民族。⑬败军于楚：指建安十三年，刘备兵败古楚地当阳长坂事。⑭东连吴越：指建安十六年，刘备联合江东孙吴共击曹操事。⑮秭（zǐ）归：地在今湖北。章武二年（222）刘备在这里被吴军击败。蹉（cuō）跌：失足跌倒。

【译文】

先帝考虑到汉室和篡汉的奸贼不能同时存在，帝王的事业不能偏安于一州之地，所以临终时托付我讨伐奸贼，凭先帝的英明，揣度我的才干，原本就知道我率兵讨贼，是我的才能薄弱而敌人强大啊。但是不去征伐，帝王的事业也会毁灭，与其坐等灭亡，何不去讨伐他们呢？所以把这事托付给我而不再犹豫。我自受命的那天起，就每日睡眠不安，吃饭也没有味道，思虑着要北伐中原，应该先平定南方。所以五月率兵渡过泸水，深入草木不生的荒凉地带，两天只吃一顿饭。我并非不知自我爱惜，但思虑到王业不能偏安于蜀地，所以冒着艰难险阻来奉行先帝的遗愿，而议论朝政的人却说这并非上计。如今曹贼正在西方疲于奔命，又忙着应付东方的战事，兵法说打击敌人就要趁他疲劳的时候，而现在应该正是前去打击的时候。现在我把讨贼的事恭敬地陈述如下：

汉高帝的英明可与日月相比，周围的谋臣智略深远，但仍然是经历艰险、身受创伤、度过危难之后才得到平安。如今陛下不及高帝，身边的谋臣比不上张良、陈平，而想用长久与敌对峙的策略取得胜利，坐着不动就平定天下，这是我不能理解的第一点。

刘繇、王朗各据州郡，在那里空谈安危之道，言说计策谋略，动不动就引用圣人的话，大家肚子里满是疑问，众多的难题郁积在胸中，今年不作战，明年不出征，结果使孙策没有任何干扰地强大起来，吞并了江东土地，这是我不能理解的第二点。

曹操的智谋心计超越常人。他在用兵方面，能与古代的孙膑、吴起相提并论，然而还曾被困于南阳，遇险于乌巢，遭受危难于祁连山，在黎阳受到逼迫，几乎战败于北山，差点丧命在潼关，然后才取得了暂时的安定。何况是像我这样才疏学浅，而想要不冒危难就能安定天下，这是我不能理解的第三点。

曹操曾五次攻打昌霸而不能取胜，四次越过巢湖攻打孙吴而未能成功。任用李服，李服却图谋害他；委任夏侯渊，夏侯渊却落得个战败身亡。先帝经常称赞曹操是个有才能的人，他尚且有这些失误，何况我才能低下，又怎能保证一定会胜利呢？这是我不能理解的第四点。

自从我来到汉中，已经一年了，其间死了赵云、阳群、马玉、阎芝、丁立、白寿、刘郃、邓铜等人，还有曲长、屯将七十余人，这些都是冲锋陷阵、所向无敌的猛将；还丧失了赍、叟、青羌的散骑、武骑一千多人。这些都是几十年间从四方召集来的精锐，不是益州一州所能有的。如果再经过几年，就减损三分之二了，到那时还拿什么来对付敌人呢？这是我不能理解的第五点。

如今人民穷困，士兵疲惫，而战事却不能停止。战事不能停止，那么坐着等待敌人的进攻和主动出击，在劳务和费用上其实是相等的。如果不趁早策划去攻打敌人，想用一州的地方跟贼人长久对峙，这是我不能理解的第六点。

最难预料的是战事。过去先帝在楚地战败，那时候，曹操高兴地拍手，说是天下已经平定了。可是后来先帝东面联合孙吴，西面攻取了巴蜀，举兵北伐，斩了夏侯渊的头，这是曹操没有预料到的；而当汉室大业的复兴眼看就要成功的时候，又有了孙吴的背弃盟约，关羽的战败身死，先帝在秭归的挫败，曹丕的篡汉称帝。一切事情就是这样，难以预料。我只有鞠躬尽瘁，死而后已，至于成功或是失败，顺利还是困难，就绝不是我的聪明所能够预见的了。

【写作方法】

如果说诸葛亮上《前出师表》是为了开导后主，借此消除他的后顾之忧，那么上《后出师表》则是为了力排众议以实现讨贼的目的，所以前后两篇表在语言风格上大不相同：《前出师表》语词委婉，主要是以情取胜；《后出师表》则是对事理进行层层分析，并假意说有六个“未解”的疑惑来回击众人对北伐的非议。本文注重实效，所以文辞质朴无华，而文章处处料敌机先，深谋远虑，诸葛亮不愧为高瞻远瞩的战略家。

卷七

李密

（224 ~ 287）

李密，字令伯，一名虔。西晋犍为武阳（在今四川彭山东）人。年少时师从著名学者谯周，博览五经，以文学见称于当时。曾任蜀国尚书郎，多次出使吴国，极有辩才。晋灭蜀以后，晋武帝司马炎征他为太子洗马，推辞不就。在祖母死后，他才出仕晋朝，官至汉中太守。后因赋诗得罪晋武帝而被免官，卒于家。

◎陈情表◎

【题解】

晋武帝征召蜀汉旧臣李密为太子洗马，李密不愿应召，于是写下这篇表文。文章从自己幼年的不幸遭遇写起，说明自己与祖母相依为命的特殊感情，围绕想要“尽孝”的心意陈述不能应召的苦衷，请求不仕而为祖母养老送终。为了免除晋武帝的猜忌，李密在文中还申明自己不奉诏前往，绝非顾念前朝，而是为了尽孝难以远行。全文叙述委婉，辞意恳切，晋武帝看后很受感动，于是应允了他的请求。

【原文】

臣密言：臣以险衅①，夙遭闵凶②。生孩六月，慈父见背③。行年四岁，

舅夺母志[④]。祖母刘，愍臣孤弱[⑤]，躬亲抚养。臣少多疾病，九岁不行，零丁孤苦，至于成立。既无叔伯，终鲜兄弟。门衰祚薄，晚有儿息。外无期功强近之亲，内无应门五尺之童，茕茕孑立[⑥]，形影相吊。而刘夙婴疾病[⑦]，常在床蓐[⑧]。臣侍汤药，未尝废离。

逮奉圣朝，沐浴清化。前太守臣逵，察臣孝廉[⑨]。后刺史臣荣，举臣秀才。臣以供养无主，辞不赴命。诏书特下，拜臣郎中，寻蒙国恩，除臣洗马[⑩]。猥以微贱[⑪]，当侍东宫，非臣陨首所能上报。臣具以表闻，辞不就职。诏书切峻，责臣逋慢；郡县逼迫，催臣上道；州司临门[⑫]，急于星火。臣欲奉诏奔驰，则以刘病日笃[⑬]，欲苟顺私情，则告诉不许。臣之进退，实为狼狈。

伏惟圣朝以孝治天下，凡在故老，犹蒙矜育[⑭]，况臣孤苦，特为尤甚。且臣少事伪朝，历职郎署[⑮]，本图宦达，不矜名节。今臣亡国贱俘，至微至陋，过蒙拔擢[⑯]，岂敢盘桓[⑰]，有所希冀？但以刘日薄西山，气息奄奄，人命危浅，朝不虑夕。臣无祖母，无以至今日，祖母无臣，无以终余年。母孙二人，更相为命，是以区区不能废远。臣密今年四十有四，祖母刘今年九十有六，是臣尽节于陛下之日长，报刘之日短也。乌鸟私情，愿乞终养。

臣之辛苦，非独蜀之人士及二州牧伯所见明知，皇天后土，实所共鉴。愿陛下矜愍愚诚，听臣微志。庶刘侥幸，卒保余年，臣生当陨首，死当结草[⑱]。臣不胜犬马怖惧之情，谨拜表以闻。

【注释】

①险衅（xìn）：灾难和祸患。②夙（sù）：早。闵凶：凶丧。③见背：去世。④舅夺母志：指李密的舅父强迫其母改嫁。⑤愍（mǐn）：怜悯，哀怜。⑥茕茕（qióng）：形容孤单无依靠。⑦婴：缠绕。⑧蓐：通“褥”。⑨孝廉：汉代选拔官吏的两种科目。孝，指孝子。廉，指廉洁之士。⑩洗马：太子的属官。⑪猥（wěi）：鄙，谦词。⑫州司：州官。⑬笃（dǔ）：沉重。⑭矜育：怜恤，抚养。⑮郎署：李密曾在蜀汉做过尚书郎。⑯拔擢（zhuó）：提拔。⑰盘桓：徘徊犹豫。⑱死当结草：春秋时晋大夫魏颗没有遵照父亲魏武子的遗嘱将他的

宠妾殉葬，而是将其改嫁了出去。后来魏颗与秦将杜回交战，见一老人用草绳将其绊倒，因而捉住了杜回。夜间梦见老人，自称是魏武子宠妾的父亲，特来报恩。

【译文】

臣李密上言：臣因为命运坎坷，幼年便遭到不幸。出生刚六个月，慈父就去世了。长到四岁时，舅父强迫母亲改变了守节的志愿，改嫁他人。祖母刘氏，怜悯臣孤苦弱小，于是亲自抚养臣。臣从小多病，九岁时还不能走路，孤苦零丁，直到长大成人。臣既没有叔伯，也没有兄弟，家门衰微，福分浅薄，到很晚才有儿子；在外没有近支亲戚可以依靠，在内没有家童奴仆可以照看门户。臣孤零零地立身在人世，只有自己的影子作为伴侣；而祖母刘氏早就疾病缠身，常常卧床不起。臣在她旁边端汤送药，从来没有停止、离开过。

到了如今的圣朝，臣受着清明政治教化的熏陶。先是太守逵，察举臣为孝廉；后是刺史荣，推举臣为秀才。臣因为祖母无人供养，因此都推辞而没有受命。陛下特地下达诏书，任命臣为郎中，不久又承蒙国家恩典，授予臣太子洗马的职位。凭臣这样微贱的人，担当侍奉太子的官职，这种恩德不是臣肝脑涂地就能报答的。臣曾将自己的处境上表陈述过，辞谢不去就职。如今诏书又下，急切严厉，责备臣有意回避拖延；郡县上的官员前来逼迫臣，催臣动身上路；州官来到臣的家里催促，比星火还急。臣想要奉诏赶去赴任，但刘氏的病情一天比一天严重；臣想要苟且迁就私情，但申诉又得不到准许。臣的进退处境，实在是狼狈啊。

臣想到圣朝以孝道治理天下，所有在世的遗老，尚且蒙受怜恤抚养，何况臣的孤苦无依，又尤为特别；而且臣年轻时曾在伪朝任职，做过尚书郎等职位，臣本来就想仕途获得显达，并不在乎什么名节。如今，臣是亡国贱俘，是最卑微最鄙陋的，却蒙受主上的破格提拔，臣哪里还敢徘徊不前，有非分的要求呢？只因为刘氏已是日薄西山，气息奄奄，生命垂危，朝不保夕。臣没有祖母，就不能活到今日；祖母没有臣，就无法度完余年。我们祖孙二人，相依为命，所以臣小小的心愿只是不废弃对祖母的奉养，不离开她去远方做官。臣李密今年四十四岁，祖母刘氏九十六岁，这样看来，臣今后为陛下尽忠的日子还很长，而报答刘氏的日子却很短了。我怀着乌鸦反哺的心情，乞求陛下让臣为祖母养老送终。

臣辛酸苦楚的身世，不单为蜀地人士和两州长官所看到和了解，着实是皇天后土所共同见证的。希望陛下怜悯臣的一点愚诚，遂了臣的一点微薄心愿，或许刘氏能侥幸平安寿终，臣活着当誓死尽忠，死后变鬼也当结草报德。臣怀着如同犬马对主人一样恐惧的心情，恭恭敬敬地上表奏报陛下。

【写作方法】

此文满篇都是真情，都是李密自肺腑发出的心声。首段写作者身世悲苦，自小与祖母相依为命，此情可怜；次段写朝廷逼迫自己去京任职，但自己实在有不得已的苦衷，此情可悯；三段写刘氏日薄西山，身为孙子的李密请求尽一份孝心，此情可嘉。言由情出，情自心发，李密至诚至孝的请求，谁又能拒绝呢？

王羲之

（224～287）

王羲之，字逸少，祖籍琅琊临沂（今山东临沂）人，后迁居会稽山阴（今浙江绍兴），晚年隐居剡县金庭。士族出身，曾任江州刺史、会稽内史、右军将军等职，世称“王右军”，是我国历史上著名的书法家，有“书圣”之称，亦长于诗文。

◎兰亭集序◎

【题解】

东晋穆帝永和九年三月三日，当时的一些名士如王羲之、谢安、孙绰、王献之等人，在浙江会稽的兰亭举行了一次盛大的诗酒聚会。参加这次聚会的共有四十一人，他们在溪水旁饮酒赋诗，后来他们把这些诗歌汇编成集，取名为《兰亭集》。本文是王羲之为《兰亭集》所写的序，他在文中描绘了这次聚会的盛况，同时也表达了对人生无常、生命短促的感慨。

【原文】

永和九年①，岁在癸丑。暮春之初，会于会稽山阴之兰亭②，修禊事也③。群贤毕至，少长咸集。此地有崇山峻岭，茂林修竹，又有清流激湍，映带左右，引以为流觞曲水④，列坐其次，虽无丝竹管弦之盛，一觞一咏，亦足以畅叙幽情。是日也，天朗气清，惠风和畅⑤。仰观宇宙之大，俯察品类之盛，所以游目骋怀，足以极视听之娱，信可乐也！

夫人之相与，俯仰一世。或取诸怀抱，晤言一室之内；或因寄所托，放浪形骸之外。虽取舍万殊，静躁不同，当其欣于所遇，暂得于己，快然自足，曾不知老之将至。及其所之既倦，情随事迁，感慨系之矣。向之所欣，俯仰之间，已为陈迹，犹不能不以之兴怀；况修短随化，终期于尽？古人云："死生亦大矣。"岂不痛哉？

每览昔人兴感之由，若合一契⑥，未尝不临文嗟悼，不能喻之于怀。固知一死生为虚诞⑦，齐彭殇为妄作⑧。后之视今，亦犹今之视昔，悲夫！故列叙时人，录其所述。虽世殊事异，所以兴怀，其致一也。后之览者，亦将有感于斯文。

【注释】

①永和：东晋穆帝年号（345 ~ 356）。②会（kuài）稽（jī）：郡名，郡治设在今浙江绍兴。③修禊（xì）：古代春秋两季在水边举行的清除不祥的祭礼。④流觞（shāng）：修禊时的一种活动，是将酒杯放在曲水之上，任其漂流，漂到谁面前谁就要饮酒。曲水：曲折回环的溪水。⑤惠风：和风。⑥契：古人做交易时的凭证，分为两半，双方各持其一。⑦一死生：庄子认为死犹如太阳朝升暮落一样自然，所以生不足喜，死不足哀。⑧彭：彭祖，

传说中长寿的人，相传他活了八百岁。殇（shāng）：夭折的人。

【译文】

永和九年是癸丑年，暮春之初，我们在会稽郡山阴县的兰亭集会，举行禊饮活动。各路贤者才子都来了，老老少少会聚一堂。这里有崇山峻岭，茂林修竹，又有清澈湍急的溪流辉映环绕在左右，我们就将溪水引来以为曲水流觞。大家依次在曲水旁落座，虽然没有丝竹管弦齐奏的盛大场面，但一边饮酒一边赋诗，也足以畅谈倾吐心中的高雅情怀。这一天，天气晴朗，空气清新，和煦的春风舒缓地吹来，抬起头能看到宇宙的浩浩无垠，俯下身能细察万物的繁荣旺盛，于是放眼观赏，舒展胸怀，这就足以极尽耳目视听的欢娱，真是非常快乐的事情！

说起人与人的相处，低头与抬头之间，便已过了一世。有的人把自己的心中之事倾吐出来，与朋友在小屋里亲切交谈；有的人则把自己的志趣寄托在外物之上，放任自适，怡然自得。虽然他们追求的和舍弃的东西千差万别，性格的喜静好动也各不相同，但当遇到让人高兴的事情，暂时地称心如意，就会十分快乐并且感到自足，有时竟忘记了衰老将要到来。等到厌倦了所追求的东西，感情随着事物的变迁而变化，感慨便自然而然地从心中流出，与事情关联在一起。以往所为之快乐欣喜的事物，转眼间都变成了前尘故迹，对此心中还不能不有所感慨和触动；更何况人一生的长短只是顺从于造化，终究要归于结束呢？古人说："死生也是件大事情啊。"这怎么能不让人痛心呢？

每当看到前人所以感慨的缘由，和自己的感想竟然像符契一样相合，总难免要在前人的文章面前叹息感伤，心里还不明白为什么会这样。本来就知道把死生视为等同是虚妄的，把长寿的彭祖与夭折的少年看作是一样荒谬的。后人看待今人，也就像今人看待前人一样啊，这真是令人悲伤啊！我因此记下了到会者的姓名，抄录了他们所作的诗篇，虽然时代不同，世事有别，然而引发感慨的缘由大都相同。后世看到这些诗篇的人，也将会有所感慨吧。

【写作方法】

本篇的写法是借景抒情。“永和九年，……信可乐也”一段写兰亭周围的景色以及此次宴会的情形，这段描写疏朗跌宕，就像空蒙的云气驰骋在纸上一般。后两段写自己的感慨，“快然自足，曾不知老之将至”，这是乐极生悲，也是旷达洒脱，寄托了作者对生命意义的关怀。

陶渊明

（365～427）

陶渊明，一名潜，字元亮，世称“靖节先生”。他是浔阳柴桑（今江西九江西南）人，出身于没落的仕宦家庭，少年时便博学能文，怀有壮志，曾做过江州祭酒、镇军参军、建威参军、彭泽令等小官。由于不愿受官场的拘束，陶渊明在四十一岁那年弃官归田，在农村过着躬耕隐居的生活。他长于诗文辞赋，诗淡雅自然，散文也很像他的诗，感情真挚，语言质朴自然，表现出一种恬淡适性的意趣，寄托着他超脱尘网、返归自然的心志。有《陶渊明集》。

◎归去来辞◎

【题解】

此文写于作者辞去彭泽县令之后。陶渊明生动地描写了弃官归来的喜悦心情，回家后的生活情趣和感受，表达了自己不愿意违心混迹官场，热爱淳朴的农村田园生活的思想感情。

【原文】

归去来兮，田园将芜，胡不归！既自以心为形役，奚惆怅而独悲！悟已往之不谏，知来者之可追。实迷途其未远，觉今是而昨非。舟摇摇以轻扬，风飘飘而吹衣。问征夫以前路①，恨晨光之熹微。乃瞻衡宇②，载欣载奔。

僮仆欢迎，稚子候门。三径就荒，松菊犹存。携幼入室，有酒盈樽。引壶觞以自酌，眄庭柯以怡颜③，倚南窗以寄傲，审容膝之易安④。园日涉以成趣，门虽设而常关。策扶老以流憩⑤，时矫首而遐观⑥。云无心以出岫⑦，鸟倦飞而知还。景翳翳以将入⑧，抚孤松而盘桓。

归去来兮，请息交以绝游。世与我而相违，复驾言兮焉求？悦亲戚之情话，乐琴书以消忧。农人告余以春及，将有事于西畴⑨。或命巾车，或棹孤舟⑩，既窈窕以寻壑⑪，亦崎岖而经丘。木欣欣以向荣，泉涓涓而始流。羡万物之得时，感吾生之行休⑫！

已乎矣！寓形宇内复几时，曷不委心任去留⑬？胡为遑遑欲何之？富贵非吾愿，帝乡不可期。怀良辰以孤往，或植杖而耘耔⑭。登东皋以舒啸⑮，临清流而赋诗。聊乘化以归尽⑯，乐夫天命复奚疑！

【注释】

①征夫：行人。②衡宇：横木为门的房屋，形容居所简陋。③眄（miǎn）：斜视。庭柯：庭院中的大树。④容膝：形容地方狭小，只能容下自己的膝盖。⑤策：拄。扶老：指拐杖。流：周游。憩：休息。⑥矫首：举首，抬头。⑦岫（xiù）：山峰。⑧翳翳（yì）：昏暗的样子。⑨事：农事。畴（chóu）：田地。⑩棹（zhào）：船桨。⑪窈（yǎo）窕（tiǎo）：幽深曲折的样子。⑫行休：行将结束。⑬委心：随心。⑭耘耔（zǐ）：翻土除草。⑮皋：高地。⑯乘化：顺应万物变化的规律。归尽：死亡。

【译文】

回去了啊！田园将要荒芜，为什么还不回去？既然是自己使心灵为形体所奴役，为什么还要惆怅和独自悲伤呢？醒悟了过去的事情再也不能挽回，也知道未来还可以追求。走入迷途还不算太远，觉察到今天的正确和昨天的错误。船儿摇荡着轻快地向前行驶，清风阵阵袭来，吹动着我的衣襟。我向行人询问前面的路程，只恨晨光微弱什么也看不清楚。继而看到了我简陋的房舍，于是满怀喜悦地向前飞奔。家童仆人欢欢喜喜地出来迎接，孩子们则守候在家门。园中的小路快要被荒草掩盖，松树和菊花依然如往日一样的生存。我拉着孩子们进入屋内，屋里摆着盛满酒浆的酒樽。我拿起酒壶酒樽自斟自饮，看着庭院里的树木，脸上露出了会心的笑颜。靠着南窗寄托傲岸的情怀，我深知这个狭窄的小屋才能让我感到舒适而安稳。平日里在园中漫步成为了我的乐趣，虽然设有园门却时常关闭。拄着拐杖，累了便自由地休憩，也时不时地抬起头来向远方眺望。白云悠闲自在地飘出了山峦，鸟儿飞累了也知道还巢。黄昏日暮时万物都变得昏暗模糊了起来，我抚摸着孤松而流连徘徊。

回去了啊！让我谢绝与那世俗的交游。世道既然与我心相违，我还四处奔波寻求些什么？我喜爱亲戚间充满情意的话语，也乐于沉浸在琴与书中来排遣忧愁。农人们告诉我春天已然来到人间，将要到西边的田地中去耕种劳作。我有时驾着巾车，有时划着小舟。在幽深曲折中探访山谷，在崎岖艰难中访遍了山丘。树木欣欣向荣地生长，泉水开始涓涓地流淌。我羡慕万物生长正得其时，感叹我的一生行将结束。

算了吧！寄身于天地之间还能有多少时日？为什么不顺着心意来决定去留？为什么还这样心神不定地想要追求些什么？荣华富贵既然不是我心所愿，神仙世界也是无处寻求。趁着这大好时光独自闲游，有时也放下手杖下田除草培苗。登上东边的高岗放声长啸，临着清清的流水悠然赋诗。姑且顺随着自然的变化了此一生吧，乐于听从天命还有什么可怀疑的！

【写作方法】

古代很多经典的长篇文章常给人以一气呵成、汪洋恣肆之感，仔细解析，会发现这些长篇文章是由很多小的短文积构而成。这篇文章不算长，然而都是四句一段。如果分段来读，会发现每段都能独立成篇，其语言天然率真，朗朗上口。长文之妙在于能逐段作短文。

◎桃花源记◎

【题解】

本文是陶渊明《桃花源诗》的序言。世间到底有没有桃花源这个地方，历来说法不一。不过可以肯定的是，陶渊明借这一人间仙境，表达了自己对美好生活的向往。在这篇游记中，陶渊明虚构了一个没有纷争、人们过着幸福安宁生活的理想世界，这既是一种寄托，又表现了他对当时社会的不满与批判。

【原文】

晋太元中[①]，武陵人捕鱼为业[②]。缘溪行，忘路之远近。忽逢桃花林，夹岸数百步，中无杂树，芳草鲜美，落英缤纷。渔人甚异之，复前行，欲穷其林。

林尽水源，便得一山。山有小口，仿佛若有光，便舍船从口入。初极狭，才通人。复行数十步，豁然开朗。土地平旷，屋舍俨然[③]，有良田、美池、桑竹之属。阡陌交通[④]，鸡犬相闻。其中往来种作，男女衣著，悉如外人。黄发垂髫[⑤]，并怡然自乐。见渔人，乃大惊，问所从来，具答之。便要还家[⑥]，设酒杀鸡作食。村中闻有此人，咸来问讯。自云先世避秦时乱，率妻子邑人来此绝境[⑦]，不复出焉，遂与外人间隔。问今是何世，乃不知有汉，无论魏、晋。此人一一为具言所闻，皆叹惋。余人各复延至其家，皆出酒食。停数日，辞去。此中人语云："不足为外人道也。"

既出，得其船，便扶向路，处处志之。及郡下，诣太守说如此。太守即遣人随其往，寻向所志，遂迷，不复得路。

南阳刘子骥[⑧]，高尚士也，闻之，欣然规往[⑨]，未果，寻病终。后遂无问津者。

【注释】

①太元：东晋孝武帝年号（376～396）。②武陵：郡名，治所在今湖南常德。③俨（yǎn）然：形容整齐的样子。④阡（qiān）陌：田间的小路。⑤黄发垂髫（tiáo）：指老老少少。⑥要：通“邀”。⑦邑人：同乡的人。⑧刘子骥：南阳人，当时的隐士。⑨规：计划，打算。

【译文】

晋太元年间，武陵有个人，以捕鱼为生。一天，他顺着小溪划船前行，也不知走了多远。忽然遇到一片桃花林，沿着溪流两岸延伸了几百步。桃花林中没有别的树，桃树下芳草茵茵，鲜嫩美丽，桃花的花瓣飘落，洋洋洒洒。渔人感到非常诧异，又往前走，想走到这林子的尽头。

桃花林尽处正是这溪水的源头。到了那里就看到一座山，山上有个小洞口，仿佛有些光亮透了出来，渔人便舍了船进入了洞口。刚开始的一段十分狭窄，刚刚能通过一个人。又走了几十步，眼前豁然开朗。土地平坦宽广，房舍整整齐齐，有肥沃的田地、美丽的池塘和桑树竹子之类的景物。田间的小路交错相通，鸡鸣狗叫的声音在村落间彼此相应。其中的人们来来往往，耕种劳作。男女的衣着装束，完全和外面的人一样。老人和小孩都也个个安适自在，悠然自得。他们看见了渔人，很是吃惊，问他从哪里来，渔人一五一十地回答了他们。于是就有人邀请渔人到自己家里去，备酒杀鸡做饭菜来款待他。村中的人听说来了这样一个人，都跑来问这问那。他们说祖先为了躲避秦时的祸乱，带领妻子儿女及乡邻来到这与人世隔绝的地方，就再也没有出去过了，于是就与外面的人断绝了往来。他们问现在是什么朝代，竟然不知道有过汉朝，更不要说魏和晋了。渔人就把自己的见闻详尽地讲给他们听，他们听罢都感叹不已。其余的人又相继邀请渔人到自己家中，都拿出酒饭来招待他。住了几天，渔人便告辞离去了。走的时候那里的人嘱咐他说：“不要把这里的情况向外人说呀！”

渔人出来后，找到他的船，就沿着来路回去，一路上处处留下标记。回到郡里，去拜见太守，报告了这些情况。太守立即派人随他前往，寻找前次做的标记，然而竟迷失了方向，再也没找到那条路。

南阳刘子骥是个志趣高尚的名士，听到这件事，便兴致勃勃地前往寻访，但是没有找到，不久便病死了。从此以后，就再也没有问路访求桃花源的人了。

【写作方法】

作者借用小说笔法，以捕鱼人的经历为线索，以美好娴静的桃花林做铺垫，引出一个质朴自然的化外世界。接下来，陶渊明借桃源人之口，说明当初来到这里的缘由：躲避战乱。“乃不知有汉，无论魏、晋”一语，寄托了作者超然物外的幽思。渔人返寻所志、迷不得路，使读者由幻境回到现实。文末南阳刘子骥寻觅不得其踪一笔，又使全文有余意不穷之趣。

◎五柳先生传◎

【题解】

这篇文章是陶渊明写的一篇具有自传性质的散文。他以史传的笔法，通过对居住环境和生活细节的描写，勾画出一个不慕荣华、不贪功利、怡然自得、安贫乐道的“五柳先生”。文章语言流畅自然，不加修饰，笔法清淡闲远，意境清新，有陶诗自然优美的特质。

【原文】

先生不知何许人也，亦不详其姓字。宅边有五柳树，因以为号焉。闲静少言，不慕荣利。好读书，不求甚解，每有会意，便欣然忘食。性嗜酒，家贫，不能常得。亲旧知其如此，或置酒而招之。造饮辄尽，期在必醉；既醉而退，曾不吝情去留。环堵萧然，不蔽风日。短褐穿结①，箪瓢屡空②，晏如也③。尝著文章自娱，颇示己志。忘怀得失，以此自终。

赞曰：黔娄有言[④]：不戚戚于贫贱，不汲汲于富贵[⑤]。其言兹若人之俦乎[⑥]？衔觞赋诗，以乐其志，无怀氏之民欤？葛天氏之民欤[⑦]？

【注释】

①短褐（hè）：粗布短衣。结：打结。②箪（dān）：古代盛饭的圆形竹器。③晏如：安然自若。④黔娄：春秋时鲁国高士，他不求仕进，屡次拒绝诸侯邀请。⑤汲汲：急于得到、急切的样子。⑥俦（chóu）：类。⑦无怀氏、葛天氏：传说中古代的氏族首领。

【译文】

先生不知道是什么地方的人，也不清楚他的姓名和表字。因为他所住的房屋旁边有五棵柳树，就用它做了自己的号。他性格恬淡宁静，沉默寡言，不羡慕荣华利禄。喜欢读书，只求理解其中精华，并不着眼于一字一句的解释，每当对书中意旨有所领会的时候，就高兴得忘记了吃饭。他生性嗜酒，但因为家里穷，不能经常得到。亲戚朋友知道他这种情况，有时就摆了酒叫他来喝。他一来就要喝得尽兴，所期望的是一醉方休，等到喝醉了就告辞回家，从不拘泥于去留。他简陋的居室里只有空空荡荡的四面墙壁，不能遮蔽风雨和阳光；粗布短衣上面打了许多补丁，锅瓢碗盏经常是空的，可是他安之若素。他经常写文章来消遣时光，文章中很能表达出自己的志趣。他忘记了世俗的得失，愿意就这样直到老死。

赞语说：黔娄曾经说过：不为贫贱而忧心忡忡，不为富贵而奔波劳碌。他说的就是五柳先生这样的一类人吧？一边喝酒一边赋诗，以娱悦自己的心志，他是无怀氏时候的人呢，还是葛天氏时候的人呢？

【写作方法】

为人作传却隐去传主的家世、生平事迹等一般传记要素，而着重表现他的性格志趣与精神气质，使文章主旨更加突出。文章语言朴素洗练，看似平淡，实则蕴含深刻。作者在文中多处言“不”，体现出自己与世俗的格格不入，表达了陶渊明平淡自然和安贫乐道的境界，以及对其人格的坚持。

本文赞语，用“不戚戚于贫贱，不汲汲于富贵”的话来赞扬五柳先生，两句话非常精炼地概括了五柳先生的性格特征。下面“衔觞赋诗”几句，用记述与抒情再补一笔，人物的精神面貌更加突出，像是在画面上真的活动起来了。

魏徵

（580～643）

魏徵，字玄成，魏州曲城（今河北巨鹿）人。少孤贫，曾做过道士。隋末参加李密的起义军，失败后归唐。先辅佐太子李建成，“玄武门之变”后成为唐太宗李世民的重要辅臣。为人有胆识，直言敢谏，以“诤臣”著称于世。历官尚书左丞、秘书监、侍中、左光禄大夫、太子太师等，封爵郑国公。曾主编《群书治要》《隋书》等。他是唐朝初年杰出的政治家和历史学家。

◎谏太宗十思疏◎

【题解】

本篇是魏徵于贞观十一年（637）所写的一篇奏议，主要是针对唐太宗在其晚年逐渐趋于骄奢享乐的情况而写的。文中提醒唐太宗应当“居安思危，戒奢以俭”，并具体地提出了十点皇帝须要经常思考的问题。文章的话虽然说得直率，但言辞中肯且委婉有度。唐太宗看过后深受触动，于是亲自写下诏书承认自己的过失。

【原文】

臣闻求木之长者，必固其根本；欲流之远者，必浚其泉源；思国之安者，

必积其德义。源不深而望流之远，根不固而求木之长，德不厚而思国之安，臣虽下愚，知其不可，而况于明哲乎？人君当神器之重①，居域中之大②，不念居安思危，戒奢以俭，斯亦伐根以求木茂，塞源而欲流长也。

凡昔元首，承天景命③，善始者实繁，克终者盖寡。岂取之易，守之难乎？盖在殷忧④，必竭诚以待下；既得志，则纵情以傲物。竭诚，则吴、越为一体；傲物，则骨肉为行路。虽董之以严刑，振之以威怒，终苟免而不怀仁，貌恭而不心服。怨不在大，可畏惟人，载舟覆舟，所宜深慎。

诚能见可欲，则思知足以自戒；将有作，则思知止以安人；念高危，则思谦冲而自牧⑤；惧满盈，则思江海下百川；乐盘游，则思三驱以为度；忧懈怠，则思慎始而敬终；虑壅蔽⑥，则思虚心以纳下；惧谗邪，则思正身以黜恶⑦；恩所加，则思无因喜以谬赏；罚所及，则思无以怒而滥刑。总此十思，弘兹九德。简能而任之，择善而从之；则智者尽其谋，勇者竭其力，仁者播其惠，信者效其忠。文武并用，垂拱而治⑧。何必劳神苦思，代百司之职役哉？

【注释】

①神器：指帝位。②域中：指天地之间。③景命：大命。④殷忧：深深的忧虑。⑤冲：谦和。牧：修养。⑥壅：堵塞。⑦黜（chù）：排斥。⑧垂拱：指无为而治。

【译文】

我听说要求树木长得高大，就一定要加固它的根本；想要河水流得长远，就一定要疏通它的源头；想使国家安定，就一定要积聚自己的道德仁义。水源不深却希望水流得长远，根基不牢固却要求树木长得高大，道德不深厚却期望国家能够安定，我虽然十分愚笨，也知道那是不可能的，更何况英明聪慧的人呢！国君承受着统治天下的重任，是威照四方的至尊，不想着要居安思危，戒除奢侈而力行节俭，这也就像砍断树根却要求树木长得茂盛，堵塞泉源却希望水能流得长远一样啊！

凡是古代的君主，承受上天的大命，开始做得好的确实很多，但是能够坚持到底的却很少。难道是取天下易，守天下难吗？大概是他们在忧患深重的创业阶段，必然竭尽诚意对待下属；一旦得志，便放纵情欲，傲视他人。竭尽诚意，那么即使像吴、越那样世代为敌的国家也可以成为一体；傲视部下，就是骨肉至亲也会疏远得像过路人一样。即使用严酷的刑罚监督人们，用雷霆之怒震慑他们，最后也只能使人们暂且免除刑罚，心中却不会感念君王的恩德，表面上态度恭顺，可是心里并不服气。怨恨不在大小，可怕的只是人心的向背。水能载舟，亦能覆舟的道理，陛下真是应该特别谨慎对待啊。

假如真能做到：看见到心爱的东西，就想到知足以警诫自己；将要大兴土木，就想到要适可而止以使百姓安宁；思虑到身居高位会招致危险，就想到要谦虚平和，并且加强自我修养；害怕自己骄傲自满，就想到江海是处于百川的下游，总是不断地接纳着万千支流；喜欢打猎游乐，就想到君王应以每年打猎三次为限度；担心意志懈怠，就想到做事要谨慎地开始慎重地结束；忧虑会受蒙蔽，就想到虚心接纳臣下的意见；害怕被谗佞奸邪所迷惑，就想到端正自身以斥退邪恶小人；加恩于人时，就想到不要因为一时高兴而赏赐不当；施行刑罚时，就想到不要因为正在发怒而滥施刑罚。全部履行上述十个方面，弘扬那九种美德，选拔贤能的人而任用他，选择正确的意见而听从它；那么，聪明的人就会贡献出他们的智谋，勇敢的人就会竭尽他们的气力，仁爱的人就会广施他们的恩惠，诚实的人就会奉献他们的忠诚。这样文武并重，就可以垂衣拱手，无为而治了。何必劳神苦思，代行百官的职责事务呢？

【写作方法】

"十思"之论，魏徵意在规劝太宗居安思危，其词全用排偶，气势雄峻，铿锵有力。这篇文章风格质朴，结构严谨，开唐代散文的疏朗之风。

王勃

（649～676）

王勃，字子安，绛州龙门（今山西稷山县）人。出身望族，祖父王通为隋末大儒。王勃自幼聪颖，七岁就能著文。高宗乾封元年（666）应举及第，曾任虢州参军，后往海南探父，溺水受惊而死，年仅二十七岁。“初唐四杰”之一，擅长五言律诗和骈体文赋。

◎滕王阁序◎

【题解】

滕王阁位于江西南昌赣江边，是唐高祖李渊的儿子李元婴（滕王）在洪州任刺史时所建。唐高宗时，洪州都督阎某又重新修缮。王勃于高宗末年到交趾去探望父亲，途中路过滕王阁，正好赶上都督阎某重九日在滕王阁大宴宾客。王勃被邀请参加宴会，写下《滕王阁序》。这篇文章先写滕王阁周边秀丽的景色，后面转而抒怀，表达自己怀才不遇的悲凉情感和“穷且益坚”的积极进取的精神。全文声色并陈，情景俱佳，历来为人所传诵。

【原文】

南昌故郡，洪都新府。星分翼轸，地接衡庐。襟三江而带五湖[①]，控蛮荆而引瓯越[②]。物华天宝，龙光射牛斗之墟[③]；人杰地灵，徐孺下陈蕃之榻[④]。雄州雾列，俊彩星驰。台隍枕夷夏之交[⑤]，宾主尽东南之美。都督阎公之雅望[⑥]，棨戟遥临[⑦]；宇文新州之懿范[⑧]，襜帷暂驻[⑨]。十旬休暇，胜友如云；千里逢迎，高朋满座。腾蛟起凤，孟学士之词宗；紫电青霜，王将军之武库。家君作宰，路出名区，童子何知[⑩]，躬逢胜饯。

时维九月，序属三秋。潦水尽而寒潭清[⑪]，烟光凝而暮山紫。俨骖騑于上路[⑫]，访风景于崇阿，临帝子之长洲[⑬]，得仙人之旧馆。层峦耸翠，上出重霄；

飞阁流丹，下临无地。鹤汀凫渚[14]，穷岛屿之萦回；桂殿兰宫，列冈峦之体势。披绣闼[15]，俯雕甍[16]，山原旷其盈视，川泽盱其骇瞩[17]。闾阎扑地[18]，钟鸣鼎食之家；舸舰迷津，青雀黄龙之轴[19]。虹销雨霁[20]，彩彻云衢[21]，落霞与孤鹜齐飞[22]，秋水共长天一色。渔舟唱晚，响穷彭蠡之滨[23]；雁阵惊寒，声断衡阳之浦[24]。

遥吟俯畅，逸兴遄飞[25]，爽籁发而清风生，纤歌凝而白云遏。睢园绿竹[26]，气凌彭泽之樽[27]；邺水朱华，光照临川之笔[28]。四美俱，二难并。穷睇眄于中天[29]，极娱游于暇日。天高地迥[30]，觉宇宙之无穷。兴尽悲来，识盈虚之有数。望长安于日下，指吴会于云间。地势极而南溟深[31]，天柱高而北辰远。关山难越，谁悲失路之人？萍水相逢，尽是他乡之客。怀帝阍而不见[32]，奉宣室以何年[33]？

呜乎！时运不齐，命途多舛[34]。冯唐易老，李广难封[35]。屈贾谊于长沙[36]，非无圣主；窜梁鸿于海曲[37]，岂乏明时？所赖君子安贫，达人知命。老当益壮，宁移白首之心？穷且益坚，不坠青云之志。酌贪泉而觉爽，处涸辙以犹欢。北海虽赊[38]，扶摇可接；东隅已逝[39]，桑榆非晚[40]。孟尝高洁[41]，空怀报国之心；阮籍猖狂[42]，岂效穷途之哭！

勃，三尺微命，一介书生。无路请缨，等终军之弱冠[43]；有怀投笔，慕宗悫之长风[44]。舍簪笏于百龄[45]，奉晨昏于万里[46]。非谢家之宝树，接孟氏之芳邻。他日趋庭，叨陪鲤对[47]；今晨捧袂[48]，喜托龙门。杨意不逢，抚凌云而自惜；钟期既遇，奏《流水》以何惭？

呜呼！胜地不常，盛筵难再。兰亭已矣，梓泽丘墟[49]。临别赠言，幸承恩于伟饯；登高作赋，是所望于群公。敢竭鄙诚，恭疏短引[50]，一言均赋，四韵俱成：滕王高阁临江渚，佩玉鸣鸾罢歌舞[51]。画栋朝飞南浦云，珠帘暮卷西山雨。闲云潭影日悠悠，物换星移几度秋。阁中帝子今何在？槛外长江空自流。

【注释】

①襟：衣领。②蛮荆：指楚地。引：连接。瓯（ōu）越：指浙江南部和福建一带。③龙光：宝剑的光芒。牛斗之墟：相传西晋的张华看见牛、斗二星之间有紫气，于是派人到丰城当县令，掘地得宝剑二口，一名龙泉，一名太阿。④徐孺：东汉名士徐稚。豫章的太守陈蕃素不待客，只有他来了才招待，并专为他设一榻，以示尊敬。⑤台隍：指洪州。⑥雅望：崇高的声望。⑦棨（qǐ）戟：有衣套的戟，古代官员外出时的仪仗。⑧懿：美好。⑨襜（chān）帷：车子的帷幔。⑩童子：王勃谦称。⑪潦（lǎo）水：指雨后积水。⑫骖（cān）騑（fēi）：驾车的马。⑬帝子：指滕王李元婴，滕王阁便由他所建。⑭汀（tīng）：指水边或水中平地。凫（fú）：野鸭。渚（zhǔ）：小洲。⑮闼（tà）：门。⑯甍（méng）：屋脊。⑰盱（xū）：睁大眼睛。骇瞩：对所看到的景物感到吃惊。⑱闾（lǘ）阎：里巷的门，此指房屋。扑地：遍地。⑲轴：通“舳”，船只。⑳霁：雨雪停止。㉑衢（qú）：原意是四通八达的道路。㉒鹜（wù）：野鸭。㉓彭蠡（lǐ）：即鄱阳湖。㉔衡阳之浦：传说大雁向南飞到衡阳的回雁峰就不再南行。㉕遄（chuán）：快，迅速。㉖睢（suī）园：汉梁孝王在睢水边修建的竹园，他常与宾客在园中宴饮。㉗彭泽：指陶渊明，他曾任过彭泽令，性嗜酒。㉘临川：指南朝诗人谢灵运。㉙睇（dì）眄（miǎn）：斜视。㉚迥（jiǒng）：远。㉛南溟（míng）：南海。㉜帝阍（hūn）：皇宫的大门，这里指京城。㉝宣室：古代帝王的大室。㉞舛（chuǎn）：不幸。㉟冯唐易老，李广难封：汉冯唐身历三朝，至武帝时，举为贤良，但冯唐已九十多岁了，不能再做官了。汉名将李广抗击匈奴屡立战功，但因为时运不济，他的部下有许多都封了侯，但他始终没有被封侯。㊱贾谊：西汉著名的政治家、文学家。他的才华很为汉文帝赏识，引起了一些朝臣的不满。他们以“洛阳之人，年少初学，专欲擅权，纷乱诸事”的流言动摇了文帝对贾谊的信任，结果文帝让贾谊离京去做长沙王太傅。㊲梁鸿：东汉诗人。汉章帝时，因事出函谷关，经过京城，作《五噫歌》讽世，章帝闻知，不悦，下诏搜捕。他于是南逃至吴，给人当雇工。㊳赊：远。㊴东隅：

早晨。㊵桑榆：夕阳的余晖照在桑榆树梢上，指黄昏。㊶孟尝：东汉人，他曾任合浦太守，有政绩，却不被重用，后辞官归隐。㊷阮籍：魏晋时的贤士，他对魏末司马氏专权不满，于是借酒装疯，远离仕途。㊸弱冠：二十岁。㊹宗悫（què）：南朝宋的将军，他的叔父曾问他志向，他回答说："愿乘长风破万里浪。"㊺百龄：百年。㊻奉晨昏：指早晚向父母请安。㊼叨（tāo）：惭愧。鲤对：孔子曾在儿子孔鲤走过庭前的时候对他进行教育，后人于是称回答长辈的教诲为"鲤对"。㊽袂（mèi）：衣袖。㊾梓泽：又名金谷园，西晋石崇修建，极尽奢华。㊿疏：撰写。引：序言。51 鸣鸾：车上的鸾铃声。

【译文】

南昌是旧时豫章郡的郡治，现在称洪都府。它处在翼、轸二星的分野，所处地域与庐山和衡山相接。它以三江作衣领，以五湖环绕作衣带，是楚地的中枢，更连接着闽越。这个地方汇聚了万物的精华，上天的瑰宝，在此地发掘的宝剑的光芒直冲到了牛、斗二星之间；可以说是人中多俊杰，大地有灵秀，徐孺子就曾经使太守陈蕃为他特设卧榻。雄伟的州城在烟雾中若隐若现，杰出的人才像流星一样来往飞驰。洪州城坐落在荆楚和华夏交接的地方，宾客和主人都是东南一带的俊杰。声名远播的阎都督，打着仪仗远道而来；德行美好的新州宇文刺史，乘着车驾到此地暂作停留。此时正逢十日的休假，才华出众的友人们云集于此；相隔千里的客人前来相聚，大家欢欢喜喜坐满宴席。蛟龙腾跃，凤凰飞舞，那是文坛领袖孟学士文章的轻灵美妙；紫电剑急如雷霆，清霜剑寒气逼人，那是王将军的精湛武艺。家父到交趾出任县令，曾经路过这个地方；我一个小孩子懂得什么，竟也亲遇了这样盛大的宴会。

眼下正值九月，从季节的顺序上说已经是深秋了。雨后的积水已随夏天的过去而消失殆尽，清澈的潭水在秋光中略显寒冷；烟光雾气的凝结中，晚山笼罩在一片苍茫紫色当中。我在大道旁收拾起车马，在崇山峻岭中遍访风景，来到滕王的长洲之上，瞻拜了他主持修建的这座阁楼。重叠的山峦托起一片苍翠，高高的山峰向上直指云霄。凌空架起的高阁仿佛将朱红的油彩溶散到了风中，高高在上更觉遗世独立而看不见地面。仙鹤栖宿的平滩和野鸭聚集的小洲，极尽岛屿曲折回环的景致；桂树与木兰建成的宫殿，高高低低地呈现出山峦起伏的态势。打开精美的阁门，俯瞰华丽的屋脊，辽阔的山原充满视野，迂回的湖河让人瞠目。屋廊房舍错落重叠的，是钟鸣鼎食的权贵人家；船帆舟舸密布纵横，都装饰着青雀黄龙的船首。彩虹退尽，雨过天晴，夕阳将云朵映得缤纷绚烂，落霞与孤飞的野鸭一齐翱翔，秋水与无边的天空浑然一色。渔舟唱晚而归，歌声响遍鄱阳湖畔；雁阵因寒而叫，叫声消失在衡阳水边。

放声长吟，登高俯瞰，豪情逸致畅然奔涌。洞箫发出清脆的声音，引来阵阵清风；轻柔舒缓的歌声仿佛凝住不散，白云也为它停留。像睢园竹林的饮宴，狂饮的气概压过了陶渊明；像邺水曹植咏荷花那样的才气，文采可以和谢灵运媲美。良辰、美景、赏心、乐事，四件美事同时齐备，贤主、嘉宾，两种难得的人欢聚一堂。放眼远望长空，在闲暇的日子里尽情欢乐。天高地远，感到宇宙的无穷无尽；兴尽悲来，认识到事物的兴衰成败有所定数。远望长安在夕阳下，遥看吴越在云海间。地势倾斜，直到南海岸；天柱高耸，直指北极星。关山难以越过，谁能怜惜失意之人？萍水相逢，都是他乡来客。思念皇帝的宫阙却不能看见，像贾谊那样在宣室奉召，将要等到何年？

唉！时运不济，命途多有坎坷。冯唐容易衰老，李广终难封侯。贾谊被贬到长沙，其时并非没有圣明的君主；梁鸿到海边隐居，岂是没碰到政治清明的时代？所依赖的是君子能够安于贫贱，通达的人能够知道自己的命运。年纪虽老，志气应当更为旺盛，谁能理解白头都不曾改变的心思？处境艰难意志却更加坚定，决不放弃远大崇高的理想。喝了贪泉的水，仍然觉得心清气爽；处在干涸的车辙中，还能保持乐观豁达的心情。北海虽然遥远，乘着旋风仍可以到达；少年的时光虽然已经流逝，珍惜将来的岁月还不算太晚。孟尝品行高洁，却空怀着一腔报国的热情；阮籍狂放不羁，又怎能效法他那样在无路可走时便恸哭而返！

我王勃，只是腰带三尺的小官，一介书生而已。没有门路请缨报国，现在已和终军的年龄相同；有投笔从戎的志向，也仰慕宗悫“乘风破浪”的壮心。舍弃一生的功名富贵，到万里之外去早晚侍奉双亲。不敢说是谢玄那样的人才，却也从小交从于诸位名家。即将要到父亲跟前，恭敬地聆听他的教诲；今天奉陪各位，高兴得像鲤鱼跳上了龙门。司马相如倘若没有遇上杨得意，只好拍着他的赋而叹息；我今天遇上了钟子期那样的知音，奏一曲高山流水又有什么羞愧的呢？

唉！名胜不能长存，盛宴难以再逢。兰亭的聚会已经成了过去，繁华的金谷园也成了废墟。离别时写几句话作纪念，有幸蒙受恩惠而参加了这次宴会；登高作赋，只能期望在座的诸公了。冒昧地用尽鄙陋的诚心，恭敬地写下了这篇小序；每人都要赋诗一首，四韵八句成篇：滕王高阁坐落在江边，佩玉声动，鸾铃鸣响，这里宴散人空。早晨，南浦的云霞飞上画栋；晚上，西山的风雨卷起了珠帘。闲走的浮云，潭中的倒影，都在阳光静静的照射下悠然自在；星移斗转，世事变迁，这其中又不知道流过了多少的时间。当年盖起这座高阁的龙子龙孙今日却在哪里？只有这栏杆下的江水空自长流。

【写作方法】

这篇文章结构清晰，层次井然。此文原题为《秋日登洪府滕王阁饯别序》，全文均围绕题目展开。作者先是叙述洪都雄伟的地势、游玩的时间、珍异的物产、杰出的人才以及尊贵的宾客，紧扣题目中的“洪府”二字；进而向读者描绘了一幅滕王阁秋景图，始终紧扣题目中“秋日”“登滕王阁”六字；随后因景生情，由对宴会的描写转而引出人生的感慨，紧扣题目中的“饯”字；最后自叙遭际，表示当此临别之际，既遇知音，自当赋诗作文，以此留念，这是紧扣题中“别”“序”二字。此文延续了南朝骈文的体式，文中不论写滕王阁的景色，还是抒发人生的感慨，都用了排偶手法，通篇循环往复，错落有致，既增加了文采，又增添了气势。

李白

（701～762）

李白，字太白，号青莲居士。祖籍陇西成纪（今甘肃秦安东），幼时随父迁居绵州昌隆县（今四川江油）青莲乡。二十五岁起辞亲远游。天宝初供奉翰林，因遭权贵谗毁，仅一年余即离开长安。安史之乱中，曾为永王李璘幕僚，李璘兵败被杀，李白受累入狱，不久流放夜郎；中途遇赦东还。晚年投奔其族叔当涂令李阳冰，于其寓所病逝。有《李太白文集》三十卷行世。

◎与韩荆州书◎

【题解】

唐玄宗朝的荆州长史韩朝宗，是一个有识人慧眼，好提携后进之士的官员，曾举荐过崔宗之、严武等人，在当时的士子中享有很高的声誉。李白想有一番作为，就向韩朝宗毛遂自荐，写下这封请求引荐的信。在这封信中，李白先是赞赏了韩荆州的举贤任能，进而表明自己的才智和雄心，希望韩朝宗能援引举荐自己。李白素来对自己的才学充满自信，他认为自己正是值得举荐的人才，表示准备进献自己平日的著作给韩朝宗品评。虽然这是一封恳求他人的信，却写得不卑不亢，通篇跌宕起伏，在委婉曲折中有一股昂扬豪迈的气势。

【原文】

白闻天下谈士相聚而言曰："生不用封万户侯，但愿一识韩荆州。"何令人之景慕一至于此？岂不以周公之风，躬吐握之事[①]，使海内豪俊，奔走而归之，一登龙门，则身价十倍！所以龙蟠凤逸之士，皆欲收名定价于君侯。君侯不以富贵而骄之，寒贱而忽之，则三千之中有毛遂[②]，使白得颖脱而出，即其人焉。

白，陇西布衣，流落楚汉。十五好剑术，遍干诸侯。三十成文章，历抵卿相。虽长不满七尺，而心雄万夫。皆王公大人许与气义。此畴曩心迹③，安敢不尽于君侯哉？君侯制作侔神明④，德行动天地，笔参造化，学究天人。幸愿开张心颜，不以长揖见拒。必若接之以高宴，纵之以清谈，请日试万言，倚马可待。今天下以君侯为文章之司命⑤，人物之权衡，一经品题，便作佳士。而今君侯何惜阶前盈尺之地，不使白扬眉吐气，激昂青云耶？

昔王子师为豫州⑥，未下车即辟荀慈明⑦，既下车又辟孔文举⑧；山涛作冀州⑨，甄拔三十余人，或为侍中、尚书，先代所美。而君侯亦一荐严协律，入为秘书郎。中间崔宗之、房习祖、黎昕、许莹之徒，或以才名见知，或以清白见赏。白每观其衔恩抚躬，忠义奋发。白以此感激，知君侯推赤心于诸贤之腹中，所以不归他人，而愿委身国士。倘急难有用，敢效微躯。

且人非尧舜，谁能尽善？白谟猷筹画⑩，安敢自矜？至于制作，积成卷轴，则欲尘秽视听。恐雕虫小技，不合大人。若赐观刍荛⑪，请给纸笔，兼之书人，然后退扫闲轩，缮写呈上。庶青萍、结绿⑫，长价于薛、卞之门⑬。幸推下流，大开奖饰，唯君侯图之。

【注释】

①吐握：周公为了礼贤下士，曾经一顿饭三次吐出口中的食物前去接待客人，洗一次头三次握着已经淋湿的头发跑出来。②毛遂：战国末期大梁人，曾经久居下僚。赵孝成王九年，他自荐出使楚国，促成楚、赵合纵。③畴曩（nǎng）：往昔。④侔（móu）：相等。⑤司命：指最高权威。⑥王子师：即三国时的王允。⑦辟：任用。荀慈明：名爽，东汉人，官至司空。⑧孔文举：即孔融。⑨山涛：“竹林七贤”之一，以善于举贤选能著称。⑩谟（mó）猷（yóu）：谋划。⑪刍（chú）荛（ráo）：割草打柴的人，此指草野之民。⑫庶：或许。青萍：宝剑名。结绿：美玉名。⑬薛：即薛烛，春秋时越国人，善相剑。卞：即卞和，春秋时楚国人，善识玉。

【译文】

我听到天下喜欢议论的读书人相聚时总会说："人生在世不一定要封作万户侯，但愿能够结识一下韩荆州。"您怎么令人景仰爱慕到这种程度呢？还不是因为您能以周公那样的风度，亲身力行"吐哺""握发"那样的美德，才使得天下的豪杰才俊之士，都愿意前来投奔，归附在您的门下；就好像鲤鱼一旦跃上龙门，身价便陡然增长。所以，那些尚未显达，还在蛰伏之中的士人，都渴望在您那里得到名声，得到您对于他们的评价。您既不因为自己地位尊贵而傲视他们，也不因为他们的寒酸贫贱而忽视他们，那么，在您的三千门客之中，必然会有毛遂，如果能使李白脱颖而出，我就是您的毛遂了。

我是陇西的一个普通人，流落在楚汉一带。十五岁爱好剑术，到处谒见各地的地方官；三十岁时文章就开始有名气，屡次拜访过公卿相国。我身高虽不满七尺，却有超越万夫的雄心。王公大臣都很赞许我的节操和义气。这是我从前的思想和行迹，怎么敢不全部向君侯倾吐呢！君侯的功绩可与神明相比，德行感动天地，文章参透了造化之功，学识穷尽了天人之理。但愿您能心情舒畅，神色愉快，不拒绝我以长揖之礼前往谒见。假若一定要用盛大的筵席接待我，容我高谈阔论，那就请您以一日作万言之文的题目来考察我，我想我是可以在很短的时间内完成的。如今，天下人都把您看作是品评文章的权威，对于一个人各方面的权衡品评，只要得到您的称赞，那么这个人马上就会成为声名远扬的优秀人才，您又何必吝惜台阶前那尺寸之地，不接见我，使我不能扬眉吐气，青云直上而大展才略呢？

过去，王子师在豫州做刺史，赴任时车子还没有到官署就征用了荀慈明，到任后又聘用了孔文举；山涛任冀州刺史时，选拔了三十多人，有的被任命为侍中，有的被任命为尚书，这些都得到了前人的赞美。您也曾推荐过严武做秘书郎，又引荐过崔宗之、房习祖、黎昕、许莹等人，他们或者因为才华出众而为您所知，或者因为品行高洁而为您赏识，我常常看到他们感念您的恩德，确实是发自肺腑的，而后这感激之情又变成了忠义之心奋发而出。我也常常因此而感动，知道您对这些贤人是推心置腹、以赤诚相待的，我因而不去依附他人，而愿意把自己托付给您，您在急难中如有用得着我的地方，我愿意贡献出我微薄的力量。

而且，人不是尧舜，谁能尽善尽美？在运筹策划方面，我哪敢妄自尊大？至于写诗撰文，我倒是积累了一些卷轴，想烦劳您过目。只恐这些雕虫小技不能受到您的赏识。如若您愿意看看山野之人的这些文章，那么，请赐给我纸笔和抄写人员，我便回来打扫闲舍，誊写清楚后呈献给您。以便这些诗赋像青萍宝剑和结绿美玉一样，能通过薛烛、卞和的举荐提升价值。我这个地位低下的人希望能得到您的推举和褒扬，请君侯考虑我的请求吧！

【写作方法】

此文开头写仰慕韩荆州平日能得士，透出自荐的用意，语气委婉，既恭维了对方，又没有一点含哀乞怜之象。紧接着，李白自述往昔的心迹、才能和气节，表现自己不卑不亢的品质，并再次称颂韩荆州，起伏照应开头，充满顿挫跌宕之奇；后引两古人的事迹，又一次表达期望得到提拔的心情。过商侯曾评价李白“乃是天下第一虚心人”，这篇文章恰好体现了李白的虚心，字里行间谦虚而不跛扈，自信而不张扬。全文气岸雄伟，光焰万丈，从中可见太白的心雄万夫之概。

◎春夜宴桃李园序◎

【题解】

这篇文章的原题是《春夜宴诸从弟桃李园序》。此文是李白用骈体文写成的一篇脍炙人口的抒情小品，生动地记述了李白和众兄弟在春夜聚会于桃李芬芳的名园，饮酒赋诗，高谈阔论的情景。文章抒发了作者热爱生活、热爱自然，以及对兄弟们和睦友爱的喜悦之情，同时也寄托了对人生短促的感慨和及时行乐的思想。虽然文章流露出“浮生若梦，为欢几何”的感伤情绪，但整体基调是积极向上的。

【原文】

夫天地者，万物之逆旅[①]。光阴者，百代之过客。而浮生若梦，为欢几何？古人秉烛夜游，良有以也[②]！况阳春召我以烟景，大块假我以文章[③]。会桃李之芳园，序天伦之乐事。群季俊秀[④]，皆为惠连[⑤]；吾人咏歌，独惭康乐[⑥]。幽赏未已，高谈转清。开琼筵以坐花，飞羽觞而醉月[⑦]。不有佳作，何伸雅怀？如诗不成，罚依金谷酒数[⑧]。

【注释】

①逆旅：客舍。②良：确实。以：原因。③大块：指大自然。④群季：诸弟。⑤惠连：南朝文学家谢惠连。⑥康乐：南朝文学家谢灵运，袭封康乐公。⑦觞（shāng）：古代酒器。⑧金谷酒数：西晋石崇在金谷园与宾客宴饮的时候，要宾客当筵赋诗，不能成者，罚酒三杯。

【译文】

天地啊！是万物的客舍；光阴啊！是百代的过客。虚浮的人生恍若一场大梦，欢乐的时光又能延续多久？古人拿着蜡烛在夜里游赏，确实是有原因的啊！况且，温暖的春天用烟花美景召唤我们，天地万物赐给了我们一派锦绣风光。我们在桃李芬芳的园中相会，一起畅叙兄弟间的乐事。诸位弟弟都是俊杰才智之士，个个比得上谢惠连，我们作诗吟咏，唯独我惭愧自己的才情不如谢康乐。幽雅的赏玩还没结束，高谈阔论已转为清雅絮语。坐在花丛中摆开豪华的筵席，觥筹交错，尽情欢乐，要和明月同醉在这良辰美景当中。如此情形，没有好的作品，怎能抒发高雅的情怀？如果诗文没有即席作成的，就依照金谷园宴饮的旧例罚酒三杯。

【写作方法】

此文一句一转，一转一意，文气奔放自如，写得潇洒流畅，事情记叙生动自然。精彩的骈偶句式，使文章更加生色。

刘禹锡

（772～842）

刘禹锡，字梦得，洛阳人。德宗贞元九年（793）登进士第，登博学宏词科。顺宗时任屯田员外郎，参与“永贞革新”，不久失败，被贬为朗州司马，迁连州刺史。后因裴度力荐，任太子宾客。武宗初，加检校礼部尚书衔。世称“刘宾客”“刘尚书”。以诗文著称，与柳宗元齐名，并称“刘柳”，晚年与白居易并称“刘白”。其文主要是散体古文，善于说理叙事。有《刘宾客集》。

◎陋室铭◎

【题解】

本文通篇不足一百字，却紧扣“陋室不陋”这一主旨。以山水、室外景物、室内人、室内事来说明“陋室不陋”，再以诸葛庐、子云亭和孔子的话来比赞陋室。文笔简练，洋溢着淡雅的意趣。

【原文】

山不在高，有仙则名；水不在深，有龙则灵。斯是陋室，唯吾德馨。苔痕上阶绿，草色入帘青。谈笑有鸿儒，往来无白丁。可以调素琴，阅金经①。无丝竹之乱耳，无案牍之劳形②。南阳诸葛庐，西蜀子云亭③。孔子云：“何陋之有？”

【注释】

①金经：用泥金颜料书写的经书。②案牍（dú）：指官府的文书。③子云：西汉辞赋家扬雄，字子云。

【译文】

山不在高，有仙人居住就能出名；水不在深，有龙潜藏就能降福显灵。这是间简陋的屋子，好在我有美好的德行。绿色的苔藓滋生到了台阶上面，芳草把帘内映得碧青。在这里谈笑的是饱学多识的学者，相往来的没有无知识的俗人。在这里可以弹奏素朴无华的古琴，阅读金色字迹的佛经；没有世俗的音乐扰乱两耳，没有官府公文劳累身形。它如同南阳诸葛亮的茅庐，好似西蜀扬子云的草玄亭。孔子说："有什么简陋的呢？"

【写作方法】

此文短小精悍，语简而富有理趣。从"山不在高"到"无案牍之劳形"是一层，写了陋室的景色和周围环境；余下两句是作者的议论，其中末句中的"陋"字点题，也是主导一篇的旨意。

本文若只保留前面一层，不失为一篇写景咏物的好文。更难能可贵的是，刘禹锡在此基础上，用诸葛亮、扬子云的典故表达自己的隐逸之趣，而孔子的"何陋之有"，又把这一情趣推到更高的层次，那就是安贫乐道、以德修身的人生理念。

杜牧

（803～852）

杜牧，字牧之，京兆长安（今西安市长安区）人，祖居长安下杜樊乡（今陕西省西安市长安区东南），世称"杜樊川"。文宗大和二年（828）登进士第，登贤良方正能直言极谏科，授弘文馆校书郎。曾为江西观察使、宣歙观察使沈传师和淮南节度使牛僧孺的幕僚。历任监察御史、黄州、池州、睦州诸州刺史。后入为司勋员外郎，官终中书舍人。晚唐杰出的诗人与散文家，与李商隐齐名，时号"小李杜"。有《樊川文集》。

◎阿房宫赋◎

【题解】

这篇文章写于唐敬宗宝历元年（825）。唐敬宗在位期间，大兴土木，广修宫室，给人民造成了沉重负担。杜牧因此作《阿房宫赋》，借秦始皇穷奢极欲导致亡国的史事，告诫统治者不要重蹈覆辙。文末一句“后人哀之而不鉴之，亦使后人而复哀后人也”，点明了此文的旨意。

【原文】

六王毕，四海一。蜀山兀①，阿房出。覆压三百余里，隔离天日。骊山北构而西折，直走咸阳。二川溶溶，流入宫墙。五步一楼，十步一阁，廊腰缦回，檐牙高啄，各抱地势，钩心斗角。盘盘焉，囷囷焉②，蜂房水涡，矗不知其几千万落。长桥卧波，未云何龙？复道行空③，不霁何虹④？高低冥迷，不知西东。歌台暖响，春光融融；舞殿冷袖，风雨凄凄。一日之内，一宫之间，而气候不齐。

妃嫔媵嫱⑤，王子皇孙，辞楼下殿，辇来于秦。朝歌夜弦，为秦宫人。明星荧荧，开妆镜也；绿云扰扰，梳晓鬟也。渭流涨腻，弃脂水也；烟斜雾横，焚椒兰也。雷霆乍惊，宫车过也；辘辘远听，杳不知其所之也。一肌一容，尽态极妍，缦立远视⑥，而望幸焉。有不得见者三十六年。

燕、赵之收藏，韩、魏之经营，齐、楚之精英，几世几年，取掠其人，倚叠如山。一旦不能有，输来其间。鼎铛玉石⑦，金块珠砾，弃掷逦迤⑧，秦人视之，亦不甚惜。

嗟乎！一人之心，千万人之心也。秦爱纷奢，人亦念其家。奈何取之尽锱铢⑨，用之如泥沙？使负栋之柱，多于南亩之农夫；架梁之椽，多于机上之工女；钉头磷磷⑩，多于在庾之粟粒；瓦缝参差，多于周身之帛缕；直栏横槛，多于九土之城郭；管弦呕哑，多于市人之言语。使天下之人，不敢言而敢怒；独夫之心，日益骄固。戍卒叫，函谷举，楚人一炬，可怜焦土！

呜呼！灭六国者，六国也，非秦也。族秦者，秦也，非天下也。嗟夫！使六国各爱其人，则足以拒秦；秦复爱六国之人，则递三世可至万世而为君，谁得而族灭也？秦人不暇自哀，而后人哀之。后人哀之而不鉴之，亦使后人而复哀后人也！

【注释】

①兀（wū）：光秃。②囷囷（qūn）：曲折回旋。③复道：楼阁之间以木架设的通道。④霁（jì）：雨后初晴。⑤媵（yìng）：指宫女。嫱（qiáng）：古代宫廷里的女官名。⑥缦立：长久地站立。⑦铛（chēng）：一种平底浅锅。⑧逦（lǐ）迤（yǐ）：连续不断。⑨锱（zī）铢：古时的重量单位。六铢等于一锱，四锱等于一两。⑩磷磷：纷繁闪烁。

【译文】

六国覆灭，天下统一。蜀山中的树木被砍光了，阿房宫建成了。它覆盖了三百多里的地面，几乎遮蔽了天日。从骊山北面建起，折向西面的咸阳。渭水和樊川清波荡漾，缓缓流进了宫墙。五步一座高楼，十步一座亭阁，长廊如腰带，回环萦绕，屋檐高挑，像鸟嘴一样的向上啄起，亭台楼阁各依地势，向心交错。盘盘绕绕，曲曲折折，像蜂房那样密集，像水涡那样起伏，巍峨耸立，不知道它们有几千万个院落。那长桥横卧在水面上，没有云聚风起，却怎么像有蛟龙飞腾？那阁道架在半空中，并非雨过天晴，却怎么像有长虹横空？亭榭池苑高低错落，使人辨不清南北东西。楼台上歌声响起，让人感到春天里的融融暖意；大殿里舞袖挥动，带起一片风雨凄迷。同一天内，同一宫中，气候冷暖竟截然不同。

那六国的妃嫔姬妾、王子皇孙，辞别了故国的楼阁宫殿，乘着辇车来到秦国。日夜歌唱弹琴，成为了秦皇的宫人。宫苑中星光闪烁啊，那是美人们打开了梳妆的明镜，又看见绿云纷纷，那是她们对镜晨妆时散开的秀发。渭水上泛起了油腻啊，那是妆成后泼下的脂水；烟雾弥漫啊，是她们焚烧的椒兰。雷霆声忽然震天响起，原来是皇帝的车辇从这里经过；辘辘的车轮声渐行渐远了，不知道它驶向何方。这时候，每一种身姿，每一份容颜，都要费尽心思地显示出姣好，表现出妩媚；她们久久地伫立着，眺望着，希望皇帝能驾临。有的人三十六年未得见皇帝一面。

燕国、赵国的收藏，韩国、魏国的珍宝，齐国、楚国的精品，都是多少年、多少代靠搜刮本国的百姓而聚敛起来的，可谓是堆积如山。一朝国家灭亡，不能再占有，便都被运到了阿房宫中。神鼎当作铁锅，宝玉当作石头，黄金当成土块，珍珠视为沙砾，随处丢弃，遍地可见。秦人看着，也不觉得很可惜。

唉！一个人心之所向，也正是千万人心之所向啊。秦始皇喜欢豪华奢侈，可百姓也眷念着自己的家呀。为什么搜刮财宝的时候连一分一厘也不放过，挥霍起来却把它当作泥沙一样毫不珍惜呢？使得支撑宫梁的柱子，比田里的农夫还多；架在屋梁上的椽子，比织机上的织女还多；钉头闪闪，比粮仓的谷粒还多；长长短短的瓦缝，比百姓遮体的丝缕还多；栏杆纵横，比天下的城池还多；管弦齐鸣的嘈杂声，比集市的人声还要喧闹。使天下的人虽然口不敢言，心中却充满了愤怒；使独断专行，天下唯我的暴君之心日益骄横顽固。终于有一天几个被征发戍边的士卒振臂一呼，函谷关便应声陷落，项羽的一把大火，可惜啊，那豪华的宫殿就变成了一片焦土！

唉！消灭六国的是六国自己，不是秦国；使秦国覆灭的是秦人自己，不是天下的人。唉！假如六国的国君能各自爱护自己的百姓，就足以抵抗秦国；如果秦国能爱惜六国的百姓，那就可以传位到三世，以至传到万世而永为君王，谁能够使它覆灭呢？秦人来不及哀叹自己的灭亡，而后人为他们哀叹；如果后人哀叹它却不引以为戒，那么又就要让更后来的人来哀叹后人了。

【写作方法】

此文题为“阿房宫赋”，重点却不是咏物，而是写阿房宫中的豪奢场景。文章前两段辞藻华丽，文字铺排，把阿房宫里盛极一时的奢华衬托得活灵活现。这是欲抑先扬的写法。正所谓物极必反，写一个事物的败亡，先描述它曾经的兴盛，会给读者造成强烈的感觉冲击。后面两段转而议论，它先是以一组排比，说明秦朝统治者把天下据为己有的事实，一句“楚人一炬，可怜焦土”，把阿房宫的奢华一刻尽都消灭，使人产生一种极度的幻灭感。继而再揭示秦亡的教训，也就是未能“复爱六国之人”，可见秦亡是亡于自身，而不是亡于天下人。杜牧说秦亡的教训，其实是暗示唐朝统治者要引以为戒，要爱天下人，不然就会“使后人而复哀后人”了。结尾一句是文章的主旨，语言简练而警策，可说发人深省、震撼人心。

韩愈

（768～824）

韩愈，字退之，河内河阳（今河南孟州）人。其郡望在昌黎，世称“韩昌黎”。德宗贞元八年（792）登进士第，其后任节度推官、监察御史等职。贞元十九年（803），因言关中旱灾，触怒权臣，贬阳山令。宪宗元和元年（806）召拜国子博士。元和十四年（819），上表谏迎佛骨，贬潮州刺史，后历任国子祭酒、吏部侍郎、京兆尹等职。韩愈是唐代著名的思想家和文学家，一生以弘扬儒家道统，排斥佛老为己任。在文学上，他竭力反对骈偶体制和浮华文风，提倡效法先秦两汉的古文。他的文章个性强烈，气势逼人，句式参差交错，结构变化开阖，苏轼赞之为“文起八代之衰”。

◎原　道◎

【题解】

唐宪宗笃信佛教，当时佛教的发展已成泛滥趋势，社会中成了一批拥有田产、兼并土地，剥削农民的僧侣地主阶层。韩愈是传统的士大夫，坚持儒家道统，反对宪宗佞佛。本篇是韩愈论述社会政治伦理的代表作。文中力排佛、道，阐述佛、道盛行给社会带来的沉重负担，强调二教对君主制度下的社会结构、秩序带来的冲击，推崇儒家的仁义道德，强调儒学在维系社会安定，务实于社会发展方面的重要意义。

【原文】

博爱之谓仁，行而宜之之谓义，由是而之焉之谓道，足乎己无待于外之谓德。仁与义为定名，道与德为虚位。故道有君子小人，而德有凶有吉。老子之小仁义，非毁之也，其见者小也。坐井而观天，曰天小者，非天小也。彼以煦煦为仁[①]，孑孑为义[②]，其小之也则宜。其所谓道，道其所道，非吾所谓道也；其所谓德，德其所德，非吾所谓德也。凡吾所谓道德云者，合仁与义言之也，天下之公言也；老子之所谓道德云者，去仁与义言之也，一人之私言也。

周道衰，孔子没，火于秦。黄、老于汉[③]，佛于晋、魏、梁、隋之间。其言道德仁义者，不入于杨[④]，则入于墨[⑤]；不入于老，则入于佛。入于彼，必出于此。入者主之，出者奴之；入者附之，出者污之。噫！后之人其欲闻仁义道德之说，孰从而听之？老者曰："孔子，吾师之弟子也。"佛者曰："孔子，吾师之弟子也。"为孔子者，习闻其说，乐其诞而自小也，亦曰"吾师亦尝师之"云尔。不惟举之于其口，而又笔之于其书。噫！后之人虽欲闻仁义道德之说，其孰从而求之？甚矣，人之好怪也！不求其端，不讯其末，惟怪之欲闻。

古之为民者四，今之为民者六。古之教者处其一，今之教者处其三。农之家一，而食粟之家六；工之家一，而用器之家六；贾之家一，而资焉之家六[⑥]。奈之何民不穷且盗也？古之时，人之害多矣。有圣人者立，然后教之以相生相养之道，为之君，为之师，驱其虫蛇禽兽而处之中土。寒然后为之衣，饥然后为之食。木处而颠[⑦]，土处而病也，然后为之宫室。为之工以赡其器用[⑧]，为之贾以通其有无，为之医药以济其夭死，为之葬埋祭祀以长其恩爱，为之礼以次其先后，为之乐以宣其湮郁[⑨]，为之政以率其怠倦[⑩]，为之刑以锄其强梗。相欺也，为之符、玺、斗斛、权衡以信之；相夺也，为之城郭甲兵以守之。害至而为之备，患生而为之防。今其言曰："圣人不死，大盗不止；剖斗折衡，而民不争。"呜呼！其亦不思而已矣。如古之无圣人，人之类灭久矣。何也？无羽毛鳞介以居寒热也，无爪牙以争食也。

是故君者，出令者也；臣者，行君之令而致之民者也；民者，出粟米麻丝，作器皿，通货财，以事其上者也。君不出令，则失其所以为君；臣不行君之令而致之民，则失其所以为臣；民不出粟米麻丝，作器皿，通货财以事其上，则诛。今其法曰："必弃而君臣，去而父子，禁而相生相养之道。"以求其所谓清净寂灭者。呜呼！其亦幸而出于三代之后，不见黜于禹、汤、文、武、周公、孔子也；其亦不幸而不出于三代之前，不见正于禹、汤、文、武、周公、孔子也。

帝之与王，其号虽殊，其所以为圣一也。夏葛而冬裘[11]，渴饮而饥食，其事虽殊，其所以为智一也。今其言曰："曷不为太古之无事？"是亦责冬之裘者曰："曷不为葛之之易也？"责饥之食者曰："曷不为饮之之易也？"传曰："古之欲明明德于天下者，先治其国；欲治其国者，先齐其家；欲齐其家者，先修其身；欲修其身者，先正其心；欲正其心者，先诚其意。"然则古之所谓正心而诚意者，将以有为也。今也欲治其心，而外天下国家，灭其天常[12]，子焉而不父其父，臣焉而不君其君，民焉而不事其事。孔子之作《春秋》也，诸侯用夷礼，则夷之；进于中国，则中国之。经曰："夷狄之有君，不如诸夏之亡。"《诗》曰："戎狄是膺[13]，荆舒是惩[14]。"今也，举夷狄之法，而加之先王之教之上，几何其不胥而为夷也[15]？

夫所谓先王之教者，何也？博爱之谓仁，行而宜之之谓义，由是而之焉之谓道，足乎己无待于外之谓德。其文，《诗》《书》《易》《春秋》；其法，礼、乐、刑、政；其民，士、农、工、贾；其位，君臣、父子、师友、宾主、昆弟、夫妇；其服，麻、丝；其居，宫、室；其食，粟米、果蔬、鱼肉。其为道易明，而其为教易行也。是故以之为己，则顺而祥；以之为人，则爱而公；以之为心，则和而平；以之为天下国家，无所处而不当。是故生则得其情，死则尽其常。郊焉而天神假[16]，庙焉而人鬼飨[17]。曰："斯道也，何道也？"曰："斯吾所谓道也，非向所谓老与佛之道也。尧以是传之舜，舜以是传之禹，禹以是传之汤，汤以是传之文、武、周公，文、武、周公传之孔子，孔子传之孟轲。轲之死，不得其传焉。荀与扬也，择焉而不精，语焉而不详。

由周公而上，上而为君，故其事行。由周公而下，下而为臣，故其说长。”然则如之何而可也？曰：“不塞不流，不止不行。人其人，火其书，庐其居，明先王之道以道之，鳏寡孤独废疾者有养也⑱，其亦庶乎其可也。”

【注释】

①煦煦：和乐，和悦。②孑孑（jié）：谨小慎微。③黄老：指汉初流行起来以黄、老为祖的道家流派。④杨：杨朱，战国时哲学家。⑤墨子：墨翟，战国初年思想家。⑥资：依赖。⑦颠：坠落。⑧赡：供给。⑨湮（yān）郁：心中的郁闷。⑩率：通“律”。⑪葛：葛麻制成的衣服。⑫天常：天伦，指父子、兄弟等亲属关系。⑬膺：攻击。⑭荆舒：古指东南地区的少数民族。⑮胥：都。⑯假：通“格”，到。⑰飨（xiǎng）：通“享”。⑱鳏（guān）：没有妻子的老人。

【译文】

博爱叫作仁，行为得当叫作义，从仁义出发去立身行事叫作道，本身就具有的，并且不需要后天灌输的就是德了。仁与义有确实的意义，而道与德则是从不同的内容和准则中抽象出来的不确实的名称。因此道有君子之道和小人之道，德则分为凶德与吉德。老子藐视仁义，并不是诋毁仁义，而是他所见短浅。正如那些坐井观天，于是说天很小的人一样；这并不是因为天真的狭小。他把表面上的和乐悠闲让人看作是仁，把谨小慎微看作是义，那么他藐视仁义也是应当的。他所说的道，是把他对道的理解当作道，不是我所说的道；他所说的德，是把他对德的理解当作德，也不是我所说的德。我所说的道德，是结合着仁与义的实际意义来讲的，是天下的公论；老子所说的道德，是离开了仁与义的实际内容而讲的，是他个人的见解。

周道衰微，孔子去世，秦代焚书。黄老的学说兴盛于汉代，晋、魏、梁、隋几朝之间又盛行佛教。那时谈论道德仁义的人，不是归入杨朱学派，便是归入墨翟学派；不是归入道教，便是归入佛教。信奉了这一家，必然脱离另一家。加入了哪一派就极力地推崇哪派的学说，从哪派之中退出来就对哪一派加以贬低排斥；加入哪派就附和哪派的观点，从哪一派中退出来就加以诋毁和攻击。唉！后世之人想要了解仁义道德的学说，究竟该听从谁的呢？信奉老子学说的人说："孔子，是我们的祖师的弟子。"信奉佛教的人说："孔子，是我们祖师的弟子。"信奉孔子学说的人，听惯了这些话，又因为喜欢听他们那些新奇怪诞的言论而轻视自己，也跟着说起了"我们的老师也曾经向他们学习过"这样的话。而且还不单单是在口头上说说，甚至把这些写进了书里。唉！后世之人即使想了解仁义道德的学说，又该从哪里去探求它们呢？人们对于新奇怪诞的言论与事物的喜好也太过分了吧！不问它的起源，不追问它的流变，只要是怪诞的就想要听到。

古代的百姓分为四类，今天的百姓分为六类。古代施行教化的人只是其中的一类，今天施行教化的人却占了六类中的三类。种田的只有一家，而吃粮的却有六家；做工的只有一家，而使用器具的却有六家；经商的人只有一家，而靠其流通商品而得到方便的却有六家。老百姓怎能不因为困穷而盗窃呢？古时候，人们所受的灾害很多，后来有圣人出现了，这才把互相依赖以求生存、互相供养以求延续的方法教给人们，做他们的首领，当他们的老师，把那些虫蛇禽兽之类的伤人物类驱赶出中原地带，让人民安居于此。天气冷了，就带领大家制衣御寒；肚子饿了，就教给人们获取食物的方法。在树上筑巢而居常常会掉落下来，住在地下的洞穴里又很容易患病，于是便教人们建筑房屋。为人们设置了工匠，供应人们日常所需的器具，又教人们如何经商做买卖以流通有无。教人们使医用药以防治病亡，为人们制定了丧葬祭祀之礼以促进人们之间的恩爱之情，为人们规定出礼仪规范使人们有了尊卑长幼之序，创造出音乐使人们能抒发宣泄出胸中的抑郁之情。制定了政令，以带动起那些懈怠懒惰的人；设立了刑法，以铲除那些强暴为害之徒。为了防止相互欺骗，制作出了符玺、斗斛、权衡来作为凭信；为了防止互相争夺，就为人们筑起了城墙、成立了军队以帮助他们守卫家园。灾害将要到来就为他们做好准备，祸患将要发生就为他们做好防范。现在他们却说："圣人不死掉，大盗便不会停止；毁掉那些称量器具，人民便不再有争夺。"唉！那也是不加思考的话罢了。假若古代没有圣人，那么人类已经灭绝很久了。为什么呢？因为人类既没有羽毛鳞甲来对付寒热，也没有利爪坚牙来争夺食物啊。

因此，君主是发布政令的；臣子是推行君主之令并将它实施于民众之中的；民众是生产粟、米、丝、麻，制作器皿，流通财货，以供奉位在他们之上的人的。君主不发布政令，便丧失了他作为君主的职能；臣子不推行君主之令，并将它们实施到民众之中，便丧失了他做臣子的职能；民众不生产粟、米、丝、麻，制作器皿，流通财货以侍奉位于他们之上的人，就要受到惩罚。现在他们主张："必须抛弃你们君臣之礼，舍去你们的父子之纲，禁止你们相生相养的方法。"来追求他们所谓的清净寂灭的境界。唉！幸而他们出生在三代之后，才没有受到夏禹、商汤、周文王、周武王、周公、孔子等人的贬斥；也很不幸，他们没有出生在三代之前，所以他们的想法未能被夏禹、商汤、周文王、周武王、周公和孔子纠正。

那些被人们所尊崇的古代帝王，其称号虽然不同，他们之所以是圣人的原因是一样的。夏天穿葛布衣，冬天穿皮裘，渴了喝水，饿了吃饭，这些事虽然不同，但它们所以称之为聪明举动的原因都是一样的。现在他们却说："为什么不实行上古的无为而治呢？"这也就好比责怪冬天穿皮衣的人说："为什么不穿葛布衣？那样多简单？"又好比责怪饿了吃饭的人说："为什么不喝水？那样多简单？"《礼记》上说："古代想要将完美的德行显示于天下的人，先要治理好他的国家；想要治理好国家，就必须先安顿好他的家庭；想要安顿好家庭，就必须先提高自身的修养；想要提高自身的修养，就必须先端正思想；想要端正思想，就必须先做到心意诚恳。"那么，古时候认为思想端正、心意诚恳的人，是要有所作为的。如今想修身养性，却将天下国家置之度外，把天理伦常抛在一边，儿子不把父亲当作父亲，臣子不把君主当作君主，民众不做他们该做的事情。孔子作《春秋》的时候，诸侯中那些使用夷狄礼仪的，都把他们看作夷狄；夷狄中使用中原礼仪的，都把他们看作是中原国家。《论语》上说：“夷狄虽有君主，也不如华夏的没有君主。”《诗经》上说：“讨伐夷狄，惩治荆舒。”现在呢，却要将夷狄的法度凌驾于先王的教化之上，那么用不了多久不就都变成夷人了吗？

所谓先王之教到底是什么呢？博爱叫作仁，行为得当叫作义，从仁义出发去立身行事叫作道，本身就具有的，并且不需要后天灌输的就是德了。它的文献是《诗》《书》《易》《春秋》；它的法度是礼仪、音乐、刑法、政治；它对于人民的分类是士兵、农民、工人、商人；它将人们之间的关系定为君臣、父子、师友、宾主、兄弟、夫妇；它将人们所穿的衣服分为麻布、丝绸；它规定人们的住所应该是房屋；它把食物的范围圈定在粟、米、瓜果、蔬菜、鱼肉之内。它作为道理，让人容易明白理解；它作为教化，也是容易施行的。因此，用它修身，就能和顺吉祥；用它待人，就能仁爱而公正；用它来治心，就能和乐而平静；用它来治理天下国家，没有什么地方会感到施行不能得当。因此，人活着的时候能言行合乎情理，死去的时候也是尽完了天理伦常而死去。用它来祭天，就能使天神降临；用它来祭祖，则祖先的灵魂就前来享用。也许有人问：“这个道是什么道呀？”回答说：“这是我所说的道，不是刚才说的老子与佛教的道。”尧将它传给舜，舜将它传给禹，禹将它传给汤，汤将它传给文王、武王、周公，文王、武王、周公将它传给了孔子，孔子又将它传给了孟轲。孟轲死后，就没能再继续传下去。荀况与扬雄，对它的继承有所提炼，但不精粹，对它的谈论也不详尽。从周公往上，传道的人都是做国君的人，所以王道得以顺利推行。自周公以下都是做臣子的人，所以王道学说才得以流传。那么，需要采取什么措施才能使王道流传呢？回答说：“佛老的邪说不加堵塞，先王之道便不能流传；佛老的谬论不加禁止，先王之道便不能施行。让那些僧道还俗，将他们的经籍焚毁，将他们的寺观改为民房，阐明先王之道以教导他们，让鳏夫、寡妇、孤儿、孤老、残疾人都能得到供给赡养，那也就差不多可以了吧？”

【写作方法】

本文通篇作古今正反对比，文章写法上的一大特点，就是运用了大量的排比句式，这种排比句式以儒教与佛老的对比层层展开。例如，在第三段中，作者论述圣人以相生相养之道教化万民的时候，连续用了十七个“为之”，组成了四组排比句，写尽古之圣人对民众无微不至的关心、爱护和引导，反衬佛、道清静无为思想的不现实性。通篇作古今正反对比，举例、比喻贴切生动，极有说服力，说理翔实明白，逻辑严密。义正词严，攻击佛、老，有开阖纵横之势，文字如引绳贯珠。苏洵称韩愈的文章“如长江大河，浑灏流转，鱼鳖蛟龙，万怪惶恐”，此文十分富于代表性。

◎原　毁◎

【题解】

“原毁”的意思是推究毁谤的由来。韩愈所生活的中唐时代，士大夫中普遍存在着一种嫉贤妒能的恶劣风气，于人求全责备，于己则务求宽容。韩愈以古今君子在待己和待人两方面的不同表现作为对比，分析了毁谤产生的思想根源在于懈怠和嫉妒。文中高度赞扬了古代的君子“其责己也重以周，其待人也轻以约”的处世态度，抨击了当时士大夫“责人也详，待己也廉”的风气。这篇文章的目的在于让当权者认识到毁谤之风的严重性并采取措施纠正。

【原文】

古之君子，其责己也重以周[①]，其待人也轻以约[②]。重以周，故不怠；轻以约，故人乐为善。闻古之人有舜者，其为人也，仁义人也。求其所以为舜者，责于己曰：“彼，人也，予，人也。彼能是，而我乃不能是。”早夜以思，去其不如舜者，就其如舜者。闻古之人有周公者，其为人也，多才与艺人也。求其所以为周公者，责于己曰：“彼，人也，予，人也。彼能是，

而我乃不能是。”早夜以思，去其不如周公者，就其如周公者。舜，大圣人也，后世无及焉。周公，大圣人也，后世无及焉。是人也，乃曰：“不如舜，不如周公，吾之病也。”是不亦责于身者重以周乎？其于人也，曰：“彼人也，能有是，是足为良人矣。能善是，是足为艺人矣。”取其一，不责其二；即其新，不究其旧。恐恐然惟惧其人之不得为善之利。一善，易修也，一艺，易能也，其于人也，乃曰：“能有是，是亦足矣。”曰：“能善是，是亦足矣。”不亦待于人者轻以约乎？

今之君子则不然。其责人也详，其待己也廉。详，故人难于为善；廉，故自取也少。己未有善，曰：“我善是，是亦足矣。”己未有能，曰：“我能是，是亦足矣。”外以欺于人，内以欺于心，未少有得而止矣。不亦待其身者已廉乎？其于人也，曰：“彼虽能是，其人不足称也；彼虽善是，其用不足称也。”举其一，不计其十；究其旧，不图其新，恐恐然惟惧其人之有闻也③。是不亦责于人者已详乎？夫是之谓不以众人待其身，而以圣人望于人，吾未见其尊己也。

虽然，为是者，有本有原，怠与忌之谓也。怠者不能修④，而忌者畏人修。吾尝试之矣，尝试语于众曰：“某良士，某良士。”其应者，必其人之与也⑤，不然，则其所疏远，不与同其利者也，不然，则其畏也。不若是，强者必怒于言，懦者必怒于色矣。又尝语于众曰：“某非良士，某非良士。”其不应者，必其人之与也，不然，则其所疏远，不与同其利者也，不然，则其畏也。不若是，强者必说于言⑥，懦者必说于色矣。是故事修而谤兴，德高而毁来。呜呼，士之处此世，而望名誉之光，道德之行，难已！

将有作于上者，得吾说而存之，其国家可几而理欤⑦！

【注释】

①责：要求。周：全面。②约：简略。③闻：声誉，名望。④修：指品德和学识上的进步。⑤与：朋友。⑥说：通“悦”，高兴。⑦几：差不多。

【译文】

古时候的君子，要求自己严格而且全面，对待别人宽容而且简约。因为对己要求严格全面，所以从不懈怠；因为对人宽容简约，所以别人就都乐于做善事。他们听说古代有位叫舜的人，听说他的为人乃是大仁大义，于是在分析过舜之所以为舜的原因之后，责问自己说：“舜是个人，我也是个人，他能做到的，我怎么就做不到呢？”于是日夜思考，想去掉自己不如舜的方面，发扬那些与舜相似的方面。又听说古代有个叫周公的人，周公这个人，可以用多才多艺来形容，他们于是在分析过周公之所以成为周公的原因之后，责问自己说：“周公是人，我也是人，周公能做到的，我怎么就做不到呢？”于是日夜加以思考，去掉自己不如周公的方面，发扬与周公相似的方面。舜是伟大的圣人，后代的人没有赶上他的。周公也是个伟大的圣人，后代的人也没有赶上他的。所以这些人便说：“我不如舜，不如周公，这就是我的缺陷啊！”这不就是对自己要求既全面而又严格吗？他们对待别人，总是说：“人家能做到这点，就足以算得上是个贤能的人了；能擅长这个，就足以称得上是个多才多艺的人了。”肯定人家一个方面，而不苛求其他方面；只看别人今天的表现，而不追究他的过去。小心翼翼地唯恐人家得不到做善事应得的回报。做一件好事是容易的，掌握一种技能也是容易的；而他们对于这样有些许良善作为的人总是说：“能这样，也就足够了。”又说：“能擅长这个，也就可以了。”这不就是对待别人既宽容又简约吗？

现在的君子却不是这样。他们对别人的要求是多而详细的，对自己的要求却是很低的。求全责备，所以别人就难以做好事；对自己要求很低，所以他自己的收益就很少。自己并没有什么善行，却说：“我能这样，也就可以了。”自己并没有什么才能，却说：“我能做这个，也就足够了。”对外是蒙蔽了别人，对内是欺骗了本心，还没有什么进步便已经停滞不前了。这不是现在的君子要求自己很少很低的表现吗？可是他对待别人，却说：“那个人虽然能这样，但他的为人并不足够为人们所称道。那个人虽擅长这个，但这点儿本事也没什么了不起的。”抓住人家某个方面的缺点，就不考虑他其他方面的优点；追究人家的过去，而不考虑他今日的表现，小心翼翼地唯恐别人得到了好名声。这不是现今君子要求别人太多太细的表现吗？这就叫不用一般人的标准来要求自身，却按照圣人的标准去要求别人，我可看不出来他这是尊重自己。

虽然这样，这样做的人是有他的根源的，那就是他们的懈怠和妒忌。懈怠的人，就不可能修养自己的道德学问；妒忌别人的人，是生怕别人的道德学问得到了提高。我曾经试验过，我曾试着在众人面前说：“某某是个不错的人，某某是个不错的人。”那些赞同我的，必定是这个人的朋友，要不就是跟他关系疏远，没有利害冲突的人，不然就是畏惧他的人。如果不是这样，那么，强者一定会愤怒地说些反对的话，软弱的人也必定会在脸上流露出不满的神情。我还试着在众人面前说：“某某不怎么样，某某不怎么样。”那些不赞同我的人，必定是这人的朋友，要不就是跟他疏远没有利害冲突的人，不然就是畏惧他的人。如果不是这样，那么，强者一定会高兴说些赞同的话，软弱的人也必然在脸上流露出喜悦、赞同的神情。正因为这样，所以一个人的事业成功了，诽谤也就随之产生了；一个人的德信树立了，对他的攻击也就随之而来了。唉，士人生活在这种世道当中，而希望名誉能够传扬，道德能够推广，实在是太难了！

想要有所作为高高在上的人们，听到我上面的话，就将这些牢牢记在心里，那么差不多就可以把国家治理好了吧！

【写作方法】

本文整体采用对比的写法，以“古之君子”与“今之君子”进行比较，为点出文章主旨做了铺垫。通篇曲尽人情，巧妙处在假托他人之言辞，摹写世俗之情状。

卷八

◎师　说◎

【题解】

尊师重道是自古传下来的美德。韩愈所处的时代，正值唐朝中期，当时的士大夫多以向别人从师学习为耻辱。针对这一风气，韩愈写下此文予以批判。《师说》先从正面论说了老师的作用和从师的必要性，之后又重点批判了士大夫耻于从师的恶习，试图纠正这个不正之风。

【原文】

古之学者必有师。师者，所以传道、受业、解惑也[①]。人非生而知之者，孰能无惑？惑而不从师，其为惑也，终不解矣。生乎吾前，其闻道也，固先乎吾，吾从而师之；生乎吾后，其闻道也，亦先乎吾，吾从而师之。吾师道也，夫庸知其年之先后生于吾乎[②]？是故无贵无贱，无长无少，道之所存，师之所存也。

嗟乎！师道之不传也久矣，欲人之无惑也难矣。古之圣人，其出人也远矣，犹且从师而问焉；今之众人，其下圣人也亦远矣，而耻学于师。是故圣益圣，愚益愚。圣人之所以为圣，愚人之所以为愚，其皆出于此乎！爱其子，择师而教之，于其身也，则耻师焉，惑矣！彼童子之师，授之书而习其句读者也，非吾所谓传其道解其惑者也。句读之不知，惑之不解，或师焉，或不焉，小学而大遗，吾未见其明也。巫医、乐师、百工之人，不耻相师。士大夫之族，曰师曰弟子云者，则群聚而笑之。问之，则曰："彼与彼年相若也，道相似也！"位卑则足羞，官盛则近谀。呜呼！师道之不复，可知矣。巫医、乐师、百工之人，君子不齿，今其智乃反不能及，其可怪也欤！

圣人无常师。孔子师郯子、苌弘、师襄、老聃[③]。郯子之徒，其贤不及孔子。孔子曰："三人行，则必有我师。"是故弟子不必不如师，师不必贤于弟子，闻道有先后，术业有专攻，如是而已。

李氏子蟠，年十七，好古文，六艺经传皆通习之，不拘于时，学于余。余嘉其能行古道，作《师说》以贻之[④]。

【注释】

①受：通"授"。②庸：何必。③郯（tán）子：春秋时郯国国君。孔子曾向他请教过关于官名的事情。苌（cháng）弘：周敬王大夫。孔子曾向他请教过音乐方面的知识。老聃（dān）：即老子。孔子曾向他请教过礼仪方面的事情。④贻：赠。

【译文】

古时候求学的人一定要有老师。老师，是来传授道理、教授学业和解答疑难问题的。人不是生下来就什么都知道的，谁能没有疑难问题呢？有了疑难问题不向老师请教，那些疑难问题就永远不能解决了。出生在我之前的，他懂得道理本来就比我早，我向他学习，拜他为师；出生在我之后的，如果懂得道理也比我早，我也向他学习，拜他为师。我是从师学习道理，何必管他的年纪是比我大还是比我小呢？因此不论高贵与卑贱，年长与年幼，道理在哪里，老师就在哪里。

唉！从师的风尚不在世上流传已经很久了！要想使人们没有疑难困惑也很难了。古时候的圣人，他们超出一般人是很多的，尚且还向老师求教；现在的一般人，他们比圣人差得是很多了，反而以向老师学习为羞耻。因此圣人越来越圣明，愚人也越来越无知。圣人之所以为圣人，愚人之所以为愚人，原因大概就在这里吧！人们爱护自己的孩子，就选择老师来教他，可是对于自己，却以向老师求教为羞耻，这太糊涂了！那孩子们的老师，是教孩子们读书，教他们如何断句的人，并非我所说的传授道理、教授学业、解答疑难问题的人。读书不能断句，有疑难的问题不能解决，不能断句就向老师请教，有疑难的问题却不向老师请教，小的事情学习了，大的事情反而遗弃了，我看不出他的高明在什么地方。巫医、乐师和各种手工工人，不以互相学习为羞耻。士大夫这一类的人，一旦有以“老师”“弟子”相称的，就聚在一起讥笑人家。问他们为什么笑，他们就说：“他跟他年岁差不多呀，懂得的道理也不相上下呀。”以地位低的人为师，就感到羞耻，以官职高的人为师，就认为是谄媚。唉！从师学道的风尚不能恢复的原因，由此可以明白了。巫医、乐师、各种手工工人这些人，是士大夫们所看不起的，如今士大夫们的才智反而赶不上这些人，这是不是太奇怪了！

圣人并没有固定的老师。孔子曾向郯子、苌弘、师襄、老聃求教。他们的学问道德并不如孔子。孔子说：“三个人一起行走，其中一定有可以做我老师的人。”所以学生不一定样样不如老师，老师也不一定样样都比学生高明，懂得道理有早有晚，专业各异，擅长不同，如此而已。

李家的孩子名叫蟠的，十七岁了，喜好古文，对六经的经文和传注都做了全面的研习，他不受当时耻于从师的不良风气影响，跟从我学习。我赞许他能够遵循古人从师学习的做法，因此作了这篇《师说》送给他。

【写作方法】

此文在讥讽、批判士大夫不从师的行为时，分别以古时的圣贤和当时的巫医、乐师、百工等作比较，从反面衬托士大夫的荒唐和无知。文中刻画士大夫鄙视从师的行为，用了“群聚而笑之”，殊不知，嘲笑别人之人自有可笑、可怜之处，此类人的愚昧、虚伪可以知道了。

◎祭十二郎文◎

【题解】

本篇是韩愈悼念侄子的祭文。十二郎是韩愈次兄韩介之子，过继给韩愈的长兄韩会，在其家族中排行十二。韩愈三岁丧父，由长兄韩会、嫂郑氏抚养，自幼与侄儿十二郎同窗共读，相依相伴，感情很深。韩愈离开家乡出仕做官以后，与十二郎聚少离多， 他本打算一切安定下来以后再把侄子接来同住，不料十二郎青年夭折。韩愈怀着万分沉痛的心情写下了这篇祭文，此文被誉为祭文中的“千年绝调”。

【原文】

年月日，季父愈闻汝丧之七日，乃能衔哀致诚，使建中远具时羞之奠[①]，告汝十二郎之灵：

呜呼！吾少孤，及长，不省所怙[②]，惟兄嫂是依。中年，兄殁南方，吾与汝俱幼，从嫂归葬河阳。既又与汝就食江南，零丁孤苦，未尝一日相离也。吾上有三兄，皆不幸早世。承先人后者，在孙惟汝，在子惟吾。两世一身，形单影只。嫂尝抚汝指吾而言曰：“韩氏两世，惟此而已！”汝时尤小，当不复记忆；吾时虽能记忆，亦未知其言之悲也！

吾年十九，始来京城。其后四年，而归视汝。又四年，吾往河阳省坟墓，遇汝从嫂丧来葬。又二年，吾佐董丞相于汴州[③]，汝来省吾，止一岁，请归取其孥[④]。明年，丞相薨[⑤]，吾去汴州，汝不果来。是年，吾佐戎徐州[⑥]，使取汝者始行，吾又罢去，汝又不果来。吾念，汝从于东，东亦客也，不可以久，图久远者，莫如西归，将成家而致汝。呜呼！孰谓汝遽去吾而殁乎[⑦]？

吾与汝俱少年，以为虽暂相别，终当久相与处，故舍汝而旅食京师，以求斗斛之禄[⑧]。诚知其如此，虽万乘之公相，吾不以一日辍汝而就也！

去年，孟东野往，吾书与汝曰：“吾年未四十，而视茫茫，而发苍苍，而齿牙动摇。念诸父与诸兄，皆康强而早世，如吾之衰者，其能久存乎？吾不可去，汝不肯来，恐旦暮死，而汝抱无涯之戚也。”孰谓少者殁而长者存，强者夭而病者全乎？呜呼！其信然邪？其梦邪？其传之非其真邪？信也，吾兄之盛德而夭其嗣乎？汝之纯明而不克蒙其泽乎[⑨]？少者强者而夭殁[⑩]，长者衰者而存全乎？未可以为信也！梦也，传之非其真也，东野之书，耿兰之

报，何为而在吾侧也？呜呼！其信然矣！吾兄之盛德而夭其嗣矣！汝之纯明宜业其家者，不克蒙其泽矣！所谓天者诚难测，而神者诚难明矣！所谓理者不可推，而寿者不可知矣！

虽然，吾自今年来，苍苍者或化而为白矣，动摇者或脱而落矣，毛血日益衰，志气日益微，几何不从汝而死也。死而有知，其几何离？其无知，悲不几时，而不悲者无穷期矣。汝之子始十岁，吾之子始五岁，少而强者不可保，如此孩提者，又可冀其成立邪？呜呼哀哉！呜呼哀哉！

汝去年书云："比得软脚病，往往而剧。"吾曰："是疾也，江南之人常常有之。"未始以为忧也。呜呼，其竟以此而殒其生乎？抑别有疾而致斯乎？

汝之书，六月十七日也；东野云，汝殁以六月二日；耿兰之报无月日。盖东野之使者，不知问家人以月日；如耿兰之报，不知当言月日。东野与吾书，乃问使者，使者妄称以应之耳。其然乎？其不然乎？

今吾使建中祭汝，吊汝之孤与汝之乳母。彼有食可守以待终丧，则待终丧而取以来；如不能守以终丧，则遂取以来。其余奴婢，并令守汝丧。吾力能改葬，终葬汝于先人之兆⑪，然后惟其所愿。

呜呼！汝病吾不知时，汝殁吾不知日，生不能相养以共居，殁不能抚汝以尽哀，敛不凭其棺⑫，窆不临其穴⑬。吾行负神明，而使汝夭。不孝不慈，而不得与汝相养以生，相守以死。一在天之涯，一在地之角，生而影不与吾形相依，死而魂不与吾梦相接，吾实为之，其又何尤！"彼苍者天"，"曷其有极"！

自今以往，吾其无意于人世矣！当求数顷之田于伊、颍之上⑭，以待余年。教吾子与汝子，幸其成；长吾女与汝女，待其嫁。如此而已。

呜呼！言有穷而情不可终，汝其知也邪？其不知也邪？呜呼哀哉！尚飨⑮。

【注释】

①羞：同“馐”，精美的食品。②省：探望。怙（hù）：依靠。③董丞相：名晋，字混成。时为宣武军节度使，韩愈当时在他的幕下任观察推官。④孥（nú）：妻子和儿女的统称。⑤薨（hōng）：古代对诸侯或有爵位的大官死去的称谓。⑥佐戎徐州：指韩愈在徐州任节度推官。⑦遽（jù）：匆忙。殁（mò）：死去。⑧斛（hú）：古量器名，十斗为一斛。⑨克：能。⑩殒（yǔn）：死亡。⑪兆（zhào）：墓地。⑫敛：通“殓”。⑬窆（biǎn）：埋葬。⑭伊、颍之上：韩愈的家乡。伊，伊河，在河南西瓯。颍，颍河，在安徽西北部及河南东部。⑮飨（xiǎng）：祭品。

【译文】

某年某月某日，叔父韩愈在听到你去世消息的第七天，才得以强忍哀痛，倾诉衷肠，派建中从远方备办了应时的佳肴作为祭品，祭告于十二郎的灵前：

唉！我很小的时候就成了孤儿，等到长大，不知道该依靠谁，只有兄嫂能够与之相依。哥哥才到中年就客死南方，那时我和你都还年幼，跟随嫂嫂把哥哥归葬在河阳。后来又和你到江南谋生，孤苦伶仃，不曾有一天分开啊。我上面有三个哥哥，都不幸早逝。能继承先人而作为后嗣的，在孙子辈中只有你，在儿子辈中只有我。子孙两代各剩一人，真是形单影孤啊。嫂嫂曾经一手抚着你，一手指我说：“韩家两代人，就只剩你们两个了！”你当时比我更小，应当是不会记得了；我当时虽然能记事了，但并不能明白嫂嫂的话中蕴含着多少的悲凉啊！

我十九岁那年，才初次来到京城。过了四年，我回去看过你。又过了四年，我前往河阳祖坟凭吊，碰上你护着嫂嫂的灵柩前来安葬。又过了两年，我在汴州做董丞相的助手，你来探望我，住了一年，便要求回去接妻子。第二年，董丞相去世，我离开汴州，你没有来成。这一年，我到徐州协理军务，派去接你的人刚动身，我又离职了，你又没能来成。我思忖着，就算你跟着我到东边来，也是客居在这里，不是长久之计；如果从长远打算，不如等我回到西边，先安好家然后再接你过来。唉！谁能料到你突然离开我而死去了呢？

当初我和你都年轻，以为尽管暂时分别，终会长久地住在一起，所以我才丢下你跑到京城来求取功名，以求微薄的俸禄。要是早知道会是这样的结果，即使是做极为尊贵的宰相公卿，我也不会有一天离开你而去就任啊！

去年孟东野到你那边去，我捎信给你说："我虽然还不到四十岁，可是视力已经模糊，头发已经斑白，牙齿也有松动的了。想到我的叔伯父兄都是身体强健但却早早地死去，像我这样身体衰弱的人，能活得长久吗？我离不开这里，你又不肯前来，我是深恐有朝一日我放手人寰，你就将陷入无边无际的悲哀啊！"谁知年轻的先死去了而年长的还活着，强健的夭折而病弱的却保全了呢？唉！这是真的呢？还是做梦呢？还是传来的消息不真呢？如果是真的，我哥哥美好的德行反而会使他的儿子夭折吗？像你这样的纯正聪明却不能承受先人的恩泽吗？年轻的、强健的反而夭折，年长的、衰弱的反而保全，这真是让人不能相信的啊！如果是在做梦，是传来的消息不真实；可是，东野的书信，耿兰的报丧，为什么又在我的身边呢？唉！这是真的啊！我哥哥有品行美好而他的儿子却夭折了！你纯正聪明，最适合继承家业，却不能承受先人的恩泽了！这就是所谓的天命实难预测，神旨实难明白呀！所谓的天理没法推究，寿命不能知晓呀！

虽然如此，我自今年以来，斑白的头发已经变成全白了，动摇的牙齿有的已经脱落了，身体更加衰弱，精神日益衰减，没有多久也要随你同去了！如果你地下有知，那我们的分离又还能有多久呢？如果你长眠地下，不再有任何的知觉，那我也就悲伤不了多少时日，而不悲伤的日子倒是无穷无尽啊！你的儿子刚十岁，我的儿子刚五岁，年轻而强健的尚不能保全，像这样的小孩子，又能期望他们长大成人吗？唉！实在可悲啊！实在可悲啊！

你去年来信说："近来得了软脚病，时常发作得厉害。"我回信说："这种病，江南的人常常有。"并未因此而开始忧虑。唉！难道这种病竟然夺去了你的生命吗？还是另有疾病而导致如此的结局呢？

你的信，是六月十七日写的；东野来信说，你死于六月二日；耿兰报丧没有说过世的日期。大约东野的使者没有想到要向家人问明死期；耿兰报丧，不知道要讲明死期。东野写信给我，才问使者，使者就信口编了一个应付。是这样呢？还是不是这样呢？

如今我派建中去祭奠你，慰问你的儿子和你的乳母。他们如果有粮食可以守丧到丧期终了，就等到丧满以后再把他们接过来；如果无法守到丧期终了，那我现在就把他们接过来。其余的奴婢，就让他们为你守丧吧。等到我有能力改葬你的时候，一定把你的灵柩迁回到祖先的墓地安葬，这样做了，才算了却我的心愿。

唉！你生病了我不知道是什么时候，你死了我不知道是哪个日子，健在的时候不能互相照顾、同住一起；你死以后不能抚摩你的遗体来表达我的哀思；入殓的时候不能紧靠你的棺木扶灵，下葬的时候不能亲临你的墓穴。我的德行有负于神灵，因而使你夭折。我对上不能孝顺，对下不能慈爱，因而不能和你互相照顾以为生，相依相守直至死。一个在天涯，一个在地角，活着的时候你的影子不能与我的身形相依，死去之后你的灵魂又不曾来到我的梦中；这实在都是我造成的，还能怨谁呢！“茫茫无际的苍天啊”，“我的悲痛哪里有尽头”！

从今以后，我对人世没有什么可留恋的了！应当在伊水、颍水旁边买几顷田，打发我剩余的时光。教育我的儿子和你的儿子，期望他们长大成才；抚养我的女儿和你的女儿，等待她们受聘出嫁。如此而已。

唉！话有说尽的时候，而感情却没有终止的地方，你是知道呢？还是什么都不知道了呢？唉！悲哀呀！请享用我的祭品吧！

【写作方法】

这篇文章以追忆往昔与十二郎的一点一滴为主线，中间夹杂着作者的无限哀思和沉痛之情，文字曲折反复，一切语言皆发自肺腑。文章语气助词极多，自“其信然邪”以下，至“几何不从汝而死也”一段，仅三十句，句尾连用“邪”字者三，连用“乎”字者三，连用“也”字者四，连用“矣”字者七，蕴含无限凄切，堪称祭文中的千古绝唱。

◎祭鳄鱼文◎

【题解】

唐宪宗元和十四年（819），时任刑部侍郎的韩愈因谏迎佛骨被贬为潮州刺史。潮州当时多鳄鱼，掠食人畜物产，危害甚大。针对这种情况，韩愈写下了这篇对鳄鱼的最后通牒，要它们自行迁往海边，远离人群，否则便将其尽数消灭。《新唐书·韩愈传》载，韩愈以此文祭过鳄鱼之后，鳄鱼西徙六十里，从此潮州不再有鳄鱼为患。

【原文】

维年月日，潮州刺史韩愈，使军事衙推秦济[①]，以羊一、猪一投恶溪之潭水[②]，以与鳄鱼食，而告之曰：昔先王既有天下，列山泽[③]，罔绳擉刃[④]，以除虫蛇恶物为民害者，驱而出之四海之外。及后王德薄，不能远有，则江、汉之间，尚皆弃之，以与蛮、夷、楚、越。况潮，岭海之间，去京师万里哉？鳄鱼之涵淹卵育于此[⑤]，亦固其所。今天子嗣唐位，神圣慈武，四海之外，六合之内，皆抚而有之，况禹迹所揜[⑥]，扬州之近地，刺史、县令之所治，出贡赋以供天地宗庙百神之祀之壤者哉？鳄鱼其不可与刺史杂处此土也！

刺史受天子命，守此土，治此民，而鳄鱼睅然不安溪潭[⑦]，据处食民、畜、熊、豕、鹿、獐，以肥其身，以种其子孙，与刺史亢拒[⑧]，争为长雄。刺史虽驽弱，亦安肯为鳄鱼低首下心，伈伈[⑨]，为民吏羞，以偷活于此邪？且承天子命以来为吏，固其势不得不与鳄鱼辨。

鳄鱼有知，其听刺史言：潮之州，大海在其南。鲸、鹏之大，虾、蟹之细，无不容归，以生以食。鳄鱼朝发而夕至也。今与鳄鱼约，尽三日，其率丑类南徙于海，以避天子之命吏。三日不能，至五日；五日不能，至七日；七日不能，是终不肯徙也，是不有刺史，听从其言也。不然，则是鳄鱼冥顽

不灵，刺史虽有言，不闻不知也。夫傲天子之命吏，不听其言，不徙以避之，与冥顽不灵而为民物害者，皆可杀。刺史则选材技吏民，操强弓毒矢，以与鳄鱼从事⑩，必尽杀乃止。

【注释】

①军事衙推：官名，属于节度使、观察使的下属。②恶溪：水名，今广东潮安韩江。③列：同“迾”，阻遏，封锁。④罔：通“网”。擉（chuò）：刺。⑤涵（hán）淹：潜伏。⑥揜（yǎn）：覆盖。⑦睅（hàn）然：凶狠地瞪着眼睛。⑧亢：通“抗”。⑨伈伈（xǐn）：恐惧。睍睍（xiàn）：因为害怕不敢正视。⑩从事：见个高低。

【译文】

在某年某月某日，潮州刺史韩愈，派遣军事衙推秦济，把一只羊、一只猪投到恶溪的潭水里，给鳄鱼吃，并且对鳄鱼说：在古代，先王拥有天下以后，封锁山林湖泽，结网捕，用刀刺，把那些祸害人民的虫蛇恶兽驱逐到四海之外。到了后来，有些君主恩德薄浅，不能拥有远处的土地，连长江、汉江之间的地方尚且都丢给蛮、夷、楚、越，更何况潮州地处五岭和南海之间，距离京城有万里之遥呢？鳄鱼在这里潜伏繁衍，也算是很适宜的场所。当今的天子，继承了大唐的皇位，神圣仁慈而又威武，四海之外，宇宙之内，全在他的统辖之下，更何况大禹行迹所至，古时扬州的近邻，刺史、县令所治理，进贡纳税以供天地宗庙百神祭祀的潮州呢？鳄鱼啊，你们不能和我这个刺史一同居住在这片土地上啊！

刺史奉天子的命令，镇守此地，治理这里的人民，而鳄鱼却凶狠地睁着眼睛，不安居在潭水里，侵占土地，吞食人、畜、熊、豕、鹿、獐，从而养肥它们的身体，繁殖它们的子孙，与刺史抗衡争雄。我这个刺史虽然愚钝软弱，但岂能在鳄鱼面前低头拜服，战战兢兢，不敢正视，让治民的官吏蒙受耻辱，自己苟且偷生于此呢？况且我奉受天子之命来此为官的，情势上不能不与鳄鱼分个高下。

鳄鱼如果能通人意的话，就听刺史说：潮州这地方，大海就在它的南边，鲸、鹏之类的大动物，虾、蟹之类的小生命，无不被接纳收容，供它们生存，供它们食物。鳄鱼早晨从这里出发，晚上就可以到达那里了。现在与鳄鱼约定：限三天之内，率领你们的同类向南迁徙到海边去，避开天子任命的刺史。三天不够，就五天；五天不够，就七天。如果到了七天还不见行动，那就是终不肯迁移了！那就是目无刺史，不肯听从刺史的劝告了。要不然，就是鳄鱼冥顽而无灵性，刺史虽有言在先，它们却听不见，弄不懂了！凡是藐视天子任命的刺史的，不听他的告诫，不迁走以回避的，还有那些冥顽而无灵性，成为人民牲畜祸害的，都可以杀掉。刺史要挑选技艺高超的官吏民众，操起强弓毒箭，和鳄鱼进行战斗，直到斩尽杀绝才肯罢休。你们可别后悔呀！

【写作方法】

此文开篇首提先王，笼起全篇大旨，而后说当今天子，说刺史，说命吏，文势一路追逼而下，句句光明正大，义正词严，如问罪之师。最后言及鳄鱼，以斩杀相警告，措辞如万弩齐发，威慑百灵。全篇结构井然，文气雄健，自然感人。

◎柳子厚墓志铭◎

【题解】

墓志铭是一种悼念死者的文体，包括“志”和“铭”两个部分。“志”一般用散文写出死者的姓名、籍贯、生平。“铭”则以韵文安慰、赞颂死者，统括全篇。本文是韩愈为故去好友柳宗元所写的墓志铭。

【原文】

子厚讳宗元[①]**。七世祖庆，为拓跋魏侍中，封济阴公。曾伯祖奭，为唐**

宰相，与褚遂良、韩瑗俱得罪武后，死高宗朝。皇考讳镇，以事母弃太常博士，求为县令江南。其后以不能媚权贵，失御史。权贵人死，乃复拜侍御史。号为刚直，所与游，皆当世名人。

子厚少精敏，无不通达。逮其父时，虽少年，已自成人。能取进士第，崭然见头角，众谓柳氏有子矣。其后以博学宏词，授集贤殿正字②。俊杰廉悍，议论证据今古，出入经史百子，踔厉风发③，率常屈其座人，名声大振，一时皆慕与之交。诸公要人，争欲令出我门下，交口荐誉之。

贞元十九年，由蓝田尉拜监察御史④。顺宗即位，拜礼部员外郎。遇用事者得罪，例出为刺史。未至，又例贬永州司马。居闲，益自刻苦，务记览，为词章，泛滥停蓄，为深博无涯涘⑤，而自肆于山水间。元和中，尝例召至京师，又偕出为刺史，而子厚得柳州。既至，叹曰："是岂不足为政邪？"因其土俗，为设教禁⑥，州人顺赖。其俗以男女质钱，约不时赎，子本相侔⑦，则没为奴婢。子厚与设方计，悉令赎归。其尤贫力不能者，令书其佣⑧，足相当，则使归其质。观察使下其法于他州⑨，比一岁，免而归者且千人。衡湘以南为进士者，皆以子厚为师。其经承子厚口讲指画为文词者，悉有法度可观。

其召至京师而复为刺史也，中山刘梦得禹锡亦在遣中，当诣播州⑩。子厚泣曰："播州，非人所居，而梦得亲在堂，吾不忍梦得之穷，无辞以白其大人，且万无母子俱往理。"请于朝，将拜疏，愿以柳易播，虽重得罪，死不恨。遇有以梦得事白上者，梦得于是改刺连州⑪。呜呼，士穷乃见节义。今夫平居里巷相慕悦，酒食游戏相征逐⑫，诩诩强笑语以相取下⑬，握手出肺肝相示，指天日涕泣，誓生死不相背负，真若可信。一旦临小利害，仅如毛发比，反眼若不相识，落陷阱，不一引手救，反挤之又下石焉者，皆是也。此宜禽兽夷狄所不忍为，而其人自视以为得计，闻子厚之风，亦可以少愧矣。

子厚前时少年，勇于为人，不自贵重顾藉，谓功业可立就，故坐废退。既退，又无相知有气力得位者推挽，故卒死于穷裔⑭。材不为世用，道不行于时也。使子厚在台、省时⑮，自持其身，已能如司马、刺史时，亦自不斥。

斥时有人力能举之，且必复用不穷。然子厚斥不久，穷不极，虽有出于人，其文学辞章，必不能自力以致必传于后如今，无疑也。虽使子厚得所愿，为将相于一时，以彼易此，孰得孰失，必有能辨之者。

子厚以元和十四年十一月八日卒，年四十七。以十五年七月十日归葬万年先人墓侧。子厚有子男二人，长曰周六，始四岁；季曰周七，子厚卒乃生。女子二人，皆幼。其得归葬也，费皆出观察使河东裴君行立。行立有节概，重然诺⑯，与子厚结交，子厚亦为之尽，竟赖其力。葬子厚于万年之墓者，舅弟卢遵⑰。遵，涿人，性谨慎，学问不厌。自子厚之斥，遵从而家焉，逮其死不去。既往葬子厚，又将经纪其家，庶几有始终者。

铭曰：是惟子厚之室⑱，既固既安，以利其嗣人。

【注释】

①讳：避讳。古人在死者名字前面加“讳”字表示尊敬。②集贤殿正字：官名。掌管整理、校正书籍。③踔（chuō）厉风发：精神奋发，议论纵横。④监田尉：蓝田县的县尉，掌管缉捕盗贼等事。监察御史：官名，掌管监察百官，巡检州县的刑狱、军戎、礼仪等事。⑤涯涘（sì）：水的边际。⑥教禁：教化和禁令。⑦相侔（móu）：相等。⑧佣：这里指按劳动算报酬。⑨观察使：唐代中央派往地方考察州县官吏政绩的官员。⑩播州：今贵州遵义。⑪连州：今广东连州市。⑫征逐：朋友相互邀请过从宴饮。⑬诩诩：说大话，能说会道。⑭穷裔：穷困的边远地方。⑮台省：御史台和尚书省。⑯重然诺：讲信用。⑰舅弟：舅父的儿子。⑱室：指墓穴。

【译文】

子厚，名宗元。他的七世祖柳庆，是北魏的侍中，封济阴公。曾伯祖柳奭，在唐朝曾出任宰相，与褚遂良、韩瑗一同得罪了武后，在高宗时期死去。父亲柳镇，为了侍奉母亲，放弃了太常博士的职位，请求到江南去做县令。后来又因为不能献媚于权贵，失去了御史的官职。直到那个权贵死了，才重新被任命为侍御史。他为人以刚正耿直著称，所交往的都是当时的名士。

子厚小时候就聪敏非常，通晓百事。当他父亲还在世时，他虽然年轻，却已经自立成人。能够考中进士，崭露头角，众人都说柳家有个成器的儿子。以后又通过了博学宏词科的考试，授集贤殿正字。他才智出众，端方刚勇，发表议论时旁征博引，精通经传史籍以及诸子百家的著作；他意气风发，议论深刻犀利而有见地，经常使在座的人为之折服，声名因此而大振，一时间人们都向往与他交往。那些公卿显要们，争着想要把他收作自己的门生，并且一致推荐称赞他。

贞元十九年，他由蓝田县尉晋升为监察御史。顺宗即位后，升至礼部员外郎。这时遇上了与他关系密切的当权者获罪，他也按例被遣出朝廷去做刺史。还未到任，又按例再被贬为州司马。他闲居散职却更加刻苦用功，专心记诵，博览群书。他写的诗词文章，文笔汪洋恣肆，气韵雄浑内敛，精深博大有如江海之无边无际，但只能纵情于山水之间罢了。元和年间，朝廷曾将他和一道被贬的人召回京城，又将他们一道遣放出京去做刺史，子厚被分派到柳州。到任之初，他曾经感叹说："这里难道就不值得施行政教吗？"于是根据当地的风俗，推行教化，制定禁令，柳州民众于是顺从并且信赖他。当地的风俗是向人借钱时以儿女作为抵押，如不能按约定的期限将人赎回，等到应付的利钱与本钱相等时，就没收为奴婢。子厚为借钱的人筹划万全之策，让他们全都能将子女赎回。其中尤其贫穷而实在无力赎取的，就让债主把被质押的人每天的工钱记录下来，等到工钱足以抵销借款的本利时，便要债主归还人质。观察使把这个办法颁行到其他的州，刚到一年，免除了奴婢身份而归家的人就有近千人之多。衡山和湘水以南考进士的人，都把子厚当作老师。那些经过子厚亲自指点而写文章的人，文章中都可以看到很好的写作法度。

当子厚被召回京城而又复出为刺史的时候，中山人刘梦得禹锡也在遣放之列，应当前往播州。子厚流着眼泪说："播州，不是人所适宜居住的地方，而梦得还有老母在堂，我不忍心看到梦得的处境困窘，以至于无法对母亲说这件事，况且也绝没有让母子同赴播州的道理。”于是向朝廷请求，上书皇帝，愿以柳州换播州，即使因此再次获罪，虽死无恨。此时正好又有人将梦得的事禀报了皇帝，梦得因此改做连州刺史。唉！士人在困窘时才最能表现出节义。当今的人们平日里同居于街巷之中，互相敬慕要好，竞相设宴邀客游戏娱乐，强作笑颜以示谦卑友好，握手倾诉以表明要肝胆相照，指着苍天太阳痛哭流涕，发誓要生死与共，不相背离。情之真、语之切好像这一切皆发自肺腑。然而一旦碰上小的利害冲突，哪怕小得仅如毛发一般，就会反目相向，好像从来都不认识一样。若是你落入陷阱，他不但不伸手援救，反而乘机排挤，往下丢石头，这样的人到处都是。这是禽兽和野蛮民族都不忍心去做的，而那些人却自以为自己的算计很是成功。当他们听到子厚的为人风度，也可以稍稍知道羞愧了吧。

子厚过去年轻，为人不顾一切，不知道保重和顾惜自己，以为可以很快地成就功名事业，因此遭到牵连而被贬黜。被贬以后，又缺少了解自己并且正得其位的权贵推荐提携，所以最终死在穷乡僻壤之间，才能不为当世所用，抱负也未能得到施展。假使子厚在御史台和尚书省的时候，能够对自己的言行有所把握，像后来做司马、刺史时候一样，也就不会遭受贬斥了。假使遭受贬斥之后，有人能够极力保举他，也一定会重新得到起用而不致陷入穷困的境地。然而子厚被贬斥的时间如果不长，其穷困如果没有到达极点，他虽然能在功业上超越别人，而他的文学辞章，必定不会因为自己的刻苦不息而传诵于后世，这一点是确定无疑的。即便是子厚满足了个人心愿，在一个时期内出将入相，但用那个交换这个，哪个是得，哪个是失，人们是能明辨的。

子厚于元和十四年十一月八日去世，享年四十七岁。他的灵柩于元和十五年七月十日迁回万年县祖坟安葬。子厚有两个儿子，长子名叫周六，刚刚四岁；次子名叫周七，子厚死后才出生。还有两个女儿，都还幼小。子厚能归葬于祖坟，费用皆出自现任观察使的河东人裴行立。行立有节操气概，讲求信守诺言，和子厚交情很深，子厚对他也是尽心尽力，最后全靠他出力料理。把子厚安葬在万年县祖坟的，是他的表弟卢遵。卢遵是涿州人，生性谨慎，做起学问来孜孜不倦。自从子厚被贬斥以来，卢遵就一直跟他住在一起，直到他去世，从没有离开过。送子厚归葬以后，又准备安排料理子厚的家事，他可以说是一位有始有终的人了。

铭文：这里是子厚安息的地方，既稳固又安宁，但愿一切有利于他的后代。

【写作方法】

写墓志铭一般称美不称恶，然而也要客观公正才足以留世。此篇抑扬隐显不失实，饱含朋友交游无限爱惜之情。“士穷乃见节义”以下数言，也扣合着作者对于世道人心的感慨。

卷九

柳宗元

（773~819）

柳宗元，字子厚，河东解州（今山西运城市解州镇）人，世称柳河东。贞元九年（793）中进士，贞元十四年（798）考取博学宏词科，先后任集贤殿正字、蓝田县尉和监察御史里行。因参加主张革新政治的王叔文集团而被贬为永州司马。后迁柳州（今属广西）刺史，故又称“柳柳州”。与韩愈皆倡导古文运动，并称“韩柳”，同列入“唐宋八大家”中。有《河东先生集》。

◎捕蛇者说◎

【题解】

柳宗元被贬为永州司马后，发现很多地方百姓靠捕蛇为生，其中有很多人因此而丧命。这篇文章通过一个姓蒋的捕蛇者的自述，揭示了他自己一家犯险捕蛇的缘由：为了躲避官家繁重的赋役。本文从侧面反映了中唐社会的黑暗，表达了对生活在水深火热中的贫苦百姓的同情。

【原文】

永州之野产异蛇[①]，黑质而白章。触草木，尽死，以啮人，无御之者。然得而腊之以为饵[②]，可以已大风、挛踠、瘘、疠[③]，去死肌，杀三虫[④]。其始太医以王命聚之，岁赋其二。募有能捕之者，当其租入。永之人争奔走焉。

有蒋氏者，专其利三世矣。问之，则曰：“吾祖死于是，吾父死于是，今吾嗣为之十二年，几死者数矣。”言之，貌若甚戚者。余悲之，且曰：“若

毒之乎？余将告于莅事者⑤，更若役，复若赋，则何如？”蒋氏大戚，汪然出涕曰：“君将哀而生之乎？则吾斯役之不幸，未若复吾赋不幸之甚也！向吾不为斯役，则久已病矣。自吾氏三世居是乡，积于今六十岁矣。而乡邻之生日蹙，殚其地之出，竭其庐之入，号呼而转徙，饥渴而顿踣⑥。触风雨，犯寒暑，呼嘘毒疠，往往而死者相藉也。曩与吾祖居者⑦，今其室十无一焉；与吾父居者，今其室十无二三焉；与吾居十二年者，今其室十无四五焉。非死则徙尔，而吾以捕蛇独存。悍吏之来吾乡，叫嚣乎东西，隳突乎南北⑧，哗然而骇者，虽鸡狗不得宁焉。吾恂恂而起⑨，视其缶，而吾蛇尚存，则弛然而卧。谨食之，时而献焉。退而甘食其土之有，以尽吾齿。盖一岁之犯死者二焉，其余则熙熙而乐，岂若吾乡邻之旦旦有是哉！今虽死乎此，比吾乡邻之死，则已后矣，又安敢毒邪？”

余闻而愈悲。孔子曰：“苛政猛于虎也。”吾尝疑乎是。今以蒋氏观之，犹信。呜呼！孰知赋敛之毒，有甚于是蛇者乎！故为之说，以俟夫观人风者得焉⑩。

【注释】

①永州：治所在今湖南零陵县。②腊（xī）：风干。饵：药品。③挛（luán）踠：肢体僵曲。瘘（lòu）：脖颈肿大的病。疠（lì）：恶疮，麻风。④三虫：寄生虫。⑤莅（lì）：管理。⑥顿踣（bó）：困顿跌倒。⑦曩（nǎng）：从前。⑧隳（huī）突：破坏，骚扰。⑨恂恂（xún）：小心谨慎的样子。⑩人风：民风。

【译文】

永州的郊野出产一种奇异的蛇，黑色的身体，白色的斑纹。它碰到草木，草木全要死掉；咬了人，就没有医治的办法。但把它捉了来，风干之后制成药饵，却可以治好麻风、肢体僵硬、脖子肿和癞疮等恶性疾病；还可以消除坏死的肌肉，杀死人体内的寄生虫。起初，太医奉皇帝的命令征集这种蛇，每年征收两次，招募能捕捉它的人，用蛇抵应缴的税赋。永州的老百姓都争着去干这件差事。

有个姓蒋的人家，专享这种捕蛇抵税的好处有三代了。我问他，他却说："我爷爷死在捕蛇上，我父亲死在捕蛇上，我接着干这件差事已经十二年了，有好几次险些送了命。"说这话的时候，表情似乎显得很悲伤。我同情他，并且说："你怨恨这件差事吗？我打算告诉主管这事的人，免掉你这件差事，恢复你的赋税，你认为怎么样？"蒋氏听了更显悲苦，眼泪汪汪地说："您想可怜我，让我活下去吗？可我干这件差事的不幸，还不像恢复我缴税的不幸那么厉害啊。要是过去我不干这件差事，那早就困苦不堪了。从我家祖孙三代定居在这个村子，算起来，到现在有六十年了。乡邻们的生活一天比一天困苦，他们缴光地里的出产，缴光家里的收入，哭号着四处逃亡，又饥又渴，常常跌倒在地，顶着狂风暴雨，冒着严寒酷暑，吸着毒疠瘴气，常常是死者一个压着一个。从前跟我爷爷住一块儿的，如今这些人家十户中连一户也没有了；跟我父亲住一块儿的，十户中没剩下两三户，跟我一块儿住了十二年的人家中，如今十户中也不到四五户了。不是死光就是逃荒去了。可是我却靠着捕蛇而独自活了下来。凶暴的官吏一到我们村子来，就到处乱闯乱嚷，吓得人们哭天喊地，甚至连鸡狗也不得安宁啊。我提心吊胆地爬起身来，看看那瓦罐子，我的蛇还在里面，这才安心地睡下。我小心地喂养它，到了时候把它交上去。回来后，就可以香甜地吃着我地里出产的东西，来过完我的余年。大约我一年里冒生命危险只有两次，其余的时间却能舒舒坦坦地过日子，哪里像我的邻居们天天都受到死亡的威胁呢！如今即使死在捕蛇上，比起我那些死去的乡邻已经是死得晚的了，又怎么敢怨恨这件差事呢？"

我听了这些话而更加感到悲痛。孔子说："横征暴敛比老虎还要凶狠啊。"我曾经怀疑过这句话。现在从蒋氏的遭遇来看，才相信了。唉！谁能想到横征暴敛的毒害比这种毒蛇还要厉害呢！所以我为此事写了这篇《捕蛇者说》，留待那些考察民情的人以为参考。

【写作方法】

冒死捕毒蛇，认为是幸运之事；复其赋役，反认为是极大的灾难，足见苛政之残酷。文情抑扬起伏，宛转斡旋，蛇之毒、赋敛之毒俱从捕蛇者口中说出，无限悲凉凄婉，真切动人。篇末引孔子语作证，用“孰知”句点题，立言之巧，结构之精，正是小文章有大议论。

◎种树郭橐驼传◎

【题解】

唐朝自安史之乱发生后，元气大伤，老百姓的赋税负担很重。柳宗元认为，要想中兴唐朝，唯有与民休息才可，于是写下了这篇寓言式的传记散文，它的主人公是善于种树的郭橐驼。在文中，柳宗元介绍了郭橐驼的事迹和种树之道，提出“顺木之天，以致其性”的道理。本文其实是以郭橐驼种树暗喻统治者与百姓的关系，柳宗元在文末点明了主旨，即为政之道在于顺乎自然，不要用繁重的政令扰民，这样国家才会恢复元气。

【原文】

郭橐驼[①]，不知始何名。病偻，隆然伏行，有类橐驼者，故乡人号之“驼”。驼闻之曰：“甚善，名我固当。”因舍其名，亦自谓“橐驼”云。

其乡曰丰乐乡，在长安西。驼业种树，凡长安豪家富人为观游及卖果者，皆争迎取养。视驼所种树，或迁徙，无不活，且硕茂，蚤实以蕃。他植者虽窥伺效慕，莫能如也。有问之，对曰：“橐驼非能使木寿且孳也，能顺木之天[②]，以致其性焉尔[③]。凡植木之性，其本欲舒，其培欲平，其土欲故，其筑欲密。既然已，勿动勿虑，去不复顾。其莳也若子[④]，其置也若弃。则其天者全而其性得矣。故吾不害其长而已，非有能硕茂之也；不抑耗其实而已，非有能蚤而蕃之也。他植者则不然，根拳而土易。其培之也，若不过焉则不及。苟有能反是者，则又爱之太殷，忧之太勤，旦视而暮抚，已去而复顾。

甚者爪其肤以验其生枯，摇其本以观其疏密，而木之性日以离矣。虽曰爱之，其实害之；虽曰忧之，其实仇之。故不我若也，吾又何能为哉！”

问者曰：“以子之道，移之官理可乎？”驼曰：“我知种树而已，官理非吾业也。然吾居乡，见长人者好烦其令，若甚怜焉，而卒以祸。旦暮吏来而呼曰：‘官命促尔耕，勖尔植[⑤]，督尔获，蚤缫而绪[⑥]，蚤织而缕，字而幼孩[⑦]，遂而鸡豚[⑧]。’鸣鼓而聚之，击木而召之。吾小人辍飧饔以劳吏者[⑨]，且不得暇，又何以蕃吾生而安吾性邪？故病且怠。若是，则与吾业者其亦有类乎？”

问者嘻曰：“不亦善夫！吾问养树，得养人术。”传其事以为官戒也！

【注释】

①橐（tuó）驼：即骆驼。②天：天性。③致：尽。④莳（shì）：种，栽。⑤勖（xù）：勉励。⑥缫（sāo）：抽茧出丝。⑦字：养育。⑧遂：成长。⑨辍：停止。飧（sūn）：晚饭。饔（yōng）：早饭。

【译文】

郭橐驼，不知道他原名叫什么。他患有伛偻病，整天驼着背，脸朝着地行走，就像骆驼一样，所以乡里人叫他“驼”。橐驼听到后说：“很不错，用这个名字称呼我很恰当。”因此他竟然放弃了原名，也自称起“橐驼”来。

他的家乡叫丰乐乡，在长安城西边。郭橐驼以种树为生，凡是长安那些栽种树木以供玩赏的豪富人家，以及那些种植果树靠卖水果为生的人，都争着把他接到家里去供养。平日里看那橐驼所种的树，即使是移植的，也没有不成活的，而且长得高大茂盛，果实往往结得又早又多。别的种树人虽然暗中观察模仿，也没有谁能比得上他的。有人问他其中的奥秘，他回答说：“橐驼并不能使树木活得长久和旺盛繁殖，只是能顺应树木的天性，让它按照自己的本性生长罢了。树木的本性是：它需要根能得以舒展，它需要培土均匀，它喜欢已经习惯了的土壤，四周的土要捣结实。这样做了之后，就不要再去动它，也不必去为它操心，种好后可以连头也不回地离开。栽种时要像抚育子女一样的细心，种完后要像把它丢弃了一样地不再照看。这样它的天性才能得以保全，它也会按照自己的本性健康成长。所以我只不过是不妨害它生长罢了，并不是能使它长得高大茂盛；只不过是不抑制延缓它的果实生长罢了，并不是能使它的果实结得又早又多。别的种树人就不是这样，他们种树时没有让树根得以伸展，又让它离开了已经习惯了的土壤。他们培土，不是土多了就是土不够。如果有能不同于这样种植的，则又爱护得过分，总是想着它，早晨去看看，晚上去摸摸，离开之后又跑来看一下。更有甚者竟然抓破树皮来验查它是死是活，摇动根株来观察栽得是松是紧；这样的话，树木就会一天天地偏离它生长的本性了。这些人虽说是爱它，其实是害它；虽说是担心它，其实是与它为敌。所以他们种树都比不上我，其实我又有什么特殊能耐呢？”

问的人说：“把你种树的道理，转用到做官治理百姓上，可以吗？”橐驼说：“我只知道种树而已，做官治理百姓不是我的职业。但是我住在乡里的时候，看见那些当官的喜好颁布繁多琐碎的命令，好像很怜惜老百姓，结果却给百姓们带来灾祸。早晚都有差役跑来大喊：‘长官命令，催促你们耕地，鼓励你们种植，督促你们收割，早些缫你们的丝，早些织你们的布，抚养好你们的小孩，喂大你们的鸡和猪。’时不时地敲起鼓将大家聚到一起，打着梆子将大家招来。我们这些小老百姓，就算晚饭和早饭都不吃而去招待那些差役都忙不过来，又怎能使我们人丁兴旺，生活安定呢？所以我们是如此的贫困而且疲惫。这些与我所从事的职业有一些相似之处吧？”

问的人说：“这不是很好吗！我问种树，却得到了治理百姓的方法。”于是，我把这件事记载下来，作为官吏们的鉴戒。

【写作方法】

本文开头先说明郭橐驼的身世，“甚善，名我固当”一句反映了他随遇而安、顺其自然的特点，也为下文做好了铺垫。二、三两段是重点。第二段一正一反说明种树的道理，也就是“顺木之天，以致其性”。随后柳宗元以“官理”引入正题，借种树的道理写为官之道。此文重在“既然”“反是”两处转笔上，前后一虚一实，一宾一主，前提后应，处处朴老简峭。

◎梓人传◎

【题解】

这篇文章跟上篇《种树郭橐驼传》结构相似，都是以譬喻的手法，揭示治国的道理。此文写梓人杨潜才能出众，他善于全面规划，对群工指挥得当，这实际是暗示了贤明宰相的治国之道。

【原文】

裴封叔之第①，在光德里。有梓人款其门②，愿佣隙宇而处焉③。所职寻引、规矩、绳墨，家不居砻斫之器④。问其能，曰：“吾善度材，视栋宇之制，高深、圆方、短长之宜，吾指使而群工役焉。舍我，众莫能就一宇。故食于官府，吾受禄三倍；作于私家，吾收其直大半焉。”他日，入其室，其床阙足而不能理，曰：“将求他工。”余甚笑之，谓其无能而贪禄嗜货者。

其后，京兆尹将饰官署，余往过焉。委群材⑤，会众工。或执斧斤，或执刀锯，皆环立向之。梓人左持引，右执杖，而中处焉。量栋宇之任⑥，视木之能举，挥其杖曰：“斧！”彼执斧者奔而右。顾而指曰：“锯！”彼执锯者趋而左。俄而，斤者斫，刀者削，皆视其色，俟其言⑦，莫敢自断者。其不胜任者，怒而退之，亦莫敢愠焉。画宫于堵⑧，盈尺而曲尽其制，计其毫厘而构大厦，无进退焉。既成，书于上栋曰：“某年某月某日某建”，则其姓字也，凡执用之工不在列。余圜视大骇⑨，然后知其术之工大矣。

继而叹曰：彼将舍其手艺，专其心智，而能知体要者欤！吾闻劳心者役人，劳力者役于人。彼其劳心者欤？能者用而智者谋，彼其智者欤？是足为佐天子相天下法矣，物莫近乎此也。

彼为天下者本于人。其执役者，为徒隶，为乡师、里胥，其上为下士，又其上为中士，为上士，又其上为大夫，为卿，为公。离而为六职，判而为百役[⑩]。外薄四海[⑪]，有方伯、连率。郡有守，邑有宰，皆有佐政。其下有胥吏，又其下皆有啬夫、版尹[⑫]，以就役焉，犹众工之各有执技以食力也。彼佐天子相天下者，举而加焉，指而使焉，条其纲纪而盈缩焉，齐其法制而整顿焉，犹梓人之有规矩、绳墨以定制也。择天下之士，使称其职；居天下之人，使安其业。视都知野，视野知国，视国知天下，其远迩细大，可手据其图而究焉。犹梓人画宫于堵而绩于成也。能者进而由之，使无所德；不能者退而休之，亦莫敢愠。不衒能，不矜名，不亲小劳，不侵众官，日与天下之英才讨论其大经，犹梓人之善运众工而不伐艺也。夫然后相道得而万国理矣。

相道既得，万国既理，天下举首而望曰："吾相之功也。"后之人循迹而慕曰："彼相之才也。"士或谈殷周之理者，曰伊、傅、周、召，其百执事之勤劳而不得纪焉，犹梓人自名其功而执用者不列也。大哉相乎！通是道者，所谓相而已矣。

其不知体要者反此。以恪勤为公，以簿书为尊，衒能矜名，亲小劳，侵众官，窃取六职百役之事，听听于府庭[⑬]，而遗其大者远者焉。所谓不通是道者也。犹梓人而不知绳墨之曲直、规矩之方圆、寻引之短长，姑夺众工之斧斤刀锯以佐其艺，又不能备其工，以至败绩，用而无所成也，不亦谬欤？

或曰："彼主为室者，傥或发其私智，牵制梓人之虑，夺其世守而道谋是用，虽不能成功，岂其罪邪？亦在任之而已。"余曰："不然。"夫绳墨诚陈，规矩诚设，高者不可抑而下也，狭者不可张而广也。由我则固，不由我则圮[⑭]。彼将乐去固而就圮也，则卷其术，默其智，悠尔而去，不屈吾道，是诚良梓人耳。其或嗜其货利，忍而不能舍也，丧其制量，屈而不能守也，栋桡屋坏[⑮]，则曰："非我罪也。"可乎哉？可乎哉？

余谓梓人之道类于相，故书而藏之。

梓人，盖古之审曲面势者，今谓之"都料匠"云。余所遇者，杨氏，潜，其名。

【注释】

①裴封叔：人名，柳宗元的妹夫。②梓（zǐ）人：木匠。③隙宇：空闲的房子。④砻（lóng）：磨。斫（zhuó）：削。⑤委：堆积。⑥任：规模。⑦俟（sì）：等待。⑧堵：墙壁。⑨圜视（huán）：瞪圆了眼睛看。⑩判：细分。⑪薄：通“迫”。⑫啬（sè）夫：帮助县令处理赋税、诉讼等事务的官吏。版尹：主管户籍的官吏。⑬听听（yín）：通“龂龂”，争辩的样子。⑭圮（pǐ）：倒塌。⑮桡（ráo）：弯曲变形。

【译文】

裴封叔的宅第在长安光德里。一天，有个木匠来敲他的门，希望租几间空屋居住。这位木匠随身携带着量尺、规矩、绳墨，居室中却不存放磨砺、砍削的工具。我问他有什么能耐，他说：“我善于估算木材，审察房屋的规模，根据房屋高深、圆方、短长的具体情况，来指使工匠们干活。没有我，人再多也盖不出来一间房子。所以如果是替官府干活儿，我的工钱是一般工匠的三倍；如果是替私人干活儿，我就要领取工钱的一大半儿。”一次，我走进他的房中，见他的床缺了脚，他自己却不能修理，说什么要请另外的工匠来修。我对他深为嘲笑，认为他是个没有能耐却贪财嗜货的人。

后来，京兆尹准备要整修官署，我前去观看。只见那里堆积了许多木材，聚集了很多工匠。有的拿着斧头，有的拿着刀锯，都围着那个木匠站着。那木匠左手拿着尺，右手拿着杖，站在人群中间。他估量着房屋的规模，掂量着木材的承受能力，然后将手中的杖一挥，说：“斧子！”那些拿斧子的工匠便跑到右边去砍。又回头指着左边说：“锯！”那些拿锯的人便跑到左边去锯。一会儿，拿斧头的工匠砍起来，拿刀的削起来，都看着他的眼色，等待着他的吩咐，没有敢自作主张的。其中那些不能胜任的工匠，他便发着脾气将他们辞退了，也没有谁敢表露不满和怨恨。他在墙上画出的房屋的设计图，图不过一尺见方却能周详地表现出房屋的规模，在他的精细计算下大厦建成完工，各部位紧凑结合，竟没有半点儿出入。官署修成后，他在屋梁上写上“某年某月某日某建”，署名是自己，而那些干活的工匠都不列名。我吃惊得瞪大了眼睛，这才懂得他的技术是多么的精深高超。

接着我又感叹地说：那个木匠大概是一个舍弃具体手艺，致力于发挥自己心智，因而能够掌握事物关键的人吧？我听说劳心者使唤别人，劳力者被人使唤。那个木匠应该是个劳心者吧？有能耐的人得到重用，有智慧的人参与谋划，那个木匠应该是个有智慧的人吧！这足可以为辅佐天子治理国家的人效法了，再没有比这更相似的事情了。

治理国家在于以人为根本。那些从事具体工作的人，是徒隶，是乡师、里胥，他们的上面是下士，下士上面是中士、上士，再往上是大夫，是公，是卿。大略上可以分为六种职别，又可以细分为各种差事。国都以外，直到四方边境，有方伯、连率这样的封疆大吏。每个郡有郡守，每个县有县令，而且都有副手辅助行政。下面有胥吏，再往下还有啬夫、版尹来担当职役，就像工匠们各怀技能，靠劳力而吃饭一样。那些辅佐天子治理天下的人，提拔任用他们，指挥役使他们，制定治理国家的纲要并且加以调整，规范法制而加以整顿。这就像那位木匠有规矩、绳墨来确定规模一样。选择天下的人才，使他们各称其职；安顿天下的百姓，使他们安居乐业。看了京城便能了解乡村的情况，看了乡村便能了解封地的情况，看了封地便能了解全国的情况。至于远处、近处、小事、大事，都可以凭借手中的地图推究出来，就好像那位木匠在墙上绘制房屋图样而后按图使工程完工一样。举荐有才能的人并且任用他们，不要使他们感激谁的恩德；斥退没有才能的人，让他们离开职位，也没有谁会怨恨。不炫耀自己的才能，不夸大自己的名声，不亲自去干各种琐碎的事情，不干涉各级官员的职权，每天与天下的杰出人士讨论国事政策；就像那个木匠善于指挥各种工匠而不夸耀自己的技能一样。这样做，就符合宰相的职责，整个国家也就得到了治理。

符合了宰相的职责，国家得到了治理之后，全国人都会抬头仰望说：“这便是我们宰相的功劳啊！”后世人遵循他的业迹而满怀仰慕之情地说：“这都是因为那个宰相的才能啊！”现在的士人有时谈起殷、周之治的时候，一定要称赞伊尹、傅说、周公、召公；而那些从事各种具体事务的官员虽然勤劳，却不能被记载下来。这就像那位木匠在屋梁上写下自己的姓名一样，而那些干活的工匠却不能列名一样。伟大啊！宰相。通晓这些道理的，便是大家说的宰相了。

那些不懂得事物的要领根本的人与此相反。他们将谨慎恭顺、勤勤恳恳当作要务，把处理公文当作万事之首。炫耀自己的能力，夸大自己的声名，亲自去处理琐碎的事务，干涉各级官员的职权，暗自包揽各种繁杂差事，在殿堂之上与人争辩不休，却将国家的长远大计放在了一边；这便是不通晓为相之道的人啊。就像木匠不知绳墨的曲直，规矩的方圆，寻引的短长，胡乱地夺过工匠们的斧头刀锯来帮他们干活，但又不能完成他们的工作，以至于将事情弄糟，因而没有什么成就；这岂不是荒谬吗？

有人说："如果那主管房屋建造的人，想实行他自己的想法，牵制那木匠的计划，舍弃历代相传的经验，却采用过路人的意见，致使房屋不能建成，这难道是木匠的过失吗？成功与否，不过在主管建房的人是否信任那木匠罢了。"我说："不能这样说。"如果绳墨、规矩已经确定，应该高的地方就不能压低，应该窄的地方就不能拓宽。按照我的意见办，房屋就能坚固；不按照我的意见办，房屋就会倒塌。如果那个主事的人甘心放弃坚固而选择倒塌，那木匠就应该收起自己的技术，藏起自己的智慧，远远地离开，坚持自己的主张而不屈从。这才是个真正的好木匠啊。如果他贪图财物，一味忍让而不离去，那就丧失了原则，是屈从而不能坚持自己的职守啊。到了栋梁折断、房屋倒塌的时候，却说："不是我的过错。"这是可以的吗？这是可以的吗？

我认为那木匠营造房屋的方法与做宰相的有相似之处，所以写了这篇文章保存起来。

那位木匠大概就是古代审察各种材料的曲直和形状的人。现在称之为"都料匠"。我遇到的那位木匠姓杨，名潜。

【写作方法】

本篇塑造人物形象的时候，主要通过人物语言和动作来体现。先看本文的语言。梓人是这篇文章的主人公，第一段写梓人回答裴封叔的话时，有一句说“舍我，众莫能就”，此处可以看出梓人的自信。第三段写梓人指挥工人工作时，只说了“斧”“锯”两个字，却把梓人的干练和大将风范描绘得惟妙惟肖。再来看动作描写。梓人指挥百工时，“左持引，右执杖”“量栋宇之任，视木之能举”“顾而指”，透过这一系列动作，梓人自信练达的形象一览无余。

范仲淹

（989～1052）

范仲淹，字希文，祖籍邠州（今陕西彬县），移居吴县（今江苏苏州）。少时贫困力学，真宗大中祥符八年（1015）进士。官至枢密副使、参知政事。范仲淹是北宋著名的政治家和文学家，曾积极推行“庆历新政”，为人廉洁公正，奉行“先天下之忧而忧，后天下之乐而乐”的做人准则。有《范文正公集》。

◎严先生祠堂记◎

【题解】

严先生本姓庄，名光，字子陵，是光武帝刘秀的同学。光武帝钦佩他的才能，在登基为帝后，征召严先生入朝做谏议大夫。严先生没有接受官职，而是回睦州富春山隐居起来，耕田为生，垂钓为乐，深为时人称颂。严先生死后，睦州百姓为纪念他，年年向他祭祀。北宋中期，范仲淹当了睦州知州，他为严先生修建了一座祠堂，并作了这篇记文。本文通过写严先生婉拒光武帝的邀请，隐居田园山林，赞扬了严先生不慕荣利的崇高品质。

【原文】

先生，光武之故人也。相尚以道。及帝握《赤符》[①]，乘六龙[②]，得圣人之时，臣妾亿兆，天下孰加焉？惟先生以节高之。既而动星象[③]，归江湖，得圣人之清。泥涂轩冕，天下孰加焉？惟光武以礼下之。

在《蛊》之上九，众方有为，而独“不事王侯，高尚其事”，先生以之。在《屯》之初九，阳德方亨，而能“以贵下贱，大得民也”，光武以之。盖先生之心，出乎日月之上；光武之量，包乎天地之外。微先生不能成光武之大[④]，微光武岂能遂先生之高哉？而使贪夫廉，懦夫立，是大有功于名教也。

仲淹来守是邦，始构堂而奠焉。乃复为其后者四家，以奉祠事，又从而歌曰：云山苍苍，江水泱泱。先生之风，山高水长。

【注释】

①《赤符》：指25年，儒生彊华献上《赤伏符》，刘秀因而称帝一事。②乘六龙：天子车驾的代称。③动星象：光武帝刘秀曾把严子陵请到宫中叙旧，还与严子陵同榻而卧。严子陵在睡梦中把脚搁到了刘秀的肚皮上。第二天观察天象的太史上奏，说是昨夜客星犯帝座甚急。④微：假如不是。

【译文】

严先生，是光武帝的老朋友。两个人以道义而相互推崇。到了光武帝得到《赤符》的祥瑞，乘着六龙的阳气而称帝，得到了圣人奉行天道的时机，统治着亿兆的臣民，普天之下有谁能超过他？只有先生凭着自己的节操而高出其上。后来先生因为与光武帝交情甚密而震动了天上的星象，先生于是退隐江湖，达到了圣人清高脱俗的境界。先生视名禄如粪土，普天之下又有谁能超过他？只有光武帝能够以礼而敬重他。

《易经》上《蛊卦》“上九”爻，正当其他各爻都正在有所作为的时候，这一爻却偏偏是“不侍奉王侯，保持自己品德的高尚”。先生就是这样做的。《易经》上《屯卦》的“初九”一爻，表示阳德正在亨通，因而能“以尊贵之身礼遇卑贱的人，大得民心”。光武帝正是这样做的。所以先生的高尚情操，比日月还要高；光武帝的宽阔胸襟，能包容大到天地之外的事物。没有先生，就不能成就光武帝气量的弘大；没有光武帝，又怎能促成先生的高尚节操？先生的作为让贪婪的人变得廉洁，让怯懦的人变得自强自立，这真是对名教的莫大功劳啊。

我到本州任职后，才建造了祠堂来祭奠先生。然后又免除了先生后代子孙四家的赋役，让他们专心管理祭祀的相关事宜，还因此作了歌颂扬道：云与山莽莽苍苍啊，江水浩浩荡荡。先生的高风亮节啊，如山高，如水长！

【写作方法】

这篇文章虽说重点写的是严先生，但文中说严先生的地方，几乎句句都有光武帝与之对照，如“盖先生之心，出乎日月之上；光武之量，包乎天地之外”一句，写光武帝的量大，其实是衬托严先生的格调高。此文字少意多，文简理详，有节节相生之妙。

◎岳阳楼记◎

【题解】

范仲淹是北宋名臣，在庆历朝做过参知政事，还主持了新政。“庆历新政”最终失败，范仲淹被贬为邓州知州。范仲淹在邓州期间，被贬到岳州，巴陵郡的滕子京重修了岳阳楼，他写信嘱托范仲淹为岳阳楼记，以表示纪念。本文通过写岳阳楼的景色，以及阴雨和晴朗时带给人的不同感受，揭示了“不以物喜，不以己悲” 的古仁人之心，也表达了自己“先天下之忧而忧，后天下之乐而乐”的爱国爱民情怀。

【原文】

庆历四年春，滕子京谪守巴陵郡[①]**。越明年，政通人和，百废具兴。乃**

重修岳阳楼，增其旧制，刻唐贤、今人诗赋于其上，属予作文以记之[②]。

予观夫巴陵胜状，在洞庭一湖。衔远山，吞长江，浩浩汤汤，横无际涯；朝晖夕阴，气象万千。此则岳阳楼之大观也，前人之述备矣。然则北通巫峡，南极潇湘，迁客骚人[③]，多会于此，览物之情，得无异乎？

若夫霪雨霏霏，连月不开，阴风怒号，浊浪排空，日星隐曜，山岳潜形，商旅不行，樯倾楫摧[④]，薄暮冥冥，虎啸猿啼。登斯楼也，则有去国怀乡[⑤]，忧谗畏讥，满目萧然，感极而悲者矣。

至若春和景明[⑥]，波澜不惊，上下天光，一碧万顷，沙鸥翔集，锦鳞游泳[⑦]，岸芷汀兰[⑧]，郁郁青青。而或长烟一空，皓月千里，浮光耀金，静影沉璧；渔歌互答，此乐何极！登斯楼也，则有心旷神怡，宠辱皆忘，把酒临风，其喜洋洋者矣。

嗟夫，予尝求古仁人之心，或异二者之为，何哉？不以物喜，不以己悲。居庙堂之高[⑨]，则忧其民；处江湖之远，则忧其君。是进亦忧，退亦忧。然则何时而乐耶？其必曰"先天下之忧而忧，后天下之乐而乐"欤！噫！微斯人，吾谁与归！

【注释】

①滕子京：名宗谅，字子京，河南人。②属：同"嘱"，嘱咐。③迁客：遭贬迁的官员。骚人：诗人。④樯（qiáng）：桅杆。楫（jí）：船桨。⑤国：指国都。⑥景：日光。⑦锦鳞：指色彩斑斓的鱼。⑧芷（zhǐ）：香草名。汀：水边的平滩。⑨庙堂：指朝廷。

【译文】

庆历四年的春天，滕子京被贬为巴陵郡太守。到了第二年，政事顺畅，人民和睦，各种荒废了的事业都兴办起来了。于是重新修建岳阳楼，扩展它原来的规模，把唐代贤士和今人的诗赋刻在上面，并嘱咐我写一篇文章来记述这件事。

我看巴陵郡的美景，全在这洞庭湖上。它连接远山，吞吐长江，浩浩荡荡，无边无际；早晨的霞光，傍晚的夕照，气象万千。这些就是岳阳楼的壮丽景象，前人已经描述得很详尽了。它北面通向巫峡，南面直达潇水和湘水，被降职外调的官员和不得志的诗人常常在这里聚会，他们观赏这里景物时的心情，难道会没有差别吗？

在那细雨连绵不断，一连数月不晴的时候，阴惨惨的风怒吼着，浑浊的浪涛翻腾到空中；日月星辰失去了光辉，山岳也隐藏在阴霾之中；来往的客商无法通行，桅杆歪斜，船桨折断；到了傍晚，暮霭沉沉，天色昏暗，老虎长啸，猿猴悲啼。这时登上这座楼，就会产生离开京城，怀念家乡，担心遭到诽谤和讥议的心情，满目都是萧条的景象，心中感慨万分而十分悲伤了。

待到春风和煦，景色明媚的日子，湖面平静，水天一色，碧绿的湖水一望无际；沙鸥时而展翅高飞，时而落下聚集在一起；五光十色的鱼儿游来游去，岸上的香芷和小洲上的兰花，香气浓郁，颜色青青。有时天空中云雾完全消散，皎洁的月光一泻千里，湖面上金光闪烁，月亮的倒影犹如沉落的玉璧，静静地躺在水中；渔人互相唱和应答，这样的快乐是何等无穷无尽！这时登上这座楼，就会感到心旷神怡，把一切荣辱得失都忘记了，于是端着酒杯临风畅饮，沉浸在无限的欢乐当中。

唉！我曾经探究过古代仁德之士的思想感情，或许他们和上面说的那两种情况有所不同，这是什么缘故呢？是因为他们不因为外物的美好而高兴，不因为个人的失意而悲伤；在朝廷为官的时候就为百姓忧虑；退隐江湖、远离朝廷的时候就替君主忧虑。这样看来，是在朝为官也忧虑，不在朝为官也忧虑。然而他们什么时候才会感到快乐呢？他们一定会说“忧在天下人之前，乐在天下人之后”吧！唉！除了这样的人，我还能与谁同道呢！

【写作方法】

全篇虽只三百六十余字，但是内容充实，情感丰富。作者将叙事、写景、议论、抒情自然结合起来，既有对事情本末的交代，又有对湖光水色的描写；既有精警深刻的议论，又有惆怅悲沉的抒情。记楼，记事，更寄托自己的心志。作者善于以简驭繁，巧妙地转换内容和写法。如以“前人之述备矣”一语带过无数叙述，以“然则”一语引出“览物之情”，以“或异二者之为”展开议论话题，千回百转，层层推进，叙事言情都入化境。

此文不单纯写景，范仲淹“登楼”有感，前后一悲一喜，只是为后文做铺垫。“予尝求古仁人之心”一段，突然由登岳阳楼转到处世态度上，看似突兀，实则是承接上文的悲喜，“不以物喜，不以己悲”正是他的态度；“先天下之忧而忧，后天下之乐而乐”一句，点出全文主旨。

欧阳修

（1007~1072）

欧阳修，字永叔，自号醉翁，晚号六一居士，吉州庐陵（今江西吉安）人。幼年丧父，由寡母教养成人。仁宗天圣八年（1030）进士。历官知制诰、翰林学士、枢密副使、参知政事等。早年支持范仲淹，要求政治改良，因此屡遭贬谪。晚年思想趋于保守，反对王安石变法。神宗熙宁四年（1071），以太子少师致仕。卒赠太子太师，谥文忠。北宋诗文革新运动的领袖，苏洵父子、曾巩、王安石皆出其门下。为“唐宋八大家”之一，在散文、诗、词方面都卓有成就，开创了北宋文学的新面貌。他的文风变化多端、开阖自如，语言自然晓畅，富于韵律感。他的写景抒情文和文论史论都代表了成熟的宋代散文的清新自然的风格，真是“文备众体，变化开阖，因物命意，各尽其工”（吴充《欧阳公行状》）。曾与宋祁等合修《新唐书》，并独撰《新五代史》。有《欧阳文忠公集》一百五十卷。

◎朋党论◎

【题解】

北宋仁宗庆历年间，范仲淹针对当时国家积贫积弱的现状，进行了一次政治革新，史称“庆历新政”。不过，这次革新遭到保守派的阻挠，他们以“朋党”之名来加以攻击、诬陷。欧阳修支持范仲淹的政治革新，他针对这种情况，写下此文进行反驳。本文列举历史上的事例，指出“朋党”是自古就有的，但有君子与小人的区别，论述兴亡治乱与“朋党”的关系，阐明君主要“退小人之伪朋，用君子之真朋”。

【原文】

臣闻朋党之说，自古有之，惟幸人君辨其君子小人而已。大凡君子与君子，以同道为朋；小人与小人，以同利为朋。此自然之理也。

然臣谓小人无朋，惟君子则有之，其故何哉？小人所好者，利禄也；所贪者，货财也。当其同利之时，暂相党引以为朋者，伪也。及其见利而争先，或利尽而交疏，则反相贼害，虽其兄弟亲戚，不能相保；故臣谓小人无朋，其暂为朋者，伪也。君子则不然。所守者道义，所行者忠信，所惜者名节。以之修身，则同道而相益；以之事国，则同心而共济。终始如一，此君子之朋也。故为人君者，但当退小人之伪朋，用君子之真朋，则天下治矣。

尧之时，小人共工、驩兜等四人为一朋[①]，君子八元、八恺十六人为一朋[②]。舜佐尧，退四凶小人之朋[③]，而进元、恺君子之朋，尧之天下大治。及舜自为天子，而皋、夔、稷、契等二十二人并列于朝，更相称美，更相推让，凡二十二人为一朋，而舜皆用之，天下亦大治。《书》曰：“纣有臣亿万，惟亿万心；周有臣三千，惟一心。”纣之时，亿万人各异心，可谓不为朋矣，然纣以亡国。周武王之臣三千人为一大朋，而周用以兴。

后汉献帝时，尽取天下名士囚禁之，目为党人。及黄巾贼起，汉室大乱，后方悔悟，尽解党人而释之，然已无救矣。

唐之晚年，渐起朋党之论。及昭宗时，尽杀朝之名士，或投之黄河，曰：“此辈清流，可投浊流。”而唐遂亡矣。

夫前世之主，能使人人异心不为朋，莫如纣；能禁绝善人为朋，莫如汉献帝；能诛戮清流之朋，莫如唐昭宗之世。然皆乱亡其国。更相称美推让而不自疑，莫如舜之二十二臣，舜亦不疑而皆用之，然而后世不诮舜为二十二

人朋党所欺[④]，而称舜为聪明之圣者，以能辨君子与小人也。周武之世，举其国之臣三千人共为一朋，自古为朋之多且大莫如周。然周用此以兴者，善人虽多而不厌也。

嗟呼！治乱兴亡之迹，为人君者可以鉴矣！

【注释】

①共工：尧时的水官，后来因为表面恭顺、做事邪恶被尧放逐。驩（huān）兜（dōu）：尧的臣子，为人狠恶，不畏风雨禽兽。②八元：传说是上古高辛氏的八个有德才的臣子。八恺：传说是上古高阳氏的八个有德才的臣子。③四凶：旧传共工、驩兜、鲧、三苗为尧时的“四凶”。④诮（qiào）：讥讽。

【译文】

臣听说关于朋党的言论，自古就是有的，但只是希望君主能分清他们是君子还是小人而已。大凡君子与君子，是因为所坚持的道义相同才结为朋党；而小人与小人，则是因为所要贪图的利益相同才结为朋党，这是很自然的道理。

但是臣以为小人并无朋党，只有君子才有，这是什么原因呢？小人所喜好的，是功名利禄；所贪图的，是货币财物。当他们利益相同的时候，就暂时地互相勾结成为朋党，这是虚假的朋党。等到他们见到利益而争先恐后，或者利益已尽而相互疏远的时候，就会反过来互相残害，即使是他们的兄弟亲戚也在所不惜；所以臣说小人无朋党，他们暂时结为朋党，也是虚假的。君子就不是这样，他们坚守的是道义，履行的是忠信，珍惜的是名节。用这些来修身，则志同道合而互相能有所补益；用这些来为国家做事，则能齐心协力、同舟共济。始终如一，这就是君子的朋党啊。所以做君主的，只要能贬斥小人的假朋党，任用君子的真朋党，那么天下就可以太平安定了。

唐尧的时候，小人共工、驩兜等四人结为一个朋党，君子八元、八恺等十六人结为一个朋党。舜辅佐尧，斥退四凶结成的小人朋党，而任用八元、八恺结成的君子朋党，唐尧的天下因此得到大治。等到虞舜自己做了天子，皋陶、夔、稷、契等二十二人同时列位于朝堂之上；他们互相颂扬，互相推让，一共二十二人结为一个朋党。但是虞舜全都任用了他们，天下也因此得到太平安定。《尚书》上说："商纣有臣亿万，是亿万条心；周有臣三千，却是一条心。"纣王的时候，亿万人各存异心，可以说是没有朋党了，但是纣王因此而亡国。周武王的臣子，三千人结成一个大朋党，但周朝却因此而兴盛。

后汉献帝的时候，把天下名士尽皆关押起来，把他们视作朋党。等到黄巾贼揭竿而起，汉室大乱，方才悔悟，全数释放了所谓的朋党，可是国家却已经陷入了无可挽救的地步。

唐朝末年，逐渐兴起了关于朋党的议论。到了昭宗的时候，杀尽了朝中的名士，有的还被投入黄河，说："这些人自命为清流，应当把他们投到浊流中去。"唐朝也随之而灭亡了。

前代的君主，能使人人异心不结为朋党的，谁也不及商纣王；能禁绝贤人结为朋党的，谁也不及汉献帝；能诛戮清流结成的朋党的，哪个朝代也不及唐昭宗之时。然而他们的国家都因为动乱灭亡了。互相颂扬、推让而不自相猜疑的，谁也不及虞舜的二十二位大臣，虞舜也不猜疑他们而尽皆举用；但是后世并不讥笑虞舜被二十二人的朋党所蒙蔽，却赞美虞舜是聪明圣贤的君主。原因就在于他能辨别君子和小人。周武王时，举国上下的臣子三千人结成一个朋党，自古以来结成的朋党，人数和规模谁也不及周朝。然而周朝因此而兴盛，原因就在于贤能的人是多多益善啊。

唉！这些历史上兴衰成败的事迹，做君王的可以作为借鉴啊！

【写作方法】

本文结构完整，无论是表达议论，还是提出论据，步骤都十分严谨；而段与段之间，也是层次清晰，步步推进，条理井然。

◎纵囚论◎

【题解】

唐太宗贞观六年（632），李世民释放关在牢狱中的死囚共三百九十人，让他们出狱探亲，到期如数返回。最后，犯人果然如期而至。这件事一直被后人认为是“施恩德”和“知信义”的典范。欧阳修却认为此举不可以作为常法，因为这是“上下交相贼，以成此名”，一为求取仁德的美名，一为求得赦免，两者是相互利用的。

【原文】

信义行于君子，而刑戮施于小人。刑入于死者，乃罪大恶极，此又小人之尤甚者也。宁以义死，不苟幸生，而视死如归，此又君子之尤难者也。

方唐太宗之六年，录大辟囚三百余人[1]**，纵使还家，约其自归以就死。是以君子之难能，期小人之尤者以必能也。其囚及期，而卒自归无后者，是君子之所难；而小人之所易也，此岂近于人情哉？或曰：“罪大恶极，诚小人矣，及施恩德以临之，可使变而为君子。盖恩德入人之深，而移人之速，有如是者矣。”**

曰：太宗之为此，所以求此名也。然安知夫纵之去也，不意其必来以冀免，所以纵之乎？又安知夫被纵而去也，不意其自归而必获免，所以复来乎？夫意其必来而纵之，是上贼下之情也[2]**。意其必免而复来，是下贼上之心也。吾见上下交相贼以成此名也，乌有所谓施恩德与夫知信义者哉？不然，太宗施德于天下，于兹六年矣，不能使小人不为极恶大罪；而一日之恩，能使视死如归，而存信义，此又不通之论也。**

然则何为而可？曰：纵而来归，杀之无赦。而又纵之，而又来，则可知为恩德之致尔。然此必无之事也。若夫纵而来归而赦之，可偶一为之尔。若屡为之，则杀人者皆不死，是可为天下之常法乎？不可为常者，其圣人之法乎？是以尧、舜、三王之治[3]**，必本于人情，不立异以为高，不逆情以干誉。**

【注释】

①大辟：死刑。②贼：窥测。③三王：指夏禹、商汤、周代的文王及武王。

【译文】

信义只适用于君子，而刑罚诛戮则要施加于小人。按刑法应当处死的，是罪大恶极的人，是小人中尤其恶劣的。宁可舍生取义也不肯苟且偷生，并且能视死如归的，这是君子也很难做到的事情。

贞观六年，唐太宗审查了三百多名死刑犯人，放他们回家，又约定期限，让他们按期自己回来受刑。这是君子都难于做到的事情，期待小人中尤其顽劣的一定能做到。而那些囚犯到了期限，终于都自动回来了，没有一个超过期限的，这是君子都难于做到的；小人却轻易做到了，这难道近乎人情吗？有人说："罪大恶极的，诚然是小人，但将恩德施于他们，可以使其变为君子；所以恩德的感人之深，移人性情之快，竟能如此。"

但我得说：太宗之所以这样做，正是为了求得名声。然而怎能知道放他们回家，不是因为意料到他们会回来而且是希望得到赦免的，所以才放他们回去呢？又怎能知道他们被放回家，不是因为自己想着自己主动回来必定能得到赦免，所以才回来的呢？料到他们必然回来才放了他们，是居上位的人窥测到了囚犯们的心思；想着自己必能得到赦免才回来，是囚犯们对于居上位者意图的猜测。我只看到他们上下互相窥探揣摩而成就了各自的美名，哪里真有所谓的施恩德和知信义的事呢？不然的话，太宗施恩德于天下，到这时已经六年了，不能使小人不再犯极恶大罪；然而一天的恩德，就能使他们视死如归，心存信义，这又是根本说不通的道理。

那么怎样做才是可以的呢？我说：放回去而自己主动归来，杀而不赦。再放回去而又自己主动归来，则是可以知道是恩德使然了。然而这在现实中是绝不可能的。如果放回去而自己主动归来，然后就赦免了他们，这样做只能是偶尔的行为。如果屡次这样做，那么杀人的人都不被处死，这可以成为天下的常法吗？如果不能做为常法，能算是圣明天子制定的法度吗？因此尧、舜、禹三王对于天下的治理，一定是从人情出发，不把标新立异看作是高明，不违背情理以求得名誉。

【写作方法】

首句说“信义行于君子，而刑戮施于小人”，这是全文立论的基础，也是欧阳修翻案的理论依据。次段写自己对唐太宗释放死囚，而死囚甘愿自归这事表示疑惑，觉得这是不近人情的，这段也将文章引入正题。第三段引述了世俗观点，以作翻覆，使文章顿生波澜，也让文章的结构富于变化，在起伏之间增加气势。第四段通过分析唐太宗和死囚犯的心理，又否定了世俗观点，并得出“上下交相贼以成此名”的结论。末段强调治国者不能靠这种非常之法谋取名利。此文用字精准，篇中只“求名”二字，便勘破太宗的用意，将一段佳话尽情驳倒，足见其行文之老辣。

卷十

◎梅圣俞诗集序◎

【题解】

梅圣俞即北宋著名诗人梅尧臣，他的诗清新质朴，开一代之诗风，但是他一生穷困，怀才不遇，未能施展自己的抱负。欧阳修与梅尧臣同时代，而且两人又是至交好友，梅尧臣死后，欧阳修为他的诗集作了这篇序，以示纪念。此文写梅尧臣人穷而诗工，表达了作者对梅尧臣才能的欣赏，以及对他一生不遇的同情和感慨。

【原文】

予闻世谓诗人少达而多穷[①]，夫岂然哉？盖世所传诗者，多出于古穷人之辞也。凡士之蕴其所有而不得施于世者，多喜自放于山巅水涯之外，见虫鱼草木、风云鸟兽之状类，往往探其奇怪。内有忧思感愤之郁积，其兴于怨刺，以道羁臣寡妇之所叹[②]，而写人情之难言，盖愈穷则愈工。然则非诗之能穷人，殆穷者而后工也。

予友梅圣俞，少以荫补为吏，累举进士，辄抑于有司[③]，困于州县，凡十余年。年今五十，犹从辟书[④]，为人之佐，郁其所蓄不得奋见于事业。其家宛陵[⑤]，幼习于诗。自为童子，出语已惊其长老。既长，学乎六经仁义之说。其为文章，简古纯粹，不求苟说于世[⑥]，世之人徒知其诗而已。然时无贤愚，语诗者必求之圣俞。圣俞亦自以其不得志者，乐于诗而发之。故其平生所作，于诗尤多。世既知之矣，而未有荐于上者。昔王文康公尝见而叹曰[⑦]："二百年无此作矣！"虽知之深，亦不果荐也。若使其幸得用于朝廷，作为《雅》《颂》以歌咏大宋之功德，荐之清庙[⑧]，而追商、周、鲁《颂》之作者，岂

不伟欤？奈何使其老不得志而为穷者之诗，乃徒发于虫鱼物类、羁愁感叹之言？世徒喜其工，不知其穷之久而将老也。可不惜哉！

圣俞诗既多，不自收拾。其妻之兄子谢景初，惧其多而易失也，取其自洛阳至于吴兴以来所作，次为十卷。予尝嗜圣俞诗，而患不能尽得之，遽喜谢氏之能类次也⑨，辄序而藏之。其后十五年，圣俞以疾卒于京师，余既哭而铭之，因索于其家，得其遗稿千余篇，并旧所藏，掇其尤者六百七十七篇⑩，为一十五卷。呜呼！吾于圣俞诗，论之详矣，故不复云。

【注释】

①穷：不得志。②羁臣：在异乡做官的人。③辄（zhé）：总是。④辟书：聘书。⑤宛陵：今安徽宣城。⑥说：通“悦”取悦。⑦王文康公：即王曙，字晦叔，宋仁宗时宰相。“文康”是他的谥号。⑧清庙：宗庙。⑨遽：立即。⑩掇：选取。

【译文】

我听到世人常说，诗人显达的少，困厄的多。难道真是这样吗？大概是由于世上所流传的诗歌，很多都是出自古代困厄之士的笔下的缘故吧。大凡胸怀才能抱负而不能施展于当世的人，大都喜欢放任自适于山巅水边，看见虫鱼草木、风云鸟兽等事物，往往探究它们的怪异之处。内心郁积着忧思、感慨和愤懑，因而产生了怨恨和讥讽，道出了逐臣寡妇的哀叹，写出了人所难于诉说的情感。诗人越是困厄，写出来的诗就越是技巧高明。如此说来，并非写诗使人困厄，原来是困厄之后才能写出好诗来。

我的朋友梅圣俞，年轻时凭借着祖先的荫庇做了官，但屡次去参加进士考试，总是不为主考官所赏识，困厄在州县上，已经十多年了。今年他已经五十岁了，还要靠别人下聘书，去做别人的幕僚，他胸中怀藏的本领受到压抑，不能在事业上充分地展现出来。他的家乡在宛陵县，幼年时就学习写诗。当他还是个孩童的时候，作的诗就已经让父老长辈们惊奇了。等到长大，学习了六经仁义的学问。他作文章，简约、古朴而纯正，不求苟且取悦于世人，因此世人只知道他的诗罢了。然而当时的人们不论贤愚，谈论诗歌必然会向圣俞请教。圣俞也喜欢把自己不得志的心情通过诗歌抒发出来，因此他平生所写的东西，诗歌尤其多。世人虽然知道他善于诗赋，却没有人向朝廷推荐他。从前王文康公曾看到他的作品，慨叹说："二百年没有这样的作品了！"但虽然知道他的可贵，可还是没有加以举荐。假若使他有幸被朝廷任用，写出《雅》《颂》那样的作品，来歌颂大宋的功业恩德，献于宗庙之上，上追《商颂》《周颂》《鲁颂》等作者，难道不是伟大的贡献吗？为什么他到老也不能得志，写的是困厄者的诗歌，只能徒然地写些描述虫鱼物类的诗，再不就是抒发羁旅、愁闷之情的作品呢？世人只喜欢他作诗的技巧，却不知道他困厄已久并且将要老死了，怎能让人不觉得可惜呢？

圣俞的诗很多，自己却不收拾整理。他的妻子的兄弟谢景初，担心诗篇众多而容易散失，于是选取他从洛阳到吴兴这段时间的作品，编为十卷。我曾经酷爱圣俞的诗作，担心不能全部得到，十分高兴谢氏能为它分类排序，就为之作序并且珍藏起来。从那以后过了十五年，圣俞因病在京城去世，我痛哭着为他写了墓志铭，又向他家索求他的作品，得到他的遗稿一千多篇，连同以前所收藏的，选取其中特别好的共六百七十七篇，编成了十五卷。唉！我对圣俞的诗歌已经评论得很多了，因此就不再重复了。

【写作方法】

此文以"穷而后工"旨意统领全文。开头高屋建瓴，阐发"穷而后工"的创作思想，并始终扣住"穷""工"二字，将序中其他内容贯穿起来。然后写梅圣俞的生平和创作，写生平着眼"穷"，写创作着眼"工"，因穷而后工，句句照应篇首。感叹梅圣俞终不得志，久而将老，令人悲从中来，这是大抑大落。此文一虚一实，一起一落，不仅正反对举，事理昭彰，而且情致跌宕，感人备至。欧阳修对韩愈之言体悟良深，所以有了"愈穷则愈工"的感慨。

◎送杨寘序◎

【题解】

杨寘是欧阳修的好友，他虽有一身才华，却郁郁不得志，多次参加进士考试却没能考中，只是蒙受恩荫才补了一个剑浦县尉这样的小官。杨寘身体孱弱，欧阳修担心他到了剑浦后不适应那里的水土，遂送他一把古琴，还写下此文作为赠言。在此文中，欧阳修写自己隐居时弹琴修身，以致自己的心灵得到了净化，说明送给杨寘琴的缘由，即以琴音陶冶性情。

【原文】

予尝有幽忧之疾，退而闲居，不能治也。既而学琴于友人孙道滋，受宫声数引，久而乐之，不知其疾之在体也。

夫琴之为技小矣，及其至也，大者为宫[①]，细者为羽，操弦骤作，忽然变之，急者凄然以促，缓者舒然以和，如崩崖裂石，高山出泉，而风雨夜至也。如怨夫寡妇之叹息，雌雄雍雍之相鸣也[②]。其忧深思远，则舜与文王、孔子之遗音也；悲愁感愤，则伯奇孤子、屈原忠臣之所叹也[③]。

喜怒哀乐，动人必深，而纯古淡泊，与夫尧舜三代之言语、孔子之文章、《易》之忧患、《诗》之怨刺无以异[④]。其能听之以耳，应之以手，取其和者，道其湮郁，写其幽思[⑤]，则感人之际，亦有至者焉。

予友杨君，好学有文，累以进士举，不得志。及从荫调，为尉于剑浦[⑥]，区区在东南数千里外，是其心固有不平者。且少又多疾，而南方少医药，风俗饮食异宜。以多疾之体，有不平之心，居异宜之俗，其能郁郁以久乎？然欲平其心以养其疾，于琴亦将有得焉。故予作琴说以赠其行，且邀道滋酌酒，进琴以为别。

【注释】

①宫：五声之一。五声为宫、商、角、徵、羽。②雍雍：鸟和鸣声。③伯奇：

周宣王大臣尹吉甫的儿子，尹吉甫听信后妻的谗言将他驱逐，他因悲愤投河自尽。④三代：指夏、商、周三代。⑤写：通“泻”，抒发。⑥剑浦：县名，在今福建南平一带。

【译文】

我曾经患了忧郁的病症，因而退职闲居，也没能治好。后来向友人孙道滋学琴，他向我传授了几支曲子，久而久之我便爱上了抚琴，不觉得自己身上还有病。

琴艺不过是小技，但有了很高的造诣以后，声音洪亮的是宫声，声音尖细的是羽声，骤然拨动琴弦，忽而又变化声调，声急的时候凄楚而紧促，声缓的时候舒展而柔和，像山崩石裂，高山上喷涌出泉水，深夜风雨大作，像怨夫寡妇的叹息，雌雄鸟儿的合鸣。琴声中的那份深远的忧思，如同是舜与周文王、孔子的遗音；琴声中的悲愁感愤，就像是孤儿伯奇、忠臣屈原的叹息。

琴声中所蕴含的喜怒哀乐，感人至深；琴意的纯粹、淡泊和古雅，与尧、舜三代的言语、孔子的文章、《周易》中的忧患、《诗经》里的怨刺没什么两样。如果能用耳去听，用手相应，采取那些平和的声调，疏导心中的郁结，抒发自己的幽情，那么它感动人的时候，就会达到这种境界。

我的朋友杨君，好学而有才，多次去考进士，都未能考中。等到由于祖先的恩庇而得到补缺的机会，才做了剑浦的县尉。小小的剑浦在东南数千里地之外，因此他的心中固然会感到不平。何况他自幼多病，南方又缺医少药，风俗饮食也不能让他适应。以他多病的身体，所怀的不平的心情，居住在风俗习惯不能适应的地方，能这样郁闷忧愁地长久支持下去吗？然而，要想平静他的心境，养好他的疾病，那么从琴中也许可以得到益处。因此，我写了这篇谈琴的文章来为他送行，还邀请道滋一同饮酒，送上瑶琴一张以为道别。

【写作方法】

本文可分为四段。首段写自己患病闲居时学琴自娱，这段作为文章开头，并没有直抒己意，而是以自己的经历做伏笔，构思十分巧妙。第二段、第三段顺接上文，说及琴声的妙处，也就是琴音不但可以使自己审美上得到享受，还能通过它感化世情，提高自己的人生境界。第四段才切入正题，说明写序的用意，并对照上文。本篇题目是《赠杨寘序》，但前三段并未提到杨寘，这似乎有离题之嫌，但恰恰体现了作者的高明，这里运用了蓄势待发的技巧。

◎丰乐亭记◎

【题解】

本篇是欧阳修任滁州刺史时所作。文中生动描绘了滁州的山水景致，并由滁州在五代时为用武之地追述到宋王朝统一天下的功业，继而称扬有宋以来与民休养生息的政策，描写承平世道自己与民同游山水的快乐，言说为亭起名“丰乐”的原由。

【原文】

修既治滁之明年[①]，夏，始饮滁水而甘。问诸滁人，得于州南百步之近。其上则丰山，耸然而特立；下则幽谷，窈然而深藏；中有清泉，滃然而仰出[②]。俯仰左右，顾而乐之。于是疏泉凿石，辟地以为亭，而与滁人往游其间。

滁于五代干戈之际，用武之地也。昔太祖皇帝尝以周师破李璟兵十五万于清流山下[③]，生擒其将皇甫晖、姚凤于滁东门之外[④]，遂以平滁。修尝考其山川，按其图记，升高以望清流之关，欲求晖、凤就擒之所。而故老皆无在者，盖天下之平久矣。自唐失其政，海内分裂，豪杰并起而争，所在为敌国者，何可胜数？及宋受天命，圣人出而四海一。向之凭恃险阻，铲削消磨，百年之间，漠然徒见山高而水清。欲问其事，而遗老尽矣。今滁介江淮之间，舟车商贾、四方宾客之所不至，民生不见外事，而安于畎亩衣食[⑤]，以乐生送死。而孰知上之功德，休养生息，涵煦于百年之深也。

修之来此，乐其地僻而事简，又爱其俗之安闲。既得斯泉于山谷之间，

乃日与滁人仰而望山，俯而听泉，掇幽芳而荫乔木⑥，风霜冰雪，刻露清秀，四时之景无不可爱。又幸其民乐其岁物之丰成，而喜与予游也。因为本其山川，道其风俗之美，使民知所以安此丰年之乐者，幸生无事之时也。

夫宣上恩德，以与民共乐，刺史之事也。遂书以名其亭焉。

【注释】

①滁：即滁州，治所在今安徽滁县。②滃（wēng）然：形容水盛而涌出的样子。③太祖皇帝：宋太祖赵匡胤。后周太祖郭威称帝后，他任禁军军官。后郭威死，周世宗即位，他升为殿前都点检。世宗死，恭帝即位，他便发动了“陈桥兵变”，于960年称帝，建立宋朝，定都开封。李璟：南唐元宗。④皇甫晖：南唐江州节度使、充行营应援使皇甫晖。姚凤：常州团练使、充应援都监姚凤。⑤畎（quǎn）亩：田地。⑥掇（duō）：采取。

【译文】

我到滁州任知州的第二年夏天，才饮到滁州甘甜的泉水。向滁州人打听泉水的出处，在州城南百步远近的地方找到了泉源。上有丰山高耸而挺立，下有溪谷幽冥而深邃，其中一道清冽的泉水，水势盛大，向上喷涌。我上下左右观看，很喜欢这个地方。于是凿开岩石，疏通泉水，开辟出一块地方修建亭子，与滁州的人们一道在这里游赏。

滁州在五代战乱的时候，是一个经常用兵的地方。当年，太祖皇帝曾率领周朝的军队在清流山下大破李璟的十五万兵马，活捉南唐将领皇甫晖、姚凤，于是平定了滁州。我曾经考察过当地的山川，按照地图的记载，登上高处瞭望清流关，想找到皇甫晖、姚凤被活捉的地方。但当年亲历战事的人都不在了，或许是因为天下平定已经很久了吧。唐代政治昏乱，天下四分五裂，英雄豪杰并起而相互争斗。互相对峙、成为敌国的国家，数也数不清。到了大宋承受天命，圣人出世，而后四海才归于统一。以前在战争中凭借险阻获胜的国家，都逐渐地被铲除削平了。百年之间，太平无事，所见的景象只是山高水清。想问问当年的战事，而经历过的人都已经死去了。今天的滁州位于江淮之间，是一个船只车辆、商贾游客都很少到的地方。百姓生下来就不接触外界的事情，安心于耕田种地，穿衣吃饭，无忧无虑地度过一生。而有谁能知道是皇上的功德，才使得百姓得以休养生息，如雨露滋润、阳光普照般地哺育了他们达百年之久呢！

我来到这里，喜欢它地处偏僻而政事简明，又爱它民风的恬淡悠闲。既已在山谷间找到这样的甘泉，便每天同滁州的人们仰望高山，低头听泉，春天采摘幽香的花草，夏天在大树下休息，等到风霜冰雪来临的时候，山川则更加显得轮廓清晰、明丽秀美；一年四季的景色无一不令人喜爱。又因为民众也为年年谷物丰收而高兴，愿意与我同游。于是我本着这里的山形地貌，叙述这里风俗的美好。使民众知道能够安享丰年的欢乐，是因为有幸生于这太平的圣朝。

宣扬皇上的恩德，和民众共享欢乐，这本是刺史的职责。于是便写了这篇文章，并给亭子起名为“丰乐”。

【写作方法】

首段从眼前之事入手，写自己得泉建亭的经过。次段举出五代十国时滁州的战乱格局，并与今日滁州的太平盛世形成对比，以阔大之笔、今昔之慨衬托自己治所的太平之象。第三段回到现实，对应首段“而与滁人往游其间”。末两句说明写下这篇记的目的，即“宣上恩德”，对应前面“上之功德，休养生息，涵煦于百年之深也”一句。本篇的旨意遥深，从建亭游赏这一平凡小事，引出只有让天下太平、五谷丰登，才能使百姓安居乐业的大道理，这是典型的以小见大的写法。

◎醉翁亭记◎

【题解】

欧阳修因支持范仲淹的新政，被贬为滁州太守，这篇文章是他在滁州任上写的一篇山水游记。本文主要写了醉翁亭名字的由来、醉翁亭附近的景色、滁州百姓游山玩水，还有自己与宾客宴饮时的场景，表达了作者与民同乐的情怀。作者虽然是被贬谪到滁州的，却没有意志消沉，而是乐观豁达、坦荡自若，这是难能可贵的。

【原文】

环滁皆山也。其西南诸峰，林壑尤美。望之蔚然而深秀者，琅琊也①。山行六七里，渐闻水声潺潺，而泻出于两峰之间者，酿泉也。峰回路转，有亭翼然临于泉上者，醉翁亭也。作亭者谁？山之僧智仙也。名之者谁？太守自谓也。太守与客来饮于此，饮少辄醉，而年又最高，故自号曰“醉翁”也。醉翁之意不在酒，在乎山水之间也。山水之乐，得之心而寓之酒也。

若夫日出而林霏开②，云归而岩穴暝③，晦明变化者，山间之朝暮也。野芳发而幽香，佳木秀而繁阴，风霜高洁，水落而石出者，山间之四时也。朝而往，暮而归，四时之景不同，而乐亦无穷也。

至于负者歌于涂④，行者休于树，前者呼，后者应，伛偻提携，往来而不绝者⑤，滁人游也。临溪而渔，溪深而鱼肥。酿泉为酒，泉香而酒洌⑥。山肴野蔌⑦，杂然而前陈者，太守宴也。宴酣之乐，非丝非竹。射者中⑧，弈者胜⑨，觥筹交错⑩，起坐而喧哗者，众宾欢也。苍颜白发，颓乎其中者，太守醉也。

已而夕阳在山，人影散乱，太守归而宾客从也。树林阴翳⑪，鸣声上下，游人去而禽鸟乐也。然而禽鸟知山林之乐，而不知人之乐；人知从太守游而乐，而不知太守之乐其乐也。醉能同其乐，醒能述以文者，太守也。太守谓谁？庐陵欧阳修也。

【注释】

①琅（láng）琊：即琅琊山，在滁县西南十里。②霏（fēi）：弥漫的云气。③暝（míng）：昏暗。④涂：通“途”。⑤伛（yǔ）偻（lǚ）：腰背弯曲，

这里指老人。⑥洌（liè）：清澄。⑦蔌（sù）：菜。⑧射：投壶。⑨弈（yì）：下围棋。⑩觥（gōng）：古代的一种酒器。⑪翳（yì）：遮蔽。

【译文】

滁州四面环山。那西南面的几座山峰，树林和山谷尤其秀美。放眼望去，那郁郁葱葱、幽深秀丽的地方，就是琅琊山了。顺着山路走上六七里，渐渐地听到水声潺潺，从两座山峰之间倾泻而出的，是酿泉。走过曲折的山路，绕过回环的山峰，看见有一座亭檐儿像飞鸟展翅一样翘起，小亭临于泉边，那是醉翁亭。建造亭子的人是谁呢？是山上的智仙和尚。给它取名的又是谁呢？就是自号“醉翁”的那个太守。太守和他的宾客们来这儿饮酒，只喝一点儿就醉了，而且年纪又是最大，所以自号“醉翁”。其实醉翁的心意并不在酒上，而在山水之间。游山玩水美景的乐趣，是领略在心里，而寄托在酒中的啊。

如果太阳升起，山林中的云雾便尽皆消散了；若是烟云归集，山中的岩穴就又变得幽冥昏暗。这昏暗与明亮的交替变化，是山中的黎明与黄昏。野花怒放而清香，树木深秀而繁茂；秋风高爽，秋霜洁白；溪水下落，山石便显露出来。这就是山间四季景致的变化。清晨前往，黄昏归来，四季的景色不同，这其中的乐趣也是无穷无尽的。

至于背负着东西的人在路边欢唱，往来的行人在树下休息，前面的招呼，后面的答应，老老少少，搀扶提携，往来不断，那是滁州民众来这里游玩。在溪边钓鱼，溪深而鱼肥；用泉水酿酒，泉香而酒洌。还有各种山珍和野菜，横七竖八地摆在面前，那是太守所设的宴席。宴饮酣畅的乐趣，不在于琴弦箫管。投壶的投中了，下棋的下赢了，只见酒杯与筹码杂乱交错，人们时起时坐、大声喧闹，那是宾客们欢乐极了。那个苍颜白发，颓然坐在人群中的老者，是喝醉的太守。

不久就到了夕阳西下的时候。只见人影散乱，那是宾客们跟随太守回去了。树林逐渐昏暗下来，上上下下鸣叫呼应，那是游人离开后鸟儿开始快乐起来了。然而鸟儿只知道山林中的快乐，却不知道人们的快乐。人们只知道跟随太守游玩的快乐，却不知道太守是因为他们快乐而快乐啊。醉了的时候能同他们一起快乐，醒了之后又能用文章把这些记述下来的，是太守啊。太守是谁呢？是庐陵欧阳修啊。

【写作方法】

此文名为《醉翁亭记》，却几乎句句不离山水，看似离题，实则不然，因为太守、醉翁亭、山水三者是一体的，文中表面上是记山水，实则是写醉翁亭，更是写欧阳修本身。这篇文章用了二十八个"也"字，可说是步步停顿、层层脱落，但是全文围绕着太守之乐而写，所以形散而神不散。

◎秋声赋◎

【题解】

本文是悲秋作品中的传世名篇，作者写此文时已年逾五旬，饱尝仕途险恶。文章以秋声起兴，继而引出对每到秋天世间万物皆归于肃杀零落情状的描写，而后抒发了作者对人事忧劳、生命凋萎的深沉叹息，反映出作者惨淡忧愁的心态。

【原文】

欧阳子方夜读书，闻有声自西南来者，悚然而听之，曰："异哉！"初淅沥以潇飒，忽奔腾而砰湃[①]，如波涛夜惊，风雨骤至。其触于物也，鏦鏦[②]，金铁皆鸣；又如赴敌之兵，衔枚疾走，不闻号令，但闻人马之行声。予谓童子："此何声也？汝出视之。"童子曰："星月皎洁，明河在天[③]，四无人声，声在树间。"

予曰："噫嘻，悲哉！此秋声也，胡为乎来哉？盖夫秋之为状也，其色惨淡，烟霏云敛[④]；其容清明，天高日晶；其气栗冽[⑤]，砭人肌骨[⑥]；其意萧条，山川寂寥。故其为声也，凄凄切切，呼号奋发。丰草绿缛而争茂[⑦]，佳木葱

茏而可悦。草拂之而色变，木遭之而叶脱。其所以摧败零落者，乃一气之余烈。

“夫秋，刑官也，于时为阴；又兵象也，于行为金。是谓天地之义气，常以肃杀而为心。天之于物，春生秋实，故其在乐也，商声主西方之音，夷则为七月之律。商，伤也，物既老而悲伤；夷，戮也，物过盛而当杀。

“嗟夫！草木无情，有时飘零。人为动物，惟物之灵。百忧感其心，万事劳其形，有动乎中，必摇其精，而况思其力之所不及，忧其智之所不能。宜其渥然丹者为槁木⑧，黟然黑者为星星⑨。奈何以非金石之质，欲与草木而争荣？念谁为之戕贼，亦何恨乎秋声？”

童子莫对，垂头而睡。但闻四壁虫声唧唧，如助予之叹息。

【注释】

①砰：通“澎”。②鏦鏦（cōng）铮铮（zhēng）：金属相碰撞的声音。③明河：银河。④霏（fēi）：消散。⑤栗冽：通“凛冽”。⑥砭（biān）：刺。⑦绿缛（rù）：绿草茂盛。⑧渥（wò）然：色泽红润的样子。槁（gǎo）木：指枯木。⑨黟（yī）然：乌黑。星星：花白的头发。

【译文】

我正在夜间读书，听到有声音从西南传来，我惊悚地侧耳倾听，惊道：“奇怪啊！”开始的时候那声音淅沥而萧飒，忽而又奔腾而澎湃，好似波涛骤起黑夜，风雨忽然降临。听它碰在物体上，鏦鏦铮铮，像金属互相撞击发出的声音；又好像夜袭敌阵的战士正衔枚急走，听不见号令，只听见人马行进的声音。我对书童说：“这是什么声音，你出去看看吧！”书童回来说：“月亮和星星皎洁明亮，浩瀚的银河，悬挂在中天；四周寂静，人声悄然，那声音好像是从树间传来的。”

我说：“哦，哦，悲伤啊！这是秋声，为什么要来呢？说起秋天的样子，它的色调惨淡苍凉，烟雾消散，云气收敛；它的容貌清新明朗，天高气爽，阳光灿烂；它的气流凛冽寒冷，刺人肌骨；它的神情萧条寥落，山河空廓。

因此它发出来的声音，凄凄切切，呼啸激昂。秋风未到的时候，草儿葱郁，竞相繁茂；树木葱郁，惹人喜爱。然而秋风一至，吹过茂草而茂草枯黄，吹过树木而树木尽凋。那使万物凋落飘零的，只是秋气的一点余威罢了。

“秋天是行刑的季节，在季节上属阴；它又是战争的象征，在五行中属金。这就是所谓天地间的义气，常常以肃杀作为主旨。自然对于万物，是春天使它们生长，秋天让它们结果。因此秋天在音乐上属于商声，商声是主管西方的音调；而夷则是七月的音律。商，就是悲伤的意思，万物衰老就会悲伤；夷，是杀戮的意思，万物过盛就当杀戮。

“唉！草木无情，尚且按时凋零。人是动物，是万物之灵。许多忧愁动摇着他的心绪，许多事情劳累着他的身体，心中有所触动，必然会动摇精神，何况还要思虑那些力量和智慧所不能办到的事情。这就必然会使他红润的脸色变得如同枯木，乌黑黑的头发变得花白。为什么要用不是金石的身躯，去和草木争奇斗艳呢？想想吧！是谁伤害了自己，又何必去怨恨那不相关的秋声呢？”

书童没有回答，低垂着头已经睡着了。只听得四周墙壁上虫声唧唧，好像是在附和我的叹息。

【写作方法】

本文由秋声想到秋天的整体特性，再由此想到与之对应的人文概念、生命智慧，布局非常精妙。首段凭借具体的视觉意象表达秋声，将视觉和听觉进行了贴切而生动的转换，全段没有一字提到“秋”字，可“自西南来”“萧飒”“铮铮”“金铁”“赴敌之兵”等词语，已经将秋之景象完美勾勒出来。

作者在本篇中还有一个创新，那就是摆脱了文学上“悲秋”的传统，它通过冷静自然的心境，洞察出秋天所隐含的生命体验，表现了欧阳修旷达的气度，文末一句“但闻四壁虫声唧唧，如助予之叹息”，更是发人深省，余味无穷。

◎祭石曼卿文◎

【题解】

石曼卿名延年，是欧阳修的好友，精通诗文书法，可惜他一生不遇，又愤世嫉俗，纵情饮酒，结果在四十八岁的时候就病死了。此文是欧阳修为石曼卿写的一篇悼文，他在文中说了三次“呜呼曼卿”，第一次是感叹他的声名卓然不朽，第二次是悲叹石曼卿的坟墓满目凄凉，第三次是表达自己的伤感。纵观整篇文章，可谓轩昂跌宕、突兀峥嵘，字里行间都流露着作者对友人之逝的哀思。

【原文】

维治平四年七月日①，具官欧阳修②，谨遣尚书都省令史李敭③，至于太清④，以清酌庶羞之奠⑤，致祭于亡友曼卿之墓下，而吊之以文曰：

呜呼曼卿！生而为英，死而为灵。其同乎万物生死，而复归于无物者，暂聚之形。不与万物共尽，而卓然其不朽者，后世之名。此自古圣贤莫不皆然。而著在简册者，昭如日星。

呜呼曼卿！吾不见子久矣，犹能仿佛子之平生。其轩昂磊落，突兀峥嵘而埋藏于地下者，意其不化为朽壤，而为金玉之精。不然，生长松之千尺，产灵芝而九茎。奈何荒烟野蔓，荆棘纵横，风凄露下，走磷飞萤⑥？但见牧童樵叟，歌吟而上下，与夫惊禽骇兽，悲鸣踯躅而咿嘤⑦？今固如此，更千秋而万岁兮，安知其不穴藏狐貉与鼯鼪⑧？此自古圣贤亦皆然兮，独不见夫累累乎旷野与荒城！

呜呼曼卿！盛衰之理，吾固知其如此。而感念畴昔，悲凉凄怆，不觉临风而陨涕者，有愧夫太上之忘情⑨。尚飨⑩！

【注释】

①治平：宋英宗年号。②具官：唐宋以来，公文函牍上应写明官爵品

位的地方常简省作“具官”。③尚书都省：即尚书省。李敭（yì）：人名，生平不详。④太清：地名，石曼卿的故乡。⑤庶羞：各色食品。奠：祭品。⑥走磷：闪动的磷火。⑦踯（zhí）躅（zhú）：徘徊。咿（yī）嘤：禽兽的鸣叫声。⑧鼯（wú）：鼯鼠。鼪（shēng）：鼬鼠，俗称“黄鼠狼”。⑨太上：指圣人。⑩飨（xiǎng）：享用。

【译文】

治平四年七月某日，具官欧阳修，恭敬地委派尚书都省令史李敭来到太清，用清酒和丰盛的佳肴作为祭品，在墓前祭奠亡友石曼卿，同时献上这篇祭文以为悼念：

唉！曼卿，你生是英杰，死作神灵。那同万物一样有生有死，而后又回归到虚无中的东西，只是短暂聚在一起的人形。不与万物一同消散，卓然挺立而永远不朽的东西，是流传于后世的英名。自古以来的圣贤莫不是这样的。而他们被记载在史册当中的名字，明亮得就如同日月星辰。

唉！曼卿，我已经很久没有见你了，但还依稀记得你在世时的样子。那气宇轩昂、光明磊落、超凡脱俗而现在埋葬在地下的人，想必不会化为腐朽的泥土，而会化作金玉的精华。不然的话，也会长成千尺的苍松，九茎的灵芝；奈何这里却到处是荒烟野草，荆棘丛生，风声凄厉，寒霜落下，磷火幽幽，飞萤乱舞；你的墓前也只见到牧童樵夫往来歌唱，受惊的鸟兽徘徊而悲鸣；现在已经是这个样子，再过上千秋万代，又怎能知道你的墓穴里不藏着狐貉与鼠类呢？自古以来圣贤们也都是这样，难道没看到那一片连着一片的旷野荒坟吗！

唉！曼卿，盛衰的道理，我本来就知道是这样的，可一想起往昔岁月，就感到悲凉凄怆，禁不住临风洒泪，惭愧自己不能像圣人那样的忘情。曼卿，请享用祭品吧！

【写作方法】

此文三次提到石曼卿，分三段看：第一段许其名垂后世，写得卓尔不群；第二段悲其生死，写得满目凄凉；第三段自述感伤，写得唏嘘不已，可谓笔笔传神。此文虽极悲凉，但能在荒芜的景象之中点出不朽的精神，尺幅中有排宕百折之妙。欧阳修本想石曼卿的英灵会化作劲松、灵芝，但望着荒芜的坟冢，不免唏嘘不已，于是感叹世间盛衰无常。欧阳修以古代圣贤喻指石曼卿，一方面为他们名垂后世而高兴，一方面又对他们身后化作黄土而悲伤，一喜一悲，尽显作者的无奈。

苏洵

（1009~1066）

苏洵，字明允，眉州眉山（今四川眉山）人。宋仁宗嘉祐初年与两个儿子苏轼、苏辙同到京师，为欧阳修、韩琦所称重，荐之于朝廷，任秘书省校书郎、文安县主簿等职，留京参与编撰《太常因革礼》，书成而卒。苏洵的文章深受《孟子》《战国策》的影响，长于策论，其政论、史论纵横开阖、辞风颖锐，行文简洁而有情致。“唐宋八大家”之一，与其子苏轼、苏辙合称“三苏”。有《嘉祐集》。

◎管仲论◎

【题解】

此文是苏洵写的一篇关于齐国丞相管仲的史论。本文一反前人的观点，对管仲提出了质疑和责备。苏洵认为，管仲使齐国强盛，却未能使齐国的强盛长久维持，原因就在于他临终的时候没有向桓公推荐贤才代替自己，导致齐桓公被小人迷惑，所以才导致齐国陷入内乱。

【原文】

管仲相威公，霸诸侯，攘夷狄，终其身齐国富强，诸侯不敢叛。管仲死，竖刁、易牙、开方用[①]，威公薨于乱[②]，五公子争立，其祸蔓延，讫简公，齐无宁岁。

夫功之成，非成于成之日，盖必有所由起；祸之作，不作于作之日，亦必有所由兆。故齐之治也，吾不曰管仲，而曰鲍叔。及其乱也，吾不曰竖刁、易牙、开方，而曰管仲。何则？竖刁、易牙、开方三子，彼固乱人国者，顾其用之者，威公也。夫有舜而后知放四凶[③]，有仲尼而后知去少正卯[④]。彼威公何人也？顾其使威公得用三子者，管仲也。仲之疾也，公问之相。当是时也，吾以仲且举天下之贤者以对，而其言乃不过曰“竖刁、易牙、开方三子，非人情，不可近”而已。

呜呼！仲以为威公果能不用三子矣乎？仲与威公处几年矣，亦知威公之为人矣乎？威公声不绝于耳，色不绝于目，而非三子者，则无以遂其欲。彼其初之所以不用者，徒以有仲焉耳。一日无仲，则三子者可以弹冠而相庆矣。仲以为将死之言可以絷威公之手足耶[⑤]？夫齐国不患有三子，而患无仲。有仲，则三子者，三匹夫耳。不然，天下岂少三子之徒哉？虽威公幸而听仲，诛此三人，而其余者，仲能悉数而去之耶？呜呼！仲可谓不知本者矣。因威公之问，举天下之贤者以自代，则仲虽死，而齐国未为无仲也。夫何患三子者？不言可也。

五伯莫盛于威、文[⑥]。文公之才，不过威公，其臣又皆不及仲。灵公之虐[⑦]，不如孝公之宽厚[⑧]。文公死，诸侯不敢叛晋。晋袭文公之余威，犹得为诸侯之盟主百余年。何者？其君虽不肖，而尚有老成人焉[⑨]。威公之薨也，一败涂地，无惑也，彼独恃一管仲，而仲则死矣。

夫天下未尝无贤者，盖有有臣而无君者矣。威公在焉，而曰天下不复有管仲者，吾不信也。仲之书，有记其将死论鲍叔、宾胥无之为人[⑩]，且各疏其短。是其心以为数子者皆不足以托国，而又逆知其将死[⑪]，则其书诞谩不足信也。吾观史鳅[⑫]，以不能进蘧伯玉而退弥子瑕，故有身后之谏。萧何且

死[13]，举曹参以自代。大臣之用心，固宜如此也。夫国以一人兴，以一人亡。贤者不悲其身之死，而忧其国之衰，故必复有贤者，而后可以死。彼管仲者，何以死哉?

【注释】

①管仲：名夷吾，字仲，春秋时政治家，曾帮助齐桓公成为春秋五霸之一。竖刁、易牙、开方：齐桓公的三个宠臣。②威公：指齐桓公。这里改桓为威，是宋代人为避宋钦宗赵桓名讳的缘故。薨（hōng）：古代称诸侯之死。③四凶：指尧舜时代的鲧、共工、驩兜、三苗。④少正卯（mǎo）：人名，春秋时鲁国大夫，史书记载，孔子在鲁国任司寇时，少正卯被杀。⑤絷（zhí）：束缚。⑥五伯：即春秋五霸。文：指晋文公重耳。⑦灵公：即晋灵公。⑧孝公：即齐孝公。⑨老成人：指经验多、办事稳重的人。⑩宾胥无：齐国大夫。⑪逆知：预料。⑫史鳅（qiū）：字子鱼，春秋时卫国大夫。他曾多次此向卫灵公进言，要卫灵公任用蘧（qú）伯玉而疏远弥子瑕。卫灵公不听他的。他临死之前嘱咐儿子要把自己的尸身放在窗户底下，表示自己死后还要进谏。卫灵公终于醒悟，于是用蘧伯玉而退弥子瑕。⑬萧何：人名，西汉初年丞相。他病重时向汉惠帝推荐曹参来接替他的丞相之职。曹参继任以后，继续遵行萧何时的成法。

【译文】

管仲做了齐桓公的相国，齐国因而能称霸诸侯，排斥夷狄。一直到他死时，齐国都很富强，诸侯也不敢背叛。管仲死后，竖刁、易牙、开方掌权，齐桓公在内乱中死去，五个公子争夺王位。祸患蔓延开来，一直到齐简公的时候，齐国没有一年安宁过。

功业的完成，不是完成在宣告成功的那一天，一定会有它成功的缘由；灾祸的发生，不是发生在它实际发生的那一天，也一定有它的由来和征兆。所以齐国得到治理，我不说功在管仲，而要说功在推荐管仲的鲍叔牙。后来齐国发生了动乱，我不说是因为竖刁、易牙、开方掌权所致，而说过在管仲。为什么这样说呢？竖刁、易牙、开方三个人，他们固然是使国家混乱的奸佞，但是起用他们的人，则是齐桓公。有了虞舜，然后才知道放逐四凶；有了孔子，然后才知道除掉少正卯。那个齐桓公是个什么人呢？使齐桓公起用这三个人的，是管仲啊。管仲卧病不起的时候，桓公问他谁可以继他为相。这个时候，我本想管仲会列举天下的贤才来回答齐桓公，但他说的只不过是："竖刁、易牙、开方这三个人不合人情，不可与他们亲近"而已。

唉！管仲以为齐桓公当真不会任用这三个人吗？管仲与桓公相处好多年了，也应当知道桓公的为人吧。桓人的耳朵一刻也离不了音乐，眼睛一刻也离不了女色。若不是这三个人，桓公便无从满足他的欲望。桓公当初之所以不起用他们，只不过是因为有管仲在罢了。管仲一日不在，那么这三个人就可以弹着官帽，彼此庆贺高升了。管仲难道以为临终前的几句话能捆住桓公的手脚吗？齐国不担心有这么三个人，担心的是失去了管仲。管仲在世，那么这三个人，只不过是匹夫而已。如果不是这样，天下难道缺少像竖刁、易牙、开方这三个小人的人吗？即使桓公幸而听从了管仲的意见，杀了这三个人，但是剩下的奸佞之徒，管仲能悉数除去吗？唉！管仲可以说是个不知道从根本上着眼的人。如果借桓公问话的机会，荐举天下的贤才来替代自己当政，那管仲虽然死去，齐国并不是没有另一个管仲啊，这三个人又有什么可怕的呢，不说也可以明白啊！

春秋五霸中没有能胜过齐桓公、晋文公的了。晋文公的才能不如齐桓公，他的臣子又都不如管仲。晋灵公的暴虐，不能与齐孝公的待人宽厚相比。然而晋文公死后，诸侯不敢背叛晋国，晋国承袭晋文公的余威，还能在文公死后的一百多年时间里充当诸侯的盟主。这是为什么呢？晋国后来的国君虽然不成器，却还有老成干练的大臣存在；而齐桓公一死，齐国就一败涂地，这是毫无疑问的。因为他仅仅依靠一个管仲，可是管仲却已经死了。

天下并不是没有贤能的人，然而往往是存在着贤臣却没有圣明的君主。桓公在世的时候，说天下不再有管仲这样的人才了，我不相信。管仲著的《管子》一书中，记载着管仲临终前评论鲍叔、宾胥无的为人，并且分别列举了他们各自的缺点。在管仲的心中，认为鲍叔等几个人都不足以托付国家重任；而管仲又预料到自己快要死了。那么《管子》这部书实在是荒诞，不足以相信。我看春秋时卫国大夫史鳅，由于不能进用蘧伯玉，去掉弥子瑕，所以在死后用尸首进行劝谏；汉丞相萧何临终之前，推荐曹参来替代自己。大臣的用心，本来就应该是这样的啊。一个国家往往由于一个人兴盛，由于一个人而衰亡。贤者并不悲伤自己的死去，而是忧虑国家因为自己的死去而衰败，所以一定要再有贤者接替自己，然后才能心安理得地死去。那管仲，凭什么就这样撒手而去了呢？

【写作方法】

本篇的立论标新立异，开头写用人问题关系到国家兴衰，为下文设下埋伏。接着指出管仲的过失，并以晋文公和齐桓公对比，指出君主贤明与否关乎国运。末尾不但质疑管仲的为人，又提出了自己的为政之道。收尾处一句"管仲何以死哉"，语意深邃，耐人寻味。苏洵发扬了战国纵横家纵横恣肆的辩论风格，全篇多用反问、排比的句式，气势雄峻，语语切中桓公的弊病。用笔如老吏断狱，字字精练，句句有神。此文通篇只责备管仲临死前未能举贤，起起伏伏，光景无穷。议论精明而断制，文势圆活而婉曲，有抑扬，有顿挫，有擒纵。宋代楼昉《崇古文诀》评价此文说："老泉诸论中，唯此论最纯正。开阖抑扬之妙，责得管仲最深切，意在言外。"

◎张益州画像记◎

【题解】

张益州，即张方平，字道安。宋仁宗时，他曾成功地治理了益州（今四川成都）的混乱局面，当地百姓感念他的恩德，要为他画像并供于庙内。本文便是作者为这件事所写的记文。

【原文】

至和元年秋[①]，蜀人传言有寇至边。边军夜呼，野无居人。妖言流闻，京师震惊。方命择帅，天子曰：“毋养乱，毋助变。众言朋兴，朕志自定。外乱不作，变且中起。既不可以文令，又不可以武竞，惟朕一二大吏。孰为能处兹文武之间，其命往抚朕师。”乃推曰：“张公方平其人[②]。”天子曰：“然。”公以亲辞，不可，遂行。冬十一月，至蜀。至之日，归屯军，撤守备。使谓郡县：“寇来在吾，无尔劳苦。”明年正月朔旦，蜀人相庆如他日，遂以无事。又明年正月，相告留公像于净众寺。公不能禁。

眉阳苏洵言于众曰：“未乱易治也，既乱易治也。有乱之萌，无乱之形，是谓将乱。将乱难治。不可以有乱急，亦不可以无乱弛。惟是元年之秋，如器之攲[③]，未坠于地。惟尔张公，安坐于其旁，颜色不变，徐起而正之。既正，油然而退，无矜容。为天子牧小民不倦，惟尔张公。尔繄以生[④]，惟尔父母。且公尝为我言：‘民无常性，惟上所待。人皆曰蜀人多变，于是待之以待盗贼之意，而绳之以绳盗贼之法。重足屏息之民，而以砧斧令[⑤]，于是民始忍以其父母妻子之所仰赖之身，而弃之于盗贼，故每每大乱。夫约之以礼，驱之以法，惟蜀人为易。至于急之而生变，虽齐、鲁亦然。吾以齐、鲁待蜀人，而蜀人亦自以齐、鲁之人待其身。若夫肆意于法律之外，以威劫齐民，吾不忍为也。’呜呼！爱蜀人之深，待蜀人之厚，自公而前，吾未始见也。”皆再拜稽首曰：“然。”

苏洵又曰：“公之恩在尔心，尔死，在尔子孙。其功业在史官，无以像为也。且公意不欲。如何？”皆曰：“公则何事于斯？虽然，于我心有不释焉。今夫平居闻一善，必问其人之姓名与其邻里之所在，以至于其长短、小大、美恶之状，甚者或诘其平生所嗜好，以想见其为人。而史官亦书之于其传，意使天下之人，思之于心，则存之于目。存之于目，故其思之于心也固。由此观之，像亦不为无助。”苏洵无以诘，遂为之记。

公南京人，为人慷慨有大节，以度量雄天下。天下有大事，公可属[⑥]。

系之以诗曰：天子在祚[⑦]，岁在甲午。西人传言[⑧]，有寇在垣。庭有武臣，谋夫如云。天子曰嘻，命我张公。公来自东，旗纛舒舒[⑨]。西人聚观，于巷于涂。谓公暨暨[⑩]，公来于于[⑪]。公谓西人："安尔室家，无敢或讹。讹言不祥，往即尔常。春尔条桑，秋尔涤场。"西人稽首，公我父兄。公在西囿，草木骈骈[⑫]。公宴其僚，伐鼓渊渊。西人来观，祝公万年。有女娟娟[⑬]，闺闼闲闲[⑭]。有童哇哇，亦既能言。昔公未来，期汝弃捐。禾麻芃芃[⑮]，仓庾崇崇。嗟我妇子，乐此岁丰。公在朝廷，天子股肱。天子曰归，公敢不承？作堂严严，有庑有庭[⑯]。公像在中，朝服冠缨。西人相告，无敢逸荒。公归京师，公像在堂。

【注释】

①至和：宋仁宗年号。②张公：即张方平，字道安，官至太子太保。③攲（qī）：倾斜。④繄（yī）：这，指代张方平的措施。⑤砧斧：砧板和刀斧，古时的刑具。⑥属：同"嘱"。⑦祚（zuò）：指皇位。⑧西人：指蜀人。⑨纛（dào）：古时军队或仪仗队的大旗。⑩暨暨（jì）：果敢坚决的样子。⑪于于：行动舒缓自得的样子。⑫骈骈（pián）：茂盛的样子。⑬娟娟（juān）：秀美的样子。⑭闺闼（tà）：闺房。⑮芃芃（péng）：草木茂美的样子。⑯庑（wǔ）：堂下周围的廊屋。

【译文】

至和元年秋，蜀人传言有敌寇来到了边境。戍边的军队夜里惊呼，城外也没人敢居住了。谣言流传开来，京师震动。正准备命令选派将帅前去征讨的时候，天子说："不要使祸乱酿成，也不要助使变故发生！尽管各种谣言传闻蜂起，但朕自有主张。外患不足畏惧，只怕内乱要从中兴起。这件事既不能用文教的方式去感召他们，也不能用武力同他们较量，只需要我的一二个大臣去妥善处理。谁可于文于武都能妥善处理，我就派谁前往安抚我的军队。"于是大家推荐说："张公方平就是这样的人。"天子说："好吧。"

张公以要奉养亲人为由推辞，但天子没有准奏，于是就出发了。这年冬天十一月，他到了蜀地。到的那天，就撤回驻扎的军队，解除了边境的守备，并派人谕告各郡县说："敌寇来了，责任全在我，用不着劳累你们。"第二年的正月初一，蜀地的百姓互相庆贺新年，就像往常一样，也没有发生什么乱子。第三年正月，大家商定，要把张公的画像留在净众寺里，张公没法禁止。

眉阳人苏洵对人们说："没有发生变乱的时候是容易治理的，已经发生变乱的时候也是容易治理的，但有变乱的迹象，而还没有形成规模，这是所谓的将乱。将乱难治啊！既不能像发生变乱时那样急于治理，也不能像清平无事时那样疏于治理。至和元年秋天的局势，就好像器物已经倾斜但还没有倒在地上。只有你们的张公，安坐在它的旁边，泰然自若，慢慢地将它扶正。扶正之后，又从容地退了下去，丝毫没有炫耀的神情。帮助天子治理百姓而孜孜不倦的，只有你们的张公。你们全靠他的庇护才得以繁衍生息，他就是你们的父母。而且张公曾经对我说过：'百姓没有一成不变的秉性，只是要看上边如何对待他们。人们都说蜀地的人善变，对待他们时常怀着对待盗贼的心思，用处置盗贼的法令来处置他们。对于本来已经小心翼翼的百姓，却用严厉的刑法去管理。于是百姓才忍心拿他们父母妻子所仰赖的身体去投靠盗贼，所以才经常有大的混乱发生。如果用礼教来约束他们，用法令来驱使他们，治理蜀人却是很容易的。至于操之过急、逼迫过甚而使他们发生变乱，即使是在礼乐之乡的齐地、鲁地也会这样。我用对待齐鲁百姓的办法来对待蜀人，而蜀人自然会用齐地、鲁地人的标准来约束自己。超出法度之外的肆意妄为，用权势威逼百姓，是我不忍心做的啊！'唉！爱护蜀人的深厚，对待蜀人的宽仁，在张公以前，我还没有见过。"大家听了，都再拜叩首说："是这样的啊。"

苏洵又说："张公的恩德在你们的心中，你们死了，就在你们子孙的心中。他的功业将由史官记载下来，无须用什么画像了。况且张公自己也不愿意你们这样做。怎么办呢？"大家都说："张公本来不在乎画像。虽然这样，我们心里却实感不安。现在就是平常日子里听到别人做了一件好事，都一定要问那人的姓名和他所住的地方，以至于连他的身材高矮，年岁大小，容貌美丑都想知道，甚至有的人还要问他的生平和嗜好，以此来想见他的为人。而史官也会为他写下传略，把这些记载在其中，想让天下的人心里记着他，眼睛看到他。眼睛里留着他的容貌，就会在心中铭记很久。如此看来，画像也不是没有用的。”苏洵无以反驳，于是替他们写了这篇画像记。

张公是南京人，为人慷慨而有高尚的节操，以度量宏阔而闻名于天下。国家遇到大事，张公是可以委托的。我在文章末尾用一首诗来记述他的事迹：天子端居皇位，事发甲午那年。蜀人传来谣言，有敌寇进犯边境。朝有文臣武将，谋士多如流云。天子听从众意，命我张公往蜀。张公自东而来，旌旗迎风舒展。蜀人聚集观看，站满大街小巷。都说张公果敢，又能镇静从容。张公告知蜀人：“妥善安顿家室，不要听信谣言。谣言常不吉祥，你们要和往常一样。春天种养桑树，秋天清扫谷场。”蜀人连连叩头，视张公为父兄。张公来到园林，园林草木茂盛。张公宴请同僚，击鼓咚咚作响。蜀人前来看望，祝公万寿无疆。今日蜀女靓丽，闲居闺阁之中。又有婴儿咿呀，如今也能说话。当初张公未到，本想抛弃他们。如今庄稼丰茂，粮仓高高立起。蜀地的妇女儿童，都因丰年欢乐。张公昔在朝野，是为天子股肱。天子召他回去，他又怎能不从？兴建庄严的大殿，有廊还有庭院。张公画像其间，朝服冠带整齐。蜀人互相劝勉，不再懒惰放荡。张公回到京城，画像永留大堂。

【写作方法】

此文分为四段，前两段叙事，后两段议论。叙事时古劲，议论时斡旋回护，充满变化。首段“蜀人传言”三句为文章营造了紧张气氛，接着文章从正面表现了张方平的胆识过人，转而对张的事迹进行评价。二、三段以问答的形式表现百姓对张的感激。末段作者以诗歌形式作结，称颂张的为人和气。此文词气严重，法度谨严，前后都是一篇气魄文字。

苏轼

（1036～1101）

苏轼，字子瞻，号东坡居士，眉州眉山（今四川眉山）人。仁宗嘉祐二年（1057）进士，神宗时因与王安石政见不合请求外调，历任杭州通判与密、徐、湖三州知州。因作诗讽刺新法，被贬为黄州团练副使。哲宗朝，召为翰林学士，新党再度执政，又贬惠州，再贬琼州（今海南岛）。徽宗即位，赦还，途中卒于常州。“唐宋八大家”之一，宋代四大书法家之一，他的诗、词、文均代表了北宋文学的最高水平。

◎刑赏忠厚之至论◎

【题解】

这篇文章是苏轼在宋仁宗嘉祐二年（1057）考进士时的论文题目。古代科举考试，论文题目多出自四书五经，这篇题目出自《尚书》中孔安国关于“罪疑惟轻，功疑惟重”一句作的注解，即“刑疑附轻，赏疑从重，忠厚之至”。此文以“赏疑从与，罚疑从去”为中心，通过引用古代的典故，以论证这一道理，说明只有按照这一原则进行赏罚，才符合忠厚仁义的道理。

【原文】

尧、舜、禹、汤、文、武、成、康之际，何其爱民之深，忧民之切，而待天下以君子长者之道也！有一善，从而赏之，又从而咏歌嗟叹之，所以乐其始而勉其终。有一不善，从而罚之，又从而哀矜惩创之，所以弃其旧而开其新。故其吁俞之声[①]，欢忻惨戚[②]，见于虞、夏、商、周之书。成、康既没，穆王立而周道始衰，然犹命其臣吕侯[③]，而告之以祥刑。其言忧而不伤，威而不怒，慈爱而能断，恻然有哀怜无辜之心，故孔子犹有取焉。

传曰：“赏疑从与，所以广恩也。罚疑从去，所以慎刑也。”当尧之时，

皋陶为士④，将杀人。皋陶曰杀之三，尧曰宥之三⑤。故天下畏皋陶执法之坚，而乐尧用刑之宽。四岳曰⑥："鲧可用⑦。"尧曰："不可，鲧方命圮族⑧。"既而曰："试之。"何尧之不听皋陶之杀人，而从四岳之用鲧也？然则圣人之意，盖亦可见矣。

《书》曰："罪疑惟轻，功疑惟重。与其杀不辜，宁失不经。"呜呼！尽之矣。可以赏，可以无赏，赏之过乎仁；可以罚，可以无罚，罚之过乎义。过乎仁，不失为君子；过乎义，则流而入于忍人。故仁可过也，义不可过也。古者，赏不以爵禄，刑不以刀锯。赏之以爵禄，是赏之道行于爵禄之所加，而不行于爵禄之所不加也；刑以刀锯，是刑之威施于刀锯之所及，而不施于刀锯之所不及也。先王知天下之善不胜赏，而爵禄不足以劝也；知天下之恶不胜刑，而刀锯不足以裁也。是故疑则举而归之于仁，以君子长者之道待天下，使天下相率而归于君子长者之道，故曰忠厚之至也。

《诗》曰："君子如祉⑨，乱庶遄已。君子如怒，乱庶遄沮⑩。"夫君子之已乱岂有异术哉？制其喜怒，而无失乎仁而已矣。《春秋》之义，立法贵严而责人贵宽，因其褒贬之义以制赏罚，亦忠厚之至也。

【注释】

①吁：嗟叹声。俞：赞成、应允之声。②欢忻惨戚：欢乐喜悦，哀愁悲戚。③吕侯：周穆王的大臣，掌管刑狱。④皋（gāo）陶（yáo）：尧的大臣，主管刑狱。⑤宥（yòu）：赦免。⑥四岳：传说是尧时四方部落首领。⑦鲧（gǔn）：传说是禹的父亲，因为治水无功而被舜诛杀。⑧方命圮（pǐ）族：违抗命令，坑害族人。圮：毁损。⑨祉（zhǐ）：福，引申为喜悦。⑩遄（chuán）：迅速。

【译文】

唐尧、虞舜、夏禹、商汤，周文王、武王、成王、康王的时候，他们爱护人民是何等之深，为人民忧虑又是何等之切，用君子长者的道德来对待天下。发现一点善行，就及时地奖励，并且及时地歌颂、赞美这样的善行，为的是用这种办法使人们开始乐于行善，并且勉励他们要坚持到底；发现了一点错误，就及时地处罚，又及时地怜惜同情有过之人，为的是帮助他改过自新。所以嗟叹赞许的声音，欢乐悲伤的情绪，在虞、夏、商、周的书上都能见到。成王和康王死后，穆王即位，周朝的道统开始衰败，但是穆王还吩咐他的臣子吕侯，告诉他要慎用刑罚。穆王的话忧虑却不悲伤，威严而无怒气，慈爱并且果断，流露出同情无罪者、为他们感到难过的情感。所以孔子对穆王还有所肯定。

《书》上说："赏赐与否难以确定时就奖赏，这是为了推广恩德；惩罚与否难以确定时就不加惩罚，这是为了慎用刑罚。"尧的时候，皋陶做狱官，准备处决一个罪犯。皋陶多次下令说杀，尧却多次下令赦免。所以天下人都畏惧皋陶执法的坚决，而喜欢尧的用刑宽仁。四方的诸侯说："鲧是可用之人。"尧说："不行，鲧违抗命令，败坏了同族的人。"后来又说："试试他吧。"为何尧不听从皋陶杀人的主张，而同意四方诸侯对于任用鲧的建议呢？圣人的心意，由这里就可以看到了。

《书》上说："如果罪行难于确定，就从轻发落；如果功劳难于确定，就从重赏赐。与其错杀一个无罪者，宁愿自己承担不遵守成法的过失。"唉！赏罚的道理全在这几句话里了。可以赏也可以不赏的，赏他就是超过了仁的范围；可以罚可以不罚的，罚他就是越过了义的规定。超过了仁的范围，还不失为君子；越过了义的规定，便要沦为残忍的人了。所以仁的范围是可以超过的，义的规定却是不可以超过的。古时候不用爵位和俸禄作为赏赐，不用刀子和锯子来实行刑罚。用爵位和俸禄作为赏赐，这样的赏赐只能施及到得到爵位和俸禄的人身上，却不能施及到没有得到爵位和俸禄的人身上；刑罚用上了刀子和锯子，这样的刑罚只能施加到被行刑的人身上，却不能影响到没有受刑的人。先王知道天下的善人善事赏赐不尽，所以爵位和俸禄也不足以起到鼓励作用；又知道天下的坏人坏事不能全都处罚到，所以刀子和锯子也不足以形成制裁。因此赏罚不能确定的时候，就根据仁的原则来处理；用君子长者的道德来对待天下，使天下人统统为君子长者的道德所影响。所以说这是忠厚到了极点啊。

《诗》上说："君子如果乐于听到忠言，祸乱就会马上停止；君子如果怒责小人的谗言，祸乱就会马上停止。"君子对于结束祸乱，难道还有什么更为奇特的办法吗？只不过是控制自己的喜怒爱憎，不违背仁的原则就是了。《春秋》的本意是：立法贵在从严，而处罚人贵在从宽。按照它褒贬的原则来制定赏与罚，这也是忠厚到了极点啊！

【写作方法】

本文开头举出古代圣贤尧舜等人劝民向善的事例，目的在于为下文做铺垫；接着写周朝到衰世的时候，虽然周王让人定了刑法，但目的还是要人行善，这是从正面烘托本文的主旨。次段引用尧跟皋陶、四岳的对话，从中可见古人的宽厚之心，这是以古论今的写法。第三段是本文最关键的部分，作者先以一个"疑"字，引出刑赏必须宽厚的观点，然后又指出爵禄和刀锯并非劝善和惩恶的最佳方式，只有"以君子长者之道待天下"，天下才能归仁。最后一段引用了《诗经》和《春秋》的典故，重申了"立法贵严而责人贵宽"的观点，这种用典的写法使文章更富有说服力。明代王世贞《三苏文范》中说："此篇只就本旨，从'疑'上全写其忠厚之至，一意翻作三段，非长公笔力不能如此敷畅。"

◎留侯论◎

【题解】

留侯指的是汉初名臣张良，他因辅佐刘邦建立汉朝有功而被封在留这个地方，故称为"留侯"。这篇文章是苏轼关于张良的一篇史论，苏轼认为，圯上老人之所以授书给张良，在于张良能"忍"，也就是"忍小忿而就大谋"。

【原文】

古之所谓豪杰之士，必有过人之节，人情有所不能忍者。匹夫见辱，拔

剑而起，挺身而斗，此不足为勇也。天下有大勇者，卒然临之而不惊，无故加之而不怒，此其所挟持者甚大，而其志甚远也。

夫子房受书于圯上之老人也[①]，其事甚怪。然亦安知其非秦之世有隐君子者，出而试之？观其所以微见其意者，皆圣贤相与警戒之义；而世不察，以为鬼物，亦已过矣。且其意不在书。当韩之亡、秦之方盛也，以刀锯鼎镬待天下之士[②]，其平居无事夷灭者，不可胜数。虽有贲、育，无所获施。夫持法太急者，其锋不可犯，而其势未可乘。子房不忍忿忿之心，以匹夫之力，而逞于一击之间。当此之时，子房之不死者，其间不能容发，盖亦危矣。千金之子，不死于盗贼，何哉？其身可爱，而盗贼之不足以死也。子房以盖世之才，不为伊尹、太公之谋[③]，而特出于荆轲、聂政之计[④]，以侥幸于不死，此圯上老人所为深惜者也。是故倨傲鲜腆而深折之[⑤]。彼其能有所忍也，然后可以就大事。故曰"孺子可教也"。

楚庄王伐郑，郑伯肉袒牵羊以迎[⑥]。庄王曰："其主能下人，必能信用其民矣。"遂舍之。勾践之困于会稽，而归臣妾于吴者，三年而不倦。且夫有报人之志，而不能下人者，是匹夫之刚也。夫老人者，以为子房才有余而忧其度量之不足，故深折其少年刚锐之气，使之忍小忿而就大谋。何则？非有平生之素，卒然相遇于草野之间，而命以仆妾之役，油然而不怪者，此固秦皇之所不能惊，而项籍之所不能怒也。

观夫高祖之所以胜，项籍之所以败者，在能忍与不能忍之间而已矣。项籍唯不能忍[⑦]，是以百战百胜而轻用其锋。高祖忍之，养其全锋而待其敝，此子房教之也。当淮阴破齐而欲自王[⑧]，高祖发怒，见于词色。由是观之，犹有刚强不能忍之气，非子房其谁全之？

太史公疑子房以为魁梧奇伟，而其状貌乃如妇人女子，不称其志气。呜呼！此其所以为子房欤！

【注释】

①受书：指张良三次拾鞋而得老人授《太公兵法》一事。圯（yí）：桥。

②镬（huò）：烹人的大锅。③伊尹：商代大臣，曾帮助商汤灭亡了夏朝，建立了商朝。太公：即姜太公，他曾帮助武王伐纣，建立了周朝。④荆轲：战国时齐人，曾受托于燕太子丹前往秦国刺杀秦王嬴政，事败身死。聂政：战国时韩人，为严仲子谋刺韩相韩傀。⑤倨（jù）傲：傲慢。鲜：少。腆（tiǎn）：丰厚，美好。⑥郑伯：即郑襄公。肉袒：脱去上衣，裸露肢体。⑦项籍：即项羽，名籍，字羽。⑧淮阴：指淮阴侯韩信，刘邦曾屯兵在广武，与楚军相峙，其时韩信大破齐国，并派遣使者要求刘邦封他为“假王”。刘邦一听便勃然大怒，破口大骂。忽然觉得桌案下的脚被人踢了一下，见张良在旁不动声色，便连忙改口道：“大丈夫既平定诸侯，要做就做个真王，何必要做什么假王！”于是顺水推舟地封韩信为齐王。

【译文】

古代被称为豪杰的人，一定有超过常人的气度节操，能承受一般人在感情上不能忍受的事。一个普通人一旦受到侮辱，就要拔剑而起，挺身相斗，这些是不足以称为有大勇的。天下那些有大勇的人士，突然遇到意外而不惊慌，无故受到侮辱而不愤怒。这是他们所怀的抱负很大，所怀的志向高远的缘故呀！

当年张良从那位坐在桥上的老人手里接过书，这件事想来很是奇怪，然而又怎么知道这不是秦朝的某位隐居的贤人来故意试探张良呢？看那老人隐约表示的心意，都是圣贤们相互警惕戒备的道理，而世人却不明白，以为桥上老人是鬼怪。这已经是错误的了。而且老人的真实用意也并不在授书上。当韩国灭亡，秦国正强大的时候，用刀、锯、鼎、镬来迫害天下的士人，那些安分守己而无故被杀的人，数也数不清。这时即使有孟贲、夏育那样的勇士，也没有办法施展他们的本领。执法过于严厉的国家，它的锋芒不可触犯，而形势也还没有可乘之机。但张良忍不住愤怒的情绪，凭借着匹夫之勇，在一次对秦始皇的伏击中逞能冒险。当时，张良虽然没有被杀死，但也已经处在死亡的边缘了，真是危险到了极点啊。富贵人家的子弟，不会轻易死在盗贼的手里，为什么呢？是因为他们的生命珍贵，不值得因为与盗贼相斗而死去。张良以盖世的才能，不去像伊尹、姜太公一样谋划安邦定国的策略，却只用荆轲、聂政那样行刺的办法，靠着侥幸才得以不死，这正是桥上那位老人为他感到深深叹息的啊！因此用傲慢的态度深深地挫辱他，使他能够有忍耐之心，然后才可以成就大业。所以老人说"这小伙子是可以造就的。"

楚庄王讨伐郑国，郑襄公袒露着身体，牵着羊去迎接。楚庄王说："郑国的国君能够这样屈己尊人，必定能获得人民的信任。"于是就放弃了进攻郑国的计划。越王勾践被吴军围困在会稽山上，于是向吴国投降，做吴王的奴仆，三年下来都勤勉而不倦怠。如果有报仇的志向，却不能忍辱负重，这只是普通人的刚强。那位老人认为张良才能有余，但担心他度量不足，所以深深挫折他年轻人的刚锐之气，使他能忍住小的愤怒而成就大的事业。为什么呢？老人和张良素不相识，在野外突然相遇而命令他做奴仆做的事，而张良却能毫不在意地照办，丝毫没有怨怪的意思，这个人确实是秦始皇不能使之惊恐，项羽不能使之发怒的人呀。

考察汉高祖刘邦之所以能最终取胜，而项羽最终落败的原因，是在能忍与不能忍之间啊！项羽不能忍，所以百战百胜却轻易地消耗了军力；高祖能够忍，所以积蓄全力而等待项羽由盛转衰的时机，这是张良教给他的呀。当淮阴侯韩信大破齐国而想要自立为齐王的时候，高祖发怒，气愤之情溢于言表。由此看来，他还有刚强而不能忍耐的意气，不是张良，又有谁能成全他呢？

太史公司马迁曾经猜想张良是一个身材魁梧、仪表奇伟的人，而他的神态表情又像是妇人女子，认为与他的志向和气概很不相称。唉！这不正是张良之所以为张良吗？

【写作方法】

这篇文章的妙处在于，苏轼指出张良之所以成功，是因为"其意不在书"，但并没有停留于此，而是引出一个"忍"字，并展开议论。"忍"是全篇的文眼，文章开门见山地指出，能做到忍的人，才是天下的大勇者，其后引入张良的事迹，也是极言他的能忍，所以，整篇文章都是围绕“忍”来写的，这是一字立骨的写法。本文盛气凌人，议论如大江东去，流转浩荡，势不可当。

◎贾谊论◎

【题解】

贾谊怀才不遇、英年早逝的遭遇历来为人所叹惋，本篇别具新意，认为贾谊的不幸遭遇应该归咎于他性格和为人处世方面的弱点与不足。篇末还论述了人君应如何对待类似贾谊这样的人才的问题，形成了一个关于避免贤才遭埋没的完整主题。

【原文】

非才之难，所以自用者实难。惜乎！贾生，王者之佐，而不能自用其才也。

夫君子之所取者远，则必有所待；所就者大，则必有所忍。古之贤人，皆负可致之才[①]，而卒不能行其万一者[②]，未必皆其时君之罪，或者其自取也。

愚观贾生之论，如其所言，虽三代何以远过？得君如汉文[③]，犹且以不用死，然则是天下无尧、舜，终不可有所为耶？仲尼圣人，历试于天下，苟非大无道之国，皆欲勉强扶持，庶几一日得行其道[④]。将之荆[⑤]，先之以冉有，申之以子夏。君子之欲得其君，如此其勤也。孟子去齐，三宿而后出昼，犹曰：“王其庶几召我。”君子之不忍弃其君，如此其厚也。公孙丑问曰：“夫子何为不豫[⑥]？”孟子曰：“方今天下，舍我其谁哉？而吾何为不豫？”君子之爱其身，如此其至也。夫如此而不用，然后知天下果不足与有为，而可以无憾矣。若贾生者，非汉文之不能用生，生之不能用汉文也。

夫绛侯亲握天子玺而授之文帝[⑦]，灌婴连兵数十万[⑧]，以决刘吕之雌雄。又皆高帝之旧将，此其君臣相得之分，岂特父子骨肉手足哉？贾生，洛阳之少年，欲使其一朝之间尽弃其旧而谋其新，亦已难矣。为贾生者，上得其君，

下得其大臣，如绛、灌之属，优游浸渍而深交之[⑨]，使天子不疑，大臣不忌，然后举天下而唯吾之所欲为，不过十年，可以得志。安有立谈之间，而遽为人"痛哭"哉[⑩]？观其过湘，为赋以吊屈原，萦纡郁闷[⑪]，趯然有远举之志[⑫]。其后以自伤哭泣，至于夭绝。是亦不善处穷者也。夫谋之一不见用，则安知终不复用也？不知默默以待其变，而自残至此。呜呼！贾生志大而量小，才有余而识不足也。

古之人，有高世之才，必有遗俗之累。是故非聪明睿智不惑之主，则不能全其用。古今称苻坚得王猛于草茅之中[⑬]，一朝尽斥去其旧臣，而与之谋。彼其匹夫略有天下之半，其以此哉！愚深悲生之志，故备论之。亦使人君得如贾生之臣，则知其有狷介之操[⑭]，一不见用，则忧伤病沮，不能复振；而为贾生者，亦谨其所发哉！

【注释】

①致：成就功业。②卒：最终。③汉文：即汉文帝刘恒，历来被认为是明君。④庶几：希望。⑤荆：指楚国。⑥豫：高兴，快乐。⑦绛侯：周勃，刘邦的功臣，曾与陈平共诛诸吕，迎立文帝，跪献天子玺。⑧灌婴：刘邦的功臣，曾随刘邦转战各地，后与陈平、周勃共同平定吕氏叛乱，迎立文帝。⑨优游：从容不迫的样子。浸渍：渐渐渗透。⑩遽（jù）：突然。⑪萦（yíng）：曲折回旋。⑫趯（tì）然：心情激荡跳跃的样子。⑬苻坚：前秦皇帝。王猛：前秦大臣，他曾辅佐苻坚富国强兵，先后灭掉了前燕、代国和前凉等国，统一了黄河流域。⑭狷（juàn）介：正直孤傲，洁身自好。

【译文】

人要有才并不难，难的是怎样使自己的才能得以运用。可惜呀！贾谊虽然能辅佐帝王，却不知道如何运用自己的才能啊！

君子如果想要达到长远的目标，就必须有所等待；想要成就大的事业，就必须有所忍耐。古时候的贤人，都怀有可以建功立业的才能，而不能施展才能的万分之一的原因，未必都是当时君主的过错，也许是他们自己造成的。

我看了贾谊的论文，像他所想要创建的太平盛世，即使是夏、商、周三代，又怎能超过？他遇到了像汉文帝一样贤德的君主，但还是因为不被重用郁郁而终，那岂不是意味着如果天下没有尧、舜那样的圣君，他就注定会终生无所作为吗？孔子是位圣人，曾游历天下，想要试行自己的政治主张，只要不是过于无道的国家，都想勉强去扶持，希望有朝一日能实现自己的主张。他想要前往楚国的时候，先派冉有前去申明自己的想法主张，又派子夏前去重新申明，君子想要得到他的君主，竟然是如此的殷切勤恳啊！孟子离开齐国的时候，曾经在边境上的昼邑住了三个晚上才离开，还说："齐王也许还会召见我。"君子不忍离弃他的君主，是如此的感情深厚。公孙丑问："先生为什么不愉快啊？"孟子说："当今天下，除了我还有谁能让国家得到大治？我又怎么会不愉快呢？"君子爱惜自己，达到了这样的程度。像这样的人都得不到重用，便知道天下真的没有能让自己施展才能的君主了，可以没有遗憾了。而像贾谊这样的，并不是汉文帝不能重用他，而是他自己不能为汉文帝所用呀！

周勃曾亲自捧着天子的玉玺，把它交给汉文帝；灌婴曾经联合数十万兵马，以决定刘氏和吕氏到底谁来掌管天下。他们又都是高帝旧日的部将，这种君臣之间互相信任的情分，难道只是父子兄弟之间才有的吗？贾谊，是洛阳的一个年轻人，想要用一个早上的时间让汉文帝全部废弃旧的制度而谋划新的制度，这也太难了吧！如果作为贾谊，向上能得到赏识他的君主，向下能得到像周勃、灌婴这样的大臣支持他，自然而然地和他们建立深厚的友谊，使天子不猜疑，大臣不嫉妒，然后让整个天下施行我想要施行的主张，用不了十年，就可以实现自己的抱负。哪有在短暂地交谈之后，就突然对人痛哭的道理呢？看他路经湘水时作赋悼念屈原，心情复杂而郁闷，远走引退的意思跃然纸上，后来因为暗自伤感而常常哭泣，以至于夭折。这也是不善于忍受困厄啊。谋略一次不被采用，怎知道永远都不会被采用呢？不懂得隐忍以待形势的变化，却把自己糟蹋成这样。唉！贾谊志向远大而度量太小，才能有余而见识不足啊！

古代的人，如果有高出世人的才能，就必然会有因为清高孤傲遗弃世俗而给自己带来的包袱。所以若不是聪明睿智的君主，就不能完全发挥他们的才能。从古至今人们都称道苻坚从平民中发现了王猛，一时间尽皆疏远了他的旧臣，凡事只与王猛商量谋划。像他那样的普通人，竟也能够占据中国的一半，不就是这个缘故吗！我深深地为贾谊平生的志向感到悲伤，所以对此事加以详细的评论。也想使人君知道，如果得到了像贾谊这样的臣子，就应该知道他们有清高孤傲的操守和性格，一旦不被任用，就会忧伤沮丧，积郁成疾，再也不能振作起来；而贾谊这样的人，也应该谨慎地对待自己立身处世的原则啊！

【写作方法】

本篇开门见山，“非才之难”二句点明了本文主旨，认为贾谊尽管有才，但是却不懂得隐忍，以致终生不得重用，这是他咎由自取。次段引述孔子、孟子甘心隐忍而成为圣人的事例，从反面论证首段提出的观点。第三段为贾谊出谋划策，给他指明了为臣之道，并认为他志大而量小。第四段再现波澜，作者引用苻坚提拔王猛的典故，以讽刺汉文帝未能发觉贾谊之才。末段苏轼提出了自己的政治主张，认为天子应当爱惜人才，臣子应当慎言慎行。

卷十一

◎上梅直讲书◎

【题解】

本篇是苏轼考中进士后写给当时的考试参评官梅尧臣的信，在表达了对他和欧阳修的感激之情的同时，畅谈了士得遇知己的快乐，通篇贯穿着一个“乐”字。

【原文】

轼每读《诗》至《鸱鸮》[①]，读《书》至《君奭》[②]，常窃悲周公之不遇。及观《史》，见孔子厄于陈、蔡之间，而弦歌之声不绝，颜渊、仲由之徒相与问答[③]。夫子曰：“‘匪兕匪虎[④]，率彼旷野。’吾道非耶？吾何为于此？”颜渊曰：“夫子之道至大，故天下莫能容。虽然，不容何病？不容然后见君子。”夫子油然而笑曰：“回，使尔多财，吾为尔宰[⑤]。”夫天下虽不能容，而其徒自足以相乐如此。乃今知周公之富贵，有不如夫子之贫贱。夫以召公之贤，以管、蔡之亲[⑥]，而不知其心，则周公谁与乐其富贵？而夫子之所与共贫贱者，皆天下之贤才，则亦足以乐乎此矣。

轼七八岁时，始知读书，闻今天下有欧阳公者[⑦]，其为人如古孟轲、韩愈之徒；而又有梅公者[⑧]，从之游而与之上下其议论。其后益壮，始能读其文词，想见其为人，意其飘然脱去世俗之乐而自乐其乐也。方学为对偶声律之文，求升斗之禄，自度无以进见于诸公之间。来京师逾年，未尝窥其门[⑨]。今年春，天下之士群至于礼部，执事与欧阳公实亲试之，轼不自意获在第二。既而闻之，执事爱其文，以为有孟轲之风，而欧阳公亦以其能不为世俗之文也而取，是以在此。非左右为之先容，非亲旧为之请属[⑩]，而向之十余年间

闻其名而不得见者，一朝为知己。退而思之，人不可以苟富贵，亦不可以徒贫贱。有大贤焉而为其徒，则亦足恃矣！苟其侥一时之幸，从车骑数十人，使闾巷小民聚观而赞叹之，亦何以易此乐也！传曰：“不怨天，不尤人[11]。”盖“优哉游哉，可以卒岁”。执事名满天下，而位不过五品，其容色温然而不怒，其文章宽厚敦朴而无怨言，此必有所乐乎斯道也，轼愿与闻焉。

【注释】

①《鸱（chī）鸮（xiāo）》：《诗经·豳风》中的一篇。古人认为是周公写给成王，表明他东征管、蔡之志的。②《君奭（shì）》：《尚书》中的一篇。召公曾与周公不和，古人认为此篇是周公写给召公以明自己心志的。③颜渊：即颜回，孔子的学生。仲由：即子路，孔子的学生。④匪：通“非”。兕（sì）：古书上所说的雌犀牛。⑤宰：家臣。⑥管、蔡：即管叔、蔡叔。他们与周公本为兄弟，周武王死后，他们聚众叛乱，最后被周公平定。⑦欧阳公：指欧阳修。⑧梅公：指梅尧臣，字圣俞，北宋著名诗人，与欧阳修是好朋友。⑨窥其门：登门拜访。⑩属：通“嘱”，嘱托。⑪尤：归咎。

【译文】

我每次读《诗经》读到《鸱鸮》的时候，读《尚书》读到《君奭》的时候，常常暗自伤感周公的不被人了解。等到看《史记》的时候，脑海中又出现了孔子困厄于陈国、蔡国之间，却还继续弹琴、歌唱，与颜回、仲由这些学生互相问答的场面。孔子说：“‘不是犀牛，不是老虎，却要在旷野上奔波！’我的主张难道有什么不对吗？我为什么落到今天这步田地呢？”颜回说：“先生的主张是至大之道，所以天下容不下啊。虽然如此，容不下又有什么值得担忧的呢？正因为容不下，而后才能看出你是君子啊。”孔子温和地笑着说：“颜回，如果你有很多财产，我替你管账。”天下不能容纳，而孔子和他的徒弟却能自感满足、相处快乐到如此地步。于是现在我知道周公的富贵也有比不上孔子贫贱的地方啊。像召公这样的贤人，管叔、蔡叔这样的亲属，都不能知晓周公的心思，那么周公又能同谁一起享受他的富贵呢？而与孔子同守贫贱的，都是天下的贤才，所以单凭这一点也就足够快乐的了。

我七八岁的时候，才开始知道读书，听说当今天下有个欧阳公，他的为人像古时候的孟子、韩愈一样；还有一位梅公，他与欧阳公交游，和他上下古今地展开议论。后来自己日益长大，才开始读到先生们的文章辞赋，想见他们的为人，领会他们飘然离俗的快乐，而自己也因为感受到他们的快乐而快乐。我当时刚刚开始学着作诗文，也希望谋到个一官半职，自己思量着没有什么才能进见诸公。来到京师一年多了，也未曾登门拜访过。今年春天，天下的士人群集在礼部，您和欧阳公亲自主持考试，我出乎意料地得了个第二名。后来又听说，您很喜欢我的文章，认为有孟子的风格，而欧阳公也因为我能作出不同于世俗的文章而录取了我，因此我才留在了这里。这既非先生左右亲近的人为我事先疏通关系，也非亲朋故旧为我请托，而在以往的十几年间只听说过却从未见过的人，竟然很快地成为了知己。私下里思考这件事，觉得人是不能苟安于富贵的，但也不能空守着贫贱。有大贤人作为徒弟，当然是足以依靠的了。那些凭着一时侥幸，使得自己有几十个车骑随从，使得街巷之中的平民百姓聚在一起观看并且赞叹，又怎能替代这种快乐呢！古书上说："不埋怨上天，不责怪别人。""从容自得，可以度完我的余年。"您的美名遍布天下，但是官位不过五品，对此您的反映是平淡温和而无怒容，文章是宽厚纯朴而无怨言。您这样必定是有所乐于此道，我很希望能听您讲讲这些。

【写作方法】

本文开头引用周公、孔子不遇的典故，说明周公、孔子这样的圣贤也会有困厄不遇之时，而孔子身处逆境却能知足常乐。后半篇直叙作者早有仰慕欧阳修、梅尧臣之心而终于受到他们的赏识，并赞扬了梅尧臣豁达、大度的品质，并以自己"愿与闻焉"收束全篇。此篇先援引史实怀古，后转而叙今，似乎各有侧重，实际上前半篇是伏笔，后半篇则是实写。

◎喜雨亭记◎

【题解】

喜雨亭位于陕西凤翔，是苏轼担任凤翔签判时修建的。苏轼为说明喜雨亭得名的缘由，特意写了这篇文章。此文写凤翔久旱后下雨，百姓欢欣鼓舞，苏轼于是修建了喜雨亭，与百姓同乐。

【原文】

亭以雨名，志喜也[①]。古者有喜则以名物，示不忘也。周公得禾[②]，以名其书；汉武得鼎[③]，以名其年；叔孙胜敌[④]，以名其子。其喜之大小不齐，其示不忘一也。

予至扶风之明年，始治官舍。为亭于堂之北，而凿池其南，引流种树，以为休息之所。是岁之春，雨麦于岐山之阳[⑤]，其占为有年。既而弥月不雨，民方以为忧。越三月，乙卯乃雨，甲子又雨，民以为未足。丁卯大雨，三日乃止。官吏相与庆于庭，商贾相与歌于市，农夫相与忭于野[⑥]，忧者以喜，病者以愈，而吾亭适成。

于是举酒于亭上，以属客而告之曰："五日不雨可乎？曰：'五日不雨则无麦。'十日不雨可乎？曰：'十日不雨则无禾。'无麦无禾，岁且荐饥[⑦]，狱讼繁兴而盗贼滋炽[⑧]。则吾与二三子，虽欲优游以乐于此亭，其可得耶？今天不遗斯民，始旱而赐之以雨，使吾与二三子得相与优游而乐于此亭者，皆雨之赐也，其又可忘耶？"

既以名亭，又从而歌之，曰："使天而雨珠，寒者不得以为襦[⑨]；使天而雨玉，饥者不得以为粟。一雨三日，伊谁之力？民曰太守，太守不有，归之天子；天子曰不然，归之造物；造物不自以为功，归之太空。太空冥冥，不可得而名。吾以名吾亭。"

【注释】

①志：记。②周公得禾：周成王曾经赐给周公二苗同为一穗的禾谷，周公便写下了《嘉禾》。③汉武得鼎：汉武帝元狩六年夏（公元前116），在汾水上得宝鼎，于是改元为元鼎元年。④叔孙胜敌：春秋时鲁国的叔孙得臣曾率军击败狄人，俘获其国君侨如，于是将自己的儿子命名为侨如。⑤岐山：在今陕西岐山县。⑥忭（biàn）：高兴。⑦荐饥：连年饥荒。荐：一再。⑧滋炽：滋生势盛。⑨襦（rú）：短袄。

【译文】

这座亭子以雨命名，是为了记载一件喜事。古人遇到喜事，便要在器物上铭刻下来，以示不忘。周公得禾，便以《嘉禾》作他的书名；汉武帝得鼎，便以元鼎作他的年号；叔孙得臣打败狄人侨如，便以“侨如”作自己儿子的名字。他们的喜事虽然大小不同，但是表示永不忘记的用意却是一样的。

我到扶风的第二年才开始建造官舍。在厅堂北面筑了一座亭子，在南面开了一口池塘，引来了水，种上了树，作为休息的地方。这年春天，岐山南面的下起了麦雨，占卜后认为是丰年之兆。接着又整月不下雨，人们开始为此而忧虑。过了三月，四月的乙卯日下起了雨，隔了九天的甲子日又下了雨，可是人们还是觉得不够。丁卯那天下起了大雨，三天三夜才停止。官吏在厅堂上相互庆贺，商人在市场上相互唱和，农人在田头欢舞，忧虑的人变得高兴，患病的人转为康复，而我的亭子也在这个时候建成了。

于是我在亭上摆开酒宴，向客人劝酒并告诉他们说：“如果五天不下雨，行么？你们一定说：‘五天不下雨，麦子就长不成了。’要是十天都不下雨呢？你们一定会说：‘十天不下雨，稻子就长不成了。’无麦无稻，就会产生连年的饥荒，诉讼就会日益增多，而盗贼也会猖獗起来。这样，我和诸位即使想悠闲地在这亭中宴饮欢乐，能办得到吗？如今上天不遗弃这里的人民，刚开始干旱便赐下了雨水，使我与诸位能够悠闲而快乐地在这亭中欢乐，这都是雨的恩赐啊！又怎么可以忘记呢？”

给亭子命名之后，接着又作了歌，歌词说："假使上天落下的是珍珠，受冻的人不能用它做棉衣；假使上天落下的是宝玉，挨饿的人不能拿它当粮食。如今一连三日大雨，这是谁的力量？百姓说是太守，太守不敢承担这样的称誉，把它归功于皇上；皇上说不是这样，把它归功于造物主；造物主不认为是自己的功劳，把它归功于太空。太空高邈难测，不能命名，我就用'雨'来为我的亭子命名。"

【写作方法】

本文开门见山，首句便点出题目中的"喜"字，此字是全文的文眼。而后又引用周公、汉武、叔孙的典故，解释"古者有喜则以名物"一句，也对照了首句的"喜"。描写喜雨亭的景色以及在喜雨亭与友人畅饮的部分，是全文的重点，也最让人津津乐道。苏轼潇洒率意的文风，在这一部分里表露无遗。这篇文章题小而语大，议论干涉国政民生大体，绝无一丝尘俗之气。宋朝的楼昉说本篇行文如"蝉蜕污浊之中，蜉蝣尘埃之外"，其文字自然率真，不事雕琢，语句清丽。

◎凌虚台记◎

【题解】

凌虚台建于宋仁宗嘉祐八年（1063），由凤翔知府陈希亮建成。陈希亮嘱托当时正在凤翔任职的苏轼，让他为凌虚台写篇记文。本文介绍了凌虚台的外貌特征，建造凌虚台的原因，游赏凌虚台时的乐趣，苏轼借此表达了对古往今来兴废成毁以及人世得失的感慨。

【原文】

国于南山之下[①]，宜若起居饮食与山接也[②]。四方之山，莫高于终南，而都邑之丽山者[③]，莫近于扶风[④]。以至近求最高，其势必得。而太守之居，

未尝知有山焉。虽非事之所以损益，而物理有不当然者，此凌虚之所为筑也。

方其未筑也，太守陈公杖履逍遥于其下。见山之出于林木之上者，累累如人之旅行于墙外而见其髻也，曰："是必有异。"使工凿其前为方池，以其土筑台，高出于屋之檐而止。然后人之至于其上者，恍然不知台之高，而以为山之踊跃奋迅而出也。公曰："是宜名凌虚。"以告其从事苏轼，而求文以为记。

轼复于公曰："物之废兴成毁，不可得而知也。昔者荒草野田，霜露之所蒙翳，狐虺之所窜伏[⑤]。方是时，岂知有凌虚台耶？废兴成毁，相寻于无穷，则台之复为荒草野田，皆不可知也。尝试与公登台而望，其东则秦穆之祈年、橐泉也[⑥]，其南则汉武之长杨、五柞[⑦]，而其北则隋之仁寿、唐之九成也。计其一时之盛，宏杰诡丽，坚固而不可动者，岂特百倍于台而已哉！然而数世之后，欲求其仿佛，而破瓦颓垣无复存者，既已化为禾黍荆棘丘墟陇亩矣，而况于此台欤！夫台犹不足恃以长久，而况于人事之得丧、忽往而忽来者欤？而或者欲以夸世而自足，则过矣。盖世有足恃者，而不在乎台之存亡也。"

既以言于公，退而为之记。

【注释】

①国：都城。②宜若：似乎。③丽：附着。④扶风：在今陕西凤翔。⑤虺：毒蛇。⑥祈年、橐（tuó）泉：春秋时秦国的两宫名。⑦长杨、五柞（zuò）：汉代宫名。

【译文】

城邑建在终南山下，好像起居饮食都不能与山分离。四方的山，没有高于终南山的，而周围的城邑，也没有比扶风更靠近终南山的了。凭借离山位置最近的优势而从视觉上求得最高的山势，这是必然能够得到的。但太守居于此地，却还不知道有高山。这虽说不会对任何事情产生影响，但也有情理上说不过去的地方，这就是建造凌虚台的原因。

在凌虚台还没有修筑之前，太守陈公，曾经拄着拐杖，悠闲地走在那里。看见高于林木之上的山峰，层层叠叠的，好像人们只是在它的墙外行走而只看见了它的发髻，陈公说："这后面一定有奇异的景致。"于是派遣工匠在树林的前面挖了一个方池，用挖出来的土筑成高台。台子筑到高出屋檐的时候便停止了。而后有人到了台上，恍惚间不知道是因为台高，而以为那些山峦是突然间冒出来的。陈公说："就叫它凌虚台吧。"并且将他的意思告诉了他的佐吏苏轼，请他写一篇文章来记叙。

苏轼答复陈公说："事物的兴废成毁，是不能够预知的。从前这里是荒草野田，为霜露所覆盖遮蔽，狐狸、毒蛇在这里出没潜行；那时候，怎能知道这里会筑起凌虚台呢？兴废成毁的变化，循环无穷，于是这高台日后是否又会变为荒草野田，都是不能知道的。我曾经跟从您登台而望，东面是秦穆公的祈年宫和橐泉宫，南面是汉武帝的长杨宫和五柞宫，北面是隋代的仁寿宫和唐代的九成宫。推想它们当年的盛况，气势的宏伟以及不可动摇的坚固，岂是比这高台要强上百倍！然而几代之后，想要寻求它们当年的模样，却只能看到破砖乱瓦、残垣断壁了，如今都已变成了长满庄稼的田地、遍布荆棘的荒野了，何况这凌虚台呢？连这样的高台都不足以保证它长期地存在，又何况人事的得失、忽往忽来的变迁呢？世上的一些人想以修筑高台来炫耀于世、满足己欲，这是错误的啊。大概世上是有足以依靠的东西的，但不在于台的存亡啊！"

我对陈公讲了这番话之后，回来就作了这篇记。

【写作方法】

作者感慨玩赏山水乃是人之常情，又感慨世间的盛衰无常，这既包括人事的得失，又包括事物的成毁，还有就是对永恒之物的感叹。本文的基调并非是一味感伤，还有积极乐观的精神。此外，本文还含着一种深美的意蕴，它并没有确指凌虚台的存亡是否关乎盛衰，而是留给读者无限遐想。此文通篇以兴成废毁贯穿，一写再写，慷慨悲歌，讽咏不尽。

◎超然台记◎

【题解】

这篇文章写于苏轼在密州做知州之时。苏轼在文章开头说世间万物“皆有可乐”，这个“乐”字总揽全篇。苏轼通过写自己在密州的生活和政绩，表达了其超然物外、无往不乐的人生态度。

【原文】

凡物皆有可观。苟有可观，皆有可乐，非必怪奇伟丽者也。哺糟啜醨[①]，皆可以醉。果蔬草木，皆可以饱。推此类也，吾安往而不乐？

夫所为求福而辞祸者，以福可喜而祸可悲也。人之所欲无穷，而物之可以足吾欲者有尽。美恶之辨战于中，而去取之择交乎前，则可乐者常少，而可悲者常多。是谓求祸而辞福。夫求祸而辞福，岂人之情也哉？物有以盖之矣[②]。彼游于物之内，而不游于物之外。物非有大小也，自其内而观之，未有不高且大者也。彼挟其高大以临我，则我常眩乱反复，如隙中之观斗，又乌知胜负之所在？是以美恶横生，而忧乐出焉，可不大哀乎！

予自钱塘移守胶西，释舟楫之安，而服车马之劳；去雕墙之美，而庇采椽之居[③]；背湖山之观，而行桑麻之野。始至之日，岁比不登[④]，盗贼满野，狱讼充斥，而斋厨索然，日食杞菊，人固疑予之不乐也。处之期年，而貌加丰，发之白者日以反黑。予既乐其风俗之淳，而其吏民亦安予之拙也。于是治其园囿，洁其庭宇，伐安丘、高密之木，以修补破败，为苟完之计。而园之北，因城以为台者旧矣，稍葺而新之。

时相与登览，放意肆志焉。南望马耳、常山，出没隐见，若近若远，庶几有隐君子乎？而其东则庐山，秦人卢敖之所从遁也[⑤]。西望穆陵，隐然如城郭，师尚父、齐威公之遗烈[⑥]，犹有存者。北俯潍水[⑦]，慨然大息，

思淮阴之功[⑧]，而吊其不终[⑨]。台高而安，深而明，夏凉而冬温。雨雪之朝，风月之夕，予未尝不在，客未尝不从。撷园蔬[⑩]，取池鱼，酿秫酒[⑪]，瀹脱粟而食之[⑫]，曰："乐哉游乎！"

方是时，予弟子由适在济南[⑬]，闻而赋之，且名其台曰"超然"。以见予之无所往而不乐者，盖游于物之外也。

【注释】

①哺：食，吃。糟：酒糟。啜（chuò）：饮。醨（lí）：淡酒。②盖：蒙蔽，遮盖。③采椽（chuán）：指简陋的房屋。④比：连续，频频。⑤卢敖：燕人，秦始皇帝召以为博士，叫他去求神仙，他走了就没有再回来。⑥师尚父：即姜子牙。齐威公：指齐桓公。这里改桓为威，是宋代人为避宋钦宗赵桓名讳的缘故。⑦潍水：即潍河，在山东东部。⑧淮阴：指西汉大将淮阴侯韩信。韩信曾于潍河岸破楚军二十万，汉初因谋反罪被杀。⑨吊：哀伤，感怀。⑩撷（xié）：采摘。⑪秫（shú）酒：黏高粱酿的酒。⑫瀹（yuè）：煮。⑬子由：苏辙，字子由，苏轼之弟。

【译文】

大凡事物都有值得观赏的地方。只要有值得观赏的地方，就一定存在着乐趣，不一定非要奇怪、伟丽的东西不可。食酒糟、饮淡酒，都能醉人；瓜果蔬菜，都能让人吃饱。以此类推，我在哪里寻不到快乐呢？

人们之所以要寻求幸福，躲避灾祸，是因为幸福让人欣喜，灾祸让人悲哀。人的欲望是无穷无尽的，而事物满足人们欲望的程度却是有限的。如果心中总存在着美与丑的斗争，眼前总存在着取与舍的抉择，那么能够有的快乐常常是很少的，而忧愁悲伤的事常常是很多的。这就是所谓的追求祸患而告别幸福。追求祸患和告别幸福，难道是人之常情吗？这是外物对人有所蒙蔽啊！那些人是活在事物的里面，而没有活在它们的外面。事物并没有大小的分别，但如果在它的内部看它，没有不觉得它是又高又大的。它倚仗着它的高大来俯视我，那我就会常常昏乱反复，如同从缝隙中观看别人打斗，又怎能知道决定胜负的因素在哪里？所以美好和丑恶交替产生，忧愁和快乐也就出现了。这不是让人非常悲哀的事情吗？

我从钱塘调任密州知州以后，放弃了乘舟船的安逸，而忍受车马的奔波劳苦；辞别了华丽的厅堂，却栖身于简陋的房屋；离开了湖光山色的美好景致，而来到这遍种桑麻的田野之中。刚来的时候，庄稼连年歉收，盗贼到处都是，诉讼案件充斥着官府，而厨房中却空空如也，天天就吃些枸杞、菊花之类的东西。别人必定会认为我是不快乐的。但是在这个地方住了一年，容颜却变得更加的丰润，头上的白发也在日益返黑。我已经喜欢上了这里的淳朴民风，而这里的吏民也习惯了我的笨拙。于是我整理园林，清扫庭院，砍伐安丘、高密的树木，来修补破败的地方，作为暂时修缮这园林的办法。在园的北边，靠着城墙所筑的高台已经很是破旧了，我将它稍加修缮，使它为之一新。

有时和朋友宾客们一起登台玩赏，在那里放飞自己的思绪，让自己的心志自由驰骋。向南能望见马耳山、常山，它们若隐若现，若近若远，我想那山里应该会有隐居的君子吧？向东望去则能看见庐山，那是秦人卢敖遁世隐居的地方。向西望有穆陵，隐隐约约的像一座城郭，姜太公、齐桓公的丰功伟绩，还在那里保存着的。向北能俯视潍水，观之令人慨然叹息，回想起淮阴侯韩信的赫赫战功，为他的不得善终而哀叹。这个台子高大而且安稳，深广而且明亮，夏凉而冬暖。雨雪的天气，清风明月的夜晚，我没有不在这里的时候，宾客也没有不跟从我到这里来的。于是采摘园中的菜蔬，捕捞池塘中的鲜鱼，酿了黄米酒，煮了粗米饭，边品尝边说：“在这里游赏是多么的快乐啊！”

这个时候，我的弟弟子由正在济南，听到了这情景便作了一篇赋，给这个台子起名叫作“超然台”。以此来表示我无论去到哪里都能十分的快乐，大概是我超然于物外的缘故。

【写作方法】

本文的结构十分巧妙，开头一反常态，并不先急于介绍超然台得名之因，而是突出表现“乐”的主题，之后又对这个“乐”字进行挥发，景、情、理逐次列出。最后，作者以超然台得名之因束尾，使人们的心情趋于淡泊，映衬了题目中的“超然”二字。

◎放鹤亭记◎

【题解】

这篇文章是苏轼在徐州做知府时写的。本文先叙述放鹤亭的由来、四周的景色，然后又说国君纵酒好鹤会导致亡国，而隐士纵酒好鹤却可以怡情自娱。作者通过此文，表达的是自由自在的隐逸乐趣。

【原文】

熙宁十年秋[①]，彭城大水[②]。云龙山人张君之草堂，水及其半扉。明年春，水落，迁于故居之东，东山之麓。升高而望，得异境焉，作亭于其上。彭城之山，冈岭四合，隐然如大环，独缺其西一面，而山人之亭，适当其缺。春夏之交，草木际天，秋冬雪月，千里一色。风雨晦明之间，俯仰百变。山人有二鹤，甚驯而善飞，旦则望西山之缺而放焉，纵其所如，或立于陂田[③]，或翔于云表，暮则傃东山而归[④]，故名之曰“放鹤亭”。

郡守苏轼，时从宾佐僚吏往见山人，饮酒于斯亭而乐之。挹山人而告之曰[⑤]：“子知隐居之乐乎？虽南面之君，未可与易也！《易》曰：‘鸣鹤在阴，其子和之。’《诗》曰：‘鹤鸣于九皋[⑥]，声闻于天。’盖其为物清远闲放，超然于尘埃之外，故《易》《诗》人以比贤人君子。隐德之士，狎而玩之[⑦]，宜若有益而无损者，然卫懿公好鹤则亡其国[⑧]。周公作《酒诰》，卫武公作《抑》戒，以为荒惑败乱，无若酒者，而刘伶、阮籍之徒，以此全其真而名后世。嗟夫！南面之君，虽清远闲放如鹤者，犹不得好，好之则亡其国。而

山林遁世之士，虽荒惑败乱如酒者，犹不能为害，而况于鹤乎？由此观之，其为乐未可以同日而语也。”

山人欣然而笑曰：“有是哉！”乃作放鹤、招鹤之歌曰：“鹤飞去兮，西山之缺。高翔而下览兮，择所适。翻然敛翼，宛将集兮，忽何所见，矫然而复击。独终日于涧谷之间兮⑨，啄苍苔而履白石。鹤归来兮，东山之阴。其下有人兮，黄冠草履，葛衣而鼓琴。躬耕而食兮，其余以汝饱。归来归来兮，西山不可以久留。”

【注释】

①熙宁：宋神宗年号。②彭城：今江苏徐州。③陂（bēi）：水边。④傃（sù）：向。⑤挹（yì）：酌。⑥九皋：沼泽。⑦狎（xiá）：亲近。⑧卫懿公好鹤：春秋时卫懿公养鹤成癖，不理朝政。后北狄挥戈南下，直逼卫国。他若无其事，仍在宫中观鹤舞、听鹤鸣。狄人打入卫国境内，他被迫与北狄大战于荥泽，卫军惨败，懿公被活捉。⑨涧：水流。

【译文】

熙宁十年秋，彭城发了大水。云龙山人张君的草堂，被水淹到了房门的一半。到了第二年的春天，大水落去，山人迁到了故居的东边，东山的脚下。登高远望，发现了一个奇异的地方，于是在那里修建起一座亭子。彭城那里的山，山冈、山岭四面合抱，隐隐约约的像个大圆圈，唯独缺了西边的一面，而山人的亭子，正好在那个缺口之上。春夏之交，这里草木繁茂，与天相接；秋月落白、冬雪覆盖之下，地方千里变成浑然一色。风起雨落、明暗交替之间，景物瞬息万变。山人有两只鹤，驯服而且善于飞翔，早晨的时候向着西山的缺口将它们放飞，任凭它们自由往来，它们或者站在水边田里，或者飞翔在云气之上，到了太阳下山的时候就朝着东山飞回来，因此，这座亭子被命名为“放鹤亭”。

郡守苏轼，时常带着宾客随从前往拜望山人，在放鹤亭上饮酒取乐。他常常酌酒给山人并告诉他说：“你知道隐居的快乐吗？即使是面南背北的君位，也是不会拿去交换的。《易经》上说：‘鹤在隐蔽幽深的地方鸣叫，小鹤就会随声应和。’《诗经》上说：‘鹤在沼泽的深处鸣叫，它的叫声能传到九天之上。’大概是鹤这种动物性情清高而又散漫悠闲，很是超然于尘世之外，所以作《易经》《诗经》的人常用它来比拟贤人、君子。有德的隐士，亲近它并且玩赏它，应当是有益而无害的，然而卫懿公却因为好鹤而亡了国。周公作了《酒诰》，卫武公作了《抑》以为劝戒，认为使人迷乱荒废，疏于朝政国事的东西，没有再比酒更厉害的了，可是刘伶、阮籍之类的人，却因为酒而成全了他们秉性的纯真，并且名传于后世。唉！面南背北的君主，即使是清高闲逸得如鹤一样，还不能去喜好，喜好了就会亡国。而山林中遁世的隐者们，即使是像酒一样让人意乱神迷、荒废疏怠的东西，也可以不被它所损害，何况是鹤呢？从这件事上看来，做君主的快乐和做隐士的快乐是不能同日而语啊！”

山人听了这番话高兴地笑着说：“正是这个道理啊！”于是我作了放鹤、招鹤的歌，歌词中说：“鹤向西山的缺口飞去，高飞俯瞰选择安适的地方。翻然收起翅膀，好像准备降落下来，忽然像是看到了什么，又矫健地冲向长空。它一天到晚生活在山涧与峡谷的中间啊，口啄青苔而脚踏白石。鹤归来啊，飞到东山的北面。东山下面有人啊，戴着黄帽子，穿着草鞋，身披着葛衣在抚琴。自己耕种食物自己吃啊，剩下的让你吃个饱。回来吧，回来吧，西山那个地方不可以久留。”

【写作方法】

本文文字精约，写景处特征突出；叙事处简明清晰；引用典故能切中当今；用活泼的对答歌咏方式抒情达意，格调轻松自由，使人读起来饶有兴味。

◎石钟山记◎

【题解】

这篇文章写于作者由黄州到汝州的途中。苏轼到达彭蠡的时候，游了一趟石钟山，此文写的就是苏轼游石钟山引发的感慨。文章在开头，先对郦道元、李渤关于石钟山的记载提出质疑，而后写自己游览石钟山时的所见所闻，最后写自己的感慨，也就是“事不目见耳闻，而臆断其有无”，告诫人们对于没有亲身体验的事物，不要轻易下结论。所以，本文有十分可贵的教育意义。

【原文】

《水经》云：“彭蠡之口有石钟山焉[①]。”郦元以为下临深潭，微风鼓浪，水石相搏，声如洪钟。是说也，人常疑之。今以钟磬置水中，虽大风浪不能鸣也，而况石乎。至唐李渤始访其遗踪[②]，得双石于潭上。扣而聆之，南声函胡[③]，北音清越，枹止响腾[④]，余韵徐歇。自以为得之矣。然是说也，余尤疑之。石之铿然有声者，所在皆是也，而此独以钟名，何哉？

元丰七年六月丁丑[⑤]，余自齐安舟行适临汝[⑥]，而长子迈将赴饶之德兴尉[⑦]。送之至湖口，因得观所谓石钟者。寺僧使小童持斧，于乱石间择其一二扣之，硿硿然[⑧]。余固笑而不信也。至其夜，月明，独与迈乘小舟至绝壁下。大石侧立千尺，如猛兽奇鬼，森然欲搏人。而山上栖鹘[⑨]，闻人声亦惊起，磔磔云霄间[⑩]。又有若老人咳且笑于山谷中者，或曰，此鹳鹤也[⑪]。余方心动欲还，而大声发于水上，噌吰如钟鼓不绝[⑫]。舟人大恐。徐而察之，则山下皆石穴罅[⑬]，不知其浅深，微波入焉，涵澹澎湃而为此也[⑭]。舟回至两山间，将入港口，有大石当中流，可坐百人，空中而多窍，与风水相吞吐，有窾坎镗鞳之声[⑮]，与向之噌吰者相应，如乐作焉。因笑谓迈曰：“汝识之乎？噌吰者，周景王之无射也；窾坎镗鞳者，魏庄子之歌钟也。古之人不余欺也！”

事不目见耳闻，而臆断其有无，可乎？郦元之所见闻殆与余同[⑯]，而言

之不详；士大夫终不肯以小舟夜泊绝壁之下，故莫能知；而渔工水师虽知而不能言。此世所以不传也。而陋者乃以斧斤考击而求之⑰**，自以为得其实。余是以记之，盖叹郦元之简，而笑李渤之陋也。**

【注释】

①彭蠡：即今江西鄱阳湖。②李渤：字浚之，唐代洛阳人，他曾撰文对石钟山名字的由来做过解释。③函胡：重浊而含混。④枹（fú）：本意鼓槌，这里作敲击讲。⑤元丰：宋神宗年号。⑥齐安：今湖北黄冈。临汝：今河南临汝。⑦迈：即苏迈，苏轼的长子，字伯达。饶：饶州，治所在今江西鄱阳。德兴：今江西德兴。⑧硿硿（kōng）：金石相撞击的声音。⑨鹘（hú）：鸷鸟名，即隼。⑩磔磔（zhé）：鸟鸣声。⑪鹳鹤：鸟名。形似鹤，嘴长而直，顶不红，常活动于水旁，夜宿高树。⑫噌（cēng）吰（hóng）：形容钟声洪亮。⑬罅（xià）：裂缝，缝隙。⑭涵澹：水波荡漾的样子。⑮窾（kuǎn）坎镗（tāng）鞳（tà）：象声词，形容钟鼓的声音。⑯殆（dài）：大概。⑰考：敲，击。

【译文】

《水经》上说："彭蠡湖的湖口，有一座石钟山。"郦道元认为是石钟山下临深潭，每当微风吹动波浪，那波浪冲击着山石，于是发出像洪钟一样的声响。对这种说法，人们常常有所怀疑。现在将钟、磬放在水中，即使大风浪也不能使他们鸣响，何况是石头呢！到了唐朝，李渤开始寻访郦道元所记述的石钟山的遗址，在深潭之上得到了两块石头，将两块石头相叩击，然后侧耳聆听，只觉得南边的声音模糊不清，北边的声音清脆悠扬。停止叩击后，还是余音袅袅，许久才消失。李渤自以为解得了石钟之说的奥秘所在。但是对他的这种说法，我还是有所怀疑。能够发出铿然之声的石头，比比皆是，但是只有此地以钟为名，这是为什么？

元丰七年六月丁丑这一天，我从齐安乘舟到临汝去，而大儿子苏迈将要到饶州德兴县去任县尉。我送他送到了湖口，因而得以看到了所谓的石钟山。

临近庙里的僧人让小童拿着斧头，在乱石中选择了一两块，互相叩击，发出了硿硿的响声。我当然是觉得可笑，并不相信这就是石钟山名字的由来。到了那天夜里，月光明亮，我只带了迈儿乘着小舟来到绝壁之下。那巨大的石壁耸立在水边，高达千尺，如同猛兽奇鬼一样，阴森森的好像要向人扑来。而在山上栖息的鹘鸟，听到人的声音也惊叫着飞了起来，在云霄间磔磔地叫着。山谷中还传来像老人一边咳嗽一边笑的声音，有人说这是鹳鹤。我刚刚有些觉得害怕而想要回去的时候，水上忽然发出了巨大的响声，声音洪亮如同钟鼓齐鸣，连续不断。船夫十分惊恐。缓慢地靠近并且考察缘由，原来是山的下面都是些孔洞石缝，不能知道它们的深浅，微波冲入其中，荡漾澎湃之间便发出了这种声音。船回到两山之间，将要进入港口的时候，有一块大石头横在水中间，它的上面能坐一百个人，中空而多孔，与风和水互相吞吐，发出窾坎镗鞳的声音，与方才听到的钟鼓之声互相应和，好似演奏音乐一般。我因此笑着对迈儿说："你知道吗，发出如钟鼓一样声响的，是周景王的无射大钟；发出窾坎镗鞳声音的，是魏献子的编钟。古代的人真是没有欺骗我们啊！"

凡事不目见耳闻就主观决断它的有无，这可以吗？郦道元的所见所闻大概和我的相同，但是没有详细记述下来；士大夫始终不肯夜泊小舟于绝壁之下，所以不能知晓；渔人船夫虽然知道真相，但却不能记述。这就是石钟山名字的由来不能流传于世的原因。而见识浅薄的人竟然用斧头一类的东西敲击石头来探求钟声，自己还以为是得到了真相。我因此把这些记录了下来，是叹惜郦道元记事的简略，讥笑李渤的见识浅陋啊！

【写作方法】

本文的结构安排十分巧妙。文章开头先提出质疑，用"人常疑之""余尤疑之""余固笑而不信"，对前人之说进行否定，引出到实地考察、探索出事情真相，继而指出"事不目见耳闻，而臆断其有无"乃是错误之举，前后呼应，层层深入，一气呵成，还能增强读者的阅读兴趣。

◎前赤壁赋◎

【题解】

宋神宗年间，苏轼因为“乌台诗案”，被贬谪到黄州，担任黄州团练副使。在此期间，他游览附近山水，写下不少名篇，《前赤壁赋》就是这个时期写的。赤壁是三国时的古战场，苏轼所去的黄州赤壁矶，并非赤壁之战的原址，只是名字相同罢了。《前赤壁赋》记述的是，作者与客人在月夜泛舟赤壁，沉浸在赤壁美好的景色之中，在与客人的一问一答中，阐发了一些人生体验，体现了对人生意义的关怀，也表现了苏轼旷达洒脱的哲学感悟。

【原文】

壬戌之秋[①]，七月既望，苏子与客泛舟游于赤壁之下。清风徐来，水波不兴。举酒属客[②]，诵《明月》之诗，歌《窈窕》之章。少焉，月出于东山之上，徘徊于斗牛之间[③]。白露横江，水光接天。纵一苇之所如[④]，凌万顷之茫然。浩浩乎如冯虚御风[⑤]，而不知其所止；飘飘乎如遗世独立，羽化而登仙。

于是饮酒乐甚，扣舷而歌之。歌曰：“桂棹兮兰桨，击空明兮溯流光[⑥]。渺渺兮予怀，望美人兮天一方。”客有吹洞箫者，依歌而和之。其声呜呜然，如怨如慕，如泣如诉，余音嫋嫋[⑦]，不绝如缕。舞幽壑之潜蛟，泣孤舟之嫠妇[⑧]。

苏子愀然[⑨]，正襟危坐而问客曰：“何为其然也？”客曰：“‘月明星稀，乌鹊南飞’，此非曹孟德之诗乎？西望夏口，东望武昌，山川相缪[⑩]，郁乎苍苍。此非孟德之困于周郎者乎？方其破荆州，下江陵，顺流而东也，舳舻千里[⑪]，旌旗蔽空，酾酒临江[⑫]，横槊赋诗[⑬]，固一世之雄也，而今安在哉？况吾与子渔樵于江渚之上，侣鱼虾而友麋鹿，驾一叶之扁舟，举匏樽以相属[⑭]。寄蜉蝣于天地[⑮]，渺沧海之一粟，哀吾生之须臾，羡长江之无穷。挟飞仙以遨游，抱明月而长终。知不可乎骤得，托遗响于悲风。”

苏子曰："客亦知夫水与月乎？逝者如斯，而未尝往也；盈虚者如彼[16]，而卒莫消长也。盖将自其变者而观之，则天地曾不能以一瞬；自其不变者而观之，则物与我皆无尽也，而又何羡乎？且夫天地之间，物各有主，苟非吾之所有，虽一毫而莫取。惟江上之清风，与山间之明月，耳得之而为声，目遇之而成色，取之无禁，用之不竭。是造物者之无尽藏也，而吾与子之所共适[17]。"

客喜而笑，洗盏更酌。肴核既尽[18]，杯盘狼藉[19]。相与枕藉乎舟中，不知东方之既白。

【注释】

①壬戌：宋神宗元丰五年（1082）。②属：敬酒，劝酒。③斗牛：即牛宿和斗宿。④一苇：小船。⑤冯虚：凌空。冯：通"凭"。⑥溯（sù）：逆水而上。⑦嫋（niǎo）：通"袅"。⑧嫠（lí）妇：寡妇。⑨愀（qiǎo）然：形容神色变得严肃。⑩缪（liǎo）：通"缭"。⑪舳（zhú）舻（lú）：泛指船只。⑫酾（shī）：斟酒。⑬槊（shuò）：长矛。⑭匏（páo）樽：像瓢一样的酒器。⑮蜉（fú）蝣（yóu）：虫名，生存期极短。⑯盈虚者：指月亮。⑰适：享受。⑱核：果品。⑲藉（jiè）：坐卧其上。

【译文】

壬戌年的秋天，七月十六日，我和客人泛舟于赤壁之下。清风徐徐地吹来，水面上没有波浪。举起酒杯，邀客人同饮，吟诵起《明月》诗篇的"窈窕"一章。一会儿，月亮从东山上升起，徘徊在斗宿、牛宿之间，白蒙蒙的雾气笼罩着江面，波光闪动的水面遥接着天边。我们任凭小舟自由漂流，游走在浩渺无垠的江面上。江水浩瀚啊，船儿像凌空驾风而行，而不知道将停留在什么地方；人儿飘飘啊，像独自站在了尘世之外，要生出翅膀飞升成仙。

这时候，喝着酒，心中更加的快乐，便敲着船舷唱起歌来。歌词说："桂木做的棹啊兰木做的桨，拍击着清澈明亮的江水啊，在月光浮动的江面上逆水行走。我的情思悠远深沉啊，心中思念的美人，却在遥远的地方。"客人中有会吹洞箫的，随着歌声吹奏起来，那箫声呜咽，像在埋怨，像在思慕，像在抽泣，像在倾诉。一曲奏完，余音悠长，像轻丝一样不能断绝。深渊里潜藏的蛟龙为之起舞，孤舟中的悲凉的寡妇为之哭泣。

我不禁黯然神伤，于是整理好衣襟，端坐起来，问客人说："为什么奏出这样悲凉的音乐呢？"客人回答说："'月光明亮，星儿稀少，乌鹊向南飞去。'这不是曹孟德的诗句吗？从这里向西望去是夏口，向东望去是武昌，山水相缠绵，景色郁郁葱葱，这不就是曹操被周瑜打败的地方吗？当他夺取荆州，攻下江陵，顺江东下的时候，战船连接千里，旌旗遮蔽天空；他把酒临江，横握长矛赋诗，那真是一世的豪杰啊，可如今却在哪里呢？何况我和你在江中的小洲上捕鱼砍柴，以鱼虾为伴，以麋鹿为友，驾着一叶小舟，举着酒杯互相劝酒，将如同蜉蝣一样短暂的生命寄托于天地之间，渺小得像大海里的一粒米，悲叹我们生命的短暂，羡慕长江的不尽东流。愿与神仙相伴而遨游，也想同明月相守而长存。知道这样的愿望是不能突然实现的，于是只能借着箫声将这无穷的遗恨寄托在悲凉的风中。"

我对客人说："你也知道那水和月的道理吗？江水是这样不停地流走，可它依然存在啊；月亮时而圆时而缺，但它始终是那个月亮，并没有消损和增长。如果从变化的角度去看，那么天地间的万事万物，没有一刻能够保持不变；如果从不变的角度去看，那么事物和我们本身都不会有穷尽的时候，又有什么可羡慕的呢？再说那天地之间的万事万物都有自已的主宰，如果不是我们的东西，即使是一丝一毫也不能得到。只有江上的清风与山间的明月，耳朵听到了，就成为了声音，眼睛看到了，就成为了色彩，得到它们没有人禁止，享用它们没有竭尽的时候。这是大自然无穷无尽的宝藏啊，是我和你可以共同享受的东西。"

客人们听了这番话都高兴地笑了起来，于是洗净了酒杯，重斟再饮。菜肴和水果都已经吃完，酒杯和盘子杂乱地放着。我与客人们相互枕着靠着在船里睡着了，不知不觉中东方已然发白。

【写作方法】

《前赤壁赋》吸取了散文的笔调和手法，打破了赋在句式、声律等方面的束缚，使文章兼具诗歌的深致情韵和散文的透辟理念。此文体式相对自由，如开头“壬戌之秋”一段，全是散句，参差疏落之中又有整饬之致。以下直至篇末，大多押韵，但换韵较快，而且换韵处往往就是文意的一个段落，这不仅有助于诵读，还令文章富于声韵之美，体现了韵文的长处。此文通篇皆有奇气，作者凭吊江山，恨人生之如寄；流连风月，喜造物之无私，一悲一喜，意境悠远旷然。

◎后赤壁赋◎

【题解】

苏轼在秋夜游赏过赤壁之后，于当年的冬天再次游览此地，并写下了这篇文章。此文上来先写再次游赤壁的原因，然后写泛舟、登览赤壁时的见闻，最后写梦中见到羽化成仙的道士，借以表达自己超凡脱俗的感想。本文与《前赤壁赋》呼应，都体现了苏轼旷达超脱的人生境界。

【原文】

是岁十月之望，步自雪堂①，将归于临皋②。二客从予，过黄泥之坂。霜露既降，木叶尽脱，人影在地，仰见明月。顾而乐之③，行歌相答。已而叹曰：“有客无酒，有酒无肴。月白风清，如此良夜何？”客曰：“今者薄暮，举网得鱼，巨口细鳞，状如松江之鲈。顾安所得酒乎？”归而谋诸妇。妇曰：“我有斗酒，藏之久矣，以待子不时之需。”

于是携酒与鱼，复游于赤壁之下。江流有声，断岸千尺，山高月小，水落石出。曾日月之几何，而江山不可复识矣！予乃摄衣而上，履巉岩④，披蒙茸⑤，踞虎豹⑥，登虬龙⑦，攀栖鹘之危巢⑧，俯冯夷之幽宫⑨，盖二客不能从焉。划然长啸，草木震动，山鸣谷应，风起水涌。予亦悄然而悲，肃

然而恐，凛乎其不可留也。反而登舟，放乎中流，听其所止而休焉。时夜将半，四顾寂寥。适有孤鹤，横江东来，翅如车轮，玄裳缟衣[10]，戛然长鸣，掠予舟而西也。

须臾客去，予亦就睡。梦一道士，羽衣蹁跹，过临皋之下，揖予而言曰："赤壁之游乐乎？"问其姓名，俯而不答。"呜呼噫嘻！我知之矣。畴昔之夜[11]，飞鸣而过我者，非子也耶？"道士顾笑，予亦惊寤。开户视之，不见其处。

【注释】

①雪堂：苏轼被贬到黄州做团练副使时在黄冈城外东坡所筑，他自号为"东坡居士"。堂在雪中建成，他又将四壁画上雪景，故名。②临皋：苏轼初到黄州的时候住在定惠院，那年的春天迁到临皋馆。③顾：看。④巉（chán）：险峻。⑤蒙茸：杂乱的草丛。⑥踞：蹲。虎豹：指形状像虎豹的石头。⑦虬龙：指形状像虬龙的树木。⑧鹘（hú）：鸷鸟名，即隼。⑨冯夷：水神。⑩玄：黑色。缟（gǎo）：白色。⑪畴昔：往日，这里指昨日。

【译文】

这一年的十月十五日，我从雪堂走来，准备回到临皋去。有两位客人跟从着我，经过黄泥坂。这时，霜露已经降下，树叶完全脱落了，我看见了地上的人影，于是抬起头来，看到了一轮明月已经赫然挂在天上。我和客人们相视而笑，便一边走一边唱和着。过了一会儿，我不禁叹息说："有客没有酒，有酒没有菜，月儿这么亮，风儿这么清，叫我们如何消受这美好的夜晚呢？"一位客人说："今天黄昏的时候，我网到了一条鱼，大大的嘴巴，小小的鳞片，样子很像是松江鲈鱼。可是到哪里去弄到酒呢？"我回到家后去与妻子商议。妻子说："我有一斗酒，保存好久了，就是用以应付你临时的需要的。"

于是带了酒和鱼，又去赤壁下面游赏。江里的流水发出声响，江岸上的峭壁高达千尺。山峰高耸，月亮显得很小；江水落去，江石显露了出来。这才过了多少时日啊，而这江与山的面貌却变了很多，都让人认不出了。我于是撩起衣襟，舍舟上岸，走在险峻的山路之上，拨开杂乱的野草；一会儿坐在形如虎豹的山石上，一会儿又爬上状如虬龙的古树，攀到高高的鹘鸟栖宿的窝，低头看水神冯夷的宫府。那两位客人竟不能跟上来。我放声长啸，啸声划过长空，草木为之震动，高山为之鸣响，深谷为之呼应，风为之吹起，水为之奔涌。我也默默地感到有些悲伤，随之又肃然而感到恐惧，再也不想在这阴森肃杀的地方停留。于是我们返回到江边的小舟之上，把船撑到了江心，听凭它随水漂流，它停在哪里我们就在哪里休息。这时将近半夜了，环顾四周，江山一片寂寥。恰巧有一只白鹤，横穿大江，从东飞来，翅膀有如车轮大小，黑裙白衣，戛然长鸣了一声，便掠过我的小船向西飞去了。

一会儿，客人走了，我也沉沉睡去。梦中见到了一个道士，穿着羽毛做的衣服，轻快地从临皋亭下经过，他向我拱手行礼说："这次的赤壁之游尽兴吗？"我问他的姓名，他低着头不回答。"唉呀！我知道了。昨天晚上，一边叫一边飞过我的小船的，不是你吗？"道士回头对我笑了笑，我也从梦中惊醒。打开房门一看，哪里还有他的踪影。

【写作方法】

《后赤壁赋》借鹤与道士之梦，抒发作者心中的旷达今古之意。这篇文章长于写景，"句句如画、字字似诗"，作者通过夸张与渲染，使人有身临其境之感，似有宇宙今日始开的情怀。文中描写江山胜景，巧用排比与对仗，不但增添了文字的音乐感，而且更增一分情趣。

苏辙

（1039~1112）

苏辙，字子由，眉州眉山（今属四川）人。嘉祐二年（1057）与其兄苏轼同登进士科。神宗朝为制置三司条例司属官，因反对王安石变法，出为河南推官。哲宗时，召为秘书省校书郎。元祐元年（1086）为右司谏，历官御史中丞、尚书右丞。后因上书反对时政出知汝州、再谪雷州安置，移循州。崇宁三年（1104）在颍川定居，自号“颍滨遗老”，以读书著述、默坐参禅为事。死后谥文定。“唐宋八大家”之一，与父洵、兄轼齐名，合称“三苏”。

◎六国论◎

【题解】

本篇是苏辙为应制举所进二十五篇策论中的一篇。文章认为六国为秦所灭亡的原因在于山东六国没有互助，背盟败约，互相残杀，从而导致了最后的灭亡。

【原文】

尝读六国世家，窃怪天下之诸侯以五倍之地、十倍之众发愤西向，以攻山西千里之秦，而不免于灭亡。常为之深思远虑，以为必有可以自安之计，盖未尝不咎其当时之士，虑患之疏而见利之浅，且不知天下之势也。

夫秦之所与诸侯争天下者，不在齐、楚、燕、赵也，而在韩、魏之郊；诸侯之所与秦争天下者，不在齐、楚、燕、赵也，而在韩、魏之野。秦之有韩、魏，譬如人之有腹心之疾也。韩、魏塞秦之冲而蔽山东之诸侯，故夫天下之所重者，莫如韩、魏也。昔者范雎用于秦而收韩[①]，商鞅用于秦而收魏[②]。昭王未得韩、魏之心而出兵以攻齐之刚、寿[③]，而范雎以为忧，然则秦之所忌者可以见矣。

秦之用兵于燕、赵，秦之危事也。越韩过魏而攻人之国都，燕、赵拒之于前，而韩、魏乘之于后，此危道也。而秦之攻燕、赵，未尝有韩、魏之忧，则韩、魏之附秦故也。夫韩、魏，诸侯之障，而使秦人得出入于其间，此岂知天下之势耶？委区区之韩、魏，以当强虎狼之秦，彼安得不折而入于秦哉？韩、魏折而入于秦，然后秦人得通其兵于东诸侯，而使天下遍受其祸。

夫韩、魏不能独当秦，而天下之诸侯藉之以蔽其西[④]，故莫如厚韩亲魏

以摈秦[⑤]。秦人不敢逾韩、魏以窥齐、楚、燕、赵之国，而齐、楚、燕、赵之国因得以自完于其间矣。以四无事之国，佐当寇之韩、魏，使韩、魏无东顾之忧，而为天下出身以当秦兵。以二国委秦，而四国休息于内，以阴助其急，若此可以应夫无穷。彼秦者将何为哉？不知出此，而乃贪疆埸尺寸之利，背盟败约，以自相屠灭。秦兵未出，而天下诸侯已自困矣。至于秦人得伺其隙以取其国，可不悲哉？

【注释】

①范雎：魏国人，曾游说秦昭王，被任为秦相。②商鞅：姓公孙，名鞅。曾经辅佐秦孝公变法，使秦国强盛起来。③昭王：即秦昭王。刚：即刚城，在今山东兖州附近。寿：即寿张，在今山东东平县北。④藉：通“借”。⑤摈（bìn）：排斥。

【译文】

我读过《史记》中六国世家的篇章，私下里感到奇怪的是：全天下的诸侯，凭着大于秦国五倍的土地，十倍于秦国的兵力，发愤向西攻打殽山西边方圆只有千里的秦国，却不能免于灭亡。我常常认真思考这件事，认为一定有能够使他们得以保全的计策。因此我总是责怪那时候的谋士，认为他们考虑忧患的时候是很不周详的，看到的利益也只是表面上的一些小利，而并不知道天下的形势。

秦国和诸侯争夺天下的要害，不是在齐、楚、燕、赵，而是在韩、魏的城郊；诸侯要和秦国争夺天下的要害，不是在齐、楚、燕、赵，而是在韩、魏的野外。韩国和魏国的存在对于秦国而言，就好像人的心腹得了疾病一样。韩国和魏国位于秦国出入关中的要冲之上，庇护着殽山以东的诸侯；所以在全天下所看重的国家当中，地位没有超过韩国、魏国的了。从前范雎为秦国所用，秦国因此收服了韩国；商鞅为秦国所用，秦国因此收服了魏国。秦昭王没有得到韩国、魏国的真心归附，就出兵去攻打齐国的刚地、寿地，范雎为此而担忧，于是秦国所顾忌的事情就能够看到了。

秦国如果对燕国、赵国用兵，这对秦国来讲是件危险的事情。越过韩、魏两国而去攻打别人的国都，燕国、赵国在前面抵抗，而韩国、魏国趁机在背后偷袭，这是非常危险的做法。而秦国攻打燕国、赵国却没有担心韩、魏两国偷袭的忧虑，这是韩、魏两国归附了秦国的缘故啊。韩、魏两国是诸侯们的屏障，却使秦国可以在它们的国土上任意出入往来，这难道是知道天下的形势吗？让小小的韩、魏两国，来抵挡如虎狼一样的秦国，他们怎能不屈从而归附秦国呢？而后秦国得以出兵攻打殽山以东的诸侯，使天下遍受它所带来的灾祸。

韩国和魏国不能独自抵挡秦国，而天下的诸侯却要凭借它们来屏蔽西面的秦国，所以不如与韩、魏两国亲好以排斥秦国。秦国人不敢越过韩、魏两国以窥视齐、楚、燕、赵等国，而齐、楚、燕、赵等国因而得以在其间自我保全。四个太平无事的国家，协助抵挡敌人的韩、魏两国，使韩、魏两国没有东顾之忧，而为天下挺身而出，抵挡秦兵。让韩、魏两国对付秦国，而四国在后方休养生息，并且暗中帮助韩、魏两国应对危难，如果这样就可以应付一切事情，那秦国又能有什么办法呢？六国诸侯不知道要采用这种策略，却只贪图边境上些微土地的利益，违背盟约，自相残杀。秦国的军队还没有出动，天下的诸侯自己就已经疲倦了。直到秦国人乘虚而入，吞并了他们的国家，这怎不令人悲哀呀？

【写作方法】

自古以来，有关揭示秦灭六国原因的文章不在少数，有名的如贾谊的《过秦论》、杜牧的《阿房宫赋》，而这篇《六国论》也是其中的精品之作。《六国论》长于气势，善于推理，具有纵横家的雄辩气派。行文简捷明快，纵横捭阖，势如破竹。“尝读六国世家”一节，长达近百字，一气呵成，文句长，转折多，如长江大河，浑浩流转，气势磅礴，一腔激情全在纸上。

◎上枢密韩太尉书◎

【题解】

韩太尉指的是北宋名臣韩琦，他威望极高，在当时深为世人尊重。苏辙在宋仁宗嘉祐二年（1057）考中了进士，之后不久写信给韩琦，委婉表达了希望得到韩琦接见的愿望。本文先叙述自己的文学见解，以孟子的“浩然正气”和司马迁的“奇气”说明文学与志气之间的关系；然后写自己在学问上所处的困境，以及表达对韩琦的崇敬和尊重；文末，点明上书的本意，期望得到韩琦的重视和指教。

【原文】

太尉执事[①]：辙生好为文，思之至深。以为文者气之所形，然文不可以学而能，气可以养而致。孟子曰：“我善养吾浩然之气。”今观其文章，宽厚宏博，充乎天地之间，称其气之小大。太史公行天下[②]，周览四海名山大川，与燕、赵间豪俊交游，故其文疏荡，颇有奇气。此二子者，岂尝执笔学为如此之文哉？其气充乎其中而溢乎貌，动乎其言而见乎其文，而不自知也。

辙生十有九年矣。其居家所与游者，不过其邻里乡党之人，所见不过数百里之间，无高山大野可登览以自广。百氏之书，虽无所不读，然皆古人之陈迹，不足以激发其志气。恐遂汩没[③]，故决然舍去，求天下奇闻壮观，以知天地之广大。过秦、汉之故都，恣观终南、嵩、华之高[④]，北顾黄河之奔流，慨然想见古之豪杰。至京师，仰观天子宫阙之壮，与仓廪、府库、城池、苑囿之富且大也，而后知天下之巨丽。见翰林欧阳公[⑤]，听其议论之宏辩，观其容貌之秀伟，与其门人贤士大夫游，而后知天下之文章聚乎此也。太尉以才略冠天下，天下之所恃以无忧，四夷之所惮以不敢发，入则周公、召公[⑥]，出则方叔、召虎[⑦]。而辙也未之见焉。

且夫人之学也，不志其大，虽多而何为？辙之来也，于山见终南、嵩、华之高，于水见黄河之大且深，于人见欧阳公，而犹以为未见太尉也。故愿

得观贤人之光耀，闻一言以自壮，然后可以尽天下之大观而无憾者矣。

辙年少，未能通习吏事。向之来，非有取于斗升之禄，偶然得之，非其所乐。然幸得赐归待选，使得优游数年之间[8]，将以益治其文，且学为政。太尉苟以为可教而辱教之，又幸矣。

【注释】

①太尉：指韩琦，北宋著名的军事家和政治家。他在宋仁宗时曾任枢密使，职掌全国兵权。②太史公：指司马迁。③汩没：埋没。④终南、嵩、华：指终南山、嵩山、华山。⑤欧阳公：欧阳修。⑥周公、召公：二人都是周武王时的大臣，武王死后，召公和周公一起辅佐成王，政绩卓著。⑦方叔、召虎：皆周宣王之名臣，征伐淮夷有功。⑧优游：生活得十分闲适。

【译文】

太尉阁下：我生性喜好写作，对于作文章进行过深入的思考。我认为文章是作者气质、性格的表现，然而文章不是光靠增长学问就能写好的，气质却可以通过加强修养而得到。孟子说："我善于培养我的浩然正气。"现在看他的文章，宽厚宏博，充满于天地之间，和他的浩然正气是相称的。太史公游遍天下，博览了全国的名山大川，与燕、赵之间的俊士豪杰交游，所以他的文章疏朗洒脱，颇有奇伟的气概。这两个人，难道是曾经拿着笔学过写这样的文章吗？这是因为他们的浩气充满胸中，流露到他们的形貌之外，反映在他们的言语里，表现在他们的文章中，但他们自己并不曾觉察到。

苏辙我出生已经十九年了。我住在家中时，所交游的不过是乡间邻里的人，见到的不过是方圆几百里之内的事物，没有高山旷野可供登览以广博自己的见识。诸子百家的书，虽然无所不读，然而那些都是古人的陈迹，不足以激发我的志气。我担心因此而埋没了自己，所以毅然离开了故乡，去寻求天下的奇闻壮观，以了解天地的广大。我曾路过秦、汉的故都，尽情观赏了终南山、华山、嵩山的高峻，向北望见了黄河的奔流，感慨之余想起了古代的豪士俊杰。到了京师之后，瞻仰了天子宫殿的雄伟壮丽，以及粮仓、府库、城池、苑囿的富足和巨大，这才知道天下的广大和壮丽。我见到了翰林学士欧阳公，听到了他的宏大而雄辩的议论，看到了他秀美而伟丽的容貌，同他门下的贤士大夫交游，这才知道天下的文章都聚集在这里。太尉以雄才伟略著称于天下，天下民众仰仗您才得以平安无事，四方异族惧怕您从而不敢侵扰。您在朝廷之内就像周公、召公一样辅佐君王，您出镇边疆就如同方叔、召虎一样威震四方。然而苏辙我却还未曾见到您啊。

况且，一个人求学，如果不立志在远大的方面，即使学识高又有什么用呢？我这一次来，于山，看见了终南、嵩山、华山的高峻；于水，看到了黄河的博大渊深；于人，我看到了欧阳公。但是，我因为没有见到太尉而感到遗憾。所以希望能够看到贤人的风采，听到您一句话以使自己得到激励，然后才能算是尽览了天下的盛大景象，而不会有什么遗憾了。

苏辙我还年轻，尚未通晓为官之事。当初到京都来，并不是为了谋取个一官半职，就算是偶然得到，也不是我的志趣所在；然而有幸得到恩赐，让我回家等待朝廷的选用，使得我能悠闲几年。我将进一步钻研学业，并学习从政之道。太尉如果认为我还可以教诲而愿意屈尊指教我的话，就更使我感到荣幸了。

【写作方法】

本篇首段开门见山，说出自己的文学见解，苏辙还引用孟子的“浩然正气”和司马迁的“奇气”来说明文学和“气”之间的关系。第二段笔锋一转，以“不过”“不足”这一类的否定词表现自己当时所处的困境。接着由抑转扬，说自己通过游览名山大川，取得了自我突破。第三段转而赞扬韩琦，苏辙在“于山”“于水”“于人”三个层面，突出韩琦的崇高地位，由此表现自己对韩琦的仰慕和崇敬之情。文末表明了写作此文的用意，表达了请求接受韩琦召见的意图。本文一段一转，文字曲折委婉，语气迂回徘徊，整篇文章整饬严谨而又富于变化。

写这封信之前，苏辙并未与韩琦有过交往，这篇文章虽是自荐，其实也没有功利性可言，只是出于自己对韩琦“愿得观贤人之光耀，闻一言以自壮”的倾慕之情，苏辙真正关心的，主要是为文之道。尽管本文有多处对韩琦的赞誉，但并不是奉承之词，只是表达自己“治其文”“学为政”的愿望。文中曾用“疏荡”二字评价司马迁之文，这恰恰是本文行文的一大特色。

◎黄州快哉亭记◎

【题解】

元丰二年（1079），苏轼因“乌台诗案”贬黄州（今湖北黄冈），苏辙因上书营救苏轼而获罪，被贬往筠州（治所在今江西高安），兄弟二人时有书简往来，以诗文互慰。元丰六年（1083），与苏轼同谪居黄州的张梦得为观览江流，在住所西南建造了一座亭子，苏轼为它取名为“快哉亭”，本篇则是苏辙为快哉亭作的记文，寄托了作者不以得失为怀的思想感情。

【原文】

江出西陵[①]，始得平地，其流奔放肆大，南合湘、沅，北合汉、沔，其势益张。至于赤壁之下，波流浸灌，与海相若。清河张君梦得谪居齐安，即其庐之西南为亭，以览观江流之胜。而余兄子瞻名之曰“快哉”[②]。

盖亭之所见，南北百里，东西一舍，涛澜汹涌，风云开阖。昼则舟楫出没于其前，夜则鱼龙悲啸于其下，变化倏忽[③]，动心骇目，不可久视。今乃得玩之几席之上，举目而足。西望武昌诸山，冈陵起伏，草木行列，烟消日出，渔夫、樵父之舍，皆可指数。此其所以为“快哉”者也。至于长洲之滨，故城之墟，曹孟德、孙仲谋之所睥睨[④]，周瑜、陆逊之所驰骛[⑤]，其流风遗迹，亦足以称快世俗。

昔楚襄王从宋玉、景差于兰台之宫[⑥]，有风飒然至者，王披襟当之，曰:

“快哉，此风！寡人所与庶人共者耶？”宋玉曰：“此独大王之雄风耳，庶人安得共之？”玉之言，盖有讽焉。夫风无雄雌之异，而人有遇不遇之变。楚王之所以为乐，与庶人之所以为忧，此则人之变也，而风何与焉？

士生于世，使其中不自得，将何往而非病⑦？使其中坦然，不以物伤性，将何适而非快？今张君不以谪为患，收会稽之余⑧，而自放山水之间，此其中宜有以过人者。将蓬户瓮牖⑨，无所不快，而况乎濯长江之清流，挹西山之白云⑩，穷耳目之胜以自适也哉？不然，连山绝壑，长林古木，振之以清风，照之以明月，此皆骚人思士之所以悲伤憔悴而不能胜者⑪，乌睹其为快也哉？

【注释】

①西陵：长江三峡之一，在今湖北宜昌西北。②子瞻：苏轼，字子瞻。③倏忽：很快地。④睥（bì）睨（nì）：窥伺。⑤驰骛（wù）：驰骋。骛：疾驰。⑥宋玉：战国时楚国大夫，辞赋家。景差：战国时楚国辞赋家。⑦病：忧愁，苦闷。⑧会稽：即会计，指钱财、赋税等事务。⑨瓮牖（yǒu）：用破瓮做的窗户。形容家境贫寒。⑩挹（yì）：汲取。⑪骚人思士：指诗人和心怀忧思之人。

【译文】

长江从西陵峡流出才开始进入平阔的原野，它的流势变得奔放浩大，南面汇合了湘水和沅水，北面汇合了汉水和沔水，声势日显恢宏。等到了赤壁之下，波涛吞吐汹涌，和大海相似。清河张梦得君贬官后居住在齐安，在他住宅的西南方修建了一座亭子，用来观赏江水奔流的盛景。我的兄长子瞻给这座亭子起名为“快哉”。

从亭中观望，能看到南北百里之遥，东西三十里之远，波浪起伏翻腾，风云聚散无常。白天有船只出没于亭前，夜晚有鱼龙在亭下哀鸣，景物瞬息万变，动人心魄，使人瞠目而不能长时间地观看。如今，我才得以坐在亭中几席之上，尽情玩赏，放眼看个够。向西遥望武昌一带的群山，冈峦起伏，草木布列于山上，当云烟散尽，太阳出来的时候，渔人、樵夫的房子，都能清清楚楚地指点出来。这就是把它叫作“快哉”的缘由啊。至于那狭长的沙洲沿岸，故城的废墟，曾是曹孟德、孙仲谋所窥视，周瑜、陆逊所驰骋的地方，那些流传下来的传说和遗迹，也足以让世俗的人为之称快了。

从前楚襄王和宋玉、景差在兰台宫游玩，有一阵清风飒然吹来，襄王敞开衣襟迎着风说：“痛快呀，这阵风！这是我和平民百姓所共享的吗？”宋玉说：“这只不过是大王的雄风罢了，百姓怎能与您共享呢？”宋玉的话大概是有所讥讽吧。风并没有雌雄的分别，而人却有得志与不得志之分。楚王之所以感到快乐，平民百姓之所以感到忧虑，都是因为人的境遇有所不同，跟风有什么关系呢？

士人生活在世间，假如他的内心不能自得其乐，那么到了哪里能感到快乐呢？假使自己心中坦然，不会被外物损伤了自己的性情，那么到了什么地方会不快乐呢？如今张君不以贬官作为自己的忧患，在办理完钱财税赋等公务之后寄情于山水之间，这大概是因为他心中有过人的地方。即使以蓬草编门，以破瓮作窗，也没有什么不快乐的，何况于长江清澈的流水中濯洗，招引西山上的白云为伴，竭尽耳目所能取得的快乐而使自己舒畅呢？如果不是这样，那么，连绵的群山，幽深的峡谷，茂盛的山林，古老的树木，当清风吹动它们，当明月照映它们，这些都是满怀愁思的人为之悲伤憔悴而不能承受的景色，哪里会因看到它们而感到快乐呢？

【写作方法】

本文的“快哉”二字主全篇之脑。从“江出西陵”到“烟消日出”三句，写登亭而观长江之景，此处笔力奇诡雄壮，让人读起来有“宠辱偕忘”、心旷神怡的感觉，这是通过观景而生发“快哉”之感。余下的部分，是从“快哉”生发出的议论。曹孟德、孙仲谋、周瑜、陆逊都是足以让后人心生“快哉”的历史人物，苏辙以古吊今，这是对“快哉”二字进行升华。接下来用宋玉和楚襄王的对话，为“人有遇不遇之变”做铺垫，从而引出了本文的主旨，即不要计较遇或不遇的得失，保持坦荡旷达的胸襟。此篇文字疏朗，格调清新。行文洒脱飘逸，酣畅淋漓。

曾巩

（1019～1083）

曾巩，字子固，建昌南丰（今江西南丰）人。少有文名，十八岁入京赴试，与王安石交游。宋仁宗庆历元年（1041）太学肄业，为欧阳修所赏识。宋仁宗嘉祐二年（1057）进士，长期担任地方官职，政绩卓著。擅长散文，是欧阳修倡导的诗文革新运动的积极参与者，文章论证委曲周详，风格简练厚重，布局完整谨严，节奏舒缓娴雅，长于说理而短于抒情。为“唐宋八大家”之一。

◎寄欧阳舍人书◎

【题解】

宋仁宗庆历六年（1046），欧阳修为曾巩已经逝世的祖父写了一篇墓志铭，曾巩为表示自己的感激之情，写下这篇文章，作为感谢信寄给了欧阳修。此文先说写信的缘由及自己此时的心情，然后比较史传和墓志铭的异同，其意在于感谢欧阳修对曾巩祖父的夸耀；最后表达对欧阳修的推崇和谢意。

【原文】

去秋人还，蒙赐书及所撰先大父墓碑铭①，反复观诵，感与惭并。

夫铭志之著于世，义近于史，而亦有与史异者。盖史之于善恶无所不书，而铭者，盖古之人有功德、材行、志义之美者，惧后世之不知，则必铭而见之。或纳于庙，或存于墓，一也。苟其人之恶，则于铭乎何有？此其所以与史异也。

其辞之作，所以使死者无有所憾，生者得致其严。而善人喜于见传，则勇于自立；恶人无有所纪，则以愧而惧。至于通材达识、义烈节士，嘉言善状，

皆见于篇，则足为后法。警劝之道，非近乎史，其将安近？

及世之衰，人之子孙者，一欲褒扬其亲而不本乎理。故虽恶人，皆务勒铭以夸后世。立言者，既莫之拒而不为，又以其子孙之请也，书其恶焉，则人情之所不得，于是乎铭始不实。后之作铭者，当观其人。苟托之非人，则书之非公与是，则不足以行世而传后。故千百年来，公卿大夫至于里巷之士莫不有铭，而传者盖少。其故非他，托之非人，书之非公与是故也。

然则孰为其人而能尽公与是欤？非畜道德而能文章者无以为也②。盖有道德者之于恶人，则不受而铭之；于众人则能辨焉。而人之行，有情善而迹非，有意奸而外淑③，有善恶相悬而不可以实指，有实大于名，有名侈于实。犹之用人，非畜道德者，恶能辨之不惑，议之不徇？不惑不徇，则公且是矣。而其辞之不工，则世犹不传，于是又在其文章兼胜焉。故曰非畜道德而能文章者无以为也。岂非然哉？

然畜道德而能文章者，虽或并世而有，亦或数十年或一二百年而有之。其传之难如此，其遇之难又如此。若先生之道德文章，固所谓数百年而有者也。先祖之言行卓卓，幸遇而得铭其公与是，其传世行后无疑也。而世之学者，每观传记所书古人之事，至于所可感，则往往衋然不知涕之流落也④，况其子孙也哉？况巩也哉？其追晞祖德而思所以传之之由⑤，则知先生推一赐于巩而及其三世⑥。其感与报，宜若何而图之？抑又思若巩之浅薄滞拙，而先生进之，先祖之屯蹶否塞以死⑦，而先生显之；则世之魁闳豪杰不世出之士⑧，其谁不愿进于门？潜遁幽抑之士⑨，其谁不有望于世？善谁不为？而恶谁不愧以惧？为人之父祖者，孰不欲教其子孙？为人之子孙者，孰不欲宠荣其父祖？此数美者，一归于先生。

既拜赐之辱，且敢进其所以然。所论世族之次，敢不承教而加详焉？愧甚，不宣。

【注释】

①先大父：指曾巩已经去世的祖父曾致尧。②畜：通“蓄”。③淑：贤善。

④ 蠹（xì）然：悲伤痛苦的样子。⑤ 晞（xī）：仰慕。⑥ 推一赐：给予一次恩惠。三世：指祖、父、自己三代。⑦ 屯蹶（jué）否塞：不得志，不顺利。屯：艰难。蹶：跌倒。⑧ 魁闳（hóng）：气量宏大。⑨ 幽抑：不显达，不得志。

【译文】

去年秋天有人回来，承蒙您赐给书信并为先祖父撰写了墓碑铭文，我反复地观看诵读，感动与惭愧一并生出。

墓志铭所以著称于世，因为它的意义与史传相近，但也有与史传不同的地方。大概是史传对于善事恶事无不记录，而墓志铭，大概是古人中那些有美好的功德、才能、操行、志向和气节的人，怕后人对此不能知晓，于是一定要作铭文来彰明于世。他们或者将墓志铭供奉在庙堂之中，或者将它存于坟墓之内，其用意都是一样的。如果这个人是邪恶的，那又有什么值得铭记的呢？这就是墓志铭与史传的区别。

墓志铭的撰写，是为了让死者没有遗憾，让生者得以表达敬意。有善行的人喜欢让自己的事迹流传后世，于是就勇于作为；坏人没有什么可以载入铭文的，因此就会因为惭愧而惧怕。至于那些无所不通、见识广博的忠贞英烈之士，他们美好的言谈和光辉的事迹都会在墓志铭中有所显现，足以为后人所效法。警醒劝诫的作用，不与史书相近，又与什么相近呢？

到了世道衰微的时候，人们的子孙变得只想要颂扬自己的亲人而不遵循作墓志铭的原则。所以虽然是坏人，也都醉心于刻下铭文向后世夸耀。而撰写铭文的人，没有拒绝推辞的，而且还受到了他子孙的委托。这种情况下，如果写出他的恶行，那么人情上就有说不过去的地方，于是这墓志铭就开始有了不实的言词。后代想给死者作铭文的人，应当事先观察撰写铭文的是一个什么人。如果托付了一个不适当的人，那么写出的铭文就会不公正而且不合于事实，这样的铭文就不能流传于后世。所以千百年来，上至公卿大夫，下至街巷之士，都是有墓志铭的，而流传于世的却很少，没有别的原因，只是因为他们将撰写铭文这件事托付给了不适当的人，于是撰写出来的铭文就变得不公正，不符合事实了。

然而谁能做到彻底的公正和符合事实呢？如果不是道德修养很高并且文章出众的人是不能做到的。一般来讲，有道德的人对于那些坏人，是不会接受他们的委托而帮其撰写铭文的；对于一般的人，他也能明辨善恶。而人们一生的行为，有性情善良而事迹不好的；有内心奸邪可是貌似贤淑的；有集善恶于一身却不能指明哪些是善，哪些是恶的；有实际的功绩要大过所得的名声的；有名过其实的。这就好像用人，不是道德修养很高的人，怎能明辨善恶而不被迷惑，公正评论而不徇私情呢？不被迷惑而能不徇私情，这就能做到铭文的公正而且符合事实了。然而如果文章写作的技巧不高，还是不会流传于后世的，于是又必须在文章上胜人一筹。所以说不是道德修养很高而且文章出众的人是难于做到的。难道不是这样吗？

然而道德修养很高而又文章出众的人虽然有时会同时出现，但也有可能数十年或一二百年才出现一个。铭文的传世已经是如此困难了，而遇到合适作铭文的人又是更加困难。像先生这样的道德、文笔，是可以称为数百年才有一个的。我先祖的言行很是杰出，他有幸得到了公正而且符合事实的铭文，那么这铭文能流传于后世是无疑的了。而世上的学者，每当看到传记上所记述的古人的事迹，看到感人的地方，往往是悲伤得不知不觉的落下眼泪，何况那些古人的子孙和我呢？我追念仰慕先祖的德行，并且思考铭文能够流传于后世的原因，然后明白先生赐给我碑铭，这是遍及我们祖孙三代的恩德啊！我的感动和想要报答的心情，应当怎样来向您表示呢？平静下来想想，我曾巩浅薄愚笨而先生举荐我，先祖穷困潦倒而死，而先生颂扬他，那么世上的那些俊士豪杰，有谁不愿意投在先生门下呢？那些潜伏避世、忧郁不得志的人士，有谁不会因此而对世道产生希望呢？善事有谁会不想去做，而作恶者有谁不因为惭愧而恐惧呢？作为父亲、祖父的，有谁不想教育自己的子孙？作为子孙的，有谁不想使自己的父亲、祖父更加荣耀呢？这些好的影响，都要归功于先生啊！

既然已经荣幸地受到了您的恩赐，又冒昧地说出了感激您的原因，那么您所论及的我的家族世系，怎敢不遵照您的教诲而详细地加以考究呢？惭愧万分，书不尽意。

【写作方法】

古人写墓志铭，讲究必须以事实为依据，这样才能发挥它追忆先人、劝善惩恶的教化效果。若是墓志铭的教化功能受到扭曲，那它的精神就会丧失，就会沦落为权贵歌功颂德的传声筒。曾巩的这篇文章结构严谨，自成一家。本文从写信缘起，到议论志铭，再到传世志铭的关键，最后盛赞欧阳修，内容环环相扣，如行云流水。作为感谢信，开头并不言谢，而是迂回曲折，慢慢道来，由古及今，从虚到实，最后才道出赞美和深谢之意。此文言简而意深，语言看似平淡却意味深长。

◎赠黎安二生序◎

【题解】

蜀地的士子黎生补江陵司法参军，临行之际向曾巩言及家乡人笑自己与安生二人迂阔，请曾巩解惑。曾巩于是写下本篇以为辩驳，并勉励黎、安二生坚持走自己的道路。

【原文】

赵郡苏轼[1]，予之同年友也[2]。自蜀以书至京师遗予，称蜀之士曰黎生、安生者。既而黎生携其文数十万言，安生携其文亦数千言，辱以顾予。读其文，诚闳壮隽伟[3]，善反复驰骋，穷尽事理。而其材力之放纵，若不可极者也。二生固可谓魁奇特起之士，而苏君固可谓善知人者也！

顷之，黎生补江陵府司法参军[4]。将行，请予言以为赠。予曰："予之知生，既得之于心矣，乃将以言相求于外邪？"黎生曰："生与安生之学于斯文，里之人皆笑以为迂阔[5]。今求子之言，盖将解惑于里人。"予闻之，自顾而笑。

夫世之迂阔，孰有甚于予乎？知信乎古，而不知合乎世；知志乎道，而不知同乎俗。此予所以困于今而不自知也。世之迂阔，孰有甚于予乎？今生之迂，特以文不近俗，迂之小者耳，患为笑于里之人。若予之迂大矣，使生持吾言而归，且重得罪，庸讵止于笑乎⑥？然则若予之于生，将何言哉？谓予之迂为善，则其患若此，谓为不善，则有以合乎世，必违乎古，有以同乎俗，必离乎道矣。生其无急于解里人之惑，则于是焉必能择而取之。

遂书以赠二生，并示苏君，以为何如也？

【注释】

①赵郡：即赵州，治所在今河北赵县。②同年：同年考中进士的人。③隽（juàn）：意味深长，引人入胜。④司法参军：地方上掌管刑法的小官。⑤迂阔：指思想行为不切实际。⑥庸讵（jù）：难道。

【译文】

赵郡的苏轼，是与我同年进士及第的好友。他从蜀地写信给在京师的我，信中称赞蜀地的士人黎生和安生。不久黎生携带着他的文章几十万字，安生携带着他的文章几千字，屈尊来访。读他们的文章，确实觉得气势宏大俊伟，行文善于纵横驰骋，深究事理。在文章中，他们恣意挥洒才学，显露出深厚的功底。这两个人真称得上是不同寻常的杰出人士，而苏君也真可以说是善于知人啊！

前不久，黎生去补江陵府司法参军的缺。临行的时候，请我送他几句话以为赠别。我说："我知道你，是从心里懂你，还用得着以语言表达出来吗？"黎生说："我和安生对道德文章的学习，常常被乡里的人讥笑为迂阔。今天想求您几句话，去解除乡里人对我们的误解。"我听了，自己想想，不由得笑了。

世人的迂阔，有谁比我更甚呢？只知道信服古人的言论，而不知道迎合世道；只知道以圣贤之道作为自己的志向所在，而不知道合于流俗。这就是我所以困顿至今还不自知的原因啊。世人的迂阔，有谁能比我更甚呢？如今黎生的迂阔，只是文章不合于流俗，这只是迂阔中的小迂罢了，然而还担心被乡里的人讥笑。像我这样的迂阔，就是大迂了。如果让黎生带了我的话回去，一定会得罪更多的乡里人，那时候得到的岂止是讥笑呢？但是现在我对黎生，应当说些什么呢？说我的迂阔是好的、对的，可是却要有这样的担忧；说我的迂阔是不好的、不对的，那倒是可以迎合世俗了，但有悖于古法，偏离了圣贤之道。黎生、安生你们不要急于解除乡里人对你们的误解，那么在这一点上就一定能做出自己的选择。

于是写了这些话赠给黎生和安生，并且转请苏君观看，认为如何呢？

【写作方法】

本文论述的重点是“迂阔”和“解惑”。二生请求曾巩为他们解答里人之惑，可见他们对自己的为人之道考虑得并不周全。二生对乡里人的迂阔之讥很在意，曾巩偏偏高举迂阔的大旗，故意对世俗之见进行颠覆，与之对立，而在“信乎古”与“合乎世”“志乎道”与“同乎俗”之间，明确选择了“信乎古”“志乎道”。

王安石

（1021～1068）

王安石，字介甫，晚号半山，抚州临川（今江西抚州）人。仁宗庆历二年（1042）进士。嘉祐三年（1058）上万言书，主张改革政治。神宗熙宁二年（1069）为参知政事，次年拜相，积极推行新法，并取得了一定成就。由于保守派的反对，熙宁七年罢相，熙宁八年再相，次年被迫辞职，后退居金陵，封荆国公，世称王荆公。他的文章议论宏大，言简意赅，条理分明，形成锋利峭拔的艺术风格。“唐宋八大家”之一。著有《临川先生文集》。

◎游褒禅山记◎

【题解】

这是一篇借游赏来说理的文章。前面写褒禅山的得名由来，以及跟几位友人一起游褒禅山前后二洞的经历；后面转而说理，指出要想欣赏世间的奇伟瑰怪，就要有百折不挠的精神。作者由游山延伸到治学，他告诫学子，要想搞好学问，就必须有志气，有毅力，坚持不懈，同时，对待古代文献要深思而慎取。

【原文】

褒禅山亦谓之华山[①]。唐浮图慧褒始舍于其址[②]，而卒葬之。以故，其后名之曰褒禅。今所谓慧空禅院者，褒之庐冢也。距其院东五里，所谓华山洞者，以其乃华山之阳名之也。距洞百余步，有碑仆道，其文漫灭，独其为文犹可识曰“花山”。今言“华”如“华实”之“华”者，盖音谬也。

其下平旷，有泉侧出，而记游者甚众，所谓“前洞”也。由山以上五六里，有穴窈然[③]，入之甚寒，问其深，则其好游者不能穷也，谓之“后洞”。予与四人拥火以入，入之愈深，其进愈难，而其见愈奇。有怠而欲出者，曰：“不出，火且尽。”遂与之俱出。盖予所至，比好游者尚不能十一，然视其左右，来而记之者已少。盖其又深，则其至又加少矣。方是时，予之力尚足以入，火尚足以明也。既其出，则或咎其欲出者，而予亦悔其随之，而不得极乎游之乐也。

于是予有叹焉：古人之观于天地、山川、草木、虫鱼、鸟兽，往往有得，以其求思之深而无不在也。夫夷以近，则游者众；险以远，则至者少。而世之奇伟、瑰怪、非常之观，常在于险远，而人之所罕至焉，故非有志者不能至也。有志矣，不随以止也，然力不足者，亦不能至也。有志与力，而又不随以怠，至于幽暗昏惑而无物以相之[④]，亦不能至也。然力足以至焉，于人为可讥，而在己为有悔。尽吾志也而不能至者，可以无悔矣，其孰能讥之乎？

此予之所得也。

予于仆碑，又有悲夫古书之不存，后世之谬其传而莫能名者，何可胜道也哉？此所以学者不可以不深思而慎取之也。

四人者：庐陵萧君圭君玉[5]，长乐王回深父[6]，予弟安国平父、安上纯父。

【注释】

①褒禅山：在今安徽含山北。②浮图：和尚。③窈然：幽深的样子。④相（xiàng）：辅助。⑤庐陵：今江西吉安。⑥长乐：今福建长乐。

【译文】

褒禅山也叫华山。唐代和尚慧褒当初在这里筑室居住，死后又葬于此地。因为这个缘故，后人就称这座山为褒禅山。今天人们所说的慧空禅院，就是慧褒和尚的房舍和坟墓。距离那禅院东边五里的地方，就是人们所说的华山洞，因为它在华山南面，所以这样命名。距离山洞一百多步，有一座石碑倒在路旁，碑上的文字模糊不清，只有“花山”两个字还能勉强辨认出来。现在读“华”字，如同“华实”的“华”，大概是读音上的错误吧。

山下平坦而空阔，有一股山泉从旁边涌出，在这里来游览、题记的人很多，这就是人们说的“前洞”。由山路向上五六里的地方，有个洞穴，一派幽深的样子，进去便感到很是寒冷，问它的深度，说是即使是那些喜欢游历探险的人也没能走到尽头，这就是人们所说的“后洞”。我与四个人拿着火把走进去，入洞越深，前进的道路就变得越加的难于行走，而所见到的景象也越奇妙。有个疲倦而想要出来的人说：“再不出去，火把就要烧完了。”于是便跟着他一同出来了。我们走进去的深度，比起那些喜欢游历探险的人来说，大概还不足他们的十分之一；然而看看左右的洞壁，来到这里题记的人已经很少了，大概洞内更深的地方，到达的人就更少了。这个时候，我的体力还足以深入下去，火把也足够继续照明。我们出洞以后，就有人埋怨那个想要出来的人，我也后悔跟着他出来，而未能极尽游洞的乐趣。

于是我有所感慨：古人观察天地、山川、草木、虫鱼、鸟兽，往往有所心得，这是因为他们探究思考得深入而且广泛周密。那些平坦而又容易到达的地方，游览的人会很多；那些险阻而又偏远的地方，游览的人便会很少。但是世上那些奇妙雄伟、瑰丽而非同寻常的景观，常常在那险阻僻远、人迹罕至的地方，所以不是有志向的人是不能到达的。有志向，不盲从别人而停止，但是体力不足的，也不能到达。有了志向与体力，也不盲从别人而有所懈怠，但到了那幽深昏暗、令人迷惑的地方，却没有必要的物件来支持，也是不能到达的。然而在力量足以到达的时候却没有达到，在别人看来是可以讥笑的，对自己来说也是有所悔恨的。已经尽了自己的努力而仍然未能达到的，便可以没有悔恨了，谁还能讥笑他呢？这就是我这次游山的心得。

我对于倒在地上的石碑，又产生了些许感慨。古代书籍文献的散失，后世的人以讹传讹，竟无法说明，这样的事情还说得完吗？这就是做学问的人为什么不可以不深入思考、慎重取舍的原因啊。

同游的四人是：庐陵的萧君圭，字君玉，长乐县的王回，字深父，我的弟弟安国，字平父，安上，字纯父。

【写作方法】

多数人写游记，大都停留在写景写物，或是享受游赏带来的快乐上。王安石的这篇文章，若是只写山名、洞名的来历，记述进入山洞后的所见所闻，以及感慨没有尽兴而游，那它只能算作中品。然而王安石又深入挖掘了不能尽游的原因，即“非有志者不能至也”。更难能可贵的，是他把这个道理延伸到做学问之中，指出做学问要有百折不挠的精神。此文的精彩之处，就在于能从小事中看到大道理，从事物浅易的现象中挖掘其深层的本质，充分体现了王安石思维的敏锐与深邃。此文继续出游却映射学问，用笔则曲折深入，逸兴满眼，余音不绝，可谓极文章之乐。清代浦起龙《古文眉诠》中说道：“此游所至殊浅，偏留取无穷深至之思，真乃赠遗不尽。当持此为劝学篇。”

卷十二

宋濂

（1310~1381）

宋濂，明初文学家，字景溪，号潜溪，浦江（今浙江金华）人。自幼好学，早年师从散文大家吴莱、柳贯等人，元至正九年（1349）被荐为翰林编修，他固辞不就，隐居山中。朱元璋称帝后，任命他为文学顾问、江南儒学提举，给太子讲经。洪武二年（1369）奉旨修《元史》。晚年受孙子宋慎牵连被贬茂州（今四川茂县），途中病故。长于散文，被明太祖称为“开国文臣之首”。

◎送天台陈庭学序◎

【题解】

赠序是唐宋以来兴起的一种文体，它最初是专门为诗文集而写的，后来演变成了一种临别时写的赠言。本文是宋濂为陈庭学而写的赠序，他先写山水的“奇”和“险”，突出蜀地的“难”，再写陈庭学到蜀地后，“诗益工”“气愈充”“语愈壮”“志意愈高”，文末作者自愧没能远游以增长见闻，反衬陈庭学蜀地之游的收获颇大，并且还勉励陈庭学能像颜渊、原宪一样提高自身修养，体现了一个长者对晚辈的关怀。

【原文】

西南山水，惟川蜀最奇，然去中州万里。陆有剑阁栈道之险[①]，水有瞿唐、滟滪之虞[②]。跨马行，则竹间山高者，累旬日不见其巅际；临上而俯视，绝壑万仞，杳莫测其所穷，肝胆为之悼栗[③]。水行，则江石悍利，波恶涡诡，舟一失势尺寸，辄糜碎土沉[④]，下饱鱼鳖。其难至如此，故非仕有力者，不

可以游；非材有文者，纵游无所得；非壮强者，多老死于其地。嗜奇之士恨焉。

天台陈君庭学[⑤]，能为诗，由中书左司掾[⑥]，屡从大将北征，有劳，擢四川都指挥司照磨[⑦]，由水道至成都。成都，川蜀之要地，扬子云、司马相如、诸葛武侯之所居，英雄俊杰战攻驻守之迹，诗人文士游眺饮射赋咏歌呼之所，庭学无不历览。既览必发为诗，以纪其景物时世之变。于是其诗益工。越三年，以例自免归，会予于京师，其气愈充，其语愈壮，其志意愈高，盖得于山水之助者侈矣。

予甚自愧，方予少时，尝有志于出游天下，顾以学未成而不暇。及年壮可出，而四方兵起，无所投足。逮今圣主兴而宇内定，极海之际，合为一家，而予齿益加耄矣[⑧]。欲如庭学之游，尚可得乎？

然吾闻古之贤士，若颜回、原宪，皆坐守陋室，蓬蒿没户[⑨]，而志意常充然，有若囊括于天地者，此其故何也？得无有出于山水之外者乎？庭学其试归而求焉？苟有所得，则以告予，予将不一愧而已也。

【注释】

①剑阁：今四川剑阁东北大剑山、小剑山之间的栈道，是古代川、陕间的主要通道。栈（zhàn）道：在悬崖绝壁上凿孔架木而成的窄路。②瞿唐：瞿塘峡。滟（yàn）滪（yù）：滟滪堆，重庆奉节县东瞿塘峡峡口的一块巨礁，旧为长江三峡著名的险滩，1958年整治航道时炸平。③悼栗：因惊恐而战栗。④糜：碎，烂。⑤天台：县名，今属浙江。⑥中书：中书省。左司：中书省下设左司、右司，分管省事。掾（yuàn）：属官。⑦都指挥司：掌管军事的机构。照磨：都指挥司的属官，掌管文书卷宗。⑧耄（mào）：老。⑨蓬蒿：野草。

【译文】

西南地区的山水，只有四川最奇特，可是却与中原有万里之遥。要到那里，陆路有剑阁栈道的险阻，水路有瞿塘峡、滟滪堆的忧虑。骑马前往，那竹林间的崇山峻岭，接连走上十几天也看不到它的巅峰和边际；从山顶上向下俯视，只见深达万仞的幽谷，黑漆漆的无法测知它的尽头，令人胆战心惊。如果从水路前往，江水悍猛，礁石尖利，波涛险恶，旋涡诡异；行船稍有差错，就会粉身碎骨，沉入水中，让鱼鳖们饱餐。前往那里的道路如此之难，所以不是有能力的官员，不可以到那里去游历；不是有文采的贤才，即使游历了那里也不会有什么收获；不是身体强壮的人，大多老死在那个地方。这些常常让那些喜好奇异景观的人感到遗憾！

天台陈君庭学，能做诗，任中书左司掾。他屡次随大将北征，因为有功劳，被提拔为四川都指挥司照磨，从水路到成都。成都，是四川的要地。那扬子云、司马相如、诸葛武侯的故居，英雄俊杰们战斗攻伐，驻扎守卫的遗址，诗人文士游赏眺望，饮酒射覆，赋诗吟咏，歌唱呼啸的地方，庭学无不去游览。每次游览完毕，都要将感受写成诗文，用以记述那些景物和时世的变化。于是他作诗的技法就变得更加的高妙。过了三年，他依照惯例辞官回家，在京师见到了我。他的精神更加的饱满，他的语言更加的豪壮，他的志向更加的高远，看来是从山水当中获得了很多的助益啊！

我自己很惭愧，当我年轻的时候，曾经有志向想要游历天下，但是因为学业未成而没有空闲的时间。等到壮年能够出去游历了，国内却战事四起，没有一块地方可以去。到现在圣主兴起，天下平定，四海之内合成一家，可我的年纪却越来越老了！想要像庭学那样游历，还能做得到吗？

然而我听说古代的贤人，像颜回、原宪那样的人，都是坐守在简陋的屋子里，野草遮蔽了门户，可是志气意趣却总是很充沛的，好像能包罗天地，这是为什么呢？莫非有超出于山水之外的东西么？庭学是要回去探求这方面的东西吗？如果有什么收获，就把它告诉我，我也会不仅是惭愧一阵儿就完了的呀！

【写作方法】

此文先叙游蜀之难，引出陈庭学之“能游”。继而叙述自己不能游，为前文作反衬之用。末尾更推进一步。起伏应合，如峰回路转，实为神明变化之笔。此文以“山水”二字为眼目，前后出现三次。前半部分有两个“奇”字，后半部分有两个“愧”字，各相照应，分别为各自半篇的眼目。

◎阅江楼记◎

【题解】

阅江楼位于金陵城西北的狮子山，是明朝开国皇帝朱元璋为游览山水而修建的一处高楼。这篇文章是宋濂接受朱元璋的旨意而写下的一篇记文。在文中，宋濂写阅江楼的胜景，其意在于点缀盛世，为明朝歌功颂德。同时，宋濂还希望帝王能安抚内外、体恤民生，融入了忠君忧民的思想，与范仲淹的《岳阳楼记》有异曲同工之妙。

【原文】

金陵为帝王之州[①]。自六朝迄于南唐[②]，类皆偏据一方，无以应山川之王气。逮我皇帝定鼎于兹[③]，始足以当之。由是声教所暨[④]，罔间朔南[⑤]，存神穆清，与天同体，虽一豫一游，亦可为天下后世法。

京城之西北有狮子山，自卢龙蜿蜒而来[⑥]。长江如虹贯，蟠绕其下。上以其地雄胜，诏建楼于巅，与民同游观之乐，遂锡嘉名为“阅江”云[⑦]。

登览之顷，万象森列，千载之秘，一旦轩露。岂非天造地设，以俟夫一统之君，而开千万世之伟观者欤？当风日清美，法驾幸临[⑧]，升其崇椒[⑨]，凭阑遥瞩，必悠然而动遐思。见江汉之朝宗，诸侯之述职，城池之高深，关阨之严固[⑩]，必曰：“此朕栉风沐雨、战胜攻取之所致也[⑪]。中夏之广，益思有以保之。”见波涛之浩荡，风帆之上下，番舶接迹而来庭，蛮琛联肩而入贡[⑫]，必曰：“此朕德绥威服，覃及内外之所及也[⑬]。四陲之远，益思有以柔之。”见两岸之间、四郊之上，耕人有炙肤皲足之烦[⑭]，农女有捋桑行馌之勤[⑮]，必曰：“此朕拔诸水火，而登于衽席者也[⑯]。万方之民，益思有

以安之。”触类而思，不一而足。臣知斯楼之建，皇上所以发舒精神，因物兴感，无不寓其致治之思，奚止阅夫长江而已哉！

彼临春、结绮，非不华矣；齐云、落星[17]，非不高矣。不过乐管弦之淫响，藏燕、赵之艳姬，不旋踵间而感慨系之[18]，臣不知其为何说也。虽然，长江发源岷山，委蛇七千余里而入海，白涌碧翻。六朝之时，往往倚之为天堑。今则南北一家，视为安流，无所事乎战争矣。然则果谁之力欤？逢掖之士[19]，有登斯楼而阅斯江者，当思圣德如天，荡荡难名，与神禹疏凿之功同一罔极。忠君报上之心，其有不油然而兴耶？

臣不敏，奉旨撰记。欲上推宵旰图治之功者[20]，勒诸贞珉[21]。他若留连光景之辞，皆略而不陈，惧亵也。

【注释】

①金陵：今江苏南京。②六朝：即吴、东晋、宋、齐、梁、陈六朝，皆建都于今江苏南京。迄（qì）：直至。③定鼎：传说禹铸九鼎以象征天下九州之土，古代以鼎为传国之宝，置于国都，所以称建都为“定鼎”。④暨（jì）：及，到。⑤罔（wǎng）：无，没有。⑥卢龙：卢龙山，在今江苏省南京市江宁区西。⑦锡：赐。⑧法驾：天子的车驾。⑨椒：山巅。⑩阨（è）：险要的地方。⑪栉（zhì）风沐雨：以风梳头，以雨洗发，形容不避风雨，奔波劳碌。⑫琛：珠宝等贡物。⑬覃（tán）：延。⑭皲（jūn）：手足的皮肤冻裂。⑮馌（yè）：给在田里耕种的人送饭。⑯衽（rèn）：床席。⑰齐云、落星：与上面的临春、结绮都是有名的华丽楼阁。⑱旋踵：掉转脚跟，比喻时间极短。⑲逢掖：古代读书人所穿的一种宽大袖子的衣服。⑳宵旰（gàn）：宵衣旰食，即天不亮就穿衣起床，天晚了才吃饭歇息。㉑珉（mín）：像玉的石头。

【译文】

金陵是帝王的住处。从六朝到南唐，在这里定都的君主大抵都是偏安一方，不能够应合这里山川间蕴含的帝王之气。到了我朝皇帝定都于此，才足以与这王气相称。从此声威和教化到达的地方，不分南北，神明前来定居，气象淳和清明，与天地融为一体；即使是一次游赏一次娱乐，也足以为天下后世所效法。

京城的西北有座狮子山，从卢龙山弯弯曲曲地延伸过来，长江如虹霓一样在它下面盘曲环绕。皇上因为这个地方雄伟壮丽，下令在山顶建起高楼，同百姓一道享受游览江山的乐趣。于是赐给了它一个美妙的名字，叫作“阅江楼”。

登临游览的那一瞬间，万千景象便依次地罗列开来，金陵上千年来被称为帝王之洲的奥秘，豁然显露了出来。这难道不是天造地设，来等待一统天下的君主，届时展示千秋万代的雄伟景观吗？每当风和日丽的时候，天子的车驾亲临此地，他登上这高高的山顶，倚着栏杆向远方眺望，一定会悠然心动而引发遐想。看到江汉之水向东流入大海，万国诸侯来此述职，看到城池的高深，关塞的牢固，一定会说：“这都是我顶风冒雨，战胜攻取才得到的啊。中华大地如此广阔，更感到要想办法去保全它。”看到波涛浩浩荡荡，风帆上下往来，番邦的船只接连不断地前来朝见，蛮族的珍宝络绎不绝地贡入京师，一定会说：“这是我用恩德安抚，用威严震慑，恩泽遍及四海内外才达到的啊。如今四方的边境如此遥远，更感到要想办法去以怀柔的方式笼络那里的人们。”看到长江两岸，京师四郊的原野之上，种田的人有烈日炙烤皮肤、寒风皲裂手脚的劳苦；农家妇女有采摘桑叶、给田里人送饭的辛勤，一定会说：“这是我把他们从水火中拯救出来，安置在床席上的啊。对于天下的百姓，更感到要想办法使他们过上安定的生活。”触及到类似的事情，就会引发联想，不止是在某一两个方面。我知道这座楼的建造，是皇上用来振奋精神，借外物来引起各种各样的感想的，无处不寄寓着他要让天下得到大治的思想，哪里仅仅是为了观赏长江呢？

那临春楼、结绮楼，不是不华丽啊；那齐云楼、落星楼，也不是不高峻啊。不过它们不过是用来演奏靡靡之音，藏匿燕、赵的艳丽女子的地方，都是没有多久就成为陈迹，让人们慨叹罢了，我不知道应当怎样来解释这些事情。虽然如此，那长江发源于岷山，曲曲折折地流经了七千多里才注入大海，白浪汹涌，碧波翻腾，六朝的时候，往往依靠它做天然的壕堑。如今南北一家，它也被看作是平静安宁的水流，没有什么战事上的意义了。那么，这究竟是谁的力量呢？读书人登上这座高楼而去看这江的，他们应当感念皇上的恩德有如苍天一样，广阔浩大而难以形容，可与大禹疏浚江河的功劳相等同，是无穷无尽的。此情此景，忠君报主的心情，怎能不油然而生呢？

我为人愚钝，奉了圣旨来撰写这篇记，希望借此列述主上日夜辛勤、励精图治的功业，铭刻在精美的碑石上面。至于那些流连风光景物的词句，都省略而不再陈说，怕亵渎了主上建造这座楼的本意啊！

【写作方法】

本篇文章共分为五段。首段以“金陵为帝王之州”入题，有高屋建瓴的气势。二、三两段由景而生情，作者猜想皇帝登楼远眺，“必悠然而动遐思”：皇帝“见江汉之朝宗”，想到对诸侯的优等；看到有外国船只来临，想到要礼待外臣；看到农民辛勤劳动，想到要善待百姓。这两段描写可谓用心良苦，虽是为了取悦帝王，但想象奇特，不失为轻妙之笔。四、五两段说前人在金陵建造宫殿，多是为了享乐，而阅江楼则是用来登览江山的，借以劝告人们要有一颗忠君报国之心。结语处说明刻石的用意，也就是“记”，即传颂皇帝的功劳。

此文记楼，而一起一结，都有气象。而中间又从“阅”字上生出一个“思”字，发出三段议论。体裁宏远，小中见大。

此文处处与阅江楼有关合，波澜壮阔，步骤从容，词旨剀切。昔人评价宋濂云：“驾宋轶唐，不愧一代文臣领袖。”

刘基

（1310~1381）

刘基，字伯温，谥曰文成，青田县南田乡（今属浙江省文成县）人，故时人称他“刘青田”，明洪武三年（1370）封诚意伯，人们又称他“刘诚意”。武宗正德九年被追赠太师，谥文成，后人又称他刘文成、文成公。元末明初军事家、政治家及诗人，通经史、晓天文、精兵法。他以辅佐朱元璋完成帝业、开创明朝并尽力保持国家的安定，因而驰名天下，被后人比作为诸葛武侯。著有《诚意伯文集》二十卷。

◎卖柑者言◎

【题解】

这是刘基的一篇讽世短文。他先写杭州卖柑者所卖的柑外表好看，其实是“败絮其中”，而后引出寓意，也就是为官者外强中干。最后再以卖柑者的语言做结，有所寄托，无情地讽刺了元末官吏的欺世盗名，可谓发人深省，耐人寻味。

【原文】

杭有卖果者①，善藏柑，涉寒暑不溃，出之烨然②，玉质而金色。剖其中，干若败絮。予怪而问之曰：“若所市于人者，将以实笾豆③，奉祭祀，供宾客乎？将衒外以惑愚瞽乎④？甚矣哉！为欺也。”

卖者笑曰：“吾业是有年矣。吾业赖是以食吾躯。吾售之，人取之，未闻有言，而独不足子所乎？世之为欺者不寡矣，而独我也乎？吾子未之思也。今夫佩虎符、坐皋比者⑤，洸洸乎干城之具也⑥，果能授孙、吴之略耶⑦？峨大冠，拖长绅者，昂昂乎庙堂之器也⑧，果能建伊、皋之业耶⑨？盗起而不知御，民困而不知救，吏奸而不知禁，法斁而不知理⑩，坐糜廪粟而不知

耻[11]。观其坐高堂，骑大马，醉醇醴而饫肥鲜者[12]，孰不巍巍乎可畏、赫赫乎可象也？又何往而不金玉其外，败絮其中也哉！今子是之不察，而以察吾柑！"

予默默无以应。退而思其言，类东方生滑稽之流[13]。岂其忿世嫉邪者耶？而托于柑以讽耶？

【注释】

①杭：指杭州。②烨（yè）然：光彩鲜明的样子。③笾（biān）豆：古代用竹编成的食器，形状如豆，举行祭祀或宴会时用来盛果实、干肉。④衒：炫耀，卖弄。瞽（gǔ）：瞎子。⑤虎符：兵符。皋比：虎皮。⑥洸洸（guāng）：威武的样子。干城：盾牌和城墙，指保卫国家。⑦孙、吴：指战国时的名将孙武和吴起。⑧庙堂：朝廷。⑨伊、皋：指商代的名臣伊尹和舜时的名臣皋陶。⑩斁（dù）：败坏。⑪縻（mí）：通"靡"，耗费。⑫醴（lǐ）：甜酒。饫（yù）：饱食。⑬滑（gǔ）稽：指幽默机智，能言善辩。

【译文】

杭州有个卖水果的人，善于贮藏柑子，他贮藏的柑子经过严寒酷暑也不腐烂，拿出来仍然是光彩鲜艳，有着像玉石一样的质地、黄金般的颜色。可是把柑子剖开一看，里面却干枯得像破旧的棉絮。我很奇怪，就问他："你卖给人家的柑子，是要使它来充实人家的器皿，去供奉神灵、招待宾客呢，还是只想炫耀它的外表，用来迷惑傻子和瞎子呢？你这种欺骗手段也太过分了！"

卖水果人笑着说："我干这行当已经多年了，我依靠这行当来养活自己。我卖这些柑子，人家买它，从来没有听到过有什么议论，为什么唯独不能满足您的需要呢？世上耍弄欺骗手段的人不算少呀，仅仅是我一个人吗？您没有考虑过这些吧。现在那些佩虎符、坐在虎皮椅上的人，看那威武的样子，好像是真能保卫国家的将才，可当真能够拿出孙武、吴起那样的韬略吗？那些峨冠博带的文臣，看那气宇不凡的样子，好像真的是在朝廷之上辅助君王的重臣，可他们当真都能够建立像伊尹、皋陶那样的功业吗？盗匪四起却不知如何治理，百姓困苦却不知如何解救，官吏作奸犯科却不知如何禁止，法制败坏却不知如何整饬，白白地耗费国家的粮食却不感到羞耻。看他们坐在高堂之上，骑着高头大马，沉醉在美酒当中，饱食大鱼大肉，哪一个不是看起来高不可攀，使人敬畏，光明磊落得值得人们效法呀？然而他们又何尝不是些外表像金玉、内容却像破絮的人呢！今天您对这些都视而不见，却来挑剔我的柑子！”

我沉默无语，不能回答。回来想想他这番话，觉得他像是东方朔那样诙谐善辩的一类人。难道他是个愤恨世道、痛恶奸邪的人而假借柑子来进行讥讽？

【写作方法】

本文分为三段。首段写杭州卖柑者的柑橘表面上看很好，但是本质并不好，这正应验了“金玉其表，败絮其中”这句话。次段是卖柑者的自辩，文中用“笑曰”二字描绘了卖柑者的可鄙与欺世盗名。末段以两个问句束尾，有所寄托，余韵悠长。

方孝孺

（1357~1402）

方孝孺，字希直，宁海（今浙江象山）人，号逊志，人称“正学先生”。他师从宋濂，洪武二十五年（1392）授汉中府教授。建文朝历官翰林侍讲、文学博士。他力主复古改制，对建文朝政影响较大。“靖难之役”中，他辅助建文帝对抗燕王朱棣。燕王夺位后，命他起草登基诏书，他誓死不从，被灭十族。

◎深虑论◎

【题解】

方孝孺是明初的名臣，他曾写了十篇《深虑论》，以此来总结各朝各代的兴衰教训。这篇文章是其中的一篇，方孝孺认为历代的君王片面吸取前代灭亡的教训时，往往忽略了另外一些被掩盖的问题，因此不能长治久安。由此得出“祸常发于忽微之中，而乱常起于不足疑之事”的结论，但他又强调治理天下不能依赖人的智术，而把一切归之于缥缈的“天道”。

【原文】

虑天下者，常图其所难，而忽其所易；备其所可畏，而遗其所不疑。然而祸常发于所忽之中，而乱常起于不足疑之事。岂其虑之未周与？盖虑之所能及者，人事之宜然，而出于智力之所不及者，天道也。

当秦之世，而灭诸侯，一天下，而其心以为周之亡在乎诸侯之强耳，变封建而为郡县[①]。方以为兵革可不复用，天子之位可以世守，而不知汉帝起陇亩之中[②]，而卒亡秦之社稷。汉惩秦之孤立，于是大建庶孽而为诸侯[③]，以为同姓之亲可以相继而无变，而七国萌篡弑之谋。武、宣以后，稍剖析之而分其势，以为无事矣，而王莽卒移汉祚。光武之惩哀、平[④]，魏之惩汉，晋之惩魏，各惩其所由亡而为之备，而其亡也，皆出于所备之外。唐太宗闻武氏之杀其子孙，求人于疑似之际而除之，而武氏日侍其左右而不悟。宋太祖见五代方镇之足以制其君，尽释其兵权，使力弱而易制，而不知子孙卒困于敌国。此其人皆有出人之智，盖世之才，其于治乱存亡之几，思之详而备之审矣。虑切于此而祸兴于彼，终至乱亡者何哉？盖智可以谋人，而不可以谋天。

良医之子，多死于病；良巫之子，多死于鬼。彼岂工于活人而拙于活己之子哉？乃工于谋人而拙于谋天也。

古之圣人，知天下后世之变非智虑之所能周，非法术之所能制，不敢肆

其私谋诡计，而唯积至诚、用大德以结乎天心，使天眷其德，若慈母之保赤子而不忍释。故其子孙虽有至愚不肖者足以亡国，而天卒不忍遽亡之。此虑之远者也。夫苟不能自结于天，而欲以区区之智笼络当世之务，而必后世之无危亡，此理之所必无者也，而岂天道哉！

【注释】

①封建：分封疆土建立诸侯。②汉帝：指汉高帝刘邦。③庶孽：指亲族。④光武：指东汉光武帝刘秀。

【译文】

考虑天下大事的人，常常谋求解决那些困难的问题，而忽视了那些容易解决的问题；防备让自己畏惧的事情，而将自己深信不疑的事情丢在一边不管。然而祸患常常发生在他所忽视的事情当中，动乱也常常发起于他认为不足疑虑的事情上。难道是他的考虑不周详吗？大概是因为人们所能考虑到的，是人世间本来就应当如此的事情，而超出人们的智力所能考虑到的范围的，是天道。

当年的秦朝，灭亡了诸侯，统一了天下，秦始皇心中认为周朝的灭亡是诸侯的强大所致，因此将分封诸侯的做法改成了郡县制。正当他认为武器衣甲可以不再使用，皇帝之位能子孙万代永保的时候，却不知道汉高帝已在田野之间崛起，最终灭亡了秦朝的江山社稷。汉朝把秦朝中央政权的孤立无援作为前车之鉴，于是大肆分封子弟做诸侯王，认为同姓的血缘关系能让汉家的江山社稷世代继承下去，不会再出现变乱了，可是吴、楚等七国却萌生了篡位弑君的图谋。武帝、宣帝以后，逐渐分割了诸侯王的封地，削弱了他们的势力，认为可以太平无事了，可是王莽却终于夺取了汉家的皇位。汉光武帝把哀帝和平帝衰亡作为教训，曹魏将东汉的衰亡作为教训，晋朝将曹魏的衰亡作为教训，他们各自都把前朝衰亡的原因作为教训，并针对这些制定了防范的措施，然而他们的衰亡，又都是所防范的事情以外的原因。唐太宗听说有个姓武的人将来要杀他的子孙，就要四处搜索有嫌疑的人并加以清除，但武则天每日侍奉在他的左右，他竟不能觉察。宋太祖看到五代时四方藩镇的力量足以挟制君主，于是就全部解除藩镇的兵权，使他们力量薄弱而易于控制，却没料到自己的子孙最终被敌国困扰以至于灭亡。这些人都有超出常人的智慧，盖世的才能，他们对于治乱存亡的细微迹象，都能详细地加以思考并且制定出周密的防范措施；可是他们详细地考虑了这里而祸患却发生在那里，终究导致乱起国灭。这是为什么呢？大概是因为智力只可以谋划人事，却不能够谋划天道。

良医的子女大多死于疾病，良巫的子女大多死于鬼神。难道是他们善于救活别人却不善于救活自己的子女吗？他们实际上是善于谋划人事，却不善于测知天道啊。

古代的圣人，懂得天下后世的变化，不是人智所能考虑周全的，不是刑法、权术所能控制的。因此不敢放纵自己的阴谋诡计，而只是积聚自己的至诚之心，用盛大的德行来扣合天心，使上天眷顾他美好的德行，像慈母保护婴儿一样不忍舍弃他。所以他的子孙虽然有非常愚蠢、不成才，并且足以使国家灭亡的，可是上天终究不忍一下子让他们的国家灭亡。这是考虑得非常深远的啊。如果不能让自己的德行扣合天心，却想靠小小的智谋控制和驾驭当代的事务，还认为自己的后代一定没有危亡的忧患，这在道理上是绝对说不通的，难道还会符合天道吗？

【写作方法】

此文以发问开端，中间征引大量实例，由秦、汉而唐，历数每朝兴废得失，一波未平，一波又起，良医、良巫“岂工于活人而拙于活己”“乃工于谋人而拙于谋天”之间引人深思。而后引出主旨，以反问首尾，让人难以辩驳。古文中谈论天道人事的文章很多，很多结构琐碎，缺乏条理逻辑。此篇脉络清晰，文风极为利落透快，是小文章作大议论的典范。清人李扶九点评此篇说：“通篇虽以人事陪说，而实重在天道，看起结可见。章法则首段虚冒，中间历引古及医巫喻，波澜壮阔，后方发正意，末乃反调结，极有结构。”

本文的一大特色是文中大量运用否定句。方孝孺论证智虑很难周全时，多用“以为……不知……”这一句式，以此烘托历史的偶然性；说上天之德时，又用“不忍”来概括。本文语言较为平易，语意亦浅显易懂，而在论述时，作者的角度又富于变化，这样不但增加了文章的气势，还增强了说服力。

◎豫让论◎

【题解】

战国时的豫让因为舍身为主报仇而被视为忠义之士，历来为人所颂扬。本文作者却作翻案文章，认为豫让身为智伯所倚重的臣子，应该尽到自己劝谏的职责，帮助智伯弭祸于未然。而在智伯因祸亡身后去为他报仇，凭着血气之勇刺杀赵襄子，并不值得称道。

【原文】

士君子立身事主，既名知己，则当竭尽智谋，忠告善道，销患于未形，保治于未然，俾身全而主安。生为名臣，死为上鬼，垂光百世，照耀简策，斯为美也。苟遇知己，不能扶危于未乱之先，而乃捐躯殒命于既败之后，钓名沽誉，眩世炫俗，由君子观之，皆所不取也。

盖尝因而论之。豫让臣事智伯[①]**，及赵襄子杀智伯，让为之报仇，声名烈烈，虽愚夫愚妇莫不知其为忠臣义士也。呜呼！让之死固忠矣，惜乎处死之道有未忠者存焉。何也？观其漆身吞炭**[②]**，谓其友曰：“凡吾所为者极难，将以愧天下后世之为人臣而怀二心者也。”谓非忠可乎？及观斩衣三跃，襄子责以不死于中行氏而独死于智伯，让应曰：“中行氏以众人待我，我故以众人报之；智伯以国士待我，我故以国士报之。”即此而论，让有余憾矣。**

段规之事韩康[③]**，任章之事魏献**[④]**，未闻以国士待之也，而规也、章也，力劝其主从智伯之请，与之地以骄其志，而速其亡也。郄疵之事智伯**[⑤]**，亦**

未尝以国士待之也，而疵能察韩、魏之情以谏智伯，虽不用其言以至灭亡，而疵之智谋忠告，已无愧于心也。让既自谓智伯待以国士矣，国士，济国之士也。当伯请地无厌之日，纵欲荒暴之时，为让者，正宜陈力就列，谆谆然而告之曰[⑥]：“诸侯大夫，各安分地，无相侵夺，古之制也。今无故而取地于人，人不与，而吾之忿心必生；与之，则吾之骄心以起。忿必争，争必败；骄必傲，傲必亡。”谆切恳告，谏不从，再谏之，再谏不从，三谏之，三谏不从，移其伏剑之死，死于是日。伯虽顽冥不灵，感其至诚，庶几复悟，和韩、魏，释赵围，保全智宗，守其祭祀。若然，则让虽死犹生也，岂不胜于斩衣而死乎？让于此时，曾无一语开悟主心，视伯之危亡犹越人视秦人之肥瘠也。袖手旁观，坐待成败，国士之报曾若是乎？智伯既死，而乃不胜血气之悻悻[⑦]，甘自附于刺客之流，何足道哉？何足道哉？

虽然，以国士而论，豫让固不足以当矣。彼朝为仇敌，暮为君臣，腆然而自得者[⑧]，又让之罪人也。噫！

【注释】

①豫让：晋国侠客毕阳的孙子。他最初投于晋国贵族范氏、中行氏门下，因为不得重用，于是改投智伯门下。智伯为赵襄子所杀后，豫让曾两次计划为智伯报仇，均未成功。第二次刺杀未遂后，他被赵襄子的侍从包围起来，无奈之下，他请求赵襄子将衣服脱下来让他刺几剑以成全他，刺完后他便伏剑自杀了。②漆身吞炭：豫让第一次行刺未遂，赵襄子把他释放了，但他继续图谋为智伯报仇，于是将全身涂上漆，吞下炭，改变自己的声音容貌，准备第二次行刺。③段规：韩康子的谋臣。韩康：即韩康子，春秋时晋国贵族。④任章：魏献子的谋臣。魏献：即魏献子，春秋时晋国贵族。⑤郄（xī）疵（cī）：智伯的家臣。⑥谆谆（zhūn）：恳切耐心的样子。⑦悻悻（xìng）：恼怒怨恨。⑧腆然：厚着脸皮的样子。

【译文】

士人君子要想立身于世，侍奉君主，既然被称作知己，就应当竭尽自己的智慧和谋略，忠诚地劝告，巧妙地开导，在祸患没有形成以前就消除它，在动乱发生之前就维护社会的安定，使自己得到保全，使君主没有危险。在世的时候是一代名臣，死了之后成为尊贵的鬼魂，荣誉流传百代，光辉照耀史册，这才是值得赞美的。如果遇到知己，却不能在灾祸发生前匡扶危乱，而是在失败之后献身自尽，沽名钓誉，迷惑世人，向世俗夸耀；这些在君子看来，都是不可取的。

因此我曾评论过豫让。豫让做智伯的家臣，等到赵襄子杀了智伯之后，豫让为他报仇，声名烈烈，即使是那些没有知识的平民百姓，也没有不知道他是忠臣义士的。唉！豫让的死固然算是忠义之举，可惜他这种死的方式还存在不忠的成分。为什么这样说呢？他漆身吞炭，改变了容貌声音之后，对他的朋友说："我要做的事情是极难的，将要使天下后世那些身为人臣却怀有二心的人感到惭愧。"这能说他不忠吗？他连续三次跳起来，用剑斩赵襄子的衣服，赵襄子责备他不为中行氏而死，却唯独替智伯而死的时候，豫让回答说："中行氏把我当作一般人看待，所以我用一般人的行为报答他；智伯把我当作国士看待，所以我用国士的行为报答他。"就这方面来评论，豫让就有不足之处了！

段规侍奉韩康子，任章侍奉魏献子，也没听说韩康子、魏献子把他们当作国士看待，可段规、任章却极力奉劝他们的主人应答智伯的无理要求，给智伯土地使其意志骄傲，从而加速了智伯的灭亡。郄疵侍奉智伯，智伯也不曾把他当作国士看待，可是郄疵却能够洞察韩、魏的实际企图来劝谏智伯。虽然智伯不肯采纳他的意见因而招致灭亡，然而郄疵献出了他的智谋和忠告，已经是无愧于心了。豫让既然说智伯是把自己当作国士一样地看待，而国士是能够匡济国家危难的人。当智伯贪得无厌地向别国索地的时候，放纵私欲、荒淫暴虐的时候，豫让应当贡献才力，尽到自己的职责，恳切地劝告智伯说："诸侯大夫，各自安守自己的封地，不要互相侵夺，这是自古以来的规矩。现在我们无缘无故地向别人索取土地，人家不给我，我必定产生愤恨之心；如果给了我，我的骄横之心必定会因此而滋长。愤恨就一定会去争夺，争夺就一定会造成失败；骄横就一定会使自己目中无人，目中无人就一定会亡国。"恳切真挚地劝谏，一次不听，再劝谏他；再劝谏不听，就第三次劝谏他；三次劝谏不听，就把自己伏剑自杀的时间移到这一天。智伯虽然愚钝无知，但因为被他的至诚所感动，也许会重新醒悟，同韩、魏两家和好，解除对赵氏的围困，保全智氏的宗族，使智氏宗庙中的香火供奉不至断绝。如果这样，那么豫让是虽死犹生，难道不比那斩衣而死强吗？但豫让在这个时候，却不曾说过一句话去开导主人的思想，他看着智伯的危亡，就像越国人看秦国人的胖瘦一样啊，只是袖手旁观，坐待成败。国士对于主上的报答，何曾是这样的呢？智伯已经死了，却禁不住一时的血气冲动，情愿把自己加入到刺客一类人的行列里，这有什么值得称道的呢？这有什么值得称道的呢？

虽然这样，以国士而论，豫让固然是不够标准的。但那些早晨是仇敌，晚上就变成了君臣，厚着脸皮自以为得意的人，就又是豫让的罪人了！唉！

【写作方法】

若是单以豫让吞炭、刺杀赵襄子的行为来看，豫让算得上忠义之士。方孝孺深知这一点，所以就把锋芒指向豫让报仇的动机和方式，认为豫让的自残之举不过是想使自己名垂后世，并不是为国为民；尽管豫让说自己"以国士报之"，但他所谓的报国不过是效忠智伯一家，而他本人也只是"不胜血气之悻悻"的刺客。这样一来，豫让"忠臣义士"的称谓就被推翻了。此文通篇主意在"让之死固忠"二句上，作者先扬后抑，深得《春秋》褒贬之法。

王守仁

（1472～1528）

王守仁，字伯安，号阳明。孝宗弘治十二年（1499）进士，历任南京鸿胪寺卿、南京兵部尚书。他精于军事，曾多次成功地镇压了农民及少数民族起义。《明史》评价说："终明之世，文臣用兵制胜，未有如守仁者。"王守仁确立了心学理论体系，认为人心是宇宙的本体，提倡"悟格物致知，当自求诸心，不当求诸事物"。有《王文成公全书》三十八卷。

◎瘗旅文◎

【题解】

明武宗正德元年（1506），王守仁因得罪了大太监刘瑾，被贬到贵州做了龙场驿丞。在去龙场的路上，王守仁亲眼看见掌管文书的吏目和他的儿子、仆人先后客死在蜈蚣坡下，使他产生了"同是天涯沦落人"的感慨。所以，王守仁亲自率人把三位死者埋葬在路旁，并写了这篇祭文。

【原文】

维正德四年秋月三日①，有吏目云自京来者②，不知其名氏，携一子一仆将之任，过龙场，投宿土苗家。予从篱落间望见之，阴雨昏黑，欲就问讯北来事，不果。明早，遣人觇之③，已行矣。薄午，有人自蜈蚣坡来，云："一老人死坡下，傍两人哭之哀。"予曰："此必吏目死矣，伤哉！"薄暮，复有人来云："坡下死者二人，傍一人坐哭。"询其状，则其子又死矣。明日，复有人来云："见坡下积尸三焉。"则其仆又死矣。呜呼伤哉！

念其暴骨无主，将二童子持畚、锸往瘗之④，二童子有难色然。予曰："噫！吾与尔犹彼也。"二童闵然涕下⑤，请往。就其傍山麓为三坎，埋之。又以只鸡、饭三盂，嗟吁涕洟而告之曰：

“呜呼伤哉！繄何人[⑥]？繄何人？吾龙场驿丞余姚王守仁也。吾与尔皆中土之产。吾不知尔郡邑，尔乌乎来为兹山之鬼乎？古者重去其乡，游宦不逾千里，吾以窜逐而来此[⑦]，宜也。尔亦何辜乎？闻尔官，吏目耳，俸不能五斗，尔率妻子躬耕可有也，胡为乎以五斗而易尔七尺之躯？又不足，而益以尔子与仆乎？呜呼伤哉！尔诚恋兹五斗而来，则宜欣然就道，胡为乎吾昨望见尔容蹙然，盖不胜其忧者？夫冲冒霜露，扳援崖壁，行万峰之顶，饥渴劳顿，筋骨疲惫，而又瘴疠侵其外[⑧]，忧郁攻其中，其能以无死乎？吾固知尔之必死，然不谓若是其速，又不谓尔子、尔仆亦遽然奄忽也。皆尔自取，谓之何哉！吾念尔三骨之无依而来瘗耳，乃使吾有无穷之怆也。呜呼伤哉！纵不尔瘗，幽崖之狐成群，阴壑之虺如车轮[⑨]，亦必能葬尔于腹，不致久暴露尔。尔既已无知，然吾何能为心乎？自吾去父母乡国而来此，三年矣，历瘴毒而苟能自全，以吾未尝一日之戚戚也。今悲伤若此，是吾为尔者重，而自为者轻也，吾不宜复为尔悲矣。吾为尔歌，尔听之！”

歌曰：“连峰际天兮飞鸟不通，游子怀乡兮莫知西东。莫知西东兮维天则同，异域殊方兮环海之中。达观随寓兮莫必予宫，魂兮魂兮无悲以恫。”

又歌以慰之曰：“与尔皆乡土之离兮，蛮之人言语不相知兮。性命不可期，吾苟死于兹兮，率尔子仆，来从予兮。吾与尔遨以嬉兮，骖紫彪而乘文螭兮[⑩]，登望故乡而嘘唏兮。吾苟获生归兮，尔子、尔仆尚尔随兮，无以无侣悲兮。道傍之冢累累兮，多中土之流离兮，相与呼啸而徘徊兮。餐风饮露，无尔饥兮。朝友麋鹿，暮猿与栖兮。尔安尔居兮，无为厉于兹墟兮[⑪]。”

【注释】

①正德：明武宗年号。②吏目：掌管官府文书的低级官吏。③觇（chān）：暗中察看。④畚（běn）锸（chā）：畚箕和铁锹。瘗（yì）：埋葬。⑤闵然：忧伤的样子。⑥繄（yī）：句首语气词。⑦窜逐：谪贬。⑧瘴（zhàng）疠（lì）：南方山林间湿热蒸郁可致人疾病之气。⑨虺（huǐ）：毒蛇。⑩骖（cān）：此处作“驾驭”讲。文螭（chī）：有花纹的无角龙。⑪厉：厉鬼。

【译文】

正德四年秋季某月的初三日，有一个自称是从京城里来的吏目，不知道他的姓名，带着一个儿子一个仆人前去赴任。经过龙场的时候，投宿在当地的苗人家里。我从篱笆的缝隙中看到了他，这时阴雨绵绵，天色昏暗，我想去询问北方近来的情况，没有去成。第二天早晨，派人去看他，他们已经走了。将近中午的时候，有人从蜈蚣坡来，说："有个老人死在坡下，旁边有两个人哭得很是悲痛。"我说："这一定是那个吏目死了。令人悲伤呀！"傍晚的时候，又有人来说："坡下有两个死人，有一个人坐着在旁边哭泣。"我询问当时的状况，则推知他的儿子也死了。第二天，又有人来说："看见蜈蚣坡下堆积着三具尸体。"那是他的仆人也死了，哎，真是令人悲伤啊！

我想到他们暴尸荒野，无人收殓，就带了两个童子，拿着畚箕和铁锹前去埋葬他们。两个童子面露难色。我说："唉！我和你们就和他们一样啊！"两个童子悲伤地落下眼泪，愿意同去。我们在尸体旁的山脚下挖了三个坑，埋葬了他们。又用一只鸡、三碗饭祭奠，叹息流泪，祭告他们说：

"唉，令人悲伤呀！你是什么人？你是什么人？我是龙场驿丞，余姚人王守仁啊。我和你都生长在中原，我不知道你是哪里人，你为什么要来做这座山的鬼呢？古人不轻易离开家乡，出外做官不超过千里，我因为贬官而被放逐到这里，是应该的。你又有什么罪过呢？听说你的官位不过是个吏目罢了，俸禄不足五斗，你带领妻子儿女亲自耕种也是能够得到的呀！为什么要因为这五斗米的俸禄而换去了你堂堂七尺的身躯呢？这还不够，还要加上你的儿子和仆人呢？唉，令人悲伤呀！你要真是因为贪恋这五斗米而来，就应当欣然上路，为什么我昨天看见你满面愁容，好像不胜忧伤的样子呢？你们冒着风霜寒露，在陡峭的山路上攀缘，翻过无数的山峰，又饥又渴，劳累困顿，身体疲惫，又有瘴气瘟疫在外侵扰，忧愁苦闷在心中郁积，这怎能不死去呢？我本来知道你一定会死，但没有料到你会死得这样快，更没料到你的儿子、仆人也都很快地相继死去！这都是你自己招来的祸殃啊，还能说什么呢！我想到你们的尸骨无人收敛，所以前来埋葬，这使我产生了无穷的悲伤啊！唉，令人悲伤啊！纵然我不埋葬你，这荒僻山崖上的狐狸成群，晦暗深谷中的毒蛇大如车轮，也一定会把你们吞入腹中，不会使你们长久地暴尸山野啊。你已经没有感觉了，可是我又于心何忍？自从我离开了父母家乡，来到这里已经三年了，经受了瘴疠毒气的侵扰却能苟且保全，是因为我不曾有一天的忧伤啊。今天如此悲伤，大半因为你，很少是因为我自己呀。我不应当再替你悲伤了。我为你作了一首歌，你听吧！”

歌词是：“连绵的山峰与天相接啊，连飞鸟也不能通过。羁泊他乡的游子怀念故土啊，辨不清西和东。辨不清东和西呀，只有天空在哪里都是一样的。他乡异地啊，也是环抱在四海之中。达观的人四海为家啊，不一定非要有固定的住处。魂啊，魂啊，不要伤心悲痛！”

又作了一支歌来安慰他说：“我和你都是远离故乡的人啊，蛮族的言语一点儿也听不懂。寿命的长短真的不可预料啊，我如果死在这里，你就带着儿子和仆人来和我在一起。我和你遨游嬉戏啊，驾驭着紫色的猛虎，坐在斑斓的蛟龙上面。登高眺望故乡的遥远啊，发出长长的叹息！我若能活着回去啊，你还有儿子和仆人跟随，不会因为孤独无伴而伤悲。路旁那累累的坟头啊，多是流离至此的中原人士安睡其中。大家相互招呼叫喊呀，一起在这里徘徊不去。餐清风而饮甘露啊，你就不会饥饿。早晨与麋鹿结成伙伴，晚上与猿猴一同栖息。你可以安心地居在这里呀，不要危害这里的村落！”

【写作方法】

王守仁祭奠三个仅有一面之缘的过客，原因就是他对童子说的那句话，即“吾与尔犹彼也”。王守仁遭陷害而被放逐西南，他的遭遇跟吏目三人相似，正所谓“同是天涯沦落人，相逢何必曾相识”，故而写下本篇，一则悼念逝者，一则为自己悲伤。结尾的祭歌部分，作者以楚辞的句式作歌，既表达了对死者的哀悼，又有对自己不幸身世的忧愤，可谓悲切到极点。楚辞本身就善于传达那种绵绵不断的忧思，作者以骚体结尾，既宣泄了感情，又暗含深意，可谓余韵悠长。

归有光

（1506～1571）

归有光，字熙甫，号震川，昆山（今属江苏）人，世称震川先生。嘉靖年间进士，官至南京太仆寺丞。推崇唐宋作家，反对当时文坛领袖王世贞的“文必秦汉”，认为“文章至于宋元诸名家，其力足以追数千载之上而与之颉颃”。著有《震川文集》四十卷。

◎《吴山图》记◎

【题解】

明朝嘉靖年间，魏用晦做了江苏吴县的县令。他当政期间，吴县百姓安居乐业，所以口碑颇好。当魏用晦离任时，吴县百姓为了感谢他，就送了他一幅描绘吴山风景的《吴山图》。归有光与魏用晦交好，他听说此事后，写了这篇《吴山图》记。本文以山水画为线索，通过介绍吴县的名胜古迹，以及魏用晦对吴县百姓的恩泽，赞颂了魏用晦的贤明。

【原文】

吴、长洲二县[①]，在郡治所，分境而治。而郡西诸山，皆在吴县。其最高者，穹窿、阳山、邓尉、西脊、铜井；而灵岩[②]，吴之故宫在焉[③]，尚有西子之遗迹[④]。若虎丘、剑池，及天平、尚方、支硎，皆胜地也。而太湖汪洋三万六千顷，七十二峰沉浸其间，则海内之奇观矣。

余同年友魏君用晦为吴县，未及三年，以高第召入为给事中[⑤]。君之为县有惠爱，百姓扳留之不能得，而君亦不忍于其民，由是好事者绘《吴山图》以为赠。

夫令之于民诚重矣。令诚贤也，其地之山川草木亦被其泽而有荣也；令诚不贤也，其地之山川草木亦被其殃而有辱也。君于吴之山川，盖增重矣。

异时吾民将择胜于岩峦之间，尸祝于浮屠、老子之宫也[⑥]，固宜。而君则亦既去矣，何复惓惓于此山哉[⑦]？昔苏子瞻称韩魏公去黄州四十余年而思之不忘，至以为思黄州诗，子瞻为黄人刻之于石。然后知贤者于其所至，不独使其人之不忍忘而已，亦不能自忘于其人也。

君今去县已三年矣，一日与余同在内庭，出示此图，展玩太息，因命余记之。噫！君之于吾吴，有情如此，如之何而使吾民能忘之也?

【注释】

①吴、长洲：均为吴郡辖县，治所同在今南京苏州。②灵岩：山名，在今苏州市西南。③吴之故宫：指馆娃宫，为吴王夫差为西施建造。④西子：指西施。⑤高第：指官吏考绩列入较高的等第。⑥尸祝：这里是祭祀的意思。⑦惓（quán）惓：恳切诚挚。

【译文】

吴县和长洲两县，都在吴郡郡治所在地，只是划界而治。郡西的那许多山，都在吴县境内。其中最高的，有穹窿、阳山、邓尉、西脊、铜井；而灵岩山上，还留存着春秋时吴国的宫殿，那里至今还有西施的遗迹。至于虎丘、剑池，以及天平、尚方、支硎各山，都是游览胜地。还有那广阔无边、三万六千顷的太湖，七十二座山峰沉浸在湖中，堪称是海内的奇观了！

我的同年好友魏用晦做了吴县县令，不到三年，因为政绩显著而被召入朝中任给事中。魏君做县令，布恩惠德爱于百姓之中，百姓想挽留他却终不能如愿，而魏君也不忍心撇下百姓而入朝中，因此热心的人便画了一张《吴山图》来作为赠别留念。

县令对于百姓真是非常的重要啊。县令如果贤明，那他所管辖地方的山川草木也蒙受他的恩泽而焕发光彩；县令如果不贤明，那他所管辖地方的山川草木也会遭到他的祸害而蒙受耻辱。魏君对于吴县的山川，应该说是增添了光彩。将来我们吴县的百姓要选择一个风景胜地，把他的牌位放在佛寺道观里供奉起来，那是理所当然的。然而魏君则又已经离开了吴县，为什么还对那里的山水人情久久不能忘怀呢？从前苏轼称赞韩琦离开黄州四十多年，仍然思念那里而不能忘记，以至于作了《思黄州》的诗篇，苏轼为黄州人将诗刻在石碑上。从此以后，人们才知道贤者到过的地方，不单单是那里的人民不忍忘怀自己，自己也是不会忘怀那里的人民的啊。

魏君离开吴县已经有三年了。一天，他和我同在内庭，他拿出这张图来，边观赏边叹息，因而叫我作一篇记文记述此事。唉！魏君对我们吴县有如此的深情，怎么能让我们这里的百姓忘记他呢？

【写作方法】

本文的重点，不是有关吴山图的景色描写，也不是赠图的缘由，而是由吴山百姓向魏用晦赠图而阐发的感想。“夫令之于民诚重矣”一句后面，都是作者的感想。此文意出尘外，怪生笔端，故而能言之恳款，娓娓动人。

茅坤

（1512~1601）

茅坤，字顺甫，号鹿门，归安（今浙江吴兴）人。明嘉靖七年（1528）进士。著有《茅鹿门集》。

◎《青霞先生文集》序◎

【题解】

本篇是茅坤为沈炼的文集所写的序言。沈炼，字纯甫，别号青霞山人。他为人刚直，上疏弹劾严嵩父子而遭迫害，被流放塞上，后又因诗文指斥时弊而遭杀害。本文写于沈炼死后的第六年，其时严嵩父子已经倒台。文中真实地记载了沈炼与恶势力斗争的过程，歌颂了他的人格节操，是见诸记载的最早为沈炼平反昭雪的文章。

【原文】

青霞沈君，由锦衣经历上书诋宰执[①]。宰执深疾之，方力构其罪，赖天子仁圣，特薄其谴[②]，徙之塞上。当是时，君之直谏之名满天下。已而君累然携妻子，出家塞上。会北敌数内犯，而帅府以下束手闭垒，以恣敌之出没，不及飞一镞以相抗。甚且及敌之退，则割中土之战没者与野行者之馘以为功[③]。而父之哭其子，妻之哭其夫，兄之哭其弟者，往往而是，无所控吁。君既上愤疆场之日弛，而又下痛诸将士日菅刈我人民以蒙国家也[④]。数呜咽欷歔，而以其所忧郁发之于诗歌文章，以泄其怀，即集中所载诸什是也[⑤]。

君故以直谏为重于时，而其所著为诗歌文章又多所讥刺。稍稍传播，上下震恐，始出死力相煽构，而君之祸作矣。君既没，而一时阃寄所相与谗君者[⑥]，寻且坐罪罢去。又未几，故宰执之仇君者亦报罢[⑦]。而君之门人给谏俞君，于是裒辑其生平所著若干卷[⑧]，刻而传之。而其子以敬，来请予序之首简。

予方受读而题之曰：若君者，非古之志士之遗乎哉？孔子删《诗》，自《小弁》之怨亲，《巷伯》之刺谗以下，其忠臣、寡妇、幽人、怼士之什[⑨]，并列之为“风”，疏之为“雅”，不可胜数。岂皆古之中声也哉？然孔子不遽遗之者，特悯其人，矜其志，犹曰“发乎情，止乎礼义”，“言之者无罪，闻之者足以为戒”焉耳。予尝按次春秋以来，屈原之《骚》疑于怨，伍胥之谏疑于胁，贾谊之疏疑于激，叔夜之诗疑于愤[⑩]，刘之对疑于亢[⑪]。然推孔子删《诗》之旨而裒次之，当亦未必无录之者。君既没，而海内之荐绅大夫至今言及君[⑫]，无不酸鼻而流涕。呜呼！集中所载《鸣剑》《筹边》诸什，试令后之人读之，其足以寒贼臣之胆，而跃塞垣战士之马[⑬]，而作之忾也[⑭]，固矣。他日国家采风者之使出而览观焉，其能遗之也乎？予谨识之。

至于文词之工不工，及当古作者之旨与否，非所以论君之大者也，予故不著。

【注释】

① 锦衣经历：即锦衣卫的经历官。锦衣卫原是皇帝的近卫军，明代起监管刑狱，明中叶以后逐渐转为特务机构。② 薄其谴：减轻罪责。③ 馘（guó）：指割下敌人的左耳。④ 菅（jiān）刈（yì）：像除草一样地随意残害百姓。⑤ 什：篇。⑥ 阃（kǔn）寄：指统兵在外的将领。⑦ 报罢：罢官。⑧ 裒（póu）辑：收集。⑨ 幽人：隐士。⑩ 叔夜之诗：指嵇康的《幽愤诗》。嵇康，字叔夜，“竹林七贤”之一，因为不满司马氏掌权而被司马昭杀害，《幽愤诗》为他在狱中所作。⑪ 刘（fén）：唐代人，文宗时应贤良对策，慷慨激昂，极言宦官之祸。⑫ 荐绅：同“缙绅”，原是插笏于带的意思，后转用为官宦的代称。⑬ 塞垣：边塞的城垣。⑭ 忾（kài）：愤怒。

【译文】

青霞先生沈君，以锦衣卫经历的身份上书皇帝，指责宰相。宰相对他恨之入骨，正要罗织罪名陷害他，幸而依赖皇上的仁慈圣明，特地从轻发落，把他流放到塞外。那个时候，沈君敢于直谏的美名已然传遍天下。不久，沈君就疲困地带着妻子儿女，举家迁到塞上。正逢北方的敌人多次侵入境内，而帅府以下的各级官衙都束手无策，只是紧闭城垒，任凭敌人出没，没有射一支箭以相抵抗。更有甚者，等到敌人退去，割取战死在疆场的中原士兵和野外行走的无辜百姓的耳朵去邀功请赏。于是父亲哭儿子的，妻子哭丈夫的，哥哥哭弟弟的，到处都是，却没有地方控诉呼吁。沈君上恨朝廷对于边疆防务的日益松弛懈怠，下恨将士们每日随意残害百姓以蒙骗国家，因此常常哭泣、叹息。于是他将心中的忧郁从诗歌文章中抒发出来，以此来发泄胸中的郁结，文集中所载的诸篇就是这类作品。

沈君本来就是因为能够直谏而被当时的人所敬重，而他所作的诗歌文章，又大多有讥议讽刺的内容。这些诗文渐渐传播开来以后，朝廷上下为之震惊恐惧，便开始拼命煽动构陷他，沈君的灾祸也就因此而形成了。沈君被害以后，那些曾担任军职、勾结在一起陷害他的人，不久也都获罪罢官。又过了不久，原来仇视沈君的宰相也被罢官。沈君的门生——给事中兼谏议大夫俞君，于是收集编纂了他生平所著的诗文若干卷，刊刻出来让它流传。他的儿子以敬，来请我为之作序，放在文集的前面。

我拜读了沈君的文集后，写道：像沈君这样的人，难道不是有古代志士的遗风吗？孔子删定《诗经》，自怨恨亲人的《小弁》篇、讽刺谗言的《巷佰》篇以下，那些忠臣、寡妇、隐者、愤世之人的作品，一同被编为《国风》、分为《大雅》《小雅》的，篇目多得数也数不清。难道这些都是古人所谓的中和之声吗？然而孔子没有轻易删掉它们的缘故，只是为了怜悯那些人，尊重他们的志向。他还说："这些诗是发自内心，停留在礼义上的。""说话的人没有罪，听的人可以把它作为鉴戒。"我曾经按着次序考察了春秋以来的诗作，觉得屈原的《离骚》近乎怨恨，伍子胥的进谏近乎于逼迫君王，贾谊的奏章近乎激烈，叔夜的诗歌近乎愤慨，刘的对策近乎亢直。然而若以孔子删定《诗经》的宗旨去收集编纂他们的作品，应当也是值得收录的。沈君已经去世，然而天下的官员、士大夫现在一谈到他，没有不鼻子发酸、潸然落泪的。唉！文集中所载的《鸣剑》《筹边》等篇，如果让后世的人读到它们，足以使奸臣为之胆寒，使边防将士跃马疆场，兴起对敌人的愤恨。这是一定的。将来国家采风的使者出来看到了这些诗作，会把它们遗漏掉吗？我恭敬地把它们记述了下来。

至于文章辞句的写作技巧是否高妙，以及跟古代作家的为文宗旨是不是相合，这不是用来评定沈君大节方面的东西，所以我就不加以论述了。

【写作方法】

此文重在表彰青霞先生沈炼的德行和勇气，以及他的诗文所蕴含的气骨。在茅坤的眼里，沈炼一生最值得推崇的就是他那刚直不阿的气节，所以此文对于沈炼的"直谏"进行了重点描述。此文浩落苍凉，笔致亦浓，凛凛有生气，是卓然不凡的大手笔。

全注全译古文观止